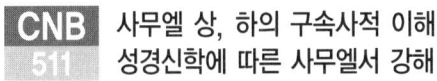
사무엘 상, 하의 구속사적 이해
성경신학에 따른 사무엘서 강해

사무엘서

이광호

2010년

도서
출판 갈뱅

지은이 | 이광호

영남대학교와 경북대학교 대학원에서 법학과 서양사학을 공부했으며, 고려신학대학원(M.Div.)과 ACTS(Th.M.)에서 신학일반과 조직신학, 대구 효성가톨릭대학교(Ph.D.)에서 비교종교학을 연구하였다.
고신대학교, 고려신학대학원, 홍은개혁신학연구원에서 교수로 사역했으며 지금은 서울개혁신학원, 영남신학대학교, 조에성경신학원, 브니엘신학원 등에서 후진들을 양성하고 있다.
실로암교회에서 목회하고 있으며 이슬람 전문선교단체인 국제 WIN선교회 회장, 달구벌기독학술연구회 회장으로 봉사하고 있다.

저서
- 『성경에 나타난 성도의 사회참여』(1990년, 도서출판 실로암)
- 『갈라디아서 강해』(1990년, 도서출판 실로암)
- 『더불어 나누는 즐거움』(1995년, 예영커뮤니케이션)
- 『아빠, 교회 그만하고 슈퍼하자요』(1995년, 예영커뮤니케이션)
- 『기독교 관점에서 본 세계문화사』(1998년, 예영커뮤니케이션)
- 『세계선교의 새로운 과제들』(1998년, 예영커뮤니케이션)
- 『이슬람과 한국의 민간신앙』(1998년, 울산대학교출판부)
- 『교회와 신앙』(2002년, 교회성경신학연구원)
- 『한국교회, 무엇을 개혁할 것인가』(2004년, 예영커뮤니케이션)
- 『CNB 501 에세이 산상수훈』(2005년, 칼빈아카데미)
- 『CNB 502 예수님 생애 마지막 7일』(2006년, 도서출판 깔뱅)
- 『CNB 503 구약신학의 구속사적 이해』(2006년, 도서출판 깔뱅)
- 『CNB 504 신약신학의 구속사적 이해』(2006년, 도서출판 깔뱅)
- 『CNB 505 창세기』(2007년, 도서출판 깔뱅)
- 『CNB 506 바울의 생애와 바울서신』(2007년, 도서출판 깔뱅)
- 『CNB 507 손에 잡히는 신앙생활』(2007년, 도서출판 깔뱅)
- 『CNB 508 아름다운 신앙생활』(2007년, 도서출판 깔뱅)
- 『CNB 509 열매맺는 신앙생활』(2007년, 도서출판 깔뱅)
- 『CNB 510 웨스트민스터 신앙고백』(2008년, 도서출판 깔뱅)
- 『CNB 511 사무엘서』(2010년, 도서출판 깔뱅)
- 『CNB 512 요한복음』(2009년, 도서출판 깔뱅)
- 『CNB 513 요한계시록』(2009년, 도서출판 깔뱅)
- 『CNB 514 로마서』(2009년, 도서출판 깔뱅)

역서
- 『모슬렘 세계에 예수 그리스도를 심자!』(Charles R. Marsh, 1985년, CLC)
- 『예수님의 수제자들』(F. F. Bruce, 1986년, CLC)
- 『치유함을 받으라』(Colin Urquhart, 1988년, CLC)

홈페이지 http://siloam-church.org

사무엘서

A Study of The Book of Samuel

by Lee, Kwang Ho
Copyright ⓒ 2010 by Lee, Kwang Ho

Published by Calvin Publishing House
69-24, Jamweon-Dong, Seocho-Goo, Seoul
Printed in Korea

CNB 511
사무엘서

초판 인쇄 2010년 5월 4일
초판 발행 2010년 5월 11일

발행처 | 도서출판 깔뱅
주소 | 서울시 서초구 잠원동 69-24
전화 | 02-535-9876
등록번호 | 제2-1458호
등록일자 | 1998년 11월 18일

발행인 | 김순영
지은이 | 이광호
편집주간 | 송영찬
편집 | 신명기
디자인 | 조혜진

총판 | (주) 비전북출판유통
경기도 고양시 일산구 장항동 568-17호(우편번호 411-834)
전화 031-907-3927(대)   팩스 031-905-3927

저작권자 ⓒ 2010 이광호

이 책의 저작권은 저자에게 있습니다.
내용의 일부를 발췌 및 배포할 경우
서면에 의한 저자와 출판사의 허락을 받으십시오.

값은 표지에 있습니다.
파손된 책은 구입처나 출판사에서 교환해 드립니다.
ISBN 89-92204-29-9 93230

CNB카페 | http://cafe.daum.net/C.N.B.(교회와 성경)

사무엘서

A STUDY OF THE BOOK OF SAMUEL

CNB 시리즈
서 문

CNB The Church and The Bible 시리즈는 개혁신앙의 교회관과 성경신학적 구속사 해석에 근거한 신·구약 성경 연구 시리즈이다.

이 시리즈는 보다 정확한 성경 본문 해석을 바탕으로 역사적 개혁 교회의 면모를 조명하고 우리 시대의 교회가 마땅히 추구해야 할 방향을 제시함으로써 교회의 삶과 문화를 창달하는 것을 그 목적으로 하고 있다.

따라서 이 시리즈는 진지하게 성경을 연구하며 본문이 제시하는 메시지에 충실하고 있다. 그렇다고 이 시리즈가 다분히 학문적이거나 또는 적용적이라는 의미에 국한되지 않는다. 학구적인 자세는 변함 없지만 궁극적으로 하나님의 나라를 지향함에 있어 개혁주의 교회관을 분명히 하기 위해 보다 더 관심을 가진다는 의미이다.

본 시리즈의 집필자들은 이미 신·구약 계시로써 말씀하셨던 하나님께서 지금도 말씀하고 계시며, 몸된 교회의 머리이자 영원한 왕이신 그리스도께서 지금도 통치하시며, 태초부터 모든 성도들을 부르시어 복음으로 성장하게 하시는 성령님께서 지금도 구원 사역을 성취하심으로써 창세로부터 종말에 이르기까지 거룩한 나라로서 교회가 여전히 존재하고 있음을 그 무엇보다도 중요하게 여기고 있다.

아무쪼록 이 시리즈를 통해 계시에 근거한 바른 교회관과 성경관을 가지고 이 땅에 진정한 그리스도인의 삶과 문화가 확장되기를 바라는 바이다.

시리즈 편집자

김영철 목사, 미문(美聞)교회, 합동신학대학원대학교, Th.M.
리종연 목사, 진명교회, 서울개혁신학원, M.Div.
송영찬 목사, 기독교개혁신보 편집국장, M.Div.
이광호 목사, 실로암교회, 서울개혁신학원, Ph.D.

머리글

구약시대의 히브리어 성경에는 사무엘 상, 하서가 한 권으로 엮어져 있었다. 그리고 열왕기 상, 하서 역시 한 권으로 되어 있었다. 그러다가 구약성경이 헬라어로 번역(70인역, Septuagint) 되면서 사무엘서와 열왕기서가 각각 두 권의 책들로 나뉘게 되었다. 사무엘서는 제1왕국기와 제2왕국기로 나뉘어졌으며, 열왕기서는 제3왕국기와 제4왕국기로 나뉘어지게 된 것이다.

나중에 라틴어 벌게이트 역(the Vulgate)에서는 책명이 바뀌어 사무엘서가 제1열왕기, 제2열왕기로 칭해졌으며 열왕기서는 제3열왕기, 제4열왕기로 칭해졌다. 이것이 1517년 다니엘 봄베르그(Daniel Bomberg)에 의해 출판된 히브리어 성경(Venice, 1516-1517)에서 사무엘 상하, 열왕기 상하로 명명되어 오늘날에 이르고 있다.

사무엘서는 사사시대와 다윗 왕국 시대를 잇는 중요한 연결고리 역할을 하고 있다. 사무엘서를 올바르게 이해하지 못하고는 사사시대의 역사적 의미를 깨닫기 어려우며, 다윗 왕과 그의 후계자들로 이어지는 언약 왕국의 구속사적 의미를 파악하기 힘들다.

본서의 내용 가운데는 한나와 사무엘에서 시작하여 사울 왕조를 지나 다윗 왕국에 이르는 구속사적 서정이 벌어지고 있다. 이 기간의 구속사는 패역한 사사시대 말기 제사장 가문의 부패를 통해 이스라엘 민족의 퇴락한 영적 상태를 말해주고 있다.

하나님께서는 사사시대 말기 사무엘을 택하여 다윗 왕국의 건립을 이룩하고자 하셨다. 이는 하나님께서 그들의 조상 아브라함에게 언약하신 바이다. 하나님께서 아브라함에게 땅과 자손을 주시겠다고 약속한 것은 메시아를 배태하는 이스라엘 왕국에 관한 언약이었다. 그 약속을 이루어 가는 과정에서 모세를 통해 율법이 주어짐으로써 다윗 왕국의 존재 의의가 확립되어 갔다.

그러므로 사사시대는 이스라엘 왕국시대를 위한 기초적 배경이 된다. 즉 사사시대가 영원토록 지속될 수는 없었다. 따라서 다윗 왕 이후의 왕국 시대의 모든 의미는 사무엘서의 기초 위에서 해석되어야 한다. 그런 의미에서 사무엘서는 사사시대와 예루살렘 성전을 중심에 둔 이스라엘 왕국 사이의 연결고리 역할을 하고 있다. 따라서 구약 성경을 올바르게 이해하기 위해서 사무엘서의 기록 계시를 깨닫는 것은 매우 중요하다.

필자는 이 책 가운데 사무엘서의 교훈을 전체적으로 이해하고자 했다. 이 책을 접하는 독자들이 사무엘서에 대한 이해의 폭을 넓힘으로써 하나님의 말씀 전체에 대한 깊은 깨달음을 가지게 되기를 바란다.

우리 시대는 거짓 교사들에 의해 하나님의 말씀이 심각한 도전을 받고 있다. 자유주의 신학자들은 학문이라는 이름으로 하나님의 말씀을 난도질하기에 급급하다. 교회 가운데 하나님의 말씀이 온전히 살아있지 않다면 그 교회는 이름만 가졌을 뿐 참된 교회라 할 수 없다. 안타까운 배교의 시대에 하나님의 말씀이 회복됨으로써 교회가 교회다워지는 역사가 일어나기를 바란다.

  아울러 동일한 의식을 가지고 함께 이 길을 가고 있는 많은 동지들이 있다는 점에서 늘 용기를 얻는다. 무엇보다 필자에게 많은 힘과 위로의 모체가 되어주는 실로암 교회 성도들에게 감사를 드린다. 그리고 뜻을 함께 하는 동역자들과 항상 곁에서 한결같은 마음으로 용기를 북돋아주는 진명복지재단의 이대주 원장님에게 감사를 드린다.

  이 책을 통해 도서출판 깔뱅의 독자들에게도 용기와 위로를 함께 나누는 마당이 되기를 바라는 마음 간절하다.

2010년 5월
실로암교회 서재에서
이광호 목사

목 차

CNB 시리즈 서문 / 7
머리글 / 8

제1부 _ 사무엘상

제 1 장 | 사무엘의 출생과 하나님께 바쳐짐(삼상 1:1-28) ······ 15
제 2 장 | 한나의 노래와 왕국에 대한 예고(삼상 2:1-36) ······ 24
제 3 장 | 사무엘에게 주어진 특별한 소명과 언약궤로 인한 소동
         (삼상 3:1-21; 4:1-22) ······ 35
제 4 장 | 블레셋에 빼앗긴 하나님의 언약궤가 다시 돌아옴
         (삼상 5:1-12; 6:1-21) ······ 47
제 5 장 | 미스바Mizpah 성회(삼상 7:1-17) ······ 60
제 6 장 | 왕을 구하는 이스라엘 백성들(삼상 8:1-32) ······ 69
제 7 장 | 왕으로 선택된 사울(삼상 9:1-27; 10:1-27) ······ 80
제 8 장 | 왕정제도의 확립과 사무엘의 권면(삼상 11:1-15; 12:1-25) ······ 92
제 9 장 | 사울 왕의 종교적 만행과 사울 왕국의 외형적 강화
         (삼상 13:1-23; 14:1-52) ······ 105
제10장 | 사울 왕의 범죄와 사무엘의 책망(삼상 15:1-35) ······ 118
제11장 | 다윗을 불러 기름 부으신 하나님의 계획(삼상 16:1-23) ······ 130
제12장 | 다윗과 골리앗(삼상 17:1-58) ······ 142
제13장 | 다윗의 대적자 사울 왕(삼상 18:1-30; 19:1-24) ······ 153
제14장 | 다윗의 편에 선 요나단(삼상 20:1-42) ······ 162
제15장 | 도망 다니던 다윗의 군대 편성(삼상 21:1-15; 22:1-23) ······ 171
제16장 | 하나님의 경륜에 따라 예비되는 제사장 나라
         (삼상 23:1-29; 24:1-22) ······ 181
제17장 | 사무엘의 죽음과 다윗의 변화(삼상 25:1-44) ······ 191

제18장 | 사울 왕을 피해 블레셋으로 피신한 다윗
　　　　(사무엘상 26:1-25; 27:1-12) ·········· 201
제19장 | 사울의 요청에 의해 신들린 무당이 불러올린 '사무엘(?)'과
　　　　블레셋의 다윗(사무엘상 28:1-25; 29:1-11) ·········· 211
제20장 | 다윗의 승리와 사울 왕의 전사(삼상 30:1-30; 31:1-13) ·········· 222

제2부 _ 사무엘하

제21장 | 사울의 죽음과 다윗이 부른 '활의 노래'(삼하 1:1-27) ·········· 233
제22장 | 다윗과 사울 왕 추종세력 사이의 갈등
　　　　(삼하 2:1-32; 3:1-39; 4:1-12) ·········· 242
제23장 | 이스라엘 민족의 통합 왕이 된 다윗(삼하 5:1-25) ·········· 253
제24장 | 예루살렘으로 하나님의 법궤를 옮김(삼하 6:1-23) ·········· 263
제25장 | 성전을 위한 관심과 하나님의 왕국 언약(삼하 7:1-29) ·········· 273
제26장 | 왕국의 안정과 예루살렘 성전건립을 위한 여건조성
　　　　(삼하 8:1-18 ; 9:1-13 ; 10:1-19) ·········· 282
제27장 | 다윗 왕과 밧세바, 그리고 우리아(삼하 11:1-31) ·········· 292
제28장 | 다윗 왕과 나단 선지자(삼하 12:1-31) ·········· 304
제29장 | 암논과 압살롬(삼하 13:1-39) ·········· 313
제30장 | 다윗 왕과 압살롬(삼하 14:1-33) ·········· 323
제31장 | 압살롬의 반역과 다윗 왕의 태도(삼하 15:1-37; 16:1-23) ·········· 334
제32장 | 압살롬과 다윗 왕(삼하 17:1-29; 18:1-33) ·········· 345
제33장 | 다윗 왕의 예루살렘 재 입성(삼하 19:1-43) ·········· 357
제34장 | 세바가 일으킨 반란 진압과 다윗 왕 정부의 체제 정비
　　　　(삼하 20:1-26) ·········· 367
제35장 | 다윗 왕조와 사울 왕조의 본질적 차이(삼하 21:1-22) ·········· 377
제36장 | 다윗의 노래들과 메시아 왕국(삼하 22:1-51; 23:1-39) ·········· 389
제37장 | 다윗 왕의 인구조사와 메시아 왕국의 초석(삼하 24:1-25) ·········· 403

제1부

사무엘상

제1장 _ 사무엘의 출생과 하나님께 바쳐짐

(삼상 1:1-28)

1. 실로의 성막

시내광야에서 모세에 의해 건립된 성막은 이스라엘 백성과 함께 가나안 땅으로 들어가게 된다. 그러나 사사시대에는 성막이 한 곳에 정착되지 못했다. 대신 예루살렘 성전이 건축되기 전에는 성막이 오랫동안 실로Shiloh에 안치되어 있었다.

다윗 왕이 예루살렘을 정복하기 전까지 모리아 산에 하나님의 성전을 건축할 수 없었다. 이로 인해 당시 실로는 이스라엘 민족의 신앙적인 중심지 역할을 했다. 이는 그들의 신앙과 삶은 항상 하나님의 성막을 중심으로 이루어지고 있었기 때문이다.

사사시대 말기[1] 실로에 있던 성막에서는 제사장 엘리와 그의 두 아들 홉니와 비느하스가 제사장 직무를 감당하고 있었다. 이스라엘 전역에 흩어져 살고 있던 백성들은 절기에 따라 실로에 있는 성막을 방문해 하

---

[1] 이 시기는 대략 BC 970년경이다. 사울 왕의 등극이 BC 1050년 경, 다윗 왕의 등극이 BC 1010년 경, 솔로몬 왕의 등극이 BC 970년 경임을 감안한다면 시대적 배경을 어느 정도 이해할 수 있을 것이다.

나님께 제사를 드렸다.

실로는 예루살렘의 북쪽 지역에 위치한 도시였다. 사무엘의 고향인 '라마다임소빔' Ramathaimzophim은 실로와 예루살렘 사이에 있는 언덕 위의 동네이다. '라마'라는 말은 '언덕'이라는 뜻을 지니고 있으며, 이스라엘에는 그와 동일한 이름을 가진 지명들이 여러 곳에 있었다. 사무엘서의 앞부분에서 '라마'를 사무엘의 조상의 이름과 연관된 '라마다임소빔'[2)]이라고 구체적으로 밝힌 것은 그의 조상들이 살아왔던 곳으로서 동일한 이름을 가진 다른 지역과 구별하기 위해서였다.

당시 '라마'는 지형적으로 보아 전선戰線의 최전방에 위치한 지역이었다. 사사시대는 전쟁 중이었으므로 당시 예루살렘을 두고 그곳 거민들과 상당한 신경전이 벌어지고 있던 때였다. 그때는 예루살렘을 제외한 가나안의 모든 지역을 이미 이스라엘 백성이 정복한 상태였다. 그러므로 이스라엘 자손들은 마지막 남은 그곳을 정복하려 애쓰고 있었으며 그곳 주민들은 예루살렘을 지키기 위해 결사 항쟁하고 있었다.

2. 사무엘의 집안 배경과 한나의 기도

사무엘의 고향은 예루살렘과 실로 사이의 에브라임 산지에 위치한 '라마다임소빔'이었다. 그의 조상들은 오래 전부터 대대로 그 지역에서 살아왔다. 엘리 제사장이 성막에서 하나님을 섬기던 사사시대 말기 그곳에는 사무엘의 아버지 엘가나Elkanah가 살고 있었다.

엘가나는 매년 절기에 맞추어 성막이 있는 실로에 올라가 여호와 하나님께 제사를 드렸다. 그에게는 두 명의 아내가 있었다. 물론 한 사람은 본처인 한나Hannah였으며, 다른 한 사람은 첩이었던 브닌나Peninnah

---

2) '라마다임소빔'(Ramathaimzophim)이라는 지명은 사무엘의 조상인 '숩' (Zuph)과 연관되어 사용되고 있다.

였다.3)

성경은 한나와 브닌나가 서로 간 적대 관계(삼상 1:6)에 있었음을 밝히고 있다. 첩이었던 브닌나에게는 자녀가 있었던데 반해 본처인 한나에게는 자녀가 없었다. 그녀가 자녀를 갖지 못했던 것은 건강상의 이유나 신체적인 문제로 인한 것이 아니라 하나님의 간섭에 의한 것이었다.

> "여호와께서 그로 성태치 못하게 하시므로 그 대적 브닌나가 그를 심히 격동하여 번민케 하더라"(삼상 1:6)

하나님께서 한나로 하여금 잉태하지 못하도록 간섭하셨다는 것은 그녀를 통한 특별한 계획이 있었음을 말해주고 있다. 한나가 자녀를 잉태하지 못한 것이 단순한 건강이나 신체상의 문제가 아니라 하나님의 간섭으로 말미암았다는 사실은 매우 중요하다. 이는 그녀를 통한 하나님의 특별한 의도와 계획이 있었음을 말해주고 있기 때문이다. 하나님께서는 한나를 통해 구속사역을 이어가기 위해 특별한 한 인물을 예비하셨다.

하나님의 비밀스런 뜻에 대해 한나와 그의 가족은 전혀 알지 못하고 있었다. 따라서 한나는 자신의 무자無子함 때문에 마음이 심하게 상했다. 더구나 엘가나의 자식을 낳은 브닌나와 같이 하나님께 제사를 드리기 위해 실로에 있는 성막으로 갈 때마다 한나는 괴로움을 당했다. 그러므로 한나는 브닌나로부터 당하는 고통으로 인해 매우 괴로워하며 원통한

---

3) 사무엘상 1장에는 한나와 브닌나가 공히 엘가나의 아내로 묘사되어 있다. 4절에는 브닌나가 아내로 묘사되어 있으며 19절에는 한나가 아내로 표현되어 있다. 그리고 23절에서는 엘가나가 한나의 남편으로 묘사되어 있다. 그렇다고 해서 둘 다 본처일 수는 없다. 브닌나가 아내로 묘사된 것은 일반적인 기술로 보는 것이 옳다. 필자는 구약시대에도 중혼(重婚)이 허락되지 않은 것으로 이해하고 있다. 구약시대에도 본처는 한 사람이며 그 외의 다른 여자들은 첩일 따름이다. 특히 사무엘상 1:2에서 한나의 이름이 브닌나에 앞서 나오는 것을 보아 한나가 엘가나의 본처인 것을 알 수 있다.

마음을 가질 수밖에 없었다.

우리는 여기서 한나가 남편의 첩으로부터 심한 괄시를 받았다는 사실보다 그녀가 자식을 가지지 못한 것이 하나님의 간섭에 의한 것이라는 점을 훨씬 중요하게 생각해야 한다. 또한 한나의 고통이 해마다 성막제사가 있을 때 더욱 두드러지고 있음을 기억해야 한다(7절 참조). 거기에는 한나에 대한 하나님의 특별한 뜻이 담겨 있었음이 분명하게 드러나고 있기 때문이다.

엘가나가 자신의 본처인 한나의 고통을 알게 된 사실은 그것을 통해 하나님의 뜻이 전달되고 있는 것으로 이해해야 한다. 한나는 남편의 사랑을 받고 있었지만 동시에 그의 첩에 의해 심한 고통을 당하고 있었다. 그런 형편을 잘 알고 있는 남편 엘가나는 고통 받는 아내를 진심으로 위로했다. 하지만 남편으로부터 받는 그런 위로의 말이 모든 문제를 해결하도록 했던 것은 아니었다.

한나는 전능하신 여호와 하나님을 의지하며 그에게 간구할 수밖에 없었다. 따라서 그녀는 남편 엘가나와 같이 실로에 있는 성막으로 올라가 하나님께 모든 형편을 아뢰며 간구했다. 그녀는 하나님께 간구하면서 아들을 달라고 간곡히 기도했다.

한나가 기도에 몰두해 있을 때 제사장 엘리는 그녀가 술에 취한 것으로 오해했다. 그래서 제사장이 그녀를 질책하며 권면하자 한나는 자기가 술 취한 것이 아니라 하나님께 간절히 기도하고 있었음을 말했다.

여기서 우리는 하나님의 놀라운 경륜이 드러나고 있음을 깨달아야 한다. 한나는 자기가 아들을 원하는 것이 자기의 개인적인 욕심 때문이 아니라 하나님 때문이라고 고백하고 있다. 이는 매우 중요한 의미를 가진다. 그것은 한나 자신도 모르는 사이 하나님의 경륜 가운데 이루어지고 있는 서원의 기도를 하고 있기 때문이다.

"(한나가) 서원하여 가로되 만군의 여호와여 만일 주의 여종의 고통을 돌아보시고 나를 생각하시고 주의 여종을 잊지 아니하사 아들을 주시면 내가 그의 평생에 그를 여호와께 드리고 삭도를 그 머리에 대지 아니하겠나이다"(삼상 1:11)

우리는 한나의 기도를 단순히 자기도 남편의 첩 브닌나처럼 아들 하나를 낳게 해달라고 간구하는 것으로 이해해서는 안 된다. 한나는 하나님께서 아들을 허락하시면 그를 하나님께 '나실인'으로 바치겠노라고 서원하고 있다. 이는 아들을 원하는 한나의 기도가 개인적인 가정사家庭事에 머무는 것이 아니라 이스라엘 민족과 연관되어 있음을 보여주고 있다.

3. 엘리 제사장을 통한 하나님의 계시

하나님께서는 한나의 기도를 들으셨다. 그것은 결코 한나와 그녀의 집안만을 위한 것이 아니었다. 하나님께서 한나의 기도를 들어주시려 한 것은 이스라엘 민족과 연관되는 구속사적인 일이었다. 하나님께서는 그 사실을 제사장 엘리를 통해 계시하셨다. 제사장은 기도하는 한나에게 하나님께서 그녀의 기도를 들어 주실 것이라는 사실을 알려주었던 것이다.

"평안히 가라 이스라엘의 하나님이 너의 기도하여 구한 것을 허락하시기를 원하노라"(삼상 1:17)

우리는 엘리 제사장의 이 말이 그냥 내뱉는 상투적인 인사치레가 아님을 잘 깨달아야 한다. 즉 그 말은 제사장 엘리의 단순한 염원이나 기원이 아니라는 것이다. 거기에는 그것을 허락하시고자 하는 하나님의 놀라운 뜻이 담겨 있었다.

한나의 기도에 대한 응답이 성막의 엘리 제사장을 통해 계시되고 있다는 사실은 매우 중요하다. 거기에는 한나를 통해 출생하게 될 아들이 성전의 제사장과 연관되며 이스라엘 민족과 관련 있을 것이라는 점이 시사되고 있기 때문이다. 이스라엘의 성막에서 사역하는 제사장은 한 개인의 사사로운 앞날을 단순히 예언하는 자리에 머물러 있는 자가 아니었다.

4. 출생과 더불어 하나님께 바쳐진 사무엘

한나와 엘가나는 실로에서 성막제사를 마친 다음 라마에 있는 고향의 집으로 돌아왔다. 그 후 그들은 동침하여 아들을 잉태하게 되었다. 그것은 하나님의 특별한 관여에 의한 것이었다. 이제까지 한나가 잉태하는 것을 허락지 않으시던 하나님께서 그녀의 잉태를 허락하셨던 것이다.

> "그들이 아침에 일찌기 일어나 여호와 앞에 경배하고 돌아가서 라마의 자기 집에 이르니라 엘가나가 그 아내 한나와 동침하매 여호와께서 그를 생각하신지라"(삼상 1:19)

세월이 지나 한나는 아들을 출산하게 되었다. 그 아기는 하나님의 특별한 허락으로 말미암아 출생했다. 아기가 태어났을 때 그들은 그의 이름을 사무엘이라 지었다.

우리는 사무엘의 출생이 결코 한 집안이나 개인적인 문제가 아니라 민족적인 의미를 지니고 있음을 기억해야 한다. 사무엘의 출생은 하나님의 경륜에 의한 것이었다. 하나님께서는 그 아이에게 앞으로 사사시대와 왕국시대를 잇는 중요한 가교적 역할을 맡기고자 하셨다.

사무엘의 출생은 사사시대 말기의 부패한 제사장들에 대한 심판의 의미와 하나님으로 말미암은 새로운 제사장 시대가 도래하게 될 것을 예고하고 있다. 이는 사사시대의 마감과 새로운 왕국시대의 개막을 의미하고 있다. 즉 그로 말미암아 사사시대가 끝이 나고 하나님께서 아브라함에게 약속하신 메시아를 예표하는 이스라엘 백성의 왕국시대가 열리게 될 것을 말해주고 있다.

사무엘을 잉태하기 전 한나는 실로에 있는 성막에서 하나님께 서원했었다. 그 서원은 개인적인 판단이나 결심에 따른 단순한 것이 아니라 하나님의 인도하심으로 말미암은 것이었다. 그녀는 하나님께서 자식을 허락하시면 그로 하여금 영영토록 여호와의 전에 있게 하겠노라고 서원했던 것이다.

한나는 하나님께 서원한대로 사무엘이 젖을 뗀 후 실로에 올라가 성막 제사를 드리면서 그를 하나님께 온전히 바쳤다. 그의 부모는 젖을 뗀 사무엘을 데리고 실로에 있는 성막으로 갈 때 수소 세 마리와 가루 한 에바와 포도주 한 가죽부대를 가지고 올라가 하나님께 제사를 드렸다.

"그러므로 나도 그를 여호와께 드리되 그의 평생을 여호와께 드리나이다 하고 그 아이는 거기서 여호와께 경배하니라"(삼상 1:28);
"Therefore also I have lent him to the LORD; as long as he liveth he shall be lent to the LORD. And he worshipped the LORD there"(KJV).

그들의 제사 가운데 우리가 특별히 주목해야할 점 가운데 하나는 막 젖을 떼고 하나님께 바쳐진 아기 사무엘이 여호와 하나님께 경배했다는 사실이다. 이제 갓 젖을 뗀 아이가 어떻게 하나님을 온전히 경배할 수 있었을까? 그처럼 어린 아기가 하나님께 경배할 수 있었던 것은 자기 판단이 아니라 하나님의 특별한 인도하심과 도우심으로 말미암은 것이었다.

우리는 또한 여기서 한나의 믿음을 보게 된다. 그것은 한나가 사무엘을 자신과 분리하는 지혜를 가졌기 때문이다. 이는 하나님의 특별한 섭리에 따른 것이다. 여기에서 우리는 한나가 사무엘을 바친 것을 우리 시대의 현실에 맞추려 하지 말아야 한다. 즉 한나가 자기 아들을 하나님께 바쳤듯이 오늘날 우리도 자기 자식을 그렇게 할 수 있다고 생각해서는 안 된다.[4] 하나님께서 구속사 가운데서 특별히 행하신 일을 우리가 아무렇게나 도입해서 적용하려 해서는 안 되는 것이다.

5. 사무엘이 여호와께 바쳐진 구속사적 의미

한나는 사무엘이 태어나기 전에 이미 하나님께 그를 바치기로 서원했다. 사무엘은 자신도 모르는 사이 특별히 하나님의 성막에서 섬길 자로 바쳐졌다. 사무엘이 거룩한 성전 종사자로 특별히 바쳐진 것은 그가 레위 지파에 속한 인물(대상 6:16-28; 33-38 참조)이었기 때문에 가능한 일이었다.

이스라엘 민족의 성막에서는 인간들의 의도에 따라 아무나 봉사할 수 있는 것이 아니었다. 인간적인 유능함이나 신실함 자체가 조건이 되지 못했다. 나아가 자기의 개인적인 신앙적 결단에 따라 그렇게 할 수도 없었다. 아무리 훌륭한 사람이 있다고 할지라도 그것만으로 성전봉사자가 될 수 없었다.

누구나 인정할 만한 훌륭한 신앙 인격을 갖추고 본인과 부모가 그렇게 하기를 진정으로 원한다고 해도 레위지파라고 하는 기본적인 요건이

---

[4] 이를 굳이 우리 시대에 적용하려면 교회 가운데 베풀어지는 유아세례와 연관지어 생각해 볼 수 있다. 개혁주의 교회에서 강조하는 유아세례는 언약적 의미를 지니고 있으며, 아기의 부모는 그 아기를 더 이상 자기의 바람이나 욕망에 따라 양육하지 않고 하나님과 그의 몸된 교회의 뜻에 따라 양육하겠다는 고백이다. 이는 자기의 아이를 주님과 그의 교회에 전적으로 맡기는 의미를 가지고 있다.

갖추어지지 않으면 안 되었다. 레위지파에 속한 자라는 사실이 성전에서 하나님을 섬길 수 있는 가장 중요한 요건이었다.

하나님께서 그 시대에 특별히 필요한 인물을 레위지파의 가정에 속한 한나를 통해 보내시고자 했던 사실은 구속사적으로 매우 중요한 의미를 지닌다. 그것은 한나의 개인적인 판단이나 충성심에 달려 있는 것이 아니었다. 나아가 하나님을 헌신적으로 섬기고자 하는 자신의 신앙적인 소망에 따른 것이 아니었다.

한나가 아무리 자식을 원한다 해도 하나님께서 허락지 않으시면 아들을 얻을 수 없다. 설령 자식이 허락되었다고 해도 그것 자체로써 하나님께 성전 봉사자로 바쳐질 수 있는 것은 아니다. 성전 종사자가 되기 위해서는 레위지파의 혈통을 가져야 한다는 가장 기본적인 조건이 맞지 않으면 불가능한 일이었기 때문이다.

우리는 여기서 사사시대 말기 이스라엘 왕국시대의 도래를 앞두고 특별한 구속사적 인물을 친히 예비하시는 하나님의 경륜을 읽을 수 있어야 한다. 즉 사무엘의 출생은 한나와 엘가나의 개인적인 일이 아니라 하나님께서 섭리 가운데 인도하신 구속사적 맥락에서 이루어진 일이었다. 그러므로 사사시대를 마감하고 이스라엘의 왕국시대가 열리게 되는 그 변천의 시대에 사무엘이 차지하는 비중이 얼마나 크고 중요한가 하는 것을 잘 깨달아 알아야 한다.

제2장 _ 한나의 노래와 왕국에 대한 예고

(삼상 2:1-36)

1. '한나의 노래' 와 '다윗의 노래'

사무엘서의 초두인 사무엘상 2장에는 '한나의 노래' 가 기록되어 있다. 한편 사무엘서의 말미인 사무엘하 22, 23장에는 '다윗의 노래' 가 기록되어 있다. 사무엘서의 처음과 끝 부분에 '한나의 노래' 와 '다윗의 노래' 로 연결되어 있는 것은 중요한 구속사적 의미를 지닌다.

사무엘서에는 성막 제사장이 되어 하나님을 섬길 사무엘과 하나님께서 세우시는 다윗 왕이 중심축을 이루고 있다. 이는 하나님께서 약속하신 왕국에 대한 언약의 확인과 그것의 구체적인 성취가 그들의 노래를 통해 드러나고 있다. 즉 아브라함에게 약속하신 이스라엘 왕국이 세워지는 역사적 장관이 그 가운데서 선포되고 있다.

사무엘상과 사무엘하에는 전반적으로 이스라엘 왕국의 설립에 대한 하나님의 놀라운 경륜이 기록되어 있다. 그 경륜 가운데 구속사적 사역을 담당했던 한나와 다윗이 제각각 처했던 유사한 형편을 우리가 기억한다. 한나는 사무엘의 어머니로서 하나님의 특별한 간섭에 의해 사무엘을 출산하게 되었다. 한나는 자식이 없으므로 인해 남편 엘가나의 첩이었던 브닌나로부터 심한 괄시를 받았다. 하나님께서는 그런 고통 가운데 있던 한나의 태胎를 열어 사무엘을 허락하셨다. 나중에 사무엘은 성막 제사장으로서 이스라엘 왕국의 설립을 위한 왕을 세우는 일에 연관된 임무를 맡게 된다.

한편 다윗은 전적인 하나님의 은혜로 말미암아 이스라엘 왕으로 세워지게 된다. 이스라엘 백성들 가운데 단 한 사람도 그가 왕이 될 것이라 기대하는 사람은 없었다. 다윗은 어느 누구로부터도 왕이 될만한 인물로 인정받지 못했지만 하나님께서 그를 세워 이스라엘의 왕이 되게 하셨다. 그러나 왕의 지위에 있으면서도 다윗은 사울과 그의 추종자들로부터 많은 고난을 당했다. 하나님께서 시련 가운데 있던 그를 대적의 손에서 구원하셨을 때 그는 여호와를 찬양하며 기쁨으로 노래했다.

하나님께서는 그들을 직접 간섭하심으로써 그것이 하나님 자신으로 말미암은 일이라는 점을 분명하게 보여주셨다. 사무엘은 젖을 뗀 후 하나님께 온전히 바쳐지게 되고 나실인으로서 성막 봉사자의 직무를 담당하게 되었다.

'한나의 노래'와 '다윗의 노래'는 공히 모든 구원의 은총이 여호와 하나님께 달려 있음을 찬송하고 있다. '한나의 노래'의 기초는, 그녀가 젖을 뗀 사무엘을 하나님께 바치고 그가 하나님께 경배한 사건 위에 놓여 있다. 거기에는 하나님의 심판 약속과 더불어 영원한 구원이 노래되고 있다. 한나는 여호와로 말미암은 심판과 구원을 시작으로 하여 하나님을 노래하고 있다.

"내 마음이 여호와를 인하여 즐거워하며 내 뿔이 여호와를 인하여 높아졌으며 내 입이 내 원수들을 향하여 크게 열렸으니 이는 내가 주의 구원을 인하여 기뻐함이니이다"(삼상 2:1)

'다윗의 노래' 또한 원수에 대한 심판과 자기 백성들의 구원으로부터 시작되고 있다. 하나님만이 자신의 유일한 보호자가 되시며 흉악한 원수들의 손에서 구원할 자임을 노래하고 있다.

> "여호와는 나의 반석이시요 나의 요새시요 나를 건지시는 자시요 나의 하나님이시요 나의 피할 바위시요 나의 방패시요 나의 구원의 뿔이시요 나의 높은 망대시요 나의 피난처시요 나의 구원자시라 나를 흉악에서 구원하셨도다 내가 찬송 받으실 여호와께 아뢰리니 내 원수들에게서 구원을 얻으리로다"(삼하 22:2-4)

다윗은 노래의 시작에서 하나님 이외에는 의지할만한 자가 아무도 없음을 노래하고 있다. 그만 홀로 보호자가 될 수 있으며 원수의 손에서 자신을 구출할 수 있는 분임을 깨닫고 있었던 것이다. 여호와 하나님이 아니시면 결코 거기서 빠져나올 수 없음을 노래하고 있다. 이처럼 우리는 사무엘서에 기록된 '한나의 노래'와 '다윗의 노래'에 참여하면서 왕국을 통한 구원역사에 관한 하나님의 뜻을 보게 된다.

2. '한나의 노래'

'한나의 노래'는 사사시대 말기 이스라엘 민족의 타락한 사회가 직접적인 배경이 되고 있다. 제사장 가문인 엘리 집안이 극도로 타락했던 형편을 보면 당시 이스라엘 민족의 영적 상태를 충분히 짐작하고도 남는다. 그러나 그들이 하나님을 떠났음에도 불구하고 하나님께서는 그들 가운데서 자신의 언약에 따라 놀라운 메시아 왕국을 계획하고 계셨다.

'한나의 노래'는 단순한 개인적인 노래가 아니라 구속사적 의미를 지닌다. 이는 그 노래가 하나님께서 예비하실 왕국과 메시아에 연관되어 있기 때문이다. 그러므로 '한나의 노래'의 핵심에는 여호와 하나님과 그의 능력이 존재한다. 하나님만이 유일한 기쁨이며 그가 친히 원수들을 심판하신다.

거룩하신 하나님은 악하고 더러운 인간과 같지 않으므로 인간의 판단과는 전혀 다른 일이 그로 말미암아 발생하게 된다. 모든 참된 지식은 여호와 하나님께 달려 있다(3절).

진정한 생명은 오직 그에게 달려 있으며 그가 세상의 모든 것을 심판하시게 된다. 여호와를 대적하는 자들은 파멸을 맛보게 될 것이며 하나님께서 세우신 왕, 즉 메시아의 뿔이 그로 말미암아 존귀하게 되는 것이다. 이는 궁극적인 승리를 말해 주고 있다.

한나의 노래에는 전체적으로 하나님의 구속사역과 구원받은 백성들의 의미가 명백하게 드러나고 있다. 한나는 하나님으로 인해 즐거워했으며 하나님께서 그를 높이심과 주님의 구원을 인하여 기뻐함을 고백했다. 이는 하나님 한 분만이 영원한 소망임을 노래하고 있다.

그리고 한나는 자기의 입이 원수들을 향해 크게 열려 있음을 노래하고 있다(2절). 그녀가 원수들을 향해 포문을 열게 될 것을 예언하고 있다. 이는 메시아와 그의 왕국이 세워짐으로써 원수들을 심판하게 될 것을 선포하고 있다.

한나는 거룩한 하나님이 삶의 유일한 기초가 됨을 증거하면서 악한 자들이 하나님 앞에서 교만하고 오만한 말과 행동을 하지 못하도록 노래 가운데서 경고하고 있다(3절). 세상 인간들의 모든 자랑거리는 부질없는 것이며 인간들이 스스로 만든 모든 상황은 뒤바뀌게 됨을 읊조리고 있다. 강한 자들은 하나님으로 인해 그 기세가 꺾이게 되고 부유한 자들은 극심한 가난에 빠져 고통하게 될 것이다. 이처럼 궁극적인 모든 심판과 구원은 인간에게 달려 있는 것이 아니라 하나님께 달려 있음을 노래하고 있다(4-8절).

나아가 한나는 땅과 세계와 우주가 하나님의 것임을 노래하고 있다(8절). 하나님이 우주만물의 진정한 통치자임을 선포하고 있다. 하나님께서는 악한 자들을 심판하시게 되며 그 일을 위해 자신의 왕국과 기름부은 왕을 세워 그를 높이게 됨을 찬송하고 있다. 요컨대, 우리가 '한나의 노래'에서 보아야 할 것은 그 노래의 절정이 '메시아 찬송'이라는 사실이다.

> "여호와를 대적하는 자는 산산이 깨어질 것이라 하늘 우뢰로 그들을 치시리로다 여호와께서 땅 끝까지 심판을 베푸시고 자기 왕에게 힘을 주시며 자기의 기름 부음을 받은 자의 뿔을 높이시리로다(He will give strength to his king and exalt the horn of his anointed) 하니라" (삼상 2:10)

이 구절은 사무엘상 1장의 한나에 관련된 내용이 전체적으로 구속사적 의미를 지니고 있음을 확인해 주고 있다. 한나는 사무엘을 하나님께 바치고 나서 부르는 노래 가운데서 앞으로 임하시게 될 메시아를 찬양하고 있다.

3. 성막 봉사자가 된 사무엘과 엘가나의 집

성막에서 섬기는 일은 자의에 따라 아무나 할 수 있는 일이 아니다. 그것은 하나님께서 요구하시는 조건 가운데서 행해지는 사역이다. 이스라엘 백성은 그 점을 매우 중요하게 여겼다. 사무엘은 어려서부터 하나님의 성소에서 섬기는 자로 받아들여졌다. 이는 사무엘이 성소에서 섬기는 자로서 기본 요건을 갖추고 있었으며 하나님의 인도하심이 있었기 때문이다.

사무엘은 어려서부터 세마포 에봇(18절)을 입고 성막에서 수종들었다. 그가 세마포 에봇을 입었다는 사실은 특별히 구별된 자였음을 의미하고 있다(출 28:4 참조). 사무엘은 어릴 때 평범한 또래 아이들과 함께 뛰어 놀며 성장하지 못했다. 그는 엄마의 품에서 응석을 부리는 일반 가정의 자녀들처럼 자라나지도 못했다. 하나님께서는 사무엘을 다른 보통 아이들과 같이 양육하시지 않으셨던 것이다. 이는 사실 왕적 지위를 가지는 특별한 경우에 해당하는 교육 방법이다.

사무엘은 자라나면서 어릴 때부터 하나님과 사람들로부터 큰 은총을 입었다. "아이 사무엘이 점점 자라매 여호와와 사람들에게 은총을 더욱 받더라"(삼상 2:26). 사무엘이 하나님과 사람들로부터 은총을 입었던 것은 그의 도덕성 때문이 아니었다. 나아가 그의 지혜로움이나 빼어난 용모 때문도 아니었다. 사무엘이 하나님과 사람들로부터 은총을 입었다는 말은 그가 어려서부터 성전에서 수종드는 하나님의 사람으로 인정받았음을 말해주고 있다.

사무엘은 성장하여 제사장이 되기까지 자기의 직분을 온전히 수행했다. 그리하여 그는 이스라엘 민족의 왕은 아니었지만 사사시대 말기에 이스라엘 민족을 영적으로 지도하는 왕과 같은 지위를 가진 제사장이 되었다. 이는 당시 제사장 집안이었던 엘리의 자식들과 극명하게 대비되고 있는 부분이다.

어린 사무엘은 구속사 가운데 특별히 태어나 하나님의 부르심을 입은 인물이었다. 그는 태생부터 보통 아이들과는 달랐다. 그러므로 오늘날 우리가 자기 자식을 사무엘처럼 되게 해달라고 기도하는 것은 올바른 자세가 아니다. 하나님께서는 구속사역을 이룩하시기 위해 특별히 사무엘을 예비하시고 부르셨기 때문이다. 오늘날 누군가 자기 자녀를 그와 같이 양육하려 하거나 스스로 그렇게 되려고 하는 것은 종교적 욕망에 따른 것이다.

하나님께서는 한나가 사무엘을 출산한 후에 그의 집을 순탄하게 인도하셨다. 엘가나의 집은 하나님의 선한 간섭 아래 원만한 생활을 했던 것이다. 한나는 사무엘을 성막 봉사자로 바친 후 하나님의 은혜로 말미암아 세 아들과 두 딸을 더 얻었다. 그 자녀들은 사무엘을 대신하여 하나님께서 한나에게 허락하신 자녀들이다.

"여호와께서 이 여인으로 말미암아 네게 후사를 주사 이가 여호와께 간구하여 얻어 드린 아들을 대신하게 하시기를 원하노라"(20절). 이는 사무엘이 더 이상 엘가나와 한나의 자녀가 아니라 구별된 하나님의 사람임을 천명하고 있다.

4. 제사장들의 패역과 엘리에 대한 경고

하나님을 알지 못하는 불신자가 성소의 제사장 노릇을 할 수 있는가? 그것은 결코 있을 수 없는 일이다. 그렇지만 이스라엘 민족 가운데는 그런 일이 종종 일어났다. 사사시대 말기의 엘리 제사장의 자녀들 역시 그런 악한 자들에 속했다.

"엘리의 아들들은 불량자라 여호와를 알지 아니하더라"(삼상 2:12).

대제사장이었던 엘리의 아들로서 제사장이 된 그들은 하나님을 알지 못하고 무시하는 인물들이었다. 그럼에도 불구하고 그들은 성막에 거주하며 제사장 노릇을 하고 있었다. 그들은 제사장인 아버지를 세습하여 종교적인 형식과 방법을 익혀 제사장 노릇을 했다. 그것은 어리석은 백성들을 종교적으로 기만하고 속이는 악행이다. 그들은 성막에서 봉사했지만 하나님을 섬긴 것이 아니라 백성들을 이용해 자기의 만족을 추구하며 자기 배를 살찌우기에 여념이 없었다.

그들은 제사를 통해 메시아를 소망하며 하나님께 경배드리는 것을 염두에 두지 않았다. 그들은 백성들이 제물로 가져온 고기를 탐낼 따름이었다(13-16절). 나아가 그들은 성막에서 수종드는 여인들과 음행을 저질렀다(22절). 그것은 일시적인 행동이 아니라 저들의 관행이 되어 있었다. 성막을 위해 수종들어야 할 자들이 진정한 성막 봉사자가 아니라 제사장들을 위한 일꾼과 노리개로 변질되어 버렸던 것이다. 그렇게 됨으로써 제사와 관련된 모든 것이 부패하게 되었다.

여호와를 알지 못하고 무시하는 그런 불신자가 제사장이 되어 그럴듯한 의상을 갖추고 성소에서 섬기는 것은 하나님을 모독하는 행위이다. 그들이 그렇게 했다는 것은 모든 백성들을 영적으로 속이고 있었음을 말하고 있다. 그러므로 하나님을 알지 못하는 거짓 제사장들의 죄는 자기들에게만 그치는 것이 아니라 일반 백성들로 하여금 죄를 짓게 한다.

"내 아들들아 그리 말라 내게 들리는 소문이 좋지 아니하니라 너희가 여호와의 백성으로 범과케 하는도다"(삼상 2:24)

엘리의 두 아들들의 악행이 심하므로 인해 여호와께서는 그들을 죽이기로 작정하셨다(25절). 그런 가운데서도 하나님은 자신의 언약을 이루어 가시는 구원 사역을 중단하지 않으셨다(32절). 그들을 죽음에 내어주시겠다는 하나님의 형벌은 최고의 극형이다. 우리는 여기서 여호와를 알지 못하는 자가 종교적 신앙의 이름으로 백성들의 신앙을 혼미케 하는 행위는 죽임의 대상이 된다는 사실을 보게 된다.

이는 현대 교회가 심각하게 반성해 보아야 할 문제이다. 우리 시대에도 불신자가 교회의 교사가 되어 있고 기독교 지도자가 되어 있는 것을 흔히 볼 수 있다. 정신을 바짝 차려야 한다. 하나님의 말씀을 계시된 진리인 줄 알지 못하고 예수 그리스도와 그의 사역을 통해 하나님을 알아가기를 거부한다면 그들은 불신자들이다. 교회 안에 들어와 있는 거짓

교사와 지도자들의 범죄는 자기들에게만 머무는 것이 아니라 일반 성도들로 하여금 범죄케 한다는 사실을 우리는 마음 속 깊이 유념해야 한다.

대제사장 엘리의 아들 홉니와 비느하스가 직분을 세습받아 범죄에 빠졌을 때 하나님의 사자가 엘리 제사장에게 경고했다. 그것은 일차적으로 엘리의 집안에 대한 심판을 예고하는 것이다. 하나님께서는 홉니와 비느하스를 한날에 죽게 되는 것을 그 표징으로 삼겠다고 하셨다.

"네 두 아들 홉니와 비느하스가 한날에 죽으리니 그 둘의 당할 그 일이 네게 표징이 되리라"(삼상 2:34)

성소에서 하나님을 섬기는 제사장은 하나님의 심판을 깨달아야만 했다. 그것을 통해 하나님의 뜻이 드러나게 된다. 그러나 그것은 단순히 엘리 제사장 한 사람이나 개인적인 집안의 문제일 뿐 아니라 전체 이스라엘 민족과 연관된다. 하나님께서 엘리 제사장에게 그의 아들들을 통한 표징을 보여주시겠다고 한 것은 그것이 민족적인 메시지가 될 것이기 때문이었다.

패역한 엘리 제사장의 집안은 결국 몰락하게 되며 저주의 자리에 놓이게 될 것이 예언되었다. 그 후손들은 저들이 제사장 가문이라는 이유만으로 직분의 의미를 알지 못한 채 제사장 직분을 구걸하게 된다. 그들은 제사장 직분이 밥벌이와 생계수단인 것인 양 오해하게 되는 것이다 (36절). 그러나 하나님께서는 그들을 용납하지 않으신다.

5. 하나님께서 새로운 제사장을 세우심

하나님께서는 사사시대 말기 부패한 형편 가운데서 자기 욕망을 채우기에 급급한 제사장들을 심판하시고 그 대신 하나님의 뜻에 합한 새로운 제사장을 세우시고자 했다. 하나님은 그 일을 위해 한나에게 특별히 사무엘을 허락하셨다. 하나님께서는 자기 욕심을 추구하면서 종교놀음을 하는 거짓 제사장이 아니라 자기로 말미암은 진실한 제사장을 원하셨다.

"나를 존중히 여기는 자를 내가 존중히 여기고 나를 멸시하는 자를 내가 경멸히 여기리라"(삼상 2:30)

하나님께서 사무엘을 특별히 세우신 것은 아브라함에게 약속하신 왕국과 왕을 허락하시고자 함이었다. 그 왕국은 인간들이 꿈꾸는 왕국이 아니며 인간들이 세우는 왕에 의해 통치되는 왕국이 될 수 없었다. 이스라엘 백성이 민중의 의사에 따라 사울 왕을 세우고 그를 통치자로 옹립했지만 하나님께서는 그를 거부하셨다.

절차에 따라 사무엘이 사울에게 기름을 붓게 되지만 하나님께서는 그를 승인하시지 않으셨다. 하나님께서 원하시는 왕국과 왕은 하나님이 친히 세우는 왕국과 왕이어야 했다. 하나님께서 사울을 폐위하시고 다윗을 왕으로 세우신 것은 하나님의 놀라운 뜻을 보여주신 것이다.

하나님께서는 사무엘을 통해 이스라엘 왕국의 왕을 일으키시는 동시에 참 메시아 왕국의 왕이신 메시아를 세우기로 예언하셨다. 하나님의 궁극적인 목적은 창세기 3장 15절에 약속한 메시아를 보내는 것이었다. 그를 통해 원수의 세력에 빠져 신음하는 자기 백성을 구원하시고자 하셨다.

"내가 나를 위하여 충실한 제사장을 일으키리니 그 사람은 내 마음, 내 뜻대로 행할 것이라 내가 그를 위하여 견고한 집을 세우리니 그가 나의 기름 부음을 받은 자 앞에서 영구히 행하리라"(삼상 2:35)

하나님께서는 구속사역을 진행시키시면서 사무엘을 제사장으로 세우시고자 계획하셨다. 그 제사장은 메시아와 연관된 왕국을 세우기 위해 하나님의 뜻에 온전히 순종하게 된다. 그가 이스라엘 왕국의 제사장으로서 하나님을 섬기게 되는 것이다.

우리는 여기서 제사장 사무엘의 구속사적 위치를 보아야만 한다. 그는 이스라엘 왕국의 제사장을 대표한다. 그는 성막 제사장으로서 성소와 지성소에서 봉사하는 직무를 지니고 있었다. 그로 말미암아 기름부음을 받아 세워지게 될 왕은 메시아를 잉태한 왕국을 통치할 자였다. 이는 제사장과 왕의 관계가 밀접하게 연결되어 있음을 보여주고 있다.

중요한 것은 하나님께서 새로운 제사장을 세우시고자 하는 목적이 하나님 자신을 위해서라는 사실이다. "내가 나를 위하여 충실한 제사장을 일으키리니"(35절). 이는 이스라엘 민족과 국가를 위한다는 의미에 앞서는 것이다. 새로운 제사장이 감당해야 할 일은 하나님께서 뜻하시는바 사역에 순종하는 것이다. 그러므로 그 중심에는 항상 오실 메시아가 존재하고 있어야만 했다.

하나님께서는 새로 일으키시게 될 바로 그 제사장을 '견고한 집' 으로 세우시겠다(I will build him an enduring house)고 말씀하셨다. "그를" 집으로 세우겠다는 의미가 무엇인가? 이는 그 제사장을 기초로 하여 그의 사역 위에 하나님께서 계획하시는 왕국을 건립하겠다고 하시는 의미이다.

하나님께서 일으키시고자 한 '충실한 제사장' 이란 사무엘을 지칭하고 있으며, '나의 기름 부음을 받은 자' 란 다윗을 의미한다. 아직 사무엘이 제사장으로 세워지기 전이며 다윗이 등장하기 전의 일이다. 나아가 그 상징적 의미는 눈앞의 역사적 현실을 초월하고 있다.

'나의 기름 부음을 받은 자' 란 메시아를 지칭하고 있으며 그가 오실 때까지 견고한 집이 세워지게 될 것을 말하고 있다. 이 말씀을 통해 오실 메시아와 연관된 원근투시적 계시가 예언되고 있다.

제3장 _ 사무엘에게 주어진 특별한 소명과 언약궤로 인한 소동

(삼상 3:1-21; 4:1-22)

1. 여호와의 말씀이 희귀한 시대

사사시대의 이스라엘 백성들은 하나님의 말씀에 더욱 민감해야만 했다. 모세나 여호수아 같은 민족적인 특별한 상시 지도자가 있지 않았기 때문이다. 그럴 때일수록 그들은 이미 주어진 모세의 율법과 여호수아서를 비롯한 기록된 말씀과 제사장을 중심으로 살아감으로써 민족의 존재 의미를 확인해야 했지만 전반적으로 그렇지 못했다.

많은 백성들은 눈에 보이지 않는 하나님을 멀리하고 주변의 강력한 이방국가들을 의식하고 있었다. 그들은 점차 하나님의 말씀으로부터 귀를 막은 채 개별적인 종교적 이성이나 경험에 의존하게 되었다. 하나님의 언약을 기억하며 살아가야 할 그들이 인간적인 판단과 상황에 의존했던 것이다. 그것이 사사시대 말기의 일반적인 상황이었다.

"그때에는 이스라엘에 왕이 없으므로 사람마다 자기 소견에 옳은 대로 행하였더라"(삿 17:6; 21:25)

사사들이 책망했던 것은 그들의 그런 잘못된 신앙의 자세였다. 형편에 따른 개별적 판단은 백성을 살리는 것이 아니라 도리어 고통에 **빠트리게 됨**을 선포했던 것이다. 그러나 그들은 그 악한 상황에서 돌아서지 않았다.

사무엘의 시대가 되었을 때 이스라엘 백성들의 잘못된 신앙의 경향성은 더욱 심해졌다. 그것은 우선 일반 백성들이 아니라 실로에 있는 성막 제사장들로부터 발생하는 문제였다. 당시에는 하나님의 계시가 뜸했었다(삼상 3:1 참조). 이는 이스라엘 백성이 하나님의 뜻을 멀리했음을 단적으로 보여주고 있다. 그것이 모든 백성에게 누룩처럼 퍼져나갔던 것이다. 여기서 우리는 제사장들의 불신앙이 하나님의 뜻 가운데 살아야할 이스라엘 백성들의 관심을 전혀 엉뚱한 데로 이끌어 가게 되었음을 보게 된다.

2. 하나님께서 엘리 제사장이 아니라 사무엘을 부르심

이스라엘 백성이 하나님의 말씀을 떠나 있을 시기에 하나님께서는 사무엘을 구별하여 부르셨다. 출생 때부터 하나님의 특별한 간섭을 받았던 사무엘은 실로에서 성막 제사장을 수종드는 직책을 맡게 되었다. 이는 전적으로 하나님의 인도하심에 따른 것이었다.

제사장 엘리는 나이 많아 늙었으며 눈이 어두워져 앞을 제대로 볼 수 없었다. 엘리 제사장의 육신적인 나약함 가운데서 우리는 그의 영적 무감각 상태를 느끼게 된다. 여기서 우리는 당시 이스라엘 민족의 암울한 형편을 엿보게 되는 것이다. 엘리 제사장의 집안은 이미 제사장이란 직책을 가지고 하나님을 욕되게 하는 그의 아들들로 인해 멸망을 예고 받고 있는 상태였다. 엘리 제사장이 늙어 앞을 보지 못하는 것이 문제가 아니라 그에게 하나님의 말씀이 희귀하여 계시적 환상이 뜸했다는 것이 심각한 문제였다.

육신적으로 힘이 없고 앞을 볼 수 없는 것이 심각한 문제가 아니라 영적으로 힘을 잃고 앞을 바라볼 수 없는 것이 심각한 문제였다. 그런 형편 가운데 있는 이스라엘 민족은 참담할 수밖에 없었다. 그럼에도 불구하고 이스라엘 백성들은 그 사실을 깨닫지 못하고 있었다.

심지어는 제사장 엘리와 그의 자식들인 홉니와 비느하스조차도 그 심각성을 제대로 인식하지 못하고 있었다. 죄로 인해 눈이 가려진 인간들은 하나님의 뜻을 올바르게 알아갈 수 있는 능력을 상실 당하게 된 것이다.

이스라엘 민족이 그런 암울한 형편 가운데 처해 있을 때 하나님께서 사무엘을 구체적으로 부르셨다. 어느 날 엘리 제사장과 사무엘이 실로에 있는 성막 안 처소의 잠자리에 누워있었다. 엘리와 사무엘이 함께 누워있었지만 하나님께서는 제사장 엘리가 아니라 사무엘을 부르셨다(삼상 3:2, 3; 출 27:20, 21 참조). 이는 하나님께서 엘리를 버리고 사무엘을 민족의 선지자로 선택하셨음을 의미하고 있다.

하나님께서 누워있는 사무엘을 부르셨지만 사무엘은 그 부르심이 하나님으로 인한 것인 줄 알지 못했다. 엘리 제사장이 자기를 부르는 것으로 생각했다. 사무엘이 엘리 제사장에게 나아갔지만 엘리 제사장은 그를 부르지 않았으므로 그냥 돌려보냈다. 사무엘은 동일한 음성을 되풀이하여 듣게 되었지만 그는 그것이 하나님의 음성인 줄 알지 못했다.

사무엘은 그때까지 아직 하나님의 계시를 직접 받은 적이 없었으므로 하나님의 부르심을 깨닫지 못하고 있었다(7절). 하나님께서 그렇게 세 번째 사무엘을 부르셨을 때 엘리 제사장은 사무엘을 부르시는 분이 하나님이라는 사실을 깨달았다. 엘리 제사장은 다시 그 음성을 듣게 되거든 여호와 하나님인 줄 알고 그에게 "말씀하옵소서 주의 종이 듣겠나이다" 라고 대답하도록 했다. 그러자 사무엘은 하나님의 음성에 화답할 수 있었다.

> "여호와께서 임하여 서서 전과 같이 사무엘아 사무엘아 부르시는지라 사무엘이 가로되 말씀하옵소서 주의 종이 듣겠나이다 하니"(삼상 3:10)

우리는 여기서 하나님께서 성소의 제사장을 통해 자신을 계시하고 있다는 사실을 알게 된다. 하나님께서는 구약시대에 제사장이나 선지자들을 통해 자신을 계시하셨다. 엘리와 사무엘이 제사장으로 있던 사사시대 말기에도 그러했다.

하나님께서는 그 계시의 말씀이 온 이스라엘 민족에게 전달되도록 하셨다. 하나님은 일반 백성들이 종교적 이성이나 경험을 통해 하나님의 뜻을 짐작하여 자기 소견대로 행하는 것을 금하고 제사장을 통해 계시되는 말씀에 순종하도록 요구하셨다.

3. 엘리 집안에 대한 심판예언과 선지자로 세워지는 사무엘

하나님께서 사무엘을 구체적으로 부르신 것은 새로운 역사적 국면을 위한 하나님의 뜻을 전달하시기 위해서였다. 거기에는 기존의 잘못된 악행을 심판하시고자 하는 하나님의 뜻과 그것을 통해 앞으로 있게 될 구속사적 계획이 드러나고 있다.

하나님께서는 사무엘에게 엘리 제사장의 집안을 심판하시고자 하는 뜻을 분명히 알리셨다. 그는 엘리 제사장과 그 집안에 관한 심판 예언을 엘리에게 직접 말씀하시지 않고 사무엘에게 말씀하셨다. 그리고 하나님께서 엘리의 집안을 심판하시고자 하는 원인이 엘리 제사장에게 있음을 말씀하고 계신다. 즉 하나님을 욕되게 한 그 아들들이 아니라 직접 악행을 저지른 것도 아닌 엘리에게 그 책임을 돌리고 있다.

제3장 _ 사무엘에게 주어진 특별한 소명과 언약궤로 인한 소동(삼상 3:1-21; 4:1-22)

> "내가 그 집을 영영토록 심판하겠다고 그에게 이른 것은 그의 아는 죄악을 인함이니 이는 그가 자기 아들들이 저주를 자청하되 금하지 아니하였음이니라"(삼상 3:13)

하나님께서는 여기서 그 책임을 엘리 제사장의 두 아들들에게 돌리는 것으로 끝내지 않고 그 집안 전체에 대한 심판을 예언하셨다. 그리고 하나님은 그 심판의 책임을 엘리 제사장에게 돌리셨다. 그가 자기 아들들의 저주에 이르는 악행을 방치한 것은 중대한 문제였다. 그러나 엘리 제사장은 그에 대해 명확한 깨달음이 없었다. 그러므로 하나님께서는 그 사실을 사무엘을 통해 말씀하셨던 것이다.

사무엘은 하나님의 계시를 받고 어찌할 바를 몰랐다. 엘리 제사장의 집안을 심판하시고자 하는 하나님의 뜻을 그 당사자에게 전하는 것이 쉽지 않았기 때문이다. 그러나 엘리 제사장은 사무엘이 하나님으로부터 계시받은 불길한 내용을 감지하고 있었다. 그동안 자기를 통해 말씀하시던 하나님께서 이제 사무엘을 통해 말씀하시기 시작한 것은 제사장으로서 자기의 역할이 끝났음을 의미하고 있었다.

엘리 제사장은 사무엘에게 하나님으로부터 받은 계시의 말씀을 가감 없이 그대로 말해줄 것을 요구했다. 말하기 어려운 내용으로 인해 사무엘이 부담을 느끼고 있으리란 점을 알았지만 하나님 앞에서 맹세코 사실 그대로 말해 주기를 바랐다. 그리하여 사무엘은 하나님으로부터 들은 말씀을 엘리 제사장에게 그대로 전했다.

엘리는 하나님의 그 뜻을 받아들일 수밖에 달리 도리가 없었다. 이리하여 하나님께서는 악행에 빠져있는 엘리 제사장과 그의 집안을 버리고 사무엘을 선지자로 부르셨던 것이다.

> "사무엘이 자라매 여호와께서 그와 함께 계셔서 그 말로 하나도 땅에

떨어지지 않게 하시니 단에서부터 브엘세바까지의 온 이스라엘이 사무엘은 여호와의 선지자로 세우심을 입은 줄을 알았더라"(삼상 3:19, 20); "사무엘의 말이 온 이스라엘에 전파되니라"(삼상 4:1)

사무엘의 선지자 직분은 이스라엘 모든 백성에 의해 즉시 승인되었다. 하나님께서 엘리 제사장을 폐하시고 사무엘이 그 직분을 계승했음을 백성들이 깨달았던 것이다. 이로써 사무엘은 하나님의 계시를 받아 전국에 흩어져 있는 열두 지파 온 백성들에게 그것을 선포하게 되었다. 이는 이스라엘 민족의 구속사에 있어서 사사시대의 마감과 새로운 시대의 개막을 예고하는 획기적인 사건이다.

4. 이스라엘과 블레셋의 전투

사무엘이 하나님의 말씀을 계시받기 시작했을 때 이스라엘 민족 가운데 큰 문제가 발생했다. 블레셋을 대항하는 전쟁이 일어났던 것이다. 이스라엘 백성은 블레셋에 대해 선제공격을 감행했다(삼상 4:1). 이는 사사시대 동안 있었던 그 간의 형편을 감안해 볼 때 상당히 특이한 경우이다.

일반적인 경우라면 이스라엘은 외부국가를 정복하기 위한 선제공격을 한 것이 아니라 약속의 땅을 회복하고 보존하기 위한 방어적 전투를 했다. 그때마다 하나님께서 세우신 사사들이 일어나 민족을 보호하셨다.

우리가 여기서 쉽게 알 수 있는 것은 블레셋에 대한 그 전쟁을 일으킨 주체가 엘리 제사장을 비롯한 이스라엘 민족의 지도자들이었다는 사실이다.[5] 실로에 있는 성막 제사장들의 동의 없이 전쟁을 일으킨다는 것

---

[5] 사무엘상 4:12-18에는 패배한 전투현장에서 한 사람의 전령이 실로로 달려가 이스라엘의 패전 사실을 엘리 제사장에게 보고했다. 실로의 엘리 제사장이 최종적으로 보고받아야 할 인물이었다. 이는 실로의 성막이 전쟁의 총지휘본부 역할을 했음을 시사하고 있다.

은 상상할 수 없는 일이다. 당시 엘리 제사장은 이미 하나님의 심판을 경고받고 있는 상태였다. 그의 자식들인 홉니와 비느하스뿐 아니라 집안의 다른 식구들도 그것을 눈치 채고 있었을 것이며 일반 백성들도 그 형편을 어느 정도 감지하고 있었을 것이다.

모든 상황이 최악의 불리한 형편 가운데 처해있는 엘리 제사장과 민족 지도자들의 입장에서는 블레셋과 전쟁을 일으킴으로써 국면전환을 꾀하고자 했을 것이 분명하다. 그들은 이방 민족인 블레셋과의 전쟁에서 승리하게 되면 하나님으로부터 인정을 받을 수 있을지도 모른다고 생각했다. 그리고 그것을 통해 이미 떠난 민심을 웬만큼 돌려놓을 수 있을 것이라 여겼다.

그들은 그것을 마치 신앙의 한 표현인 양 생각했지만 그것은 진정한 신앙이 아니라 도리어 하나님께 저항하는 불신앙에 기인하는 행동이었다. 인간들의 얄팍한 생각으로 하나님과 백성들을 기만하고자 했던 것이다. 하나님의 뜻을 떠난 인간의 모든 생각과 계획은 항상 악할 따름이다.

이스라엘 백성은 블레셋에 대해 선제공격을 감행했지만 그 결과는 참패였다. 이스라엘 군대는 에벤에셀Ebenezer에 진을 치고 블레셋 군대는 아벡Aphek에 진을 쳤다. 양 쪽 군대가 맞붙어 생사를 건 전투를 전개한 결과 사천 명 가량의 군인들이 전사한 이스라엘 백성이 참패했던 것이다. 위기의 상황을 모면하기 위해 벌인 인간적인 목적을 가진 전투에서 하나님이 지켜주시지 않는 것은 지극히 당연하다.

5. 언약궤를 앞세워 전투에 임하는 이스라엘 백성들

선제공격을 감행한 이스라엘이 도리어 블레셋으로부터 참패하자 우선 본진本陣으로 후퇴했다. 그들이 패배했을 때 전쟁의 승리를 위해 고안해낸 생각이 실로에 있는 하나님의 언약궤였다. 하나님의 특별한 도움을 필요로 했던 것이다. 그들은 그 언약궤를 앞세우고 전투를 하게 되면 백전무패하리라는 생각을 하고 있었다.

> "백성이 진으로 돌아오매 이스라엘 장로들이 가로되 여호와께서 어찌하여 우리로 오늘 블레셋 사람 앞에 패하게 하셨는고 여호와의 언약궤를 실로에서 우리에게로 가져다가 우리 중에 있게 하여 그것으로 우리를 우리 원수들의 손에서 구원하게 하자 하니 이에 백성이 실로에 보내어 그룹 사이에 계신 만군의 여호와의 언약궤를 거기서 가져왔고 엘리의 두 아들 홉니와 비느하스는 하나님의 언약궤와 함께 거기 있었더라 여호와의 언약궤가 진에 들어올 때에 온 이스라엘이 큰 소리로 외치매 땅이 울린지라"(삼상 4:3-5)

이스라엘 백성은 하나님의 언약궤만 앞세우면 무조건 승리할 것이라 믿었다. 그것이 엘리를 비롯한 제사장들의 신앙이었으며 이스라엘의 장로들을 비롯한 모든 백성의 믿음이었다. 그렇다면 그것이 과연 진정한 믿음이었던가? 그들은 그것이 하나님을 믿는 신앙인 양 오해했다. 잘못된 신앙은 바로 그런 형태에서 발생하게 되었지만 그들은 그것을 믿음의 한 부분이라 생각했다.

블레셋과 전투를 하면서 그 언약궤를 앞세워 전투에 임하는 자들의 맨 앞에는 다른 사람이 아닌 제사장 홉니와 비느하스가 있었다. 그들은 자신들의 죄를 감추기라도 하려는 듯 언약궤를 뒤따르며 신앙을 과시했다.

우리가 여기서 알 수 있는 것은 홉니와 비느하스는 아직도 자기들의 죄를 제대로 깨닫지 못하고 있는 것으로 보인다는 사실이다. 그리고 하나님께서 엘리를 통해 그들 형제가 한날 죽게 되리라고 예언한 사실(삼상 2:34)과 사무엘을 통해 자신의 집안을 심판하시겠다고 예언(삼상 3:13, 14)하신 의미조차도 올바르게 파악하지 못하고 있는 것 같다. 그러므로 홉니와 비느하스는 블레셋을 상대로 한 전투에서 하나님의 언약궤를 앞세우고 나아가면서 승리할 것이라 믿었다. 그들은 그것이 제사장들이 가질만한 훌륭한 신앙이라고 생각했던 것이다.

이스라엘 백성이 하나님의 언약궤를 앞세우고 전쟁터로 나아갔을 때 이스라엘 백성은 기고만장했던 반면 블레셋 사람들은 그것으로 인해 큰 두려움에 빠지게 되었다. 이는 블레셋 사람들이 여호와 하나님에 대한 소문을 듣고 있었기 때문이다. 그들은 이스라엘 민족의 하나님인 여호와가 애굽에서 어떤 재앙을 내리셨는가 하는 점을 소문을 통해 익히 알고 있었다(삼상 4:8). 이에 대해서는 이스라엘 백성들도 블레셋 사람들이 하나님의 언약궤를 두려워할 것이란 사실을 예견하고 있었던 것으로 보인다.

6. 하나님의 언약궤를 블레셋에게 빼앗김

블레셋 사람들은 이스라엘 백성이 여호와의 언약궤를 앞세우고 전쟁에 임한다는 소식을 듣고 두려움에 빠졌지만 달리 방법이 없었다. 그래서 그들은 더욱 용맹하게 싸우도록 병사들을 격려했으며(삼상 4:9) 그로 인해 블레셋은 다시금 대승을 거두게 되었다. 그 전투에서 이스라엘 군인이 3만 명이나 전사하게 되었다. 그때 홉니와 비느하스도 거기서 같이 죽게 되었다. 앞에서 하나님께서 예언하신 것이 그대로 이루어졌다.

하나님의 언약궤는 블레셋 군대에 빼앗기게 되었다. 그것은 엄청난 충격이었다. 여호와의 언약궤를 앞세우고 싸웠음에도 불구하고 대패했다는 사실도 그러했지만 그 언약궤를 이방인에게 빼앗긴 사실은 엄청난 충격이었다.

블레셋 군대에게 대패한 사실과 제사장 홉니와 비느하스의 죽음, 그리고 언약궤를 블레셋 군대에 빼앗긴 비보悲報가 실로에 있는 엘리 제사장에게 전해졌다. 전투에 참여했던 베냐민 지파 사람 가운데 한 사람이 그 사실을 실로까지 달려와 엘리에게 전했다.

> "소식을 전하는 자가 대답하여 가로되 이스라엘이 블레셋 사람 앞에서 도망하였고 백성 중에는 큰 살륙이 있었고 당신의 두 아들 홉니와 비느하스도 죽임을 당하였고 하나님의 궤는 빼앗겼나이다"(삼상 4:17)

나이가 98세나 되는 엘리 제사장은 하나님의 언약궤를 빼앗겼다는 말을 듣고 그 자리에서 넘어져 목이 부러져 죽었다. 그는 나이가 많고 비둔한 상태였다. 당시 비느하스의 아내는 아기를 잉태하고 산기産氣가 있을 때였는데 언약궤가 빼앗겼다는 소식과 더불어 남편과 시아버지가 죽었다는 말을 듣고 갑자기 조산早産하게 되었다. 그 태어난 아이의 이름을 '이가봇' Ichabod이라 이름지었는데 이는 '하나님의 영광이 이스라엘을 떠났다'는 의미를 내포하고 있다. 하나님의 언약궤가 없는 이스라엘 민족은 아무런 의미가 없었다.

이 일로 말미암아 실로의 성소가 파괴되었다. 이는 나중 언약궤가 블레셋에서 돌아올 때 실로Shiloh가 아니라 기럇여아림Kiriath-jearim으로 가서 20년이 넘는 오랜 기간동안 거기서 머물렀던 사실을 통해 알 수 있다. 실로의 성소가 파괴되었기 때문에 언약궤가 그곳으로 되돌아오지 못했던 것으로 보인다(삼상 7:1, 2). 결국 블레셋과 치른 전쟁으로 인해 이스라엘 백성은 실로의 성소를 파괴당했으며 하나님의 언약궤를 빼앗기게 되었다.

7. 새로운 시대의 예고

하나님께서 엘리 제사장의 집안을 심판하시고 사무엘을 선지자로 세우신 것은 새로운 시대를 예고하고 있다. 그리고 성막과 언약궤를 우상시 하던 백성의 잘못된 신앙을 새롭게 조명해 주신 것은 하나님의 놀라운 은혜이다.

사사시대 말기 이스라엘 백성은 성막과 언약궤를 종교적으로 우상화하고 있었다. 그들은 그것을 통해 조상들에게 주어진 언약과 앞으로 오시게 될 메시아를 소망한 것이 아니라 자기들의 종교적 충성심을 드러내 보이고자 했다. 그것은 참된 신앙이 아니라 인간적인 욕망일 따름이다. 그럼에도 불구하고 그들은 그것을 신앙인 양 오해하고 있었다.

하나님께서는 사무엘을 특별히 선택하심으로써 이스라엘 왕국에 대한 계획을 구체화 하셨다. 그것은 아브라함에게 허락하신 약속으로 인한 것이었다. 그러나 이스라엘 백성들은 신실한 언약을 이루어 가시는 하나님의 뜻을 기억한 것이 아니라 자기들이 세우고 싶어하는 일반적인 왕국에 집착했다.

물론 그들의 입술로는 하나님과 연관된 왕국을 설립하려는 듯 보였지만 그 나라는 어디까지나 자신들을 위한 왕국이었다. 그들은 하나님의 뜻보다 자기들의 목적을 이루기 위한 판단에 의존해 있었다.

오늘날 우리 시대의 교회와 성경의 우상화를 생각해본 적이 있는가? 많은 기독교인들이 교회당을 중요하게 여기며 성경책을 소중하게 생각한다. 그렇다면 그렇게 생각하는 것 자체가 훌륭한 신앙이 될 수 있는가?

하나님께서 자기 피로 값주고 사신 교회의 진정한 의미를 알지 못하고 성경에 기록된 하나님의 놀라운 비밀을 깨닫지 못하고 있다면 그런 신앙은 아무런 의미가 없다. 그럼에도 불구하고 어린 신앙인들이나 교회당 안의 불신자들은 엉뚱한 충성심을 내세움으로써 자기의 종교심을 자랑하고 싶어한다.

구약시대 이스라엘 백성이 성막과 언약궤의 의미를 하나님 편에서 깨달아야만 했듯이 오늘날 우리 역시 교회의 진정한 의미와 하나님께서 계시로 주신 성경말씀의 참된 의미를 하나님의 편에서 깨달아야 한다.

현대의 잘못된 기독교인들은 구약시대의 불신자들처럼 하나님께서 계획하시는 영원한 나라가 아니라 자기가 원하는 이기적인 천국을 추구하고 있다. 그것은 하나님의 궁극적인 뜻이 성취되는 새로운 세계가 아니라 자기의 만족을 위한 또 다른 차원의 욕망의 세계일 따름이다. 그러므로 하나님의 몸된 교회 가운데는 항상 기록된 말씀을 통한 하나님의 뜻이 풍성하게 드러나야만 한다.

제4장 _ 블레셋에 빼앗긴 하나님의 언약궤가 다시 돌아옴

(삼상 5:1-12; 6:1-21)

1. 다곤의 신당에 놓인 언약궤

블레셋 군대는 에벤에셀 전투에서 승리하여 이스라엘 민족의 언약궤를 전리품으로 빼앗았다. 그것은 그들에게 매우 의미 있는 수확이었다. 이는 블레셋의 다곤Dagon 신이 이스라엘 민족의 여호와 하나님에게 승리한 것으로 여겼기 때문이다.

당시 사람들은 일반적으로 신들이 모든 전쟁에 개입하는 것으로 생각했다.[6] 그들은 전쟁의 승리와 패배는 각자 믿고 있는 신들의 영향 아래 있는 것으로 믿었다. 즉 신들의 세력에 따라 승리할 수도 있으며 패배할 수도 있는 것으로 생각했던 것이다. 그것은 결국 신들의 전쟁에 인간들이 참여하여 대리전을 치르는 것과 같은 의미이다.

---

[6] 이는 첨단과학 문명 시대에 살고 있는 현대인들에게도 어느 정도 남아있는 생각이다. 일부 종교인들은 지금도 모든 전쟁은 신의 개입으로 말미암는다고 생각하고 있다. 이는 기독교 신학자들과 목회자들 가운데도 그렇다. 그러나 우리는 막연히 그렇게 생각할 수 없다. 하나님의 구속사를 이루어 가시는 과정에 있었던 특별한 경우가 아니라면 그렇게 말할 수 없다.

블레셋 군대가 이스라엘 백성들에게 승리한 것은 그들의 신 다곤의 승리라 믿었다. 블레셋 사람들은 그 전쟁에 있어서 저들이 섬기는 신인 다곤의 역할이 크다고 생각했다. 결국 에벤에셀 전투에서 블레셋이 승리한 것은 이스라엘의 신에 대한 다곤신의 승리였던 것이다. 그들이 전리품으로 얻은 이스라엘의 언약궤를 아스돗에 있는 다곤의 신당에 보관했던 것은 바로 그런 이유 때문이었다.

하지만 그들은 전리품으로 탈취한 언약궤를 한편 부담스럽게 생각했다. 전쟁에서 승리했음에도 불구하고 그들에게는 이스라엘의 하나님 여호와에 대한 두려움이 여전히 남아 있었다. 그들이 탈취한 언약궤는 오래 전 애굽의 바로 왕을 심판하고 막강한 애굽인들에게 재앙을 내렸던 여호와 하나님이 임재해 있는 성물聖物이었다.

여호와가 비록 블레셋의 신은 아니었지만 그들은 이스라엘 민족의 하나님을 두려워했다. 그 언약궤 역시 부담스러운 물건이었다. 그것은 여호와 하나님에 대한 신앙 때문이 아니라 고대사회의 종교적 관습 때문이었다. 결국 그들이 느끼던 부담은 현실적으로 다가왔다. 전쟁에서 탈취한 그 전리품이 블레셋 사람들에게 점차 골칫덩어리가 되어갔다. 전리품으로 빼앗아 다곤의 신당에 보관하고 있던 언약궤로 인해 그들 가운데 심각한 문제가 발생했기 때문이다.

2. 재앙의 원천이 되는 하나님의 언약궤

블레셋 군대가 처음 이스라엘 백성으로부터 언약궤를 탈취했을 때는 그것이 전리품으로서 승전기념물勝戰記念物로 인식되었을 것이 분명하다. 블레셋 백성들은 다곤신의 승리를 노래하며 축배를 들었을 것이다. 그러나 그것은 단순한 기념물이 아니라 살아있는 성물이었.

그들이 이스라엘 백성들의 언약궤를 빼앗아 다곤신당에 안치해 둔 그

날 밤 예기치 못한 사건이 발생했다. 다곤의 신상이 이스라엘 민족의 언약궤 앞에 엎드려져 있었던 것이다. 이튿날 아침 이방 제사장들은 그것을 다시 일으켜 세워두었지만 다음날에는 그 신상의 목이 부러지고 손목이 끊어진 채 훼파되어 있었다. 그것을 본 다곤신의 제사장들과 블레셋 백성들은 두려움에 떨지 않을 수 없었다.

그 일이 발생하던 순간을 목격한 사람은 아무도 없었다. 즉 언약궤가 다곤신상을 어떤 식으로 가격했는지는 아무도 알지 못했다. 그들이 나중에서야 볼 수 있었던 두 차례의 충격적인 광경은 다곤신상이 크게 훼손된 후의 현장이었다.

다곤신상이 신당에서 훼파된 사건은 그들에게 있어서 엄청나게 불길한 징조였다. 전쟁을 이끄는 다곤신이 파괴된 것은 결코 범상치 않은 사건이었다. 그럼에도 불구하고 그런 일은 발생하고야 말았다. 그것은 모든 블레셋 사람들을 심각한 불안감에 빠지게 하는 원인이 될 수밖에 없었다.

그렇게 되자 여호와의 언약궤는 블레셋 사람들에게 있어서 재앙의 원천이 되었다. 최고의 전리품으로 빼앗은 승리의 감격도 일시적이었을 뿐이었다. 다곤신의 도움으로 인해 전쟁에 승리했다고 믿던 터에 도리어 그 언약궤로 인해 다곤신상이 파괴된 것을 보고 엄청난 충격을 받았을 것은 지극히 당연하다.

이제 블레셋 사람들은 피흘리는 전쟁보다 훨씬 더 심각한 고민에 휩싸이게 되었다. 그들은 전리품으로 빼앗은 그 언약궤를 어떻게 처리해야 할지 몰랐다. 그런 가운데서도 그들은 다곤신상이 훼파된 사건이 이스라엘의 언약궤 때문이 아니라 우연히 일어난 일이기를 바라는 마음 간절했다.

그들은 다곤신상의 훼파가 과연 그 언약궤 때문인지 여부를 확인하는 작업을 시도하고자 했다. 그것은 우연히 발생한 사건일 수 있다는 마지막 기대를 버릴 수 없었다. 그들의 입장에서 본다면 전쟁을 승리로 이끈 다곤신이 이스라엘의 신보다 약하다는 사실을 인정하기 싫었던 것이다.

이미 자기 백성을 지키지 못하고 패배케 한 여호와보다 자기들에게 승리를 안겨준 민족 신인 다곤이 약하리라고는 상상조차 하기 싫었을 것이다. 즉 블레셋의 다곤이 이스라엘의 여호와를 제압하고 승리했다는 사실을 끝까지 믿고 싶었을 것이 분명하다. 그것이 다곤신에 대한 블레셋 사람들의 신앙이었다.

블레셋 민족의 지도자들은 논의 끝에 전리품으로 빼앗은 언약궤를 아스돗Ashdod에서 가드Gath로 옮기기로 결정했다. 언약궤가 가드에 있으면서 아무런 일이 발생하지 않는다면 더 이상 언약궤를 두려워할 필요가 없었다. 그들은 언약궤를 옮기면서 아스돗의 신당에서 다곤신의 머리가 부러지고 손목이 잘리게 된 것이 우연이기를 기대했다. 적어도 여호와의 언약궤로 말미암아 그런 끔찍한 일이 발생한 것이 아니기를 바랐다.

가드로 옮겨진 언약궤로 인해 그 곳 사람들에게는 이전보다 더욱 심각한 문제들이 발생하게 되었다. 하나님께서는 언약궤를 옮겨간 가드 지역에 무서운 독종의 재앙을 내리셨다. 그러자 블레셋 사람들은 자기들의 신 다곤을 치고 일반 백성들에게 재앙을 내리는 이스라엘의 하나님을 두려워하지 않을 수 없었다. 그것은 정말 충격적인 일이었다. 설마 그럴까 생각하며 일말의 기대를 가졌던 모든 것이 한꺼번에 무너지게 되었다.

가드 지역에 살고 있던 블레셋 사람들이 심한 독종의 재앙에 시달리자 민족 지도자들은 그 언약궤를 또다시 에그론Ekron으로 보내기로 결정했다. 언약궤가 에그론에 도착했을 때 이번에는 그곳 주민들이 자기들을 죽이려 한다며 그 언약궤가 들어오는 것을 강하게 거부했지만 어찌할 도리가 없었다.

여호와의 언약궤로 인해 많은 블레셋 사람들이 죽었으며 심각한 독종으로 인한 질병에 시달렸다. 언약궤가 블레셋의 큰 성읍들을 옮겨 다니는 동안 블레셋 사람들이 엄청난 재앙을 겪게 되자 지도자들은 그 언약궤를 이스라엘 민족에게 돌려보내기로 작정했다. 그들은 이스라엘의 언약궤가 블레셋 사람들에게 승리의 기쁨을 기념케 하는 것이 아니라 죽음과 고통을 몰고 온다는 사실을 알게 되었다.

3. "이스라엘의 신께 영광을 돌리라(?)"(6:5)

블레셋 지도자들은 하나님의 언약궤를 이스라엘에게 돌려주기로 결정했지만 어떤 방식으로 그 일을 실행해야 할지 알지 못했다. 자칫 잘못하면 더 큰 재앙을 몰고 올 수 있다는 불안감 때문이었다. 그러므로 그들은 다곤신을 섬기는 제사장들과 복술자ㅏ術者들을 불러모아 자문을 구했다.

물론 이방의 종교인들이 그에 대한 올바른 방안을 제시할 수 없었다. 그러나 그들은 블레셋의 제사장들로서 그 자문을 피할 수도 없었다. 어떤 형식으로든 나름대로 방법을 제시할 수밖에 없는 것이 그들의 입장이었다.

블레셋의 다곤신 제사장들은 놀랍게도 언약궤를 돌려보내면서 특별한 제사를 지내도록 주문했다. 원만한 해결을 위해서는 이스라엘의 신에게 속건제를 드리라고 했던 것이다. 여기서 속건제라 함은 그 본질상 레위기에 나오는 이스라엘 민족이 말하는 속건제와는 전혀 다른 의미이다.7) 그들이 말하는 속건제의 의미는 면죄제사免罪祭司로서 블레셋인들의 개념에서 나온 잘못을 비는 제사행위를 말한다.

그들은 그렇게 함으로써 이스라엘의 하나님 여호와로부터 오는 재앙을 면하고자 했던 것이다. 그러자 블레셋 민족 지도자들은 어떻게 구체적인 제물을 준비하여 제사를 드려야 할지 또다시 다곤 제사장들에게 자문을 구했다.

이방 제사장들은 블레셋의 아스돗, 아스글론, 가드, 가사, 에글론 등 다섯 성읍의 방백들을 위하여 금 독종 다섯과 금 쥐 다섯을 만들어 이스라엘의 신 여호와를 위한 제물로 삼도록 요구했다(삼상 6:17, 18). 그들은 그것들이 금으로 만든 독종과 쥐의 형상이어야 함을 강조했다.

그런데 여기서 놀라운 사실은 그들이 '이스라엘 하나님께 영광을 돌리라'라고 요구하고 있다는 사실이다. 불신자들인 이방 제사장들이 이스라엘의 여호와 하나님께 영광을 돌리라고 말하고 있다.

"너희는 너희 독종의 형상과 땅을 해롭게 하는 쥐의 형상을 만들어 이스라엘 신께 영화를 돌리라"(삼상 6:5)

이것이 과연 가능한 말인가? 블레셋의 다곤신 제사장들은 그 자체로서 여호와 하나님을 욕되게 하는 자들이다. 불신자인 그들이 블레셋 사람들에게 이스라엘의 언약궤 앞에서 여호와 하나님께 영광을 돌리라고 요구하고 있다. 그들은 금으로 된 쥐의 형상을 통해 여호와에 대한 모독

---

7) 사무엘상 6장 3, 4절의 영어성경 KJV에서는 이를 'a trespass offering' 이라 번역하고 있으며, 한글번역 성경 중 「공동번역 성경」에서는 이를 '면죄제물'로 번역하고 있다. 필자는 이를 '속건제'로 번역하기보다는 '면죄제물'로 번역하는 것이 바람직한 것으로 이해한다. 속건제라는 말은 일반적인 용어가 아니므로, 이스라엘 민족의 제사의례와 블레셋 사람들이 말하는 의미가 혼동될 우려가 있기 때문이다.

을 꾀하면서도 그것을 하나님께 영광을 돌리는 것이라 착각하고 있다.

이스라엘의 언약궤가 일곱 달 동안 블레셋의 여러 지역을 옮겨 다니면서 심각한 재앙을 내리는 것을 본 그들이 이스라엘의 신에게 화해를 요청하도록 요구하고 있다. 그들은 언약궤를 위한 특별한 제사를 지내야만 재앙의 문제를 해결할 수 있는 것으로 보았다. 그것은 민족적 위기를 모면하기 위한 종교적 방편이었다. 그들은 금 독종 다섯과 금 쥐 다섯 마리를 만들어 이스라엘의 하나님께 바치면 현실적으로 처한 위기를 모면하게 될 것이라 생각했던 것이다.

그렇지만 그들이 "이스라엘의 신께 영광을 돌리라"(6:5)고 한 말은 하나님을 욕되게 하는 가증한 말이다. 그것은 하나님께 영광을 돌리는 것이 아니라 도리어 하나님을 모독하는 행위였다. 우상을 통한 하나님 경배란 결코 있을 수 없는 일이었지만 그것이 불신자인 이방 제사장들의 종교적 한계였다.

다곤신 제사장들의 말에 따라 블레셋 사람들은 금 독종과 금 쥐 형상의 제물을 준비하고 새 수레를 만들어서 멍에를 메어보지 않은 어미 소 두 마리를 선택했다(삼상 6:7). 그들은 그 수레에 언약궤를 싣고 또 다른 시험을 하고자 했다. 언약궤를 실은 소들이 수레를 끌고 벧세메스Beth-Shemesh로 가면 지금까지 이스라엘의 신 여호와가 재앙을 내린 것이지만 그렇지 않고 다른 곳으로 가게 되면 그 모든 것은 우연히 일어난 것이라고 보는 일종의 점괘를 내어놓았다(삼상 6:9).

블레셋의 지도자들은 금 독종, 금 쥐 형상을 지닌 물건들을 담은 상자를 수레에 싣고 언약궤를 태운 수레를 이스라엘 지역으로 보냈다. 그러자 언약궤와 금 형상들이 담긴 상자를 실은 그 수레는 다른 곳으로 가지 않고 곧장 벧세메스로 갔다. 그렇게 되자 그동안 있었던 모든 재앙은 이스라엘의 신으로 말미암은 것이라 확신하게 되었다. 블레셋의 방백들은 언약궤를 실은 수레가 벧세메스 지경으로 갈 때까지 그 뒤를 따라갔다.

블레셋 사람들이 여호와의 언약궤를 위해 바친 우상제물들과 제사는 하나님을 모독하는 역겨운 종교행위였다. 우리가 여기서 주의 깊게 생각해야 보아야 할 점은 이방 제사장들로 하여금 언약궤와 연관하여 여호와를 섬기게 한 그 죄의 원인이 이스라엘 백성에게 있다는 사실이다. 여호와 하나님을 모르는 자들이 가증스런 제사의 형식으로 하나님을 모독하는 것은 오히려 자연스러울 수 있다. 그들은 하나님을 알지 못하는 가증한 이방 제사장들이었기 때문이다.

이방 종교인들이 특별한 재앙이나 징벌이 여호와로 말미암는다는 사실을 알고 그에게 우상제물을 바치며 제사를 지내는 것은 하나님을 영화롭게 하는 것이 아니라 도리어 모독하는 종교행위였다. 나아가 그런 환경을 제공한 원인은 이스라엘 백성들에게 있었으므로 그것은 기본적으로 이스라엘의 죄악상으로 보아야 한다.

4. 벧세메스로 돌아온 언약궤

벧세메스 사람들은 하나님의 언약궤가 블레셋 사람들로부터 돌아오는 것을 보고 매우 기뻐했다. 그들이 기뻐했던 까닭은 과연 무엇 때문이었을까? 그들은 언약궤의 진정한 의미를 생각하며 기뻐했던 것이 아니라 언약궤를 빼앗김으로 인해 그동안 느꼈던 불안감과 공허함이 해결되었기 때문에 기뻐했을 뿐이다.

언약궤를 실은 수레가 블레셋으로부터 벧세메스의 '여호수아의 밭'(the field of Joshua)이 있는 곳에 도착했을 때 그 곳에 멈추어 섰다. 그때부터 레위인들이 그 언약궤를 받아 관리를 담당하고 금 형상들이 담긴 상자를 그곳에 내려놓았다.

백성들은 블레셋 사람들이 우상 제물로 가져온 금 형상들을 버리고 나무로 된 수레를 부숴 그것을 끌고 온 소를 잡아 하나님께 번제로 바쳤다. 그들은 금으로 된 우상 덩어리가 아니라 살아있는 동물을 잡아 언약궤 앞에서 하나님께 번제와 희생 제사를 드렸던 것이다.

블레셋 사람들은 그것을 보고 난 후 블레셋의 에글론으로 되돌아갔다. 그동안 골칫덩어리였던 이스라엘 민족의 언약궤가 무사히 자기들 곁을 떠나게 되자 안도의 한숨을 쉴 수 있었을 것이다.

언약궤가 도착한 그때 이스라엘 백성들 가운데 전혀 예기치 못한 놀라운 사건이 발생했다. 그것은 언약궤를 들여다 본 많은 벧세메스 사람들이 한꺼번에 죽임을 당했기 때문이다. 여호와 하나님께서 그들을 죽이셨다. 하나님께서 그들을 죽이신 까닭은 그들이 하나님의 언약궤를 들여다봤기 때문이었다(삼상 6:19).

그렇다면 그것이 생명을 잃어야 할 만큼 중대한 죄였는가? 하나님께서는 이스라엘 백성이 출애굽했을 때 이미 그에 대해 엄중한 경고를 하신 적이 있다. 하나님께서는 자신의 뜻을 벗어나 마음대로 거룩한 영역에 범접하는 자들을 죽이겠노라고 경고하셨다.

> "너는 백성을 위하여 사면으로 지경을 정하고 이르기를 너희는 삼가 산에 오르거나 그 지경을 범하지 말지니 산을 범하는 자는 정녕 죽임을 당할 것이라"(출 19:12);
> "여호와께서 모세에게 이르시되 내려가서 백성을 경고하라 백성이 밀고 들어와 나 여호와에게로 와서 보려고 하다가 많이 죽을까 하노라"(출 19:21)

언약궤가 돌아옴으로 인해 기쁨에 들떠 있던 많은 사람들이 죽음을 당했던 것은 이와 연관된다. 하나님의 뜻을 벗어나 호기심을 가지고 언약궤를 들여다본 이스라엘 백성들을 하나님께서 죽이셨다. 백성들은 그 소식을 듣고 도리어 깊은 슬픔에 잠겼다. 언약궤로 인해 기뻐하던 자들이 도리어 엄청난 슬픔에 빠지게 되었다.

지난 번 에벤에셀에서 있었던 블레셋과의 전투에서 특별한 능력을 보여주지 않았던 언약궤가 이스라엘 백성들을 죽이는데 있어서 엄청난 능력을 발휘했다. 그것은 전혀 예견치 못한 사건이었다. 우상제물을 바쳤던 블레셋 이방인들을 저들의 땅으로 그냥 돌려보낸 하나님께서 70명이나 되는 이스라엘 사람들을 죽이셨다.

이것은 무엇을 의미하는가? 우리가 분명히 알 수 있는 것은 그 언약궤에 하나님께서 임재해 계신다는 사실이다. 언약궤가 일곱 달 동안 블레셋에 있을 때에도 하나님께서는 거기 계셨으며 지금 이스라엘 진영으로 옮겨왔을 때도 하나님은 여전히 그 언약궤 가운데 임재하고 계셨다.

그러나 이스라엘 백성들은 그 언약궤 자체가 가지는 진정한 상징적 의미를 알지 못했다. 언약궤 안에 들어있는 모세의 두 돌판과 아론의 움이 돋고 순이 나고 꽃이 핀 지팡이, 그리고 만나가 든 금항아리는 메시아에 대한 하나님의 궁극적인 의미를 지향하고 있다. 즉 그것은 율법과 왕의 홀과 생명을 상징하는 것으로 메시아 왕국을 예표하고 있다.

이스라엘 백성은 언약궤가 의미하고 있는 그 진정한 의미가 아니라 자기들에게 유익을 안겨주는 현실적 상황에만 관심을 기울이고 있었다. 그런 생각을 하면서 언약궤를 들여다보는 이스라엘 백성들을 죽음에 내어줌으로써 하나님께서는 자신의 존재와 언약궤의 의미를 다시금 선언했다. 그들은 하나님의 언약궤가 가까이 있는 것 자체로써 얻을 유익이 있을 것이라 생각했지만 그것은 전혀 그렇지 않았다.

이로 인해 벧세메스 사람들은 하나님의 언약궤를 기럇여아림Kiriath Jearim으로 옮겨가도록 요구했다. 그 후 언약궤는 한참 동안 기럇여아림에 정착하게 된다. 하나님의 언약궤는 항상 하나님께서 원하시는 곳에 있어야만 했다.

성막이 예루살렘의 모리아 산 위에 정착되기까지 성막과 법궤는 항상 하나님의 인도하심에 따라 움직여야 했던 것이다. 시내광야에 있을 때부터 구름기둥 및 불기둥과 더불어 성막과 법궤를 인도하시던 하나님께서 약속의 땅 가나안에서도 자신의 뜻 가운데 인도하시기를 원하셨다.

5. 사사시대 말기와 유사한 우리시대의 기독교

진정한 신앙의 의미를 알지 못하던 사사시대의 이스라엘 백성들은 언약궤 자체가 저들에게 적절한 효력을 발휘할 것이라 믿었다. 그리고 그들은 그것을 가까이 두게 되면 특별한 도움을 받게 되리라 생각했다. 그러나 그것은 언약궤를 마치 종교적 부적符籍처럼 간주함으로써 하나님을 모독하는 행위이다.

언약궤를 어느 정도 가까운 위치에 두고 있는가 하는 것이 문제가 아니다. 중요한 것은 그에 대한 진정한 구속사적 의미를 얼마나 올바르게 알고 그것을 통해 하나님을 섬기느냐 하는 것이다. 다수의 이스라엘 백성들은 자기의 종교적 목적에 따라 언약궤를 섬기고자 했지만 그것은 참된 신앙이 아니었다. 그러므로 하나님께서는 이스라엘 백성들의 언약궤에 대한 신앙이 참된 신앙이 아니라 우상숭배적인 것임을 알려주셨다.

현대는 전반적으로 배교의 시대가 되어 버렸다. 하나님을 믿는다고 하지만 성경의 교훈을 떠나 자기 취향에 따른 신앙생활을 하는 자들이 넘쳐나고 있다. 그런 자들은 하나님을 섬긴다는 종교적 사고의 틀 위에 말과 행동을 동반하면 그것 자체로써 신앙이 보증되는 것인 양 오해하고 있다.

나아가 우리 시대에는 이방 종교를 믿는 불신자들도 기독교의 하나님을 높이고 있는 듯이 말하는 것이 전혀 이상하지 않다. 이는 마치 사사 시대 말기 블레셋의 다곤신을 섬기는 제사장들이 하나님의 언약궤 앞에서 '이스라엘의 하나님께 영광을 돌리자'고 말한 것과 유사하다. 신앙이 어린 기독교인들과 불신자들은 그것이 어느 정도 가능한 것처럼 종교적으로 착각하고 있다.

앞에서도 언급한 것처럼 블레셋의 다곤신 제사장들이 그런 종교행위를 하게 된 것은 전적으로 악한 이스라엘 백성들 때문이었다. 그런 저주스런 신앙 행태의 원인을 제공한 자들은 다름 아닌 이스라엘 백성이었다. 이스라엘 백성들이 하나님의 언약궤에 대한 올바른 신앙을 가지고 있었다면 결코 그런 일이 발생할 수 없었다.

그와 유사한 일은 우리 시대 기독교 내에서 빈번히 일어나고 있다. 불신자들이라 해도 기독교의 하나님을 노래할 수 있다는 엉뚱한 생각을 하는 자들이 많다. 그들은 여호와 하나님을 올바르게 알지 못하지만 하나님을 찬양할 수 있다고 착각하고 있다. 종교의 외형을 익힌 불신자들이 기독교적 음악을 하며 춤을 추고 종교적 예술행위를 하는 것은 그와 연관된다.

나아가 기독교 행사에 불신자들이 참석하여 축하하는 것은 일반적이 되었다. 최근에도 그와 유사한 기독교적 행사가 있었다.[8] 기독교인들이 불신자들을 불러 축하 메시지를 전달하도록 하는 것은 하나님을 욕되게 하는 일이다. 불신자들이 기독교 행사에 참여하여 축하하는 일은 그들의 자발적인 행위가 아니라 악한 기독교인들의 초청에 의해 그것이 이

---

8) 「한국기독신문」 2006년 12월 9일(토요일)자 기사: "2006년 12월 5일 열린 제1회 기독교 문화대상 시상식이 있었다. 이번 문화대상 시상식에서 가장 관심을 끌었던 것은 축사자들이었다. 당시 부산시장은 불신자임에도 불구하고 성경구절을 인용하며 마치 독실한 기독교 신자처럼 멋진 축사를 하였으며, 또한 교육감은 불교의 모 사찰 신도회장이지만 '가난하고 낮은 곳으로 오신 주 예수 그리스도'를 언급하였으며 이번 시상식을 축하했다".

루어지고 있다는 사실을 우리는 기억해야 한다.

　이스라엘 민족의 언약궤는 항상 마땅히 있어야 할 자리에 있어야 함을 잊어서는 안 된다. 그것이 이방의 엉뚱한 지역으로 떠나게 된 것은 이스라엘 백성들의 잘못된 신앙행위 때문이었다. 블레셋 사람들이 하나님의 언약궤를 그냥 탈취하거나 훔쳐간 것이 아니라 이스라엘 백성이 그 원인을 제공했던 것이다. 하나님의 거룩한 언약궤를 자기들의 목적을 위해 이용하려던 이스라엘 백성의 우상적인 신앙이 그런 일을 발생하도록 했던 것이다.

　하나님께서는 그 언약궤를 통해 블레셋 사람들을 엄하게 징벌하셨다. 언약궤가 하나님을 알지 못하는 불신자들에게 심판의 원인이 되었던 것이다. 그에 대해서는 이스라엘 민족 가운데 이기적 종교심을 가진 자들에게도 동일하게 적용되었다.

　우리는 비신앙적인 목적을 가지고 하나님께 가증한 제물을 바치며 제사 지내는 불신자들을 견제할 수 있어야 한다. 그들이 설령 종교적으로 순수한 마음을 가졌다 할지라도 결코 그것 자체로써 용납될 수 없다. 하나님을 예배하는 경건한 자리에서 불신자들로 하여금 악기를 연주하게 하고 노래를 부르게 하는 것도 그와 동일한 문제이다. 나아가 그렇게 하는 종교행위를 방치하면서 도리어 그것을 독려하는 행위 역시 하나님을 모독하는 무서운 죄악이다.

　우리 시대에도 불신자들은 하나님 앞에 금 독종과 금 쥐를 만들어 바치기도 하며 그렇게 하도록 어리석은 교인들을 유혹하는 거짓 지도자들이 많이 있음을 기억해야 한다. 값비싼 금 독종과 금 쥐 형상을 끊임없이 양산해 내는 현대 기독교를 우리는 정신 차려 견제하지 않으면 안 된다.

제5장 _ 미스바Mizpah 성회

(삼상 7:1-17)

1. 기럇여아림의 언약궤

블레셋 사람들에게 빼앗겼던 하나님의 언약궤가 벧세메스를 거쳐 기럇여아림에 안치되었다. 벧세메스 사람들의 요청을 받은 기럇여아림 사람들이 언약궤를 가져와 아비나답의 집에 들여다 놓았던 것이다. 그리고 아비나답의 아들 엘리아살을 거룩하게 구별하여 그로 하여금 언약궤를 지키게 하였다.

언약궤는 그때부터 20여 년 간 그곳에 머물러 있게 되었다. 아직 예루살렘을 정복하기 전이었으므로 당분간 그곳에 있을 수밖에 없었다. 그렇지만 하나님의 언약궤가 궁극적으로 안치되어야 할 곳은 앞으로 건립될 모리아 산 위의 예루살렘 성전이었다.[9] 사사시대 말기의 이스라엘 백성들은 그 점을 기억하며 살아야 할 자들이었다.

사무엘은 언약궤가 기럇여아림에 안치된 후 이스라엘 백성들에게 강

---

9) 예루살렘성의 모리아 산 위에 성전이 건립되고 그 안의 지성소에 하나님의 언약궤가 안치되어야 하는 까닭은 아브라함이 이삭을 바친 산이 바로 그 곳이기 때문이다.

한 경고의 메시지를 전했다. 그들 가운데 있는 모든 이방신들을 철저히 제거하고 오직 여호와 하나님만 섬겨야할 것을 요구했다.

> "사무엘이 이스라엘 온 족속에게 일러 가로되 너희가 전심으로 여호와께 돌아오려거든 이방 신들과 아스다롯을 너희 중에서 제하고 너희 마음을 여호와께로 향하여 그만 섬기라 너희를 블레셋 사람의 손에서 건져내시리라 이에 이스라엘 자손이 바알들과 아스다롯을 제하고 여호와만 섬기니라"(삼상 7:3, 4)

사무엘의 경고를 들은 이스라엘 백성은 모든 이방신들을 제거했다. 그들은 저들 가운데 존재하고 있던 바알신과 아스다롯신을 철저히 제거하고자 했다. 사무엘은 이스라엘 백성이 이방신들을 완전히 제거할 때 하나님께서 구원의 손길을 펼치게 될 것이라는 점을 분명히 밝혔다.

우리가 여기서 주의 깊게 생각해 보아야 할 것은 당시 이스라엘 백성들이 과연 여호와 하나님을 완전히 버리고 바알과 아스다롯신만을 섬겼을까 하는 점이다. 분명한 것은 그들이 결코 바알과 아스다롯신만 섬긴 것이 아니었다는 사실이다. 그들은 여호와 하나님을 섬기면서 동시에 바알과 아스다롯신을 섬겼던 것이다. 즉 그들은 입으로는 여호와를 섬긴다고 하면서 속마음으로는 이방의 풍요의 신들인 바알과 아스다롯신을 동시에 섬기고 있었다.

이에 대해서는 그 후 엘리야의 사역 가운데서도 볼 수 있다. 이스라엘 왕국 시대 엘리야 선지자가 갈멜산에서 맞서 싸웠던 바알 선지자와 아세라 선지자들은 이스라엘 민족 가운데 있는 선지자들이었다. 즉 그들은 입으로는 여호와 하나님을 섬긴다고 하면서 바알과 아세라를 동시에 섬기던 거짓 선지자들이었다. 이 점에 대해서는 이스라엘 왕국의 아합 왕과 엘리야의 대화 가운데서 분명히 알 수 있다.

"오바댜가 가서 아합을 만나 고하매 아합이 엘리야를 만나려 하여 가다가 엘리야를 볼 때에 저에게 이르되 이스라엘을 괴롭게 하는 자여 너냐 저가 대답하되 내가 이스라엘을 괴롭게 한 것이 아니라 당신과 당신의 아비의 집이 괴롭게 하였으니 이는 여호와의 명령을 버렸고 당신이 바알들을 좇았음이라 그런즉 보내어 온 이스라엘과 이세벨의 상에서 먹는 바알의 선지자 사백 오십인과 아세라의 선지자 사백인을 갈멜산으로 모아 내게로 나오게 하소서"(왕상 18:16-19)

우리가 여기서 분명히 알 수 있는 것은 바알 선지자와 아세라 선지자들이 순수 이방인들이 아니었다는 사실이다. 그들은 이스라엘의 아합 왕 정부에 속하여 녹을 받고 있던 종교적인 공직자들이었다. 즉 그들은 배교한 이스라엘 종교 지도자들이었다. 그들은 이스라엘의 권력층에 붙어 기생하면서 일반 백성들을 잘못된 종교의 길로 인도하던 악한 자들이었다.

사실 그런 자들은 이전의 사사시대에도 있었으며 이스라엘 왕국시대에도 되풀이하여 일어났다. 그리고 거짓 선지자들은 기독교 역사 가운데 숱하게 많이 있었으며 우리 시대에도 그런 분위기가 만연해 있다. 여호와 하나님에 대한 굴절된 신앙과 이방인들이 섬기는 풍요의 신을 추구하는 이교신앙異敎信仰이 뒤섞여 있음에도 불구하고 어린 신앙인들은 그것을 제대로 분별하지 못하고 있을 따름이다.

2. 미스바[10] 성회

당시 이스라엘 백성들은 혼합주의적 종교사상에 깊숙이 빠져있었다. 그들은 입으로 여호와를 섬긴다고 하면서 속으로는 바알신과 아스다롯

---

[10] 미스바는 야곱이 외삼촌 라반의 추격을 피해 도망하다가 그를 만나 하나님 앞에서 세운 언약의 장소이다. 라반은 하나님으로 인해 야곱에게 해를 가하지 못했다. 하나님께서 야곱을 보호하셨던 것이다. 하나님은 특별한 은혜 가운데 언약을 세웠던 내용이 창세기 31:49에 기록되어 있다.

신 등 이방신들을 섬겼다. 진리에서 멀어진 그들은 스스로 이스라엘의 하나님을 믿는다고 생각했지만 실제로는 이방의 풍요의 신들과 연관된 신앙을 추구하고 있었다.

사무엘은 그런 혼합주의에 빠진 이스라엘 백성들에게 강한 경고의 메시지를 전했다. 그것은 사는 길이 아니라 도리어 죽음의 길이었기 때문이다. 백성들을 향한 강한 경고의 메시지를 발한 사무엘은 온 이스라엘 백성들을 미스바로 불러모았다. 그는 그곳에서 특별히 행해야 할 일이 있었다.

> "온 이스라엘은 미스바로 모이라 내가 너희를 위하여 여호와께 기도하리라"(삼상 7:5)

우리는 여기서 매우 특별하고 중요한 정황을 보게 된다. 사무엘은 이스라엘 백성들의 신앙이 새로워져야 할 것을 분명히 알고 있었다. 그러므로 그는 미스바에서 온 이스라엘 백성을 위해 기도하겠다고 말했던 것이다. 이는 하나님과의 진정한 교제를 회복하는 것이 이스라엘 민족의 급선무라는 점을 말해주고 있다.

여기서 우리는 사무엘이 이스라엘 민족 가운데서 절대적인 위치를 차지하고 있다는 사실을 알게 된다. 온 이스라엘 백성이 신앙의 갈피를 잡지 못하고 혼합주의적 경향에 빠져 있을 때 민족의 사사이자 선지자인 사무엘은 하나님의 편에 온전히 서 있던 특별한 신앙의 인물이었다. 하나님께서는 그를 통해 이스라엘 백성에게 은혜를 베풀고자 하셨다.

이스라엘 백성이 사무엘의 말을 듣고 미스바에 모였을 때 그들은 여호와 하나님께 제사를 드리고 금식하며 저들의 죄를 회개했다. 그들이 회개했던 내용은 하나님을 온전히 따르지 않음으로써 범죄했다는 것이었다. 영원한 구속을 베푸시는 여호와 하나님을 바라보지 않고 눈앞에 있는 풍요와 번영을 추구하기 위해 이방의 바알과 아스다롯신을 무분별하게 섬긴 죄악에서 돌이켰던 것이다.

미스바의 성회는 결코 형식적인 것이 아니었다. 그리고 저들의 종교심을 과시하고자 하는 지도자들의 비뚤어진 심성에서 나온 것도 아니었다. 나아가 외부에 종교적인 세력을 과시하고자 하는 지도자들의 정치적 목적에 의한 것도 아니었다. 그들이 미스바에 모였던 것은 하나님의 사사요 선지자인 사무엘의 요청에 의해 이루어진 것이었다.

그들은 그곳에 모여 종교적 조직을 강화하고자 하지 않았으며 단지 여호와 하나님 앞(Coram Deo)에 올바르게 서고자 했다. 그 일을 위해 사무엘과 이스라엘 백성은 하나님께 진정한 제사를 드렸다. 그리고 바알과 아스다롯 등 이방의 풍요의 신들을 섬긴 죄악에서 돌이켰다. 따라서 그들은 저들 가운데 존재하고 있던 풍요의 신들인 바알과 아스다롯 등 이방신들을 철저히 제거했던 것이다.

3. 블레셋의 침공과 하나님의 보호

이스라엘 백성이 미스바에 집결한 이유는 블레셋을 침공하기 위해서가 아니었다. 그들이 그 곳에 모인 근본적인 목적은 하나님 앞에서 저들의 잘못된 신앙을 철저히 회개하기 위함이었다. 그리고 풍요의 신앙을 추구하던 이방종교의 풍조로부터 여호와 하나님께 온전히 돌아서기 위해서였다. 사무엘을 통해 그 길만이 오로지 참 살길이라는 사실을 깨닫게 되었던 것이다.

그러나 블레셋 사람들의 눈에는 미스바에 집결한 이스라엘 백성의 모습이 그렇게 비쳐지지 않았다. 그들은 이스라엘 백성이 블레셋을 대항하여 전쟁을 준비하는 것으로 생각했다. 이스라엘 백성이 미스바에 집결한 사실을 알게 된 블레셋 사람들은 그들이 전쟁을 준비하는 것으로 여겨 미리 전쟁을 일으켰다. 블레셋 군대가 이스라엘 백성에게 선제공격을 감행해왔다.

이스라엘 백성이 미스바에 모였던 까닭은 전쟁을 위해서가 아니라 하나님 앞에 회개하기 위함이었으므로 그들의 손에는 충분한 무기가 들려져 있지 않았다. 그들은 전쟁 준비를 하고 있었던 것이 아니었다. 따라서 그들은 블레셋 군인들의 소문을 듣고 두려워하지 않을 수 없었다. 이는 지난번 하나님의 언약궤를 앞세우고 전쟁을 시작하면서 기고만장해 하던 때와는 판이하게 다른 모습이었다.

블레셋 군대의 침공을 알게 된 그들은 사무엘에게 하나님께 기도하도록 요청했다.[11] 그들은 무기를 갖추고 전투준비를 하는 것을 우선적으로 생각했던 것이 아니라 먼저 하나님께 의존해야 한다는 사실을 알고 있었다. 이는 저들의 생명이 하나님께 달려 있다는 사실을 그들이 잘 알고 있었음을 말해주고 있다. 그것은 순전히 진정한 회개를 통한 깨달음의 덕분이었다.

블레셋 군대로 인한 전쟁의 소문과 백성의 요구를 들은 사무엘은 젖먹는 어린 양을 잡아 하나님께 먼저 온전한 번제를 드렸다(삼상 7:9). 그가 이스라엘 백성이 처한 형편을 하나님께 아뢰고 간절히 간구했을 때 하나님께서는 그에 응답하셨다. 하나님의 응답 없이는 이스라엘은 결코 승리할 수 없었다.

하나님께서는 그런 형편 가운데서 그들의 전쟁에 친히 개입하셨다. 하나님께서 이스라엘 민족을 대신하여 싸우셨다. 하나님은 이스라엘 민족을 침공하는 블레셋 군대에게 큰 우박을 내림으로써 그들의 진영을

---

[11] 이스라엘 백성들은 위기에 처했을 때 직접 하나님께 간구하지 않고 사무엘에게 기도해 주도록 부탁하고 있다. 이는 앞서 사무엘이 그들을 위해 기도하겠다고 말한 것과 조화된다. 이스라엘 백성들은 스스로 열심히 기도하는 것이 대단한 것이 아니라 하나님의 사람 사무엘의 진정한 기도가 필요함을 알고 있었다.

어지럽게 하셨다(삼상 7:10). 예기치 못한 재앙을 만난 블레셋 군인들은 후퇴할 수밖에 없었으며 결국 그 전쟁에서 패배했다. 이스라엘 백성의 승리는 그들의 빈틈없는 지략이나 강인한 전투력에 달려 있었던 것이 아니라 하나님의 은혜로 인한 개입과 간섭에 의한 것이었다.

이스라엘 백성이 하나님의 특별한 개입으로 블레셋 군대를 물리친 후 사무엘은 미스바와 센Shen 사이에 언약의 돌을 세우고 '에벤에셀' Ebenezer이라 칭했다. 이는 여호와께서 거기까지 저들을 도우셨기 때문이었다. 그리하여 이스라엘 자손은 블레셋 사람들에게 빼앗겼던 에그론에서 가드까지의 땅을 회복하게 되었다.

그 후부터는 사무엘이 살아있는 동안 블레셋인들이 더 이상 이스라엘을 침공하지 않았다. 이는 하나님께서 그들을 보호하고 계셨기 때문이었다. 따라서 주변의 다른 민족들과의 사이에서도 특별한 싸움이 없는 평화의 시대가 지속되었다. 사사시대 말기 사무엘은 고향 라마에 있으면서 벧엘과 길갈 그리고 미스바 등을 순회하며 이스라엘 백성들을 돌보았으며 하나님을 온전히 섬겼다.

이는 '평화의 시대'를 통한 이스라엘 백성들의 평온한 삶을 단순히 보여주고자 하는 것이 아니다. 우리는 그 시기가 조만간 도래하게 될 왕국시대를 예비하고 있음을 깨달아야 한다. 예루살렘 성을 정복하여 모리아 산 위에 하나님의 성전이 건축되고 그 안에 언약궤가 안치될 날이 크게 멀지 않았다.

4. 우리시대가 받아야 할 교훈

우리는 사무엘상 7장을 통해 사사시대 말기에 있었던 하나님의 역사적 개입을 보게 된다. 백성들이 풍요의 신을 추구하고 있을 때 하나님께서는 사무엘을 통해 그들이 가졌던 이방신 사상으로부터 돌이키게 하셨다. 이는 이스라엘 왕국과 성전을 건립하기 위한 하나님의 특별한 은총의 결과였다.

또한 우리가 이스라엘 백성의 잘못된 신앙을 통해 깨달아야 할 점은 기독교는 결코 다수의 신앙 행태에 의해 끌려가는 종교가 아니라는 사실이다. 이스라엘 백성이 풍요의 신인 바알과 아스다롯신을 섬길 때 그에 대한 올바른 지적을 하던 지도자들이 별로 있지 않았다. 그럴 때 사무엘은 그들에게 이방신들을 제거하고 여호와 하나님만 섬기도록 요구했다.

현대의 다수 기독교인들은 마치 사사시대 말기처럼 하나님과 풍요의 신을 동시에 섬기고 있다. 특히 한국교회는 그에 대해 심각한 문제를 안고 있다. 기독교 내부에는 바알신과 아세라신과 같은 풍요의 신들이 난무하고 있다. 그런 잘못된 혼합주의 신앙에 빠진 많은 사람들은 그 사실을 부인할 것이다. 그 중 다수는 자기 자신이 혼합주의에 빠져있다는 사실조차 거의 감지하지 못하고 있을 것이기 때문이다.

우리 시대의 많은 기독교 지도자들과 교인들이 실제로 그에 대한 예민한 감각을 상실하고 있다. 진리에 둔감한 지도자들의 가르침을 받는 교인들이 올바른 신앙을 가지는 것이 힘든 것은 자명한 사실이다. 예수님께서는 그에 대해 중요한 교훈을 주셨다.

"또 비유로 말씀하시되 소경이 소경을 인도할 수 있느냐 둘이 다 구덩이에 빠지지 아니하겠느냐"(눅 6:39)

현대 기독교가 타락하게 된 근본적인 원인은 잘못된 교회 지도자들에게 있다. 그들은 진정한 기독교와 이방 종교사상을 신앙의 이름을 내세워 혼합시키기를 게을리 하지 않는다. 지도자들이 하나님의 말씀에서 벗어나게 되면 일반 교인들이 진리에 대한 올바른 가르침을 받을 수 없는 것은 당연하다. 그렇게 되면 참된 진리는 사라지고 종교적 형식주의로 흐르거나 천박한 기복주의에 빠지기 마련이다.

우리 시대의 기독교인들은 전반적으로 종교 형식주의나 기복주의에 빠져 있다 해도 과언이 아니다. 다수의 기독교인들이 나름대로 외양을 갖추어 종교적으로 정형화하고 있다고 할지라도 그것을 옳다고 확증할 수 없다. 하나님의 말씀을 떠나게 되면 진리를 혼탁하게 하는 종교적 혼합주의에 빠지게 된다. 그러므로 하나님의 말씀을 통한 진정한 복음의 내용이 교회 가운데 온전히 드러나는 것이 무엇보다 중요하다.

우리가 믿는 여호와 하나님은 결코 이 세상에서의 풍요와 번영을 위해 응답하는 신이 아니다. 이 세상에서 풍요를 추구하는 천박한 종교적 자세에서 돌아서지 않는다면 외견상 아무리 그럴듯해 보인다 할지라도 우리 시대의 교회는 극한 위기에 처해 있다고 볼 수밖에 없다. 그러므로 우리는 사무엘과 함께 했던 이스라엘 백성의 '미스바 성회'를 더욱 그리워하게 되는 것이다.

제6장 _ 왕을 구하는 이스라엘 백성들
(삼상 8:1-32)

1. 늙은 사무엘과 제사장 집안의 타락

하나님의 사람 사무엘이 나이 많아 늙게 되었다. 그것은 이 세상에 태어나 살아가는 인생으로서 피할 수 없는 과정이다. 하나님의 특별한 은혜로 인해 출생한 사무엘이 이스라엘 민족 가운데서 진리를 좇아 살다가 이제 죽음을 눈앞에 두게 된 것이다.

사무엘의 나이가 많아지자 그의 두 아들 요엘Joel과 아비야Abijah가 브엘세바에서 이스라엘의 사사로 세워졌다(삼상 8:2). 그러나 그들은 아버지처럼 하나님의 뜻에 온전히 순종하지 않고 직무를 태만히 했을 뿐 아니라 극도로 타락한 모습을 보였다. 그들은 아버지의 훌륭한 모습을 전혀 닮지 못했다. 아버지의 신실한 신앙의 모습을 보고 자라났을 그들이었지만 그 귀한 신앙은 불과 한 세대조차 상속되지 못했다.

사무엘의 아들들은 이스라엘 민족의 사사가 되었지만 안타깝게도 백성들로부터 뇌물을 받고 판결을 굽게 하기를 주저하지 않았다. 그들의 모습은 엘리 제사장의 타락한 자식들을 떠오르게 한다. 이스라엘 민족의 새로운 사사들이 진리를 떠나게 되자 백성들의 심한 원성을 사게 되었다. 다수의 백성들은 새로운 사사들의 그런 부패한 모습을 보며 민족의 미래가 암울하다고 판단했을 것은 분명하다.

2. 백성들이 왕을 구함

사무엘의 아들들이 사사가 되어 부패한 종교행위를 한 것은 민족 지도자들에게 커다란 실망감을 안겨주었다. 나아가 그런 행동은 전체 이스라엘 백성들로 하여금 범죄케 하는 악행이었다. 즉 뇌물을 받는 사사가 있었다는 사실은 뇌물을 준비하여 주는 백성들이 그만큼 많았음을 말해주고 있다. 그리고 그들이 판결을 굽게 했다는 것은 억울한 사람들이 많게 되고 악한 자들이 도리어 승리의 기쁨을 맛보게 되었다는 의미이다.

이스라엘 민족의 새로운 사사들로서 백성들로부터 뇌물을 받고 판결을 굽게 하는 사무엘의 아들들의 악행을 지켜보는 지각 있는 지도자들은 결코 그것을 방관할 수만은 없었다. 그런 상황 가운데서 백성의 장로들은 라마로 가서 연로한 사무엘을 방문했다. 그들이 사무엘을 방문한 목적은 왕정제도를 채택할 것을 주문하기 위해서였다. 장로들은 그것이 사사들의 부정과 부패를 방지할 수 있는 방편이 될 수 있을 것이라 믿었다.

그들의 입장에서 본다면 사무엘에게 왕을 구했던 까닭은 도탄에 빠져있는 이스라엘 민족을 위한 것이었다. 그들은 제사장이 된 사무엘의 아들들이 올바르게 직책을 수행하지 않는다는 것을 마냥 두고 볼 수 없었다. 그런 악행을 차단하고 올바르게 교정하기 위해서는 왕정제도가 더 나을 것이라 판단했다.

주변 국가들을 지켜보며 이방인들을 의식하고 있던 이스라엘의 장로들은 저들과 같은 정치체제를 원했다. 그들은 주변의 왕국들과 강력한 민족들을 보면서 왕정체제가 더 유력하게 여겨졌다. 다른 나라들이 왕을 통해 모든 문제를 일사불란하게 처리하며 국내와 국제 정세에 보다 효율적으로 대처하는 것을 보며 부러운 마음이 들었을 것이다. 결국 획일적인 정치가 이루어지지 않는 사사제도에 대하여 그들 나름대로 불만이 컸던 것이다.

하나님께서는 원래부터 특별한 이스라엘 왕국을 건립하고자 계획하고 계셨다. 갈대아 우르에 살고 있던 아브라함을 처음 부르실 때부터 이미 그 점을 염두에 두고 계셨던 것이다. 그러므로 이스라엘 백성들이 굳이 그런 식으로 왕정제도를 요구하지 않는다 할지라도 그것은 특별한 왕국을 세우고자 하신 하나님의 작정 속에 들어 있었다.

사사시대 말기 이스라엘 백성들이 사무엘에게 왕정제도를 요구한 것은 그들이 하나님의 계획을 알았기 때문이 아니었다.

> "이스라엘 모든 장로가 모여 라마에 있는 사무엘에게 나아가서 그에게 이르되 보소서 당신은 늙고 당신의 아들들은 당신의 행위를 따르지 아니하니 열방과 같이 우리에게 왕을 세워 우리를 다스리게 하소서 한지라"(삼상 8:4, 5)

이스라엘 백성들은 사사시대를 거치면서 주변의 강력한 열국들을 부러워하게 되었다. 그들의 눈에는 왕정체제하의 막강한 이웃 나라들이 사사제도의 이스라엘보다 훨씬 탁월한 대내외적인 정치를 하고 있는 것으로 보였다. 그들은 이방 국가들처럼 왕정제도를 요구했다.

이스라엘 백성들은 충분히 인내하지 못했다. 그들은 조급함으로 인해 하나님의 뜻을 앞질러 갔다. 그들은 하나님께서 계획하고 성취하실 그 때를 기다리지 못했다. 그것은 인간들의 욕망에 의한 것이다. 하나님의 구속사역의 중요성보다 인간들의 욕망을 앞세웠기에 그들은 하나님을 버린 결과를 낳게 되었다.

3. 이스라엘 백성이 원하는 인본주의적 왕정제도

이스라엘 민족의 장로들이 왕정제도를 요구했을 때 사무엘은 그것을 탐탁지 않게 생각했다. 이는 왕을 두고자 하는 것이 저들의 올바른 신앙심에서 나온 것이 아니라는 사실을 잘 알고 있었기 때문이다.

그러므로 사무엘은 하나님께 기도했다. 이스라엘 백성이 잘못된 목적을 위해 왕정제도를 요구하고 있음을 아뢰었던 것이다. 하나님께서는 이스라엘 백성들이 욕망에 따른 동기로 말미암아 왕정제도를 원한다는 사실과 더불어 사무엘의 생각이 옳음을 인정하셨다.

> "여호와께서 사무엘에게 이르시되 백성이 네게 한 말을 다 들으라 그들이 너를 버림이 아니요 나를 버려 자기들의 왕이 되지 못하게 함이니라"(삼상 8:7)

이스라엘 백성들은 왕을 요구함으로써 사무엘의 사사직분에 반기를 들었다. 그리고 그들은 하나님을 버렸다. 여기서 이스라엘 백성이 하나님을 버렸다는 것은 그들이 여호와 하나님을 전적으로 의지하지 않고 있다는 사실을 지적하고 있다. 그들은 하나님의 인도하심에 의한 영원한 메시아 왕국에 대한 소망을 가지고 있지 않았다. 그들은 하나님의 직접적인 통치보다 주변 국가들처럼 왕정제도를 가짐으로써 저들이 원하는 국가를 세워나가고자 원했던 것이다.

이는 하나님을 의지하는 것이 아니라 인간들이 만든 정치적 제도에 더욱 많은 관심을 기울이고 있음을 보여준다. 그들은 새로운 왕정제도를 도입하게 되면 그것이 이스라엘 민족을 더욱 부강하게 만들어 줄 것이라 여겼다. 그렇게 하면 대외적인 국방문제에 있어서도 더욱 안정된 국력을 가질 수 있을 것이라 믿었던 것이다.

그것은 그들의 욕망에 따른 기대였을 따름이다. 그들의 눈에는 주변의 국가들이 왕정제도를 통해 원활한 국정운영을 하고 있는 것으로 보였지만 그 제도가 결코 이스라엘 민족을 더욱 부강하게 만드는 방편이 될 수 없었다. 이 점에 대해서는 호세아 선지자가 나중 분명히 예언預言하고 있다.

> "이스라엘아 네가 패망하였나니 이는 너를 도와주는 나를 대적함이니라 전에 네가 이르기를 내게 왕과 방백들을 주소서 하였느니라 네 모든 성읍에서 너를 구원할 자 네 왕이 이제 어디 있으며 네 재판장들이 어디 있느냐 내가 분노하므로 네게 왕을 주고 진노하므로 폐하였노라"
> (호13:9-11)

사사시대 말기 이스라엘의 장로들은 참 도우실 자이신 여호와 하나님을 버리고 왕정제도를 요구했었다. 그러나 그것은 단순한 요구가 아니라 하나님을 대적하는 행위였다. 따라서 하나님께서는 기쁜 뜻이 아니라 분노하는 마음으로 그들에게 왕정제도를 허락하셨다. 이스라엘 백성들은 그 점을 알지 못하고 있었지만 하나님의 은혜를 입은 사무엘은 그 사실을 분명히 알고 있었다.

하나님께서는 사무엘에게 장로들의 요구를 무시하고 그 말을 들어주지 못하도록 명령하셨으면 안되었을까? 우리는 여기서 인간들은 항상 자기가 원하는 것들을 끝까지 하고야 마는 악한 심성을 가진 존재라는 사실을 기억해야 한다. 하나님께서는 인간들의 그런 악한 성품을 잘 알고 계셨다.

인간은 일단 작정을 하게 되면 자신의 욕망을 막무가내로 추구하는 품성을 지니고 있다. 그러므로 하나님께서는 이스라엘 백성들에게 저들이 원하는 그 왕정제도의 폐해에 대해 언급하셨다. 사무엘을 통해 왕정제도에 대한 엄한 경계와 더불어 백성들을 가르치도록 말씀하셨던 것이다. 사무엘은 왕정제도가 백성들에게 평안한 삶을 보장하는 것이 아니라 도리어 심한 고통에 빠뜨리게 될 것을 경고했다.

> "너희를 다스릴 왕의 제도가 이러하니라 그가 너희 아들들을 취하여 그 병거와 말을 어거케 하리니 그들이 그 병거 앞에서 달릴 것이며 그가 또 너희 아들들로 천부장과 오십부장을 삼을 것이며 자기 밭을 갈게 하고 자기 추수를 하게 할 것이며 자기 병기와 병거의 제구를 만들게 할 것이며 그가 또 너희 딸들을 취하여 향료 만드는 자와 요리하는 자와 떡 굽는 자를 삼을 것이며 그가 또 너희 밭과 포도원과 감람원의 제일 좋은 것을 취하여 자기 신하들에게 줄 것이며 그가 또 너희 곡식과 포도원 소산의 십일조를 취하여 자기 관리와 신하에게 줄 것이며 그가 또 너희 노비와 가장 아름다운 소년과 나귀들을 취하여 자기 일을 시킬 것이며 너희 양떼의 십분 일을 취하리니 너희가 그 종이 될 것이라"(삼상 8:11-17)

일반적인 왕정제도의 구조는 결국 인적人的 요소를 통한 지배와 통치가 그 배경이 될 수밖에 없다. 그러므로 백성들은 어떤 형태이든 간에 시민으로서 병력의 의무와 납세의 의무를 부담해야만 한다. 그것을 위해 권력을 가진 통치자들이 나오게 되며 그들을 통해 백성들 위에 군림하는 통치가 이루어지게 되는 것이다.

권력을 가진 자들은 왕국에 속한 백성들을 다스리고 보호하면서 그에 따른 요구를 하기 마련이다. 그것이 일반적인 왕국의 원리이다. 이스라엘 백성들이 요구하는 왕국은 결국 그런 속성을 지닐 수밖에 없었다.

사무엘은 왕정제도에 대한 설명을 하면서 젊은이들은 군대 조직 가운데서 전쟁에 투입될 것이며, 젊은 여성들은 왕국을 위해 노동하며 국가 관리들을 위해 일하게 될 것이라고 말했다. 나아가 백성들은 왕국의 관리들의 종이 되어 납세의 의무를 다해야 할 뿐 아니라 그들을 주인으로 섬겨야 하리라는 점을 경고했다.

4. 하나님께서 계획하신 신본주의 왕국

하나님께서 계획하시는 왕국은 이스라엘 백성들이 요구하던 왕국과는 그 성격이 달랐다. 하나님께서는 메시아를 예표하는 한 왕국을 계획하셨으며 그 가운데서 메시아가 도래하게 될 것을 약속하셨다. 하나님께서 갈대아 우르에 살고 있던 아브라함을 부르실 때 이미 왕국에 대한 언약을 하고 계셨다.

하나님은 아브라함을 부르시면서 그에게 땅과 자손을 주어 한 왕국을 세우시겠노라고 말씀하셨다. 그 왕국은 전적으로 하나님의 계획으로 말미암은 왕국이었다. 그에 대한 언약은 아브라함이 왕들의 조상이 될 것이라는 말씀을 통해 더욱 구체적으로 드러나게 되었다.

> "내가 너로 심히 번성케 하리니 나라들이 네게로 좇아 일어나며 열왕이 네게로 좇아 나리라"(창 17:6)

하나님께서 세우실 왕국은 이스라엘 백성이 주변의 왕국을 보며 기대하던 왕국과 전혀 다른 왕국이었다. 하나님께서는 그 왕국을 통해 세상과 맞서 싸우시는 자신의 의도를 보여주고자 하셨으며 그것은 세상의 왕국들에 대한 궁극적인 심판을 예고하고 있었다.

하나님의 왕국은 영원한 메시아를 염두에 둔 신본주의 국가였다. 그 나라의 진정한 왕은 하나님 자신이 되어야 했으며 가시적인 왕위를 가진 자는 천상의 왕이신 하나님의 뜻에 온전히 순종하는 인물이어야 했다. 즉 그 왕국은 인간들을 위한 나라가 아니라 하나님 자신의 뜻을 이루기 위한 왕국이어야 했다.

이스라엘 백성들이 원하는 왕국은 그런 메시아와 연관된 왕국이 아니라 주변 나라들처럼 효율적인 왕국이었다. 그 왕국은 하나님을 위한 나라가 아니었으며 하나님의 뜻을 이루기 위해 존재하는 왕국이 아니었다. 그 왕국은 자기들의 목적과 복락을 이루는 방편으로서 왕국이었을 따름이다.

그럼에도 불구하고 하나님께서 이스라엘 백성들이 원하는 왕정제도를 허락하신 까닭은 그것이 곧 실패를 가져온다는 사실을 그들에게 명확하게 보여주시고자 했기 때문이다. 그들은 그 왕정제도를 통해 저들의 꿈이 얼마나 허황된 것인가 하는 점을 깨달을 수 있어야 했다. 그 왕국은 그들에게 복락과 안녕을 가져온 것이 아니라 도리어 더욱 심각한 많은 문제점들을 몰고 왔다.

엄밀한 의미에서 그것은 이스라엘 민족에 대한 하나님의 사랑의 표현이었다. 즉 잘못된 동기에 의한 그들의 왕국을 우선 보여주시고 그것의 실패를 통해 하나님께서 계획하시는 특별한 왕국을 세우고자 하셨다. 이는 곧 뒤이어 등장하게 될 사울 왕국과 다윗 왕국에 연관된 것이었다. 하나님께서는 신본주의 왕국을 세움으로써 이 땅에 하나님의 뜻이 이루어져 가도록 섭리하셨던 것이다.

5. 사무엘의 진언眞言을 거부한 백성들

이스라엘 백성들은 왕정제도를 원했지만 사무엘은 그것을 올바른 판단으로 보지 않았다. 백성의 장로들은 사무엘의 아들들의 부패한 모습을 핑계삼았으므로 그것이 나름대로 충분한 이유가 될 수 있었다. 그러나 그들은 인간들의 윤리적인 타락이 문제가 아니라 하나님의 계획과 뜻이 훨씬 중요함을 깨달아야만 했다.

사무엘은 결코 부패한 자기 자식들을 편들고자 하지 않았다. 그는 사사가 된 자기 아들들의 타락에 대해 마음 아프게 생각했다. 그러나 그것이 이스라엘이 왕정제도를 채택해야 할 근거가 될 수는 없었다. 잘못된 동기로 인해 하나님의 때를 앞서 질러가는 이스라엘 백성들의 욕망을 바람직하게 보지 않았다.

사무엘은 하나님께 간구하며 장로들을 만류했다. 그러나 하나님의 계시에 따른 사무엘의 왕정제도에 대한 메시지를 백성들은 받아들이지 않았다. 그들에게 필요한 것은 오로지 자신들을 위한 왕을 세워 달라는 것이었다. 왕을 둠으로써 그로부터 일관성 있는 통치를 받으며 다른 주변 국가와 전쟁을 하게 될 때 일사불란하게 효율적으로 출전할 수 있을 것이라 기대했다.

이스라엘 백성들은 그렇게 하면 나라의 안녕과 번영이 보장 될 것으로 생각했다. 그들은 왕정제도를 통해 백성들이 원하는 왕국을 세워가기를 원했다. 그렇게 함으로써 주변의 국가들과 어깨를 나란히 할만한 강력한 왕국으로 발돋움 하고자 했다.

그렇지만 저들의 그런 생각은 근본적으로 잘못되었다. 그것은 여호와 하나님을 의지하고 신앙하는 것이 아니라 인간들이 세운 국가제도를 의지하고자 하는 것이었다. 그것은 결국 하나님과 그의 뜻을 저버리는 행동이다.

그 점을 잘 인식하고 있던 사무엘은 당시의 정황을 하나님께 고하면서 간절히 기도할 수밖에 없었다. 그런데 사무엘의 기도를 들은 하나님께서는 의외로 그들에게 왕정제도를 허락하도록 하셨다. 신앙이 어린 백성들 가운데는 사무엘을 통해 왕정제도가 허락되었을 때 그것을 하나님의 은혜인양 오해한 자들이 많이 있었을 것이다.

사무엘은 그것이 하나님의 기쁘신 뜻에 따른 허락이 아니라고 말했겠지만 어리석은 백성들은 엉뚱한 해석을 하며 자기 합리화를 꾀했을 것이다. 하지만 그것은 결국 하나님을 멀리하는 것이며 선지자 사무엘의 당부를 듣지 않는 것이었다.

6. 우리 시대에 기억해야 할 교훈

오늘날의 성도들 역시 사사시대 말기의 그러한 특수 상황을 마음 속 깊이 새겨야 한다. 우리 시대 교회는 사사시대에 왕을 필요로 하지 않았던 것처럼 절대적인 힘을 지닌 왕과 같은 종교적 영웅을 필요로 하지 않는다. 도리어 유능하고 카리스마 넘치는 종교 지도자가 있다면 겸손하게 주변 상황을 돌아볼 수 있어야 한다. 즉 그런 인물이 등장해 무언가 대단한 일이 일어나는 것처럼 보일지라도 말씀에 비추어 보아 그것을 조심해야 한다.

교회의 왕은 예수 그리스도 한 분밖에 없으므로 성도들은 오직 그 분의 말씀을 청종하며 순종해야 할 따름이다. 교회 안에 필요 이상의 권능이나 권세를 가진 지도자가 존재하게 되면 하나님의 고유한 영역을 침범할 우려가 생기게 된다. 그것은 결국 어린 성도들로 하여금 하나님이 아니라 그 걸출하고 유능한 종교 지도자를 따르게 할지도 모르는 심각한 문제가 발생하게 되는 것이다.

우리는 때로 기도를 통해 무엇을 얻었다고 만족스러워할지 모른다. 그러나 그 가운데는 전혀 그렇지 않은 내용들이 많이 있을 것이라는 사실을 결코 간과해서는 안 된다. 악한 인간의 고집을 잘 알고 계시는 하나님께서 우리의 원하는 바를 허용하시지만 그것은 하나님의 기쁘신 뜻에 의한 것이 아니라 도리어 그것을 통해 다른 교훈을 주시고자 하는 진정한 뜻이 있을 수 있음을 기억해야 한다.

우리는 성경에 기록된 구속사적 교훈을 되새기면서 하나님 보시기에 더욱 온전한 신앙을 소유할 수 있도록 자라가야 한다. 인간의 악함에 대한 진정한 깨달음이 있을 때 비로소 하나님의 놀라운 사랑과 그로 인한 참된 소망이 드러나게 된다. 어지러운 시대에 살아가면서 우리는 종교적 영웅을 의지할 것이 아니라 하나님의 말씀에 민감하게 반응하는 성숙한 성도들이 되기를 바란다.

제7장 _ 왕으로 선택된 사울

(삼상 9:1-27; 10:1-27)

1. 백성들 보기에 준수한 인물인 사울

하나님께서는 왕을 원하는 이스라엘 백성들의 요구를 들어주시기로 하셨다. 그들이 잘못된 자세로 왕을 요구한 것은 하나님을 버리고 저항하는 행위였지만 그들의 요구를 들어주기로 작정하셨다. 이는 하나님의 기쁘신 화답이 아니라 분노의 응답이었으며(호 13:11) 그의 원대한 경륜과 연관되는 것이었다.

이스라엘 백성들에게 주어질 왕은 하나님께서 임의로 선택하셨다. 이는 그가 언약의 백성들을 통치할 왕이 될 것이기 때문이었다. 앞으로 이스라엘의 왕이 될 인물은 단순히 일반 백성들의 구미에 맞는 그런 사람이 아니었다. 그러나 그는 결코 범상한 인물이었던 것은 아니다.

> "기스에게 아들이 있으니 그 이름은 사울이요 준수한 소년이라 이스라엘 자손 중에 그보다 더 준수한 자가 없고 키는 모든 백성보다 어깨 위는 더 하더라"(삼상 9:2)

하나님께서 백성들의 요구에 의해 허락하실 왕은 누가 보아도 준수한 청년이었다. 그렇지만 그는 유다지파가 아닌 베냐민 지파의 인물이었다 (1절). 이는 사울이 구속사 가운데 제시된 규례에 어긋난 지파에 속한 사람임을 말해 주고 있다. 이스라엘 백성들은 하나님의 구속사를 이루어 가는 과정에서 지파에 주어진 규례에 상당한 의미를 두어야 했다. 성막과 성전의 제사장이 되고 거기서 봉사하기 위해서는 레위지파에 속한 자여야만 했다. 그리고 이스라엘 백성의 왕이 되기 위해서는 원래 유다지파에 속한 인물이어야 했다.

사울은 레위지파나 유다지파에 속한 사람이 아니었다. 이는 사울이 이스라엘의 왕이 되는 것은 이스라엘의 규범에서 벗어나고 있다는 사실을 말해주고 있다. 그럼에도 불구하고 그렇게 하도록 하시는 분은 하나님이셨다. 우리가 이것을 통해 알 수 있는 것은 하나님께서 이스라엘 백성들의 잘못된 판단에 대한 심판을 행하시면서 동시에 더 멀리 존재하는 다윗 왕국을 기억하며 사랑을 베풀고 계신다는 사실이다. 우리는 그 가운데서 하나님의 놀라운 경륜을 보게 된다.

2. 사무엘과 사울의 만남

사울은 사전에 세워진 계획에 따라 사무엘을 만나게 되는 것이 아니라 우연한 기회에 사무엘을 만나게 된다. 그 일은 하나님의 경륜 가운데 일어난 사건이었다. 물론 사울은 그에 대한 아무런 이해도 없었다. 사울이 생각할 때는 우연이었지만 하나님께서 그 일을 구체적으로 주도하고 계셨다.

사울의 아버지 기스가 어느 날 암나귀들을 잃어버리게 되었다. 그것은 하나님의 섭리에 의한 것이었다. 하나님께서는 그 일을 통해 사울과 사무엘의 자연스런 만남이 이루어지도록 인도하셨다. 사울은 잃어버린 암나귀들을 찾아 여러 곳을 헤맸으나 찾을 수 없게 되자 집으로 돌아가려 했다. 그렇지만 그의 사환은 이스라엘 민족의 사사인 하나님의 사람 사무엘에게 가서 도움을 청하자고 했다. 사무엘을 통해 잃어버린 암나귀들의 행방을 하나님께 물어보자는 의도였다. 암나귀 몇 마리를 찾기 위해 민족 최고 지도자인 사사를 방문한다는 것이 석연치 않았지만 사울은 사환의 권면을 따르게 된다. 그래서 그들은 가지고 있던 물건을 예물로 삼아 사무엘을 방문하고자 했다.

  사울과 그의 사환은 사무엘의 집으로 가는 동안 마침 물 길러 나온 소녀들을 만나게 된다. 그 소녀들이 사울에게 사무엘에 관한 정보들을 전해 주었다. 그 날 사무엘이 산당에서 제사를 지내기 위해 성으로 들어왔다는 것이다. 그들이 성으로 들어가면 산당으로 가기 위해 준비하는 사무엘을 만날 수 있을 것이라 말했던 것이다.

  하나님께서는 사무엘이 사울을 만나기 전에 그에게 앞으로 일어나게 될 사실을 미리 말씀해 주셨다. 따라서 사무엘은 사울을 만나기 전 그 사실을 먼저 알고 있었던 것이다.

> "내일 이맘때에 내가 베냐민 땅에서 한 사람을 네게 보내리니 너는 그에게 기름을 부어 내 백성 이스라엘의 지도자를 삼으라 그가 내 백성을 블레셋 사람의 손에서 구원하리라 내 백성의 부르짖음이 내게 상달하였으므로 내가 그들을 돌아보았노라 하시더니 사무엘이 사울을 볼 때에 여호와께서 그에게 이르시되 보라 이는 내가 네게 말한 사람이니 이가 내 백성을 통할하리라 하시니라"(삼상 9:16, 17)

  우리는 사울과 그의 사환이 잃어버린 암나귀들을 찾기 위해 당시 민족 최고의 지도자였던 사무엘을 만나려고 했던 점을 주의 깊게 생각해 본다. 과연 그것이 그럴만한 사안이 될 수 있었던가? 그리고 사무엘이 그렇게 한가한 사람이었던가?

  별것 아닌 암나귀 몇 마리가 어디 있는지 물어보기 위해 이스라엘 민족의 사사를 만난다는 것은 결코 일반적이지 않다. 더구나 그 날은 산당에서 제사를 지내기 위한 특별한 날이었다. 그럼에도 불구하고 그들이 그렇게 했던 것은 하나님의 인도하심 때문이었으며 그것이 도리어 사무엘에게는 중요한 표징이 되었다.

또한 우리는 여기에서 '산당'(the high place)에 대한 이해를 분명히 해야 한다. 여기서 산당이란 이방 종교적인 개념이 아니라 하나님의 언약궤가 안치된 곳이라는 의미이다. 당시에는 산당이 여기 저기 있었던 것이 아니라 언약궤가 안치된 한 곳에만 존재했을 따름이다. 사무엘이 제사를 지냈던 산당이란 언약궤가 있는 정당한 하나님의 성소(the high place)였으며 그곳에서 사울을 만났던 것이다.

솔로몬에 의해 예루살렘 성전이 건축되고 그 안 지성소에 언약궤가 안치되기까지는 이스라엘에 온당한 산당이 존재했었다. 그러나 성전이 건축된 후에는 더 이상 다른 산당이 존재할 필요가 없었다. 그러나 다윗 왕국이 남북으로 분리된 후에는 북 이스라엘 왕국이 언약궤 없는 산당들을 두고 거기서 하나님을 섬길 것을 백성들에게 요구했다. 그것은 다윗 왕국으로부터 분리를 시도한 북 왕국의 초대 왕 여로보암이 이스라엘 백성들 가운데서 시작한 악행이었다.

사무엘은 산당에서 사울과 식사하면서 그를 특별하게 예우했다. 그는 서른 명 가량의 '선지자들 무리'(삼상 10:10) 가운데서 아직 아무런 직책을 가진 것도 아닌 사울에게 자기 옆의 가장 중요한 자리인 수석首席에 앉게 했다. 그리고 그들과 함께 제물 음식을 나누면서 사울에게 줄 특별한 부위를 따로 마련해 두고 있었다.

"사무엘이 요리인에게 이르되 내가 네게 주며 네게 두라고 말한 그 부분을 가져오라 요리인이 넓적다리와 그것에 붙은 것을 가져다가 사울 앞에 놓는지라 사무엘이 가로되 보라 이는 두었던 것이니 네 앞에 놓고 먹으라 내가 백성을 청할 때부터 너를 위하여 이것을 두어서 이때를

기다리게 하였느니라 그 날에 사울이 사무엘과 함께 먹으니라"(삼상 9:23, 24)

이 특별한 제물 음식의 나눔은 하나님께 드린 제사와 직접 연관이 있었다. 즉 산당에서 여호와 하나님께 드린 제물을 지금 함께 먹게 된 것이다. 사울은 하나님의 제물을 사무엘과 함께 먹을 수 있는 사람이 아니었다. 그러나 앞으로 이스라엘 민족 가운데 특별한 직무를 가진 지도자가 될 그가 이제 선지자의 무리와 함께 그 음식을 나누게 된 것이다.

이 가운데는 하나님의 언약과 연관된 특별한 의미가 들어있다. 사무엘이 사울을 위해 특별히 주문해 둔 '넓적다리와 그것에 붙은 것'을 말할 때 그것은 무엇을 의미하고 있는가? 성경 번역본들 가운데는 '그것에 붙은 것'을 '꼬리'로 번역하고 있는 경우가 더러 있다.[12]

필자의 견해로는 성경 전체의 문맥을 살펴볼 때 그것이 동물의 '성기 부위'와 연관되는 것으로 이해된다(창 24:1-9 참조).[13] 이에 대해서는 야

---

[12] 한글 「공동번역 성경」에서는 '그에 붙은 것'을 '꼬리'로 번역하고 있다.
[13] 우리는 이에 대한 이해를 돕기 위해 아브라함이 자신의 늙은 종에게 특별한 맹세를 하게 했던 사실을 기억한다. 아브라함은 이삭의 아내 곧 자신의 며느리를 구하기 위해 늙은 종을 멀리 떠나보내면서 자신의 환도뼈 아래 손을 넣고 맹세하도록 했다. 그 환도뼈는 '허벅지'이며 성기와 연관되는 개념이다. 창세기 24:2의 다양한 번역들을 보면 다음과 같다: "아브라함이 자기 집 모든 소유를 맡은 늙은 종에게 이르되 청컨대 네 손을 내 〈환도뼈 밑에〉 넣으라"(한글개역); "아브라함이 자기 집 모든 소유를 맡은 늙은 종에게 이르되 청하건대 내 〈허벅지 밑에〉 네 손을 넣으라"(개역개정); "아브라함은 집안일을 도맡아 보는 늙은 심복에게 분부하였다. '너는 내 〈사타구니에〉 손을 넣고...'"(공동번역); "아브라함이 자기 집 모든 소유를 맡아 보는 늙은 종에게 말하였다. '너의 손을 나의 〈다리 사이에〉 넣어라...'"(표준새번역); "He said to the chief servant in his household, the one in charge of all that he had, 'Put your hand 〈under my thigh〉...'"(NIV); "And Abraham said unto his eldest servant of his house, that ruled over all that he had, Put, I pray thee, thy hand 〈under my thigh〉"(KJV); "And Abraham said to his servant, the oldest of his household, who had charge of all that he owned, 'Please place your hand 〈under my thigh〉"(NASB).

곱이 얍복강 나루에서 천사와 겨룰 때 천사가 그의 환도뼈를 친 사실과 연관지어 생각할 수 있다.14) 또한 레위기서에는 특별히 화목제 음식을 나눌 때 넓적다리 곧 동물의 뒷다리를 특별히 취급하고 있다.

> "또 너희는 그 화목제 희생의 우편 뒷다리를 제사장에게 주어 거제를 삼을지니 아론의 자손 중 화목제 희생의 피와 기름을 드리는 자가 그 우편 뒷다리를 자기의 소득으로 삼을 것이라 내가 이스라엘 자손의 화목제 중에서 그 흔든 가슴과 든 뒷다리를 취하여 제사장 아론과 그 자손에게 주었나니 이는 이스라엘 자손에게 받을 영원한 소득이니라"(레 7:32-34)

사무엘은 그 일 이후 사울을 자기와 대등한 자리에 두게 된다. 사울이 장차 이스라엘 민족을 통치하는 지도자로서 왕이 되리라는 사실을 그가 잘 알고 있었기 때문이다. 사울이 과연 하나님께서 진정으로 기뻐하시는 왕인가 아닌가 하는 문제는 차치하고서라도 그가 하나님의 언약 백성들 위에 왕으로 군림하게 될 자라는 사실만으로 특별한 예우를 받게 되었던 것이다.

3. 사무엘이 사울에게 기름부어 이스라엘의 왕이 될 자로 세움

사무엘은 사울에게 하나님께서 계시하신 그 뜻을 전했다. 그가 이스라엘의 왕이 될 자라는 사실을 사울 자신에게 알렸다(삼상 9:27). 그리고 나서 사무엘은 여러 사람들이 회집한 공적인 자리가 아니라 사적인 자리에서 사울에게 기름을 부어 이스라엘의 왕이 되리라는 사실을 확인했다(삼상 10:1). 그것은 물론 사무엘의 개인적인 판단이 아니라 하나님의

---

14) 이스라엘 백성이 그 부위를 먹지 않는 것은 일반적인 경우였다. 그러나 화목제 음식을 나눌 때는 상황이 달랐다. 그것은 생명과 연관되는 언약의 표징이 되었다.

명령에 의한 것이었다.

 그것은 매우 특이한 일이었다. 기름 부음과 연관된 이스라엘 민족의 제사장이 되기 위해서는 레위지파에 속한 인물이어야 했으며 이스라엘의 진정한 왕이 되기 위해서는 유다지파에 속한 인물이어야 했다. 그런데 사울은 레위지파나 유다지파가 아닌 가장 작은 베냐민 지파에 속한 사람이었다. 우리는 여기서 언약을 떠난 백성들에게 주어지는 일시적인 왕과 연관된 하나님의 세미한 뜻을 읽을 수 있다.

 이스라엘 민족의 왕은 그 자체로서 매우 중요한 의미를 지니는 직책이다. 하나님께서 진정으로 원하는 왕인가 하는 여부를 떠나 그가 언약의 백성들 위에 군림하는 지도자이기 때문이다. 사무엘은 사울에게 기름을 부어 왕이 될 자임을 확증하면서 그에게 곧 일어나게 될 징조에 대해 말했다. 사울이 이스라엘의 왕이 될 사실을 앞두고 그에게 기름을 부으면서 그것이 하나님으로 말미암은 사실이라는 점을 증거하기 위해 뒤따르게 될 세 가지 징조에 대해 말했던 것이다.

 사무엘이 예언한 사울에게 있게 될 세 가지 징조는 다음과 같다. 그것은 결코 특별한 징조가 아니라 일상생활 가운데 발생할 수 있는 일들이었다.

 첫 번째 징조(10:2)는, 사울이 사무엘과 헤어져 집으로 돌아가는 길에 어떤 사람들을 만나 그들로부터 잃어버린 암나귀들에 관한 이야기를 듣게 되리라는 것이었다. 즉 라헬의 묘지 부근에서 두 사람을 만나게 될 것인데 그들이 사울에게 암나귀들을 찾은 사실과 아버지의 걱정을 전해주게 될 것이다. 암나귀를 찾게 되리라는 사실은 이전에 이미 사무엘이 예언했던 내용이다.

 두 번째 징조(10:3-4)는, 다볼Tabor 상수리나무 부근에서 벧엘로 올라가는 세 사람이 사울에게 떡 두 덩이를 주게 될 것이란 예언이다. 사무엘은 그들의 구체적인 인상착의에 대해 언급했으며 그들은 염소 새끼 세 마리, 떡 세 덩이, 포도주 한 가죽부대를 가지고 있을 것이란 점도 말했다.

세 번째 징조(10:5-6)는, 하나님의 산에 이르게 되면 '선지자 무리'(10절)를 만나게 될 것이라는 사실이었다. 그들은 산당에서부터 나와 비파와 소고, 저, 수금을 앞세우고 예언할 것이다. 그때 사울에게도 하나님의 성신이 임하여 그들과 함께 예언하게 될 것이며 그로 인해 사울은 새 사람이 될 것이라고 말했다.

사울이 사무엘과 헤어져 집으로 돌아가는 길에 그 세 가지 징조들이 모두 이루어지게 되었다. 사울은 예언된 그 모든 징조들을 그대로 경험하게 되었다. 이는 사울이 이스라엘의 왕이 되리라는 사실을 하나님께서 그에게 확증하여 보여주신 것이다.

4. 사울을 본 백성들의 놀람

이스라엘 백성들은 하나님께 왕을 요구했지만 그런 식으로 이루어질 것이라고는 미처 생각지 못했다. 그들은 사울 같은 사람이 이스라엘의 왕이 될 것이라 기대하지는 않았다. 그들이 기대했던 왕은 이미 대중들 가운데서 충분히 인정을 받고 있는 사람들 가운데 한 사람이었다.

인간들은 항상 자기가 원하는 대로 모든 것이 진행되고 이루어지기를 바란다. 이미 모든 계획을 자신의 머리 속에 세워두고 있기 때문이다. 이스라엘 민족의 왕을 구했던 이스라엘 백성들 역시 마찬가지였다.

아마도 이스라엘의 장로들은 저들의 시각에 따라 왕이 될만한 소양이 있는 인물에 대한 어느 정도 윤곽을 정해두고 있었을 것이다. 한 민족의 왕이 되기 위해서는 여러 경로를 통해 나름대로 검증을 받은 사람이어야 했다. 정치적인 수완, 군사적인 역량, 외교적인 능력 그리고 종교적인 결집력을 이루어 낼만한 유능한 사람이어야 했다. 그런 인물들 가운데 한 사람이 왕이 된다면 이스라엘 민족을 주변의 이방 왕국들에 뒤지지 않는 강력한 길로 능히 인도해 갈 것이라 믿었을 것이다.

사울은 이스라엘 백성들이 그전부터 기대해오던 그런 인물이 아니었다. 비록 외모가 준수하고 범상치 않은 인물이었던 것은 분명해 보이지만 백성들 앞에서 달리 검증된 바는 없었다. 사울이 왕이 될 만한 역량을 가진 인물이었다면 지금까지 민간에 무명인으로 묻혀 있었을 리 없다고 생각했을지도 모른다.

사울이 예언을 하는 것을 본 주변 사람들은 놀랄 수밖에 없었다. 왜냐하면 그는 사사나 선지자가 아니었기 때문이다. 그렇다고 그는 레위지파나 유다지파에 속하지도 않았다. 나아가 그의 집안은 결코 특별한 신앙의 집안이 아니었다. 사울의 집안은 제사장 가문이 아니었으며 사사의 집안도 아니었다.

사울은 여러 사람들 앞에서 예언을 할만한 그런 인물이 아니었다. 그러나 사울은 예언을 하며 '새 사람'이 되었다(삼상 10:6). 여기서 말하는 '새 사람'이란 예전과 같지 않은 사람으로 변하게 되었다는 의미이다. 사울의 삼촌도 그가 예언을 하며 그 전과 달리 변한 사실을 보고 의아하게 여겼다. 따라서 사울이 예언을 하는 것을 본 많은 사람들이 그 상황을 의아하게 생각했다. 사울의 그런 모습을 전혀 예기치 못했던 그의 삼촌도 그 가운데 한 사람이었다.

사울은 사사 사무엘을 만난 자리에서 있었던 일들을 삼촌에게 이야기했다. 그러나 자신이 앞으로 이스라엘의 왕이 될 것이라는 사실과 사무엘이 자기에게 기름을 부은 사실에 대해서는 침묵했다. 그런 측면에서 본다면 사울은 매우 지혜로운 사람이었다. 그는 이스라엘 민족의 절차를 거치지 않은 상태에서 섣불리 자신의 문제를 드러내고 싶어하지 않았다.

5. 미스바 집회를 소집하는 사무엘

하나님께서 사울을 왕으로 세우기로 작정하시고 난 후 사무엘을 통해 그 일을 하나씩 진행시켜 나가셨다. 그러므로 그에 대해서 가장 잘 알고 있었던 사람은 역시 사무엘이었다. 하나님의 뜻에 따라 사무엘은 이미 사울에게 기름을 붓고 그가 이스라엘의 왕이 될 것이란 사실을 확증한 상태였다.

사울도 사무엘을 만난 후 자신이 이스라엘의 왕이 되리라는 사실에 대해서 분명히 알고 있었다. 사무엘이 자신의 머리에 기름을 부었으며, 그에 대한 증거로서 세 가지 징조를 통해 확인했다. 그리고 그는 사사나 선지자가 아니면서 예언을 하게 되었다. 그것은 하나님께서 특별히 인도하셨기 때문에 가능한 일이었다.

그런 형편 가운데서 사무엘은 이스라엘 각지파의 대표들을 지파대로 천 명씩 미스바에 모이도록 소집령을 내렸다. 이는 백성들이 요구한 이스라엘의 왕을 선출하기 위한 집회였다. 물론 하나님에 의해 사울이 왕으로 결정된 상태였으나 이스라엘 민족 대표들에 의한 절차를 거치고자 했던 것이다.

> "이스라엘 하나님 여호와께서 이같이 말씀하시기를 내가 이스라엘을 애굽에서 인도하여 내고 너희를 애굽인의 손과 너희를 압제하는 모든 나라의 손에서 건져내었느니라 하셨거늘 너희가 너희를 모든 재난과 고통 중에서 친히 구원하여 내신 너희 하나님을 오늘날 버리고 이르기를 우리 위에 왕을 세우라 하도다 그런즉 이제 너희 지파대로 천 명씩 여호와 앞에 나아오라"(삼상 10:18, 19)

사무엘은 이스라엘의 민족 대표자들을 모으게 된 이유를 설명했다. 그것은 백성들이 요구한 대로 왕을 뽑기 위해서였다. 그렇지만 사무엘은 이스라엘 백성의 그런 행위가 하나님을 버리는 행위임을 명백하게 밝혔다. 하나님께서 왕정제도를 허락하시지만 그것은 하나님의 기쁘신 뜻에 의한 것이 아님을 말했다.

사무엘은 절차에 따라 미스바에 모인 이스라엘 모든 지파 대표들을 통해 제비를 뽑았는데 가장 작은 지파라 할 수 있는 베냐민 지파가 뽑혔다. 그 중에서 다시 마드리Matri의 가족이 뽑혔으며 그 가운데 기스Kish의 아들 사울이 뽑혔다.

그러나 그 자리에는 정녕 있어야 할 사울이 보이지 않았다. 이는 그가 짐짝 사이에 숨어 있었기 때문이다. 그것을 알게 된 사람들이 숨어있는 그를 불러냄으로써 사울은 백성들 앞에 공적으로 드러나게 되었다. 그는 다른 사람보다 키가 어깨 위나 더 크고 준수한 인물이었으므로 일반 백성들이 보기에 만족할만한 그런 인물이었다. 그들은 사울을 보고 만세를 부르며 환호했다.

이렇게 하여 사울은 이스라엘 민족의 공식적인 절차를 거쳐 왕이 될 만한 인물로 승인되었으며 백성들이 부르는 '만세'를 통해 새로운 지도자로 인정받았다. 우리가 주의 깊게 생각해야 할 점은 하나님께서 사울을 왕으로 선택하셨지만 이스라엘 백성들을 통한 절차를 거치게 하셨다는 사실이다.

그러나 이스라엘 백성들 가운데 사울을 지도자로 인정하는 것을 반대하는 자들이 없지 않았다. 그들은 하나님께서 사울을 선택하지 않았다고 생각했기 때문에 반대한 것이 아니며 인물 됨됨이에 만족스럽지 못해서 그를 반대했던 것도 아니다. 그들이 사울을 반대했던 까닭은 자기들이 원하는 인물이 아닌 의외의 인물이 이스라엘의 왕위를 차지하게 되리라는 사실 때문이었다.

사울은 하나님의 선택을 받아 사무엘로부터 기름부음을 받고 미스바 민족 집회에서 승인을 받았지만 아직 왕위에 오른 것은 아니었다(삼상 11:15). 그는 이러한 모든 과정을 통해 이스라엘의 왕위에 오르게 될 준비 단계에 있었다.

우리는 이 모든 과정이 사울 개인을 위한 것이 아니라는 사실을 깨달아야 한다. 그것은 도리어 언약의 백성인 이스라엘 민족을 위한 것이었다. 그들은 여전히 하나님의 구속사적 질서 가운데 존재해야만 했다. 그 민족 가운데 하나님께서 계획하시는 참 이스라엘 왕국이 설립될 것이며, 유다지파 자손의 왕이 탄생하게 된다. 그 왕국은 메시아 왕국을 예표하며 그 왕들의 계보 가운데서 하나님 나라의 메시아가 도래할 것이다.

제8장 _ 왕정제도의 확립과 사무엘의 권면

(삼상 11:1-15; 12:1-25)

1. 사울의 능력이 확인됨

사울은 사무엘로부터 기름부음을 받아 이스라엘의 왕이 될 자임이 확인되었다. 그리고 미스바 집회에서 공적인 절차에 따라 왕위에 오를 자로 선출되었다. 그 모든 것은 하나님의 섭리에 의한 것이었다.

그러나 백성들 가운데는 그가 이스라엘의 왕이 되는 문제를 부정적으로 생각하는 자들이 많이 있었다. 사울은 특별한 종교인이거나 탁월한 정치가가 아니었다. 그렇다고 달리 백성들 가운데서 대단한 능력을 보여준 적이 있었던 것도 아니다. 즉 그는 아무런 검증이 된 바 없는 평범한 인물에 지나지 않았다.

그럼에도 불구하고 사무엘은 사울에게 기름을 부었으며, 미스바에서 있었던 민족회의는 그를 이스라엘을 통치하게 될 지도자로 선출했다. 사울은 사무엘이 소집한 집회를 통해 공식적으로 선출되었던 것이다. 하지만 그런 일이 있은 후 그가 즉시 왕위에 오른 것은 아니었다.

상황이 그러할 때 사울의 능력을 발휘할 수 있는 절호의 기회가 찾아왔다. 암몬 자손이 이스라엘 백성들에게 공격을 가하려고 준비하고 있었기 때문이다. 당시 암몬은 이스라엘 민족에게 매우 위협적인 존재였다.

　암몬 자손들이 길르앗 야벳에 진을 친 것을 본 이스라엘 백성들은 극도로 위축되었다. 그들은 강력한 암몬 군대를 보고 화해하고자 원했지만 적군은 그 요구를 들어주지 않았다. 그러자 이스라엘 민족은 다급한 상황에 빠질 수밖에 없었다.

　이스라엘 백성의 새로운 지도자로 선출된 사울은 밭에서 일을 마치고 돌아가다가(삼상 11:5) 민족이 위급한 처지에 놓인 소식을 접하게 되었다. 그는 그 소리를 듣고 성령에 감동되어 크게 분노했다(삼상 11:6). 그리하여 겨릿소 두 마리를 잡아 각을 떠서 이스라엘 모든 지경으로 보냈다. 그러면서 누구든지 사울과 사무엘을 따르지 않는 자가 있다면 그처럼 저들의 소를 각을 떠서 죽일 것이라 전했다. 사울은 선지자 사무엘을 앞세워 자신의 말을 따르도록 백성들에게 메시지를 전했던 것이다.

　각이 떠진 소의 각 부위를 전달받은 이스라엘의 여러 지파 백성들은 사울에 대한 두려운 마음을 가지고 그에게로 나아왔다. 그리하여 전쟁을 할 만한 군사들이 수십만 명 집결하게 되었다. 그들은 사울을 앞세워 암몬 자손과 전쟁을 치를 준비를 갖추었다.

　사울은 이스라엘 민족의 총사령관이 되어 작전을 세워 암몬 족속들을 공격했다. 그 전투로 인해 이스라엘 군대가 대승을 거두게 되었다. 그것은 백성들이 미처 예기치 못하던 놀라운 일이었다. 물론 그 전쟁은 사울의 전략에 의한 승리가 아니라 하나님의 관여로 말미암은 결과였다. 그렇지만 이스라엘 백성들은 그것이 사울의 탁월한 지도력 때문이라는 생각을 하지 않을 수 없었다.

　그러자 이번에는 백성들이 사울을 왕이 되기에 함량미달이라고 주장하던 자들이 누구냐고 외치면서 떠들었다. 그는 이스라엘의 왕이 될 만한 충분한 자격을 갖춘 인물이라는 것이었다. 그렇게 되자 그 전에는 그를 인정하기 싫어하던 사람들조차 그의 능력을 인정하지 않을 수 없었다. 그 전쟁으로 인해 사울은 비로소 이스라엘의 왕이 될 만한 충분한 역량을 갖춘 인물로서 대외적인 인정을 받게 되었다.

2. 사울 왕의 즉위

암몬 자손의 공격을 물리치고 이스라엘을 승리로 이끈 사울은 절대적인 신임을 받게 되었다. 백성들이 볼 때 그런 탁월한 인물이 왕이 되면 민족의 장래가 매우 밝을 것으로 기대했다. 사울이 그토록 막강한 암몬 자손들을 가볍게 물리쳤기 때문이다.

그 전쟁이 있은 후 사무엘은 비로소 이스라엘 백성에게 왕위 즉위식을 거행해야 할 것을 전했다. 사울은 이미 기름부음을 받았으며, 공식적인 미스바 집회에서 새로운 지도자로 선출된 상태였다. 암몬 자손을 물리친 사울은 이제 모든 백성으로부터 인정을 받아 왕위에 즉위할 때가 되었다.

> "사무엘이 백성에게 이르되 오라 우리가 길갈로 가서 나라를 새롭게 하자 모든 백성이 길갈로 가서 거기서 여호와 앞에 사울로 왕을 삼고 거기서 여호와 앞에 화목제를 드리고 사울과 이스라엘 모든 사람이 거기서 크게 기뻐하니라"(삼상 11:14, 15)

사무엘은 이스라엘 백성들을 길갈Gilgal로 모았다. 사울의 왕위 즉위식을 거행하기 위해서였다. 당시는 아직 예루살렘이 정복되기 전이어서 다른 장소에서 왕위 즉위식을 거행할 수밖에 없었다.

이스라엘 백성은 사울을 새로운 통치자로 옹립하면서 여호와 하나님 앞에 화목제를 드렸다. 이스라엘의 모든 행사는 하나님 앞에서 행해져야만 했다. 우리가 위 본문을 통해 느낄 수 있는 것 중 하나는 모든 백성이 왕의 출현을 기뻐한 데 반해 사무엘은 그것을 기쁨으로 받아들이지 않은 것으로 보인다는 사실이다.

사울을 왕으로 세운 이스라엘 백성들은 즐거움에 취해 있었다. 여호와 하나님 앞에 화목제를 드린 사울과 모든 이스라엘 사람들이 크게 기뻐했다. 그러나 사무엘의 마음은 다른 백성들과 같지 않았다. 드러나는 현실만을 목격하며 그것이 하나님의 뜻일 것이라 짐작하여 즐거움에 들뜬 백성들의 모습과, 하나님의 진정한 뜻을 알고 있는 사무엘 사이에는 현저한 차이가 난다.

우리가 이를 통해 분명히 인식해야 할 점은 인간들의 종교적 감정이 하나님의 뜻을 확정짓는 것이 아니라는 사실이다. 어리석은 인간들은 자기가 원하는 결과를 보고 종교적 기분에 도취하게 되면 그것이 곧 하나님의 뜻이라는 잘못된 생각에 빠지게 된다. 사울을 왕으로 세운 이스라엘 백성들이 그랬다. 우리는 하나님의 뜻에 민감했던 사무엘의 심정을 잘 이해할 수 있어야 한다.

3. 이스라엘 백성을 향한 사무엘의 권면과 결단

(1) 사무엘의 권면과 책망

사울이 이스라엘의 왕위에 올랐음에도 불구하고 민족에 대한 사무엘의 영향력은 여전했다. 사무엘은 왕정제도 아래 놓이게 된 이스라엘 백성들에게 특별히 다짐하며 권면하고 있다. 자기는 그동안 이스라엘 민족의 지도자로 있으면서 '하나님의 길'을 가기 위해 최선을 다했다는 것이다. 그 점에 대해서는 모든 이스라엘 백성들이 증인이 될 수 있음을 분명히 확인했다.

사무엘은 사울 왕과 이스라엘 백성에게 동시에 그 점을 말하고 있다.

그는 왕위즉위식이 있은 후 사울 왕을 포함한 모든 민족에게 강한 권면을 했다. 그 권면의 핵심은 이스라엘 백성 가운데 어느 누구도 하나님 앞에서 경거망동해서는 안 된다는 것이었다.

그에 대한 당위성을 설명하기 위해 사무엘은 하나님께서 모세와 아론을 민족의 지도자로 세우셨던 사실을 상기시켰다. 그리고 사사시대에 일어났던 여러 상황들을 이야기했다. 위기에 빠진 이스라엘 백성을 구한 자는 여호와 하나님이 아니냐는 것이었다.

> "그런즉 가만히 섰으라 여호와께서 너희와 너희 열조에게 행하신 모든 의로운 일에 대하여 내가 여호와 앞에서 너희와 담론하리라"(삼상 12:7);
> "너희는 이제 가만히 서서 여호와께서 너희 목전에 행하시는 이 큰 일을 보라"(삼상 12:16)

사무엘은 모든 이스라엘 백성들에게 '하나님 앞에 가만히 서서 그가 행하시는 놀라운 일을 보라'고 요구했다. 인간들의 주장이나 지혜가 이스라엘을 위해 할 수 있는 일은 아무 것도 없다. 그러므로 하나님의 백성은 인간의 죄된 모습을 깨달아 거룩하신 하나님 앞에 서서 그가 행하시는 큰일을 보게 될 따름이다.

사무엘이 이스라엘 백성에게 요구한 말은 오래 전 모세가 했던 말과 조화된다. 애굽을 탈출하고자 시도한 이스라엘 백성들은 뒤에서 맹추격해 오는 바로 왕의 군대를 보고 심한 두려움에 빠지게 되었다. 그러자 그들은 은근히 백성을 인도하는 모세를 원망하기 시작했다. 그럴 때 모세는, 백성들이 가만히 서 있으면 하나님께서 행하시는 놀라운 일을 보게 되리라는 사실을 말했다.

> "모세가 백성에게 이르되 너희는 두려워 말고 가만히 서서 여호와께서 오늘날 너희를 위하여 행하시는 구원을 보라 너희가 오늘 본 애굽 사

람을 또 다시는 영원히 보지 못하리라"(출 14:13)

모세는 불안감에 빠져있는 백성들에게 가만히 서서 여호와께서 자기 백성들을 위하여 행하시는 놀라운 일을 보라고 말했던 것이다. 강력한 적군을 보고 무능한 자신의 모습을 들여다보게 되면 두려움에 빠질 수밖에 없다. 그러나 하나님께서 행하시는 원대한 사역을 기억한다면 두려울 것이 아무 것도 없다.

모세와 사무엘은 갈피를 잡지 못하고 있는 이스라엘 백성들에게 오직 하나님과 그의 놀라운 사역만 바라보도록 요구하고 있다. 백성들은 저들의 목적을 달성하기 위해 동분서주할 것이 아니라 하나님께서 행하시는 능력을 바라보아야 한다. 그것만이 이스라엘 백성들이 살 수 있는 유일한 길이기 때문이다.

하나님께서 행하시는 놀라운 구원 사역을 바라볼 수 있는 안목을 상실해서는 안 된다. 이는 사실 이스라엘의 전 역사 가운데 지속적으로 요구되는 말씀이라 할 수 있다. 나아가 오늘날 우리에게도 그대로 적용되어야 할 말씀이기도 하다.

사무엘은 또한, 이스라엘 백성이 왕을 구하고 왕정제도를 세운 것은 하나님을 버린 행위라는 사실을 다시금 확인하며 강조했다. 그들이 민족을 위한 다른 통치자를 원했던 것은 하나님을 버린 악행이었음을 결코 잊지 말아야 했던 것이다.

> "너희가 암몬 자손의 왕 나하스의 너희를 치러 옴을 보고 너희 하나님 여호와께서는 너희의 왕이 되실지라도 너희가 내게 이르기를 아니라 우리를 다스릴 왕이 있어야 하겠다 하였도다"(삼상 12:12)

하나님께서는 사무엘을 통하여 무려 세 차례에 걸쳐 그들이 왕을 세우려 하는 것에 대하여 꾸짖으셨다(삼상 8:18; 10:19; 12:12). 그들을 다스리고 지킬 자는 정치적인 군주가 아니라 여호와 하나님이었다. 그럼에도 불구하고 백성들은 하나님을 버리고 정치적인 왕을 원했다. 어리석은 백성들은 하나님이 아니라 저들이 원하는 왕이 통치하게 되면 더 강력한 국가를 세울 수 있으리라고 생각했던 것이다.

그러므로 사무엘은 하나님의 진노를 이스라엘 백성으로 하여금 직접 목격하게 하였다. 그때는 밀을 추수하는 시기였지만 하나님께서는 저들 가운데 커다란 천둥을 동반한 비가 내리도록 하셨다.15) 백성들은 그 놀라운 일을 보며 하나님을 두려워하지 않을 수 없었다. 나아가 하나님의 사람 사무엘을 크게 두려워하게 되었다.

(2) 백성들의 깨달음

이스라엘 백성들은 사무엘의 엄한 말을 듣고 저들의 잘못을 깨달았다. 왕을 구한 것이 하나님을 버린 죄악임을 알게 되었던 것이다. 그들은 왕을 구하고 왕정제도를 세운 것이 하나님을 배반한 두려운 죄임을 비로소 깨달아 알고 뉘우치게 되었다.

> "모든 백성이 사무엘에게 이르되 당신의 종들을 위하여 당신의 하나님 여호와께 기도하여 우리로 죽지 않게 하소서 우리가 우리의 모든 죄에 왕을 구하는 악을 더하였나이다"(삼상 12:19)

이제 그들은 하나님의 은혜에 의존할 수밖에 달리 도리가 없었다. 그리고 그들이 살 수 있는 유일한 길은 선지자 사무엘의 기도밖에 없었다. 여기서 우리는 매우 의미심장한 의미를 깨닫게 된다. 이는 일반 백성들의 회개나 기도 자체가 저들의 생명을 구할 수 있는 것이 아니라는 사실

---

15) 우리나라의 경우를 비추어 생각한다면, 날씨가 찌는 듯이 무더운 한 여름에 감당할 수 없는 흰 눈이 갑자기 펑펑 쏟아지는 경우와 흡사하다고 볼 수 있다.

이다. 우리는 제사장으로서 사무엘의 역할이 이스라엘 민족 가운데서 얼마나 중요한가 하는 점을 보게 된다.

인간들의 감정적 회개에는 근본적인 한계가 있다. 성도가 양심적으로 회개를 하면 그것 자체로써 죄에 관련된 모든 문제가 해결되는 것이 아니다. 그보다 더욱 중요한 것은 예수 그리스도를 통해 베푸시는 하나님의 은혜이다.

이스라엘 백성들은 이제 자기들이 범한 사악한 죄를 알게 되었다. 그리고 저들의 왕을 구함으로써 하나님을 배반하게 된 사실도 잘 깨닫게 되었다. 하지만 저지른 죄를 깨닫는 것만으로는 하나님의 용서가 이루어지지 않았으며, 그것 자체로서 생명이 보장될 수 있는 것도 아니었다.

이스라엘 백성은 저들의 생명을 위해서는 선지자 사무엘의 기도가 절대적으로 필요함을 알고 있었다. 하나님께서는 자신이 친히 세우신 사무엘의 기도를 들으시며 죄악에 빠진 백성들의 기도를 듣지 않을 것이란 사실을 알았다. 그러므로 그들은 자신의 죄를 깨달았을 뿐 아니라 사무엘을 통한 기도가 하나님의 진노를 덜게 될 것이며 생명을 보장할 수 있다는 사실을 깨닫게 되었던 것이다.

오늘날 우리에게도 이러한 깨달음은 매우 중요하다. 우리가 죄를 깨닫는 것이 중요하지만 그것만이 전부가 아니다. 우리를 위한 모든 용서는 하나님께서 보내신 예수 그리스도로 말미암는다는 사실을 동시에 깨달아야만 한다. 그래야만 전적으로 하나님 한 분만 의지할 수 있게 되는 것이다.

(3) 사무엘의 요구

하나님의 진노를 직접 목격하며 경험했던 이스라엘 백성은 다시금 심각한 두려움에 빠져 있었다. 그때는 새로운 왕이 등극한 상태에서 희망을 노래해야 할 시점이었다. 암몬 족속으로 인해 위기에 빠진 이스라엘 백성을 전쟁의 승리로 이끈 사울이 왕이 되었으므로 그 전처럼 성대한 잔치를 베푸는 것이 자연스러웠다.

하지만 왕정제도가 허락되고 왕이 정치하는 시대가 왔음에도 불구하고 저들의 상황은 전혀 그렇지 못했다. 그들은 기뻐하고 즐거워해야 하는 시점에 도리어 절망감에 빠져 있었던 것이다. 그것은 이스라엘 백성들을 심한 당혹감에 빠지게 하기에 충분했다.

그런 상황 가운데서 사무엘은 백성들에게 막연한 두려움에 빠져 있지 말 것을 당부했다. 하나님에 대한 두려움에 빠져 있는 그 자체가 의미 있는 것이 아니었다. 그러므로 그는 두려워하지 말고 돌이켜 하나님을 좇으라고 요구하고 있다. 그것은 이스라엘 민족에 대한 깊은 위로의 말씀이다.

"사무엘이 백성에게 이르되 두려워 말라 너희가 과연 이 모든 악을 행하였으나 여호와를 좇는데서 돌이키지 말고 오직 너희 마음을 다하여 여호와를 섬기라"(삼상 12:20)

이스라엘 백성은 그동안 여호와를 전적으로 의지하지 않고 자기들의 정치적인 욕망을 따르고 있었다. 즉 그들은 영원한 하나님과 그의 뜻을 바라보았던 것이 아니라 눈앞에 펼쳐지고 있는 현실에 집중했다. 그러다 보니 그들은 주변의 강대국과 힘 있는 민족들을 보며 그들처럼 되기를 바랐던 것이다.

그런 생각으로 인해 그들은 결국 이방국가들처럼 왕정제도를 채택하기를 원했다. 그러나 그것은 이스라엘 민족에게 희망을 제공한 것이 아니라 도리어 어두운 절망을 몰고 왔을 따름이다. 이는 하나님을 배반하고 그를 떠난 결과였다.

제8장 _ 왕정제도의 확립과 사무엘의 권면(삼상 11:1-15; 12:1-25) · 101

　이제 와서야 하나님을 떠남으로써 처하게 된 비참한 상황을 깨닫게 된 이스라엘 백성들에게 사무엘은 '오직 마음을 다하여 여호와를 섬기라'고 촉구했다. 그것은 저들에게 말할 수 없는 위로가 되며 소망이 되었다. 즉 그것은 여전히 자기 백성과 함께 거하시는 하나님의 놀라운 은혜를 말하고 있는 것이기 때문이었다.

　사무엘이 이스라엘 백성에게 '오직 마음을 다하여 여호와를 섬기라'고 요구한 이 말씀은 성경의 핵심적인 내용이다. 모세는 이스라엘 백성이 약속의 땅인 가나안에 들어가기 전 자신의 죽음을 앞두고 그 점을 강조했다. 이 말씀은 신명서의 핵심 주제이기도 하다. 나아가 예수님께서도 제자들에게 이 점이 성경이 말하는 가장 중요한 강령임을 말씀하셨다.

　　"이스라엘아 들으라 우리 하나님 여호와는 오직 하나인 여호와시니 너는 마음을 다하고 성품을 다하고 힘을 다하여 네 하나님 여호와를 사랑하라 오늘날 내가 네게 명하는 이 말씀을 너는 마음에 새기고 네 자녀에게 부지런히 가르치며 집에 앉았을 때에든지 길에 행할 때에든지 누웠을 때에든지 일어날 때에든지 이 말씀을 강론할 것이며 너는 또 그것을 네 손목에 매어 기호를 삼으며 네 미간에 붙여 표를 삼고 또 네 집 문설주와 바깥문에 기록할지니라"(신 6:4-9);
　　"예수께서 가라사대 네 마음을 다하고 목숨을 다하고 뜻을 다하여 주 너의 하나님을 사랑하라 하셨으니 이것이 크고 첫째 되는 계명이요 둘째는 그와 같으니 네 이웃을 네 몸과 같이 사랑하라 하셨으니 이 두 계명이 온 율법과 선지자의 강령이니라"(마 22:37-40)

　사무엘이 이스라엘 백성들에게 요구하고 모세가 강조했던 이 말씀은 오늘날 우리가 마음 속 깊이 새겨야 할 진리이다. 그러므로 예수님께서도 그 계명이 전체 구약성경의 강령이라고 말씀하셨던 것이다. 이에서 벗어난 모든 것은 인간의 욕망에 의한 결과이며 우리가 정신을 바짝 차려 견제해야 할 대상들이다.

우리는 이 말씀을 주관적으로 이해하고 적용하려 해서는 안 된다. 즉 인간의 자기 판단에 의해 그렇게 한다면 아무런 보장성이 없다. 구약시대의 잘못된 지도자들이 그러했으며 예수님 당시의 바리새인과 서기관들이 그러했다. 또한 사도시대의 거짓 교사들이 그러했으며 현대 교회시대에도 그런 오류에 빠진 사람들이 많이 있다. 그러므로 우리는 기록된 하나님의 말씀에 겸손하게 순종하며 온전한 자세로 하나님을 섬길 수 있어야 한다.

4. 사무엘의 고백적 결심과 신실하신 하나님의 뜻

사무엘은 절망에 빠진 이스라엘 민족을 위해 기도하겠노라고 약속했다. 그것은 하나님을 배반한 죄로 인해 죽음에 처한 백성들이 사무엘에게 간곡히 당부한 것이기도 하다. 그의 기도가 아니면 이스라엘 백성에게 진정한 생명이 약속될 수 없었던 것이다.

이는 그들의 조상 때부터 약속해 오신 하나님의 언약이 끊어지지 않는다는 사실에 초점이 맞추어져 있다. 그것은 하나님의 신실하심에 기초하고 있다. 이는 하나님의 영원한 언약과 직접 연관되어 있다.

즉 백성들이 하나님을 열심히 섬기고 사무엘이 그들을 위해 기도하면, 저들의 삶이 윤택해지리라는 것과는 아무런 상관이 없다. 사무엘의 기도를 통해 이스라엘이 강대국으로 성장하지 않을 것이며 경제적인 번영을 가져오지도 않는다.

이스라엘 백성이 누리게 되는 최대의 은총은 메시아와 연관된 언약이다. 하나님께서는 그 것을 위해 자신의 특별한 왕국을 건립하시기로 작정하고 계셨다. 사무엘은 이스라엘 백성의 배신에도 불구하고 그 놀라운 일이 그대로 진행될 것을 말하고 있다.

"나는 너희를 위하여 기도하기를 쉬는 죄를 여호와 앞에 결단코 범치 아니하고 선하고 의로운 도로 너희를 가르칠 것인즉 너희는 여호와께서 너희를 위하여 행하신 그 큰일을 생각하여 오직 그를 경외하며 너희의 마음을 다하여 진실히 섬기라"(삼상 12:23, 24)

우리는 사무엘의 결단이 과연 누구를 위한 것이냐 하는 점을 분명히 깨달아야 한다. 그리고 백성들이 하나님께서 행하신 놀라운 일들을 기억하고 마음을 다하여 그를 섬겨야 하는 이유가 어디 있는가 하는 점을 주의 깊게 생각해 보아야 한다.

이는 일차적으로 사무엘 자신을 위한 것이 아니며 이스라엘 백성을 위한 것도 아니다. 나아가 이 땅에서 이스라엘 백성의 풍요로운 삶을 제공받기 위해서가 아니었다. 그것은 오로지 언약의 백성들을 통한 하나님의 구원사역과 메시아를 위한 것이었다.

그러므로 그들이 마음을 다하여 여호와 하나님을 경외함으로써 섬겨야 하는 것은 저들의 주관적인 종교행위를 두고 말하는 것이 아니다. 언약의 백성으로 선택된 자들은 하나님의 구원계획을 알고 이 땅에 하나님의 뜻이 이루어질 것을 바라며 하나님께 의지하며 그를 섬겨야 했다.

사무엘은 이스라엘 백성에게 기도하는 죄를 쉬지 않겠다고 분명히 약속했다. 그 기도를 쉰다면 그것은 여호와 앞에 범죄하는 것이라 말하고 있다. 그렇다면 사무엘의 구체적인 기도의 내용은 무엇이었을까?

그가 이스라엘 민족의 평화를 위해 기도하며 전쟁의 방지를 위해 기도했을까? 아니면 백성들의 안녕을 위하거나 평온한 삶을 위해 기도했을까? 혹은 사회적인 복지 국가와 민족적 번영을 염두에 두고 기도했을까? 혹은 백성들의 건강과 산업의 번창을 위해 기도했을까? 아니면 그 모든 것들을 동시에 기억하며 하나님께 기도했을까?

우리가 분명히 알 수 있는 것은 사무엘의 기도의 내용이 그런 유형의 것이 아니었다는 사실이다. 사무엘이 기도했던 내용은 하나님께서 세우시는 메시아 왕국을 통해 하나님의 뜻이 이루어지는 것이었다. 하나님으로부터 특별히 선택받은 이스라엘 민족이 그 의미를 올바르게 알고 하나님을 온전히 섬길 수 있도록 은혜를 구하는 기도였다.

오늘날 우리의 기도 역시 그와 같은 범주를 벗어나서는 안 된다. 예수 그리스도가 이 땅에 오셔서 모든 사역을 완성하셨지만 우리는 여전히 주님의 재림을 통해 완성될 하나님의 나라를 기억하며 온전한 기도 가운데 거해야만 한다. 자칫 잘못하면 우리는 자신의 욕망을 위해 기도하는 오류에 빠질 우려가 있다. 우리는 하나님을 위해 존재하는 인간이 아니라, 인간을 위해 존재하는 하나님으로 만들어 버리는 심각한 오류에 빠지지 않도록 항상 깊은 주의를 기울여야만 한다.

제9장 _ 사울 왕의 종교적 만행과 사울 왕국의 외형적 강화

(삼상 13:1-23; 14:1-52)

1. 사울 왕의 오만함과 사무엘의 권위

사울 왕은 오만함을 버리지 못하고 있었다. 그는 즉위한 지 2년이 되었을 때 블레셋을 선제공격하게 된다. 특별한 것을 갖추고 있지도 않으면서 무리한 작전을 시도했던 것이다. 사울은 그것을 믿음이라 생각했을지 모른다. 자신이 그렇게 하면 하나님이 도와주시게 되고 그렇게 되면 백성들로부터 더 큰 신망을 얻게 되리라 여겼을 것이다.

그러나 상황은 전혀 다른 방향으로 전개되었다. 승리의 가능성은커녕 도리어 혼란만 가중시키게 되었다. 사울은 요나단을 앞세운 초기의 여세를 모아 블레셋에 대한 공격을 계속하려 했지만 그럴 수 없는 형편에 놓였다. 전쟁을 해야 할 백성들이 사기를 잃고 뿔뿔이 흩어지고 말았다.

선제공격을 받은 블레셋이 대규모의 군대진용을 갖추어 나오는 것을 본 이스라엘 백성들이 겁을 먹을 수밖에 없었다. 그들은 제대로 싸워보지도 못한 채 두려움에 떨어야 했다. 이는 이스라엘 백성의 기대에 완전히 어긋나는 것이었다. 그들은 왕정제도를 확립하고 왕을 두면 승승장구할 줄 알았다. 그러나 실상은 그와는 정반대였다.

우리는 사울이 왕으로 재임하고 있는 중에도 사무엘은 여전히 하나님의 선지자로서 특별한 권위를 가지고 있었다는 사실을 기억해야 한다. 사울이 이스라엘 백성을 정치적으로 통치하는 자리에 있었다면 사무엘은 종교적으로 하나님께 제사를 지내며 그를 섬기는 자리에 있었던 것이다.

이스라엘 민족은 참된 사사이자 선지자인 사무엘에 의해 인도되었다. 그 점에 대해서는 이스라엘 백성들뿐 아니라 사울 왕도 잘 알고 있었다. 그들은 하나님의 돌보심이 없이는 이스라엘 왕국을 제대로 영위할 수 없음을 알았다. 따라서 블레셋 군대로 인해 이스라엘이 위급한 상황에 처했을 때 왕은 사무엘을 찾을 수밖에 없었다.

이스라엘 백성이 처한 위기는 자업자득이었다. 그들은 스스로 욕망을 추구하려다가 엉뚱한 위기에 처하게 되었다. 그런 국가적 위기의 상황에 처한 사울 왕은 사무엘을 다급하게 청했다. 그는 하나님께 제사를 드림으로 그 절박한 문제를 해결하고자 했다. 사울 왕은 사무엘이 빨리 와서 하나님께 번제와 화목제를 지내고 하나님의 은혜를 구하기를 원했던 것이다.

그러나 사울 왕은 하나님에 대한 진정한 제사를 드리고자 하는 마음을 가지고 있었던 것은 아니다. 설령 그에게 하나님의 도우심을 간절히 바라는 마음이 있었다고 할지라도 그것은 올바른 신앙자세와는 다르다. 사울 왕이 원했던 것은 단지 사무엘의 제사를 통해 하나님이 저들을 도와주는 것이었다.

사무엘은 사전에 정해진 시간에 도착하지 않았다. 약속한 칠일이 흘러가는 동안 사무엘에게서 아무런 소식이 없었다.[16] 결국 기다리다가

---

[16] 사무엘상 10:8에도 사무엘과 사울 사이에 이와 유사한 대화가 나온다: "너는 나보다 앞서 길갈로 내려가라 내가 네게로 내려가서 번제와 화목제를 드리리니 내가 네게 가서 너의 행할 것을 가르칠 때까지 칠일을 기다리라." 그러나 이는 사무엘상 13:8의 기록과 다른 시기에 있었던 일이다.

지친 사울 왕은 직접 하나님께 제사를 드리게 된다. 사울은 그렇게 해서라도 빨리 위급한 국면을 타개하고 싶었을 것이다.

2. 사울의 부정한 번제

외형적으로 본다면 사울 왕이 자기의 권한을 벗어난 잘못된 제사를 하나님께 드린 원인이 사무엘에게 있었다. 만일 사무엘이 정한 시간에 그 장소에 도착만 했더라도 그런 일이 발생하지 않았을 것이다. 그럼에도 불구하고 성경에는 사무엘의 잘못에 대해 질타하는 내용은 전혀 없다. 이는 하나님의 경륜 가운데서 이해되어야 할 문제이기 때문이다.

사울 왕은 사무엘을 통해 하나님께 화목제와 번제를 드림으로써 위기에 처한 국면을 전환하고자 했다. 그러나 그것은 올바른 신앙자세가 될 수 없다. 사울 왕의 그런 계산을 잘 파악하고 있던 사무엘은 의도적으로 정해진 시간에 도착하지 않았던 것이다.

사무엘이 정해진 시간에 도착하지 않고 상당히 오랫동안 기다려 봐도 감감무소식이자 사울 왕은 직접 하나님께 제사를 지내려고 결심하게 된다. 결국 사울은 하나님께 직접 번제와 화목제로 제사를 지냈다. 그러나 그것은 사울이 감당할 수 있는 일이 아니었다.

하나님께 드리는 제사는 아무나 드릴 수 있는 것이 아니다. 누구든 자기가 하고 싶으면 그렇게 할 수 있는 것이 아니다. 설령 순수한 마음으로 그렇게 한다 할지라도 자격이나 권한이 없는 상태에서 행하는 제사는 하나님을 순종하는 행위가 아니었다.

그럼에도 불구하고 이스라엘의 왕의 신분을 가진 사울은 자기가 성의껏 드리면 하나님이 기쁘게 응답하리라 오해하고 있었다. 더구나 상황이 다급하고 불가피한 경우에는 그렇게 할 수도 있을 것이라 생각했을지도 모른다. 그러나 사울 왕의 그런 행위는 하나님을 기쁘게 한 것이 아니라 도리어 그를 욕되게 하는 악행이었다.

　사울 왕이 하나님께 번제와 화목제를 바치는 제사행위를 마쳤을 때 그제야 사무엘이 도착했다. 사무엘은 그 광경을 보고 사울 왕을 책망했다. 정해진 시간에 도착하지 않은 자신의 잘못에 대해서는 아무런 언급조차 없었다. 그 대신 왜 하지 말아야 할 짓을 했느냐고 다그쳐 물었다. 그러자 사울 왕은 그럴 수밖에 없는 상황이었다며 핑계를 댔다. 백성들은 적군 앞에서 지리멸렬하여 흩어지고 마땅히 와야 할 사무엘은 정한 시간에 도착하지 않아 할 수 없이 그렇게 했다는 것이었다.

> "사무엘이 가로되 왕의 행한 것이 무엇이뇨 사울이 가로되 백성은 나에게서 흩어지고 당신은 정한 날 안에 오지 아니하고 블레셋 사람은 믹마스에 모였음을 내가 보았으므로 이에 내가 이르기를 블레셋 사람은 나를 치러 길갈로 내려오겠거늘 내가 여호와께 은혜를 간구치 못하였다 하고 부득이하여 번제를 드렸나이다"(삼상 13:11, 12)

　사울 왕은 사무엘의 책망을 들으면서 자기 나름대로는 최선을 다했다고 말했다. 사울에게는 그럴만한 충분한 이유가 있었던 것이다. 그러므로 사무엘이 정해진 제 시간에 도착하지 않았음에 대해 은근히 핑계를 돌렸다. 사울 왕은 사무엘을 무려 칠일 간이나 기다렸다.
　이스라엘 민족이 위기에 처한 급박한 상황에 그렇게 하지 않을 수 있느냐는 것이었다. 그 가운데는 위급한 상황을 조금이라도 감지하고 있었다면 만사를 제쳐놓고 빨리 왔어야 하지 않느냐는 원망이 서려 있었다.
　백성들은 적군 앞에서 지리멸렬하여 흩어진 상태였다. 막강한 블레셋 군대는 금방이라도 공격해 올 태세였다. 그야말로 풍전등화와 같은 처지에 놓여있었다. 그런 상황에서 특단의 조치를 취하지 않을 수 없었다고 판단했다는 것이다.

그러나 사울 왕의 제사는 하나님의 뜻을 벗어난 불법행위였다. 그 제사가 인간적인 진심어린 마음에서 우러나온 행위였다 할지라도 그것은 하나님의 뜻을 떠난 불법이었다. 사무엘은 그 점을 명확하게 지적했다.

"사무엘이 사울에게 이르되 왕이 망령되이 행하였도다 왕이 왕의 하나님 여호와께서 왕에게 명하신 명령을 지키지 아니하였도다 그리하였더면 여호와께서 이스라엘 위에 왕의 나라를 영영히 세우셨을 것이어늘 지금은 왕의 나라가 길지 못할 것이라 여호와께서 왕에게 명하신 바를 왕이 지키지 아니하였으므로 여호와께서 그 마음에 맞는 사람을 구하여 그 백성의 지도자를 삼으셨느니라 하고"(삼상 13:13, 14)

우리는 여기서 사무엘의 말을 통해 매우 중요한 교훈을 배운다. 그것은 사울이 처한 위급했던 상황이 전혀 고려되지 않고 있다는 사실이다. 사울은 자기가 그렇게 할 수밖에 없었던 상황이라고 강변했지만 사무엘은 그것을 전혀 고려하지 않았다.

더구나 사무엘 자신이 정한 시간에 도착하지 못한 외적인 잘못이 있었음에도 불구하고 그것 역시 전혀 고려되지 않았다. 즉 사무엘은 자신의 실책에 대해서는 아무런 사과도 하지 않았던 것이다. 나아가 일말의 반성의 기미조차 보이지 않았다.

사무엘은 사울을 책망하면서 그의 왕조가 곧 끝나게 될 것을 말했다. 그리고 그가 하나님께 순종했더라면 그의 왕조가 지속되었을 것처럼 이야기하고 있다. 그렇다면 만일 사울이 하나님의 율법을 준수했다면 사울의 왕조가 지속될 수 있었을까?

그것은 결코 그렇지 않다. 하나님께서는 그 전에 이미 메시아의 조상으로서 유다지파에 속한 왕을 작정하고 계셨기 때문이다. 그럼에도 불구하고 사무엘이 그렇게 말했던 것은 사울 왕은 처음부터 하나님의 뜻에 온전히 합한 자가 아니었음을 강조하는 어법을 사용했던 것이다.

우리는 사무엘이 전한 여호와 하나님의 뜻을 통해 무엇을 배우게 되는가? 그것은 하나님께서 모든 법의 중심이 되고 있다는 사실이다. 하나님께서는 친히 세우신 자신의 율법을 벗어나 접근하는 것을 용납하지 않는 것이다.

이는 오늘날 우리 시대에도 마찬가지로 적용되어야 할 중요한 원리이다. 우리는 하나님을 섬김에 있어서 우리의 감정이나 행동을 기초로 하지 않는다. 하나님을 올바르게 섬기는 방편은 오직 하나님의 법도에 따른 것이어야 한다. 예수 그리스도를 통한 하나님을 섬기는 것이 아니라면 인간들이 아무리 노력하고 종교적인 애를 쓴다 할지라도 그것은 허사일 따름이다. 나아가 그것은 단순한 허사가 아니라 하나님을 욕되게 하는 악행이라는 사실을 깨달아야만 한다.

3. 사울 왕국의 종말 예고

사울 왕의 변명을 들은 사무엘은 그가 망령된 행동을 했다고 책망했다. 그는 율법이 요구하고 있는 법도를 무시하고 자신의 감정에 따라 하나님께 제사를 드렸던 것이다. 그는 그렇게 하면 자기가 판단하는 어떤 결과가 있을 것이라 오해했다. 그러나 결과는 정반대였다. 사무엘은 사울 왕이 결코 하지 말아야 할 악한 행동을 했으므로 그의 왕조가 끝나게 될 것을 예언했다.

> "지금은 왕의 나라가 길지 못할 것이라 여호와께서 왕에게 명하신 바를 왕이 지키지 아니하였으므로 여호와께서 그 마음에 맞는 사람을 구하여 그 백성의 지도자를 삼으셨느니라"(삼상 13:14)

일반적인 관점에서 본다면 사무엘은 사울 왕에게 즉시 책망할 것이 아니라 정해진 시간에 오지 못한 이유에 대한 언급이 있어야 할 것 같다. 어쨌거나 사울 왕이 무리한 제사를 집행하게 된 것은 사무엘이 정해진 시간에 오지 않았기 때문이다. 만일 사무엘이 정한 시간에 도착했더라면 그런 일이 발생하지 않았을 것이 분명하다.

그럼에도 불구하고 사무엘은 그에 대한 변명 같은 것은 한마디도 하지 않았다. 여기서 우리가 알 수 있는 것은 하나님께서는 인간의 윤리적인 면이 아니라 그가 요구하신 법도를 절대적으로 중히 여기신다는 사실이다.

인간들이 보기에 아무리 훌륭해도 하나님의 율법을 떠난 행위라면 그것은 가증스러운 것이다. 값비싼 돈을 들여 제물을 준비하고 온갖 정성을 다한다 할지라도 하나님의 법도를 벗어나면 그것은 아무런 의미가 없다. 하나님께서 원하시는 것은 자신이 요구하신 율법과 그의 뜻 가운데서 섬기는 것이다.

사울 왕은 그 법도를 어겼기 때문에 하나님 앞에서 망령된 행동을 했으며 그것은 곧 하나님을 욕되게 하는 행위였다. 그러므로 하나님께서는 사울 왕을 폐위시키고 하나님의 뜻에 합한 자를 이스라엘 민족의 진정한 왕으로 세울 것을 말씀하셨다. 즉 백성들이 원하는 왕이 아니라 하나님께서 원하시는 왕을 친히 세우시겠다는 것이다.

지난번 사울 왕을 뽑을 때는 백성들의 요구에 의한 것이었다. 하나님께서는 그것을 악한 요구로 보셨지만 그들에게 왕을 허락하셨다. 그 왕은 일반 백성들이 보다 키가 크고 유능한 인물로 보일만한 소양을 갖추고 있는 자였다. 즉 하나님께서는 어느 정도 백성들의 구미에 맞는 왕을 허락하셨던 것이다.

그렇지만 이번에 새로 세우시게 될 왕은 하나님의 뜻에 합한 자를 세우시겠다고 했다. 이는 사울 왕은 원래부터 하나님의 마음에 합한 자가 아니었음을 시사하고 계시는 것이다. 그 새로운 왕이 등극하게 되면 하나님께서 처음부터 계획하였던 왕국이 설립되게 된다.

그 왕과 왕국을 통해 메시아를 향한 사역이 더욱 구체적으로 전개된다, 하나님께서 아브라함에게 약속하셨던 그 언약의 왕국이 가나안 땅에 세워지는 것이다. 그 왕의 후손을 통해 메시아가 탄생하게 될 것이며, 그 왕국을 통해 세상의 모든 왕국들과 전쟁하게 될 기틀을 마련하게 된다. 거기에는 사탄의 유혹으로 인해 타락한 인간들이 세운 세상 왕국에 대한 심판주로서 메시아가 예고되고 있다.

4. 블레셋 군대의 전략과 요나단의 기습 작전

사울 왕의 만용으로 인해 블레셋을 침공했을 때 막강한 블레셋 군대가 역공해오자 이스라엘 군대는 여지없이 무너졌다. 블레셋 군대는 철로 만든 칼이나 창을 충분히 가진 군대였던데 반해 이스라엘 군대는 변변한 무기를 가지지 못하고 있었다.

당시 이스라엘에는 철공이 없었다. 블레셋 사람들의 계략으로 인해 철공들이 점차 사라졌던 것이다. 그것은 블레셋의 작전에 의한 것이었다. 그러므로 이스라엘 백성들은 삽이나 낫, 괭이, 쇠스랑 등 농기구가 무디어지게 되면 그것을 날 세우기 위해서 블레셋 지경으로 가야만 할 형편이었다(삼상 13:20, 21). 그러므로 이스라엘의 일반 병사들에게는 철로 만든 무기가 없었던 것이다(삼상 13:22).

나라가 그런 형편에 놓여 있었음에도 불구하고 사울 왕은 블레셋을 선제공격했다. 그것은 용기가 아니라 만용이다. 그리고 그것은 하나님에 대한 진정한 믿음이 아니라 자기 목적을 이룩하기 위한 착각에 빠진 맹신이었다. 그렇지 않고서야 그런 무모한 행동을 할 수가 없었던 것이다.

사울 왕의 군대가 패망할 수밖에 없는 상황을 파악한 사울의 아들 요나단은 블레셋 진영에 대한 기습작전을 폈다. 사무엘상 14장 1절에는 요나단이 자기의 부하 하나를 데리고 단독작전을 펴고 있음이 기록되어 있다. 그것은 사울 왕의 명령이나 허락에 의하지 않은 개별적 판단에 따른 것이었다. 그러므로 그것은 특급비밀에 속한 행동이었으며 기습작전에 참가한 당사자 이외에는 아무도 그 사실을 알지 못했다.

요나단은 자기의 병사 하나를 데리고 용감하게 적진으로 나아갔다. 그들은 적진 앞에 이르렀을 때 하나님의 뜻을 알기 위한 표징을 세우고 하나님으로부터의 응답을 구했다(삼상 14:10). 그것은 적진의 초병들이 요나단과 병사를 보고 자기들에게 올라오라고 말하지 않으면 그들을 급습하는 것이 하나님의 뜻이 아니며, 올라오라고 말하면 그들을 급습하라는 표징으로 알겠다는 것이었다.

그런데 그들이 적진 앞에 가까이 나아가자 히브리인 두 사람이 온 것을 알고 초병들은 그들에게 올라오라고 했다. 그것은 요나단이 블레셋 막사를 급습하라는 신호가 되었다. 그리하여 요나단과 그의 병사는 블레셋 군대의 막사를 급습했고 그로 인해 많은 병사들이 죽게 되었다. 그러자 블레셋 진영은 갑작스레 일어난 일로 말미암아 혼란을 겪고 두려움에 빠지게 되었다. 우리는 여기서 이스라엘 민족에게 있어 전쟁의 승패가 군사의 수가 많고 적음에 달려 있는 것이 아님을 알게 된다.

사울 왕의 진영에서는 멀리서 그 광경을 지켜보다가 적진에 무슨 일이 발생했는지 의아하게 생각했다. 누가 블레셋의 진영을 급습해서 그런 일이 일어났는지 알지 못했기 때문이다. 그러므로 급히 군사들을 점검해 본 결과 요나단과 그의 병사가 병영을 떠나 그곳으로 갔음을 알게 되었다.

그러자 사울 왕은 함께 있던 제사장에게 하나님의 법궤를 가져오라고 했다(삼상 14:18). 하나님께 제사를 드려야겠다고 판단했던 모양이다. 그것은 하나님을 온전히 섬기고자 하는 마음 때문이 아니라 그것을 통해 하나님의 힘을 얻고자 하는 이기심 때문이었다. 마침 적진에 심한 요동이 있는 것을 본 사울은 다시 그것을 취소하고 적군으로 돌진해 들어갔다. 그러자 블레셋 군대를 피해 여기저기 흩어져 있는 이스라엘 백성들이 나와 함께 적군을 총 공격했다.

그 결과 이스라엘 백성은 크게 승리하게 되었다. 전혀 예기치 못했던 승리였다. 그것은 하나님의 특별한 은혜로 말미암은 것이었다. 즉 그 승리는 사울 왕의 지략에 달려 있었던 것이 아니며 이스라엘 백성들의 전투력에 달려 있었던 것도 아니다. 그것은 단지 하나님의 특별한 간섭에 의한 승리였다.

5. 사울과 요나단의 갈등

이스라엘 자손이 위기를 넘겼지만 사울 왕은 그날 밤 블레셋 군대를 격파할 때까지 음식을 먹지 않도록 맹세시켰다. 그러므로 병사들은 승리에 대한 즐거움을 기대했던 것이 아니라 도리어 배가 고파 허기에 지쳐 있었다. 숲 속에 벌집이 있고 거기 꿀 송이들이 있었지만 병사들은 맹세한 사실이 두려워 그것을 눈앞에 두고도 먹지 못했다.

그러나 요나단은 자기 아버지 사울 왕이 맹세를 시킬 때 그 자리에 없었기 때문에 아무것도 모르고 있었다. 그러므로 그는 꿀 송이를 보고 가지고 있던 막대기 끝으로 꿀을 찍어 먹고 힘을 얻게 되었다. 그것을 본 병사가 요나단에게 사울 왕이 모든 군인들에게 금식하도록 하고 맹세시켰다는 말을 전했다. 그러자 요나단은 병사들이 배불리 먹었다면 더 크게 승리할 것을 아버지가 금식을 시킴으로써 도리어 사기를 저하시켰다고 말했다.

그 날 이스라엘 군대는 블레셋을 뒤따라가며 공격하여 격파했으므로 심히 지쳐있었다. 그 후 굶주린 군인들은 탈취한 양과 소를 잡아서 피

채 먹었다. 그 광경을 본 사람들이 사울 왕에게 그 사실을 전했다. 그러자 사울 왕은 백성들이 피 채 동물의 고기를 먹음으로써 여호와 하나님께 범죄하지 못하도록 지시했다.

사울은 백성들에게 특별히 준비한 돌 위에서 동물을 잡아서 먹도록 했다. 그리고는 하나님께 단을 쌓았다. 성경은 그것이 사울이 하나님께 처음 쌓은 단이라 말하고 있다(삼상 14:35). 그런데 우리가 알기로 사울은 그전에 하나님 앞에 직접 번제를 드렸다가 사무엘로부터 심한 책망을 들은 적이 있다.

그렇다면 사울이 그 전에 번제를 드렸던 사실과 이번에 단을 쌓은 일과는 서로 다른 것이었을까? 우리는 이에 대해서 잘 생각해 보아야 한다. 사울이 이번에 단을 쌓은 것은 직접 제사를 지내기 위해서가 아니었다. 대신 그가 제단祭壇을 쌓은 것은 제사장들로 하여금 온전한 제사를 지낼 수 있게 하기 위해서였다. 이에 대해서는 영어성경에 그 의미가 더욱 선명하게 드러나고 있다.

"And Saul built an altar unto the LORD: the same was the first altar that he built unto the LORD"(ⅠSam14:35, KJV)

한글 성경 번역에서 사울이 단을 쌓았다고 하는 말은 제사를 드렸다는 의미가 아니라 번제단을 만들었다(built)는 뜻이다. 사울은 거기서 곧바로 블레셋 군대를 공격해 섬멸하자고 말했으며 백성들도 그 제안에 전적으로 따르고자 했다.

그러나 제사장은 하나님께 물어보아 그의 뜻에 따라야 한다고 말했다. 이는 사울의 모든 관심이 이스라엘 왕국을 승리로 이끌고자 하는 욕망에 기초하고 있음을 보게 된다. 하나님의 세미한 음성보다 자기가 추구하는 목적이 항상 선행되고 있었던 것이다.

제사장의 요청에 의해 사울 왕은 하나님께 물었으나 그에 대한 분명한 응답을 받지 못했다. 하나님으로부터 아무런 응답이 없자 사울은 그것이 누군가 범죄했기 때문이라고 판단했다. 그래서 그는 그 죄가 누구에게 있는지 알아보려 했다.

사울 왕은 자기와 요나단이 한 편에 서고 다른 백성들을 반대편에 세웠다. 그 결과 백성들이 아닌 사울 왕과 요나단이 뽑혔으며 그 둘 가운데 다시 요나단이 뽑히게 되었다. 그러자 사울 왕은 요나단에게 무슨 죄를 지었느냐고 물었으며 요나단은 그 전에 금식이 선포되었을 때 자기가 꿀을 찍어 먹은 사실을 말했다.

그러자 사울 왕은 하나님께 맹세하며 자기 아들 요나단을 죽이려 했다. 그렇지만 백성들은 저들을 블레셋의 위협에서 구해냈던 요나단을 죽음에서 구하고자 했다. 사울은 백성들의 간곡한 요청에 의해 자기 아들 요나단을 죽이는 것을 중단했다. 이로써 이스라엘과 블레셋의 그 전쟁은 끝이 나게 되었다.

6. 사울 집안의 번성과 군사력의 증강

사무엘은 사울 왕국의 종말을 예고했지만 사울은 승승장구했다. 사울이 이스라엘의 왕으로 있는 동안 사방의 국가들이 그에게 함부로 대적하지 못했다. 모압과 암몬 족속들, 그리고 에돔, 소바, 블레셋 군대를 쳐서 승리했다. 또한 아말렉 사람들을 비롯한 대적들로부터 이스라엘 민족을 지켰다.

사울 왕의 집안도 번성했다. 그에게는 여러 아들과 딸들이 있었다. 그들은 모두 유능한 인물들로 성장했다. 그의 아들들 중 요나단Jonathan은 용맹한 군인으로서 후일 다윗의 가까운 친구가 된다. 그리고 딸들 가운데 미갈Michal은 다윗의 처妻가 되었다. 다윗은 사울의 딸 미갈을 매우 사랑했던 것으로 보인다.

"다윗이 가로되 좋다 내가 너와 언약하려니와 내가 네게 한 가지 일을 요구하노니 나를 보러 올 때에 위선 사울의 딸 미갈을 데리고 오라 그렇지 않으면 내 얼굴을 보지 못하리라 하고 사울의 아들 이스보셋에게 사자들을 보내어 이르되 내 처 미갈을 내게로 돌리라 저는 내가 전에 블레셋 사람의 양피 일백으로 정혼한자니라"(삼하 3:13, 14)

위 본문에서 다윗은 사울의 딸 미갈을 아내로 얻기 위해 목숨을 걸고 블레셋과 맞서 싸웠음을 말하고 있다. 나중 다윗과 사울이 서로 싸우는 관계에 놓이게 되었을 때에도 특별히 미갈을 데려오기를 원했던 것으로 보아 그가 미갈을 얼마나 사랑했던가 하는 사실을 알 수 있다.

사울이 왕으로 있는 동안 이스라엘은 비교적 평화로운 시대를 유지하고 있었다. 이는 사울이 힘 있고 용맹한 자들을 불러모아 군대를 유지하고 있었기 때문이다. 사무엘은 사울 왕의 국가가 머지않아 종국을 맞게 될 것이라 예언했지만 사울 왕이 통치하는 이스라엘은 그렇게 약체국가는 아니었다.

이것은 무엇을 말하고 있는가? 우리가 분명히 기억해야 할 점은 사울 왕을 통한 외적인 승리를 보며 이스라엘 백성들이 만족스러워했을지 모르지만 그것이 하나님의 언약과는 상관이 없었다는 사실이다. 사울 왕은 하나님의 뜻을 온전히 따른 것이 아니라 그의 명령을 어기고 자기 판단에 따라 정치를 했을 따름이다.

그럼에도 불구하고 일시적이기는 했지만 사울 왕국은 외형적으로 상당한 강화를 이루었다. 그의 집안은 번성했으며 군사력을 통한 대외적 승리는 남 보기에 그럴듯했다. 그러나 우리는 그것이 하나님의 진정한 뜻을 이루는 것은 아니었다는 사실을 기억해야 한다.

제10장 _ 사울 왕의 범죄와 사무엘의 책망

(삼상 15:1-35)

1. 사무엘의 특별한 요구

하나님께서는 사무엘에게 특별한 임무를 주셨다. 그를 통해 기름부어 왕으로 세운 사울에게 특별한 명령을 내리라는 것이었다. 그것은 아말렉에 대한 공격명령이었다. 아말렉은 출애굽할 당시 이스라엘을 대적했던 족속이다(출 17:14; 신 25:17-19 참조). 수백 년이란 긴 세월이 흘렀지만 이제 그들을 공격해 응징하라는 것이다. 그러나 출애굽 당시 이스라엘 백성에게 선대善待했던 겐 족속(Kenites) 사람들에게 그 곳을 떠나도록 배려했다.

하나님은 이스라엘 백성이 아말렉을 공격할 때 그들의 모든 소유물들을 남김없이 진멸하도록 요구하셨다. 그리고 남녀노소를 불문하고 한 사람도 남기지 말고 죽이도록 요구하고 계신다. 사무엘은 사울 왕에게 하나님의 엄중한 그 말씀을 전달했다.

"지금 가서 아말렉을 쳐서 그들의 모든 소유를 남기지 말고 진멸하되 남녀와 소아와 젖 먹는 아이와 우양과 낙타와 나귀를 죽이라 하셨나이다"(삼상 15:3)

이는 인본주의적인 측면에서 볼 때 너무 잔인한 요구라 할 수 있다. 사무엘은 아말렉 공격을 요구하면서 어린아이들뿐 아니라 심지어는 젖 먹는 유아들까지 남기지 말고 모조리 죽이라고 명령하고 있다. 소와 양, 낙타, 나귀 등 아말렉의 모든 동물들을 죽이라는 요구는 인간들을 무차별 살해하라는 명령에 비하면 아무것도 아니다.

하나님의 비정한 그런 모습을 우리는 어떻게 이해해야 할까? 성경을 오해하는 자들은 구약 시대의 하나님은 무서운 심판의 하나님이며, 신약 시대의 하나님은 사랑과 은혜의 하나님이라는 말을 곧장 한다.[17] 그러나 그것은 기본적으로 잘못된 표현이다. 구약성경에 나타나신 하나님과 신약성경에 나타나신 하나님은 전혀 다르지 않은 동일한 분이다.

여호와 하나님은 항상 두려운 하나님이면서 동시에 사랑과 은혜의 하나님이다. 본문 말씀에서 아말렉을 진멸하여 그들에게 은혜를 베풀지 말고 남녀노소 모든 사람들을 죽이라고 명령하신 가운데서도 하나님의 심판과 사랑의 성품이 동시에 나타나고 있다. 그것은 자기 자녀에 대한 하나님의 사랑과, 자기와 무관한 인간들에 대한 두려운 심판을 함께 드러내 보여주고 있다.

그렇다면 당시 그 시점에서 하나님께서 사울 왕에게 그런 끔찍한 명령을 내리신 까닭은 무엇이었을까? 무엇 때문에 수백 년 전의 일로 인해 아말렉 족속을 공격하게 함으로써 사울 왕을 시험하고자 하셨을까? 출애굽 당시 이스라엘을 괴롭혔던 아말렉 족속의 조상들은 모두 죽고 이제 그 후손들이 남아 있었을 따름이다. 그럼에도 불구하고 하나님께서는 아말렉과의 그 전쟁을 통해 자신의 뜻을 이스라엘 민족에게 보여주시고자 했다. 그것은 이스라엘 백성에 대한 하나님의 사랑이자 그의 놀라운 경륜에 속한다.

---

17) 고대 교회시대 폰투스(Pontus)의 시노페(Sinope) 출신의 말시온(Marcion)은 그런 이단적인 사상을 주장한 대표적인 인물이다.

2. 아말렉에 대한 사울 왕의 승리와 하나님의 작정

사울 왕의 군대는 아말렉을 공격하면서 그들의 아각Agag 왕을 포로로 사로잡았다. 그리고는 아말렉의 소유물을 진멸하고 많은 사람들과 동물을 죽였다. 그러나 그들은 사무엘의 요구에 전적으로 따르지 않고 자기들 좋을 대로 판단하면서 일들을 처리했다. 여기서 우리는 사울의 잘못된 순종에 대해 생각해 보아야 한다.

사울 왕은 하나님의 말씀에 온전히 순종했던 것이 아니라 그 중 일부는 따르고 다른 일부는 버렸다. 즉 하나님께서 아말렉을 공격하라는 전쟁 명령에는 순종했지만 그들에게 구체적으로 실행하라는 중요한 하나님의 요구들은 듣지 않았다.

나아가 사울 왕은 아말렉 사람들의 소유를 진멸하고 모든 사람들과 동물을 죽이라는 하나님의 명령을 선택적으로 이행했다. 즉 자기의 목적과 판단에 따라 선택적으로 순종했다. 사울은 하나님의 명령에 순전히 따랐던 것이 아니라 자기의 유익 여부를 판단하여 자의적로 행했던 것이다.

> "사울과 백성이 아각과 그의 양과 소의 가장 좋은 것 또는 기름진 것과 어린 양과 모든 좋은 것을 남기고 진멸하기를 즐겨 아니하고 가치 없고 하찮은 것은 진멸하니라"(삼상 15:9)

사울 왕의 그런 약은 행동은 결국 하나님의 말씀을 불순종한 것 밖에 되지 않았다. 그러면서도 사울은 스스로 자기가 하나님의 명령에 제법 잘 순종했다고 생각했다. 그는 하나님의 명령에 따라 아말렉을 공격했으므로 그것이 곧 순종한 것이 아니냐는 식이었다(20절 참조). 사울 왕을 비롯한 이스라엘 백성은 저들의 욕망에 따라 하나님의 요구를 선택적으로 따르면서 그것을 순종이라 생각했던 것이다. 그러나 그것은 온전한 순종이 아니라 전적인 불순종이었다.

그런 상황에서 사무엘에게 사울 왕에 대한 하나님의 말씀이 임했다. 그 내용은 하나님께서 사울을 왕으로 세운 것을 후회하신다는 것이었다. 하나님께서는 결국 그 일로 말미암아 그를 폐위하기로 작정하셨다.

"여호와의 말씀이 사무엘에게 임하니라 이르시되 내가 사울을 왕으로 세운 것을 후회하노니 그가 돌이켜서 나를 따르지 아니하며 내 명령을 행하지 아니하였음이니라 하신지라"(삼상 15:10, 11);
"사무엘이 사울에게 이르되 나는 왕과 함께 돌아가지 아니하리니 이는 왕이 여호와의 말씀을 버렸으므로 여호와께서 왕을 버려 이스라엘 왕이 되지 못하게 하셨음이니이다"(삼상 15:26)

하나님께서 사울 왕을 폐위시키기로 하신 것은 단순히 개인적인 일이 아니라 이스라엘 민족 전체의 문제였다. 즉 그것을 사울 왕 개인의 명예와 관련되는 것만으로 해석하고자 해서는 안 된다. 그것은 하나님의 언약의 민족인 전체 이스라엘 백성과 직접 연관된 중대한 문제였다.

3. 사울 왕이 갈멜산에 자기를 위한 기념비記念碑를 세움

아말렉과의 전쟁에서 대승大勝을 거둔 사울 왕은 자기 만족에 도취해 있었다. 그는 하나님께서 자기를 버리신 사실을 아직도 제대로 인식하지 못했다. 그러므로 그는 서쪽으로 지중해(Mediterranean Sea)가 내려다보이는 갈멜산에 자기를 위한 전승기념비戰勝記念碑를 세웠던 것이다. 사무엘이 사울 왕을 책망하기 위해 가려고 나설 때 어떤 사람이 사무엘에게 그 사실을 알려주었다.

"사무엘이 사울을 만나려고 아침에 일찍이 일어났더니 어떤 사람이 사무엘에게 말하여 이르되 사울이 갈멜에 이르러 자기를 위하여 기념비를 세우고 발길을 돌려 길갈로 내려갔다 하는지라 사무엘이 사울에게 이른즉 사울이 그에게 이르되 원하건대 당신은 여호와께 복을 받으소서 내가 여호와의 명령을 행하였나이다 하니"(삼상 15:12, 13)

사무엘이 길갈에 도착하여 사울 왕을 만났을 때 사울은 아직 상황파악을 전혀 하지 못하고 있었다. 사울은 아말렉과의 전쟁에서 크게 승리한 것이 자신의 전투력에 의한 것인 양 착각했다. 그는 그 전쟁으로 인해 대단한 영웅이 되어 자신의 이름이 후대까지 영영히 기념될 것으로 착각하고 있었다. 그런 사고를 하고 있던 사울 왕이 갈멜산에 전승기념비를 세우면서 마음이 매우 흡족했을 것은 분명하다.

사무엘이 도착했을 때 사울 왕은 기고만장氣高萬丈해 있었다. 그는 사무엘에게 인사를 건네며 자신이 여호와 하나님의 명령에 순종했음을 먼저 밝혔다. 사울은 사무엘로부터 큰 칭찬을 듣고 싶었을 것이다. 그러나 사무엘은 그에게 칭찬이 아니라 오히려 강한 책망을 했을 따름이다. 그것은 사울 왕이 하나님의 말씀을 불순종하고 자기 맘대로 행동했기 때문이다.

우리는 여기서 '하나님의 평가'와 '사울의 오해' 사이를 잘 생각해 볼 수 있어야 한다. 하나님께서는 사울에 대해 '그가 나를 좇지 아니하였다'(삼상 15:11)고 말씀하신 반면, 사울은 사무엘에게 '내가 여호와의 명령을 행하였나이다'(삼상 15:13)고 하는 정반대의 말을 했던 것이다. 사울은 스스로 하나님의 말씀에 순종한 것으로 주장했지만 그것은 진정한 순종과 거리가 먼 행동이었을 따름이다.

오늘날 우리에게는 그런 경우가 없는가? 우리는 하나님의 말씀에 순종한 것으로 자부심을 가지고 있지만, 하나님께서는 그것이 도리어 하나님에 대한 불순종이라고 책망하시는 경우가 얼마나 많을지 항상 반성해 보아야 한다. 성경에는 그런 예들이 수없이 많이 기록되어 있다. 우리가 하나님의 말씀을 주의 깊게 살펴보고 하나님의 뜻을 올바르게 깨달아야 하는 이유가 바로 여기 있다.

4. 사무엘의 책망과 사울 왕의 치졸한 변명

사울 왕은 하나님의 말씀을 떠나 오로지 자기의 목적에 맞추어 모든 것을 판단하고 행동했다. 그는 아말렉 족속의 양과 소의 좋은 것들을 죽이지 않고 따로 남겨 두었다. 하나님께서는 모든 동물들을 죽이라고 명령하셨지만 사울 왕은 자기 눈에 좋게 보이는 동물들을 죽이지 않았다.

사무엘은 바로 그 점을 문책했다. 그러자 사울은 아주 교묘한 변명을 늘어놓았다. 사무엘이 주변에 있는 동물들에 대해 물었을 때 사울은 그 동물들은 하나님께 제사지내기 위해 특별히 남겨둔 것이라 변명했던 것이다.

> "사울이 이르되 그것은 무리가 아말렉 사람에게서 끌어 온 것인데 백성이 당신의 하나님 여호와께 제사하려 하여 양들과 소들 중에서 가장 좋은 것을 남김이요 그 외의 것은 우리가 진멸하였나이다 하는지라"(삼상 15:15)

여기에 나타난 사울 왕의 변명에는 매우 사악한 심성이 드러나고 있다. 사울은 동물들의 좋은 것들을 일부 남기기는 했으나 그것은 하나님께 제사 드리기 위해서였다고 말했다. 자기를 위해 동물들을 남겨놓고는 하나님을 위해 남겨두었다고 주장하고 있었다.

사무엘은 재산 탈취에만 급급했던 사울 왕을 심하게 책망했다(19절). 그러자 이번에는 더욱 구차한 변명을 사울이 늘어놓았다. 자기는 잘하려고 했는데 백성들이 그런 못된 행위를 했다는 것이다. 그러면서 백성들이 하나님께 제사 드리기 위해 좋은 동물들을 남겼기 때문에 그냥 두었다고 변명했다.

> "사울이 사무엘에게 이르되 나는 실로 여호와의 목소리를 청종하여 여호와께서 보내신 길로 가서 아말렉 왕 아각을 끌어 왔고 아말렉 사람들을 진멸하였으나 다만 백성이 그 마땅히 멸할 것 중에서 가장 좋은 것으로 길갈에서 당신의 하나님 여호와께 제사하려고 양과 소를 끌어 왔나이다 하는지라"(삼상 15:20, 21)

이 보다 더 유치한 변명이 어디 있을까? 설령 자기가 모르는 사이 백성들이 잘못된 행동을 했다손 치더라도 왕인 자기 때문에 그런 일이 일어났다고 자복해도 모자랄 판이다. 그러나 사울 왕에게서는 그런 태도를 전혀 찾아볼 수 없다.

사울 왕의 행동을 보면서 우리는 예수님 당시에 있었던 '고르반'에 관한 기록을 떠올리게 된다. 예수님께서는 외식하는 서기관과 바리새인들에게 그에 대한 말씀을 하신 적이 있다.

> "너희는 가로되 사람이 아비에게나 어미에게나 말하기를 내가 드려 유익하게 할 것이 고르반 곧 하나님께 드림이 되었다고 하기만 하면 그만이라 하고"(막 7:11)

물론 예수님께서 하신 이 말씀은 사울 왕이 아말렉을 공격한 후 취했던 그의 행동과 직접적으로 연관되는 것은 아니다. 그렇지만 이 말씀 가운데서 하나님을 핑계하며 자기의 이익을 챙기고자 하는 악한 종교인들의 마음을 보게 된다. 이 말씀에 기록된 '고르반' Corban이란 하나님께 바치는 제물이란 뜻이다.

예수님 당시의 외식하던 자들 중에는 자기의 욕심을 채우기 위해 특별히 귀한 물건들을 챙겨 놓고는 다른 사람들이 함부로 손을 대거나 탐내지 못하도록 하는 경우가 많았다. 그렇게 함으로써 다른 사람들로부터 훌륭한 신앙으로 인정받는 일거양득一擧兩得의 효과를 누렸던 것이다. 예수님께서는 외식하는 유대인 지도자들에게 그 점을 지적했는데 이는 사울 왕의 태도와 흡사하다.

오늘날 우리는 어떤가? 특히 교회의 지도자들은 이 내용의 의미를 더욱 신중히 되새겨 보아야 한다. 혹시 나 자신을 위해 무언가 남겨두고 그것을 하나님을 위한 것이라 여기며 스스로 흡족해 하지는 않는가?
그것이 물질이든 정신적인 것이든 아니면 자신의 성공과 명예에 관계되는 것이든 그런 것들은 항상 우리를 유혹하고 있다. 그러므로 성숙한 성도들은 항상 정신을 바짝 차려 하나님의 말씀을 통해 자신을 살펴볼 수 있어야 한다.

5. 사무엘의 메시지

사울 왕이 취했던 행동은 단순한 범죄가 아니었다. 즉 그것은 소극적인 윤리 위반이 아니었던 것이다. 하나님의 말씀을 순종치 않고 하나님을 제사하기 위함이라는 핑계를 대는 악행은 사신우상邪神偶像을 섬기는 것과 동일한 죄악이다.

> "사무엘이 이르되 여호와께서 번제와 다른 제사를 그의 목소리를 청종하는 것을 좋아하심 같이 좋아하시겠나이까 순종이 제사보다 낫고 듣는 것이 숫양의 기름보다 나으니 이는 거역하는 것은 점치는 죄와 같고 완고한 것은 사신 우상에게 절하는 죄와 같음이라 왕이 여호와의 말씀을 버렸으므로 여호와께서도 왕을 버려 왕이 되지 못하게 하셨나이다 하니"(삼상 15:22, 23)

사무엘은 하나님께서 무엇을 원하시는 분인지 명확하게 밝혔다. 하나님께서는 제사를 원하는 분이 아니라 자기의 뜻에 순종하는 자들을 원하신다. 그러므로 하나님께 드려지는 모든 제사들도 하나님의 뜻 가운데 존재해야만 했다.

그렇지 않으면 아무리 많은 정성을 드리고 귀한 물질을 드린다 할지라도 아무 효력이 없다. 즉 하나님께 아무런 기쁨의 대상이 되지 않는다. 그것은 도리어 하나님께 욕이 되며 우상숭배를 하는 불순종이 될 따름이다.

그러므로 사무엘은 하나님의 말씀에 순종하는 것이 신앙의 가장 기본적인 것임을 말하고 있다. 나중 호세아 선지자도 타락한 이스라엘 백성들에게 동일한 교훈을 주고 있다. 하나님께서 말씀하신 내용을 백성들에게 그대로 전달했던 것이다.

"나는 인애를 원하고 제사를 원치 아니하며 번제보다 하나님을 아는 것을 원하노라"(호 6:6)

이에 대해서는 신약성경에도 동일한 교훈을 주고 있다. 히브리서 기자는 구약성경을 인용하며 그 점을 분명히 밝혔다.[18] 이는 오늘날 우리에게도 동일하게 적용된다. 얼마나 열심히 봉사하느냐, 얼마나 귀중한 것을 바치느냐 하는 것이 중요한 것이 아니다. 중요한 것은 예수 그리스도를 통해 하나님의 말씀에 온전히 순종하는 신앙적인 삶이다. 아무리

---

18) "그러므로 주께서 세상에 임하실 때에 이르시되 하나님이 제사와 예물을 원하지 아니하시고 오직 나를 위하여 한 몸을 예비하셨도다 번제와 속죄제는 기뻐하지 아니하시나니 이에 내가 말하기를 하나님이여 보시옵소서 두루마리 책에 나를 가리켜 기록된 것과 같이 하나님의 뜻을 행하러 왔나이다 하셨느니라 위에 말씀하시기를 주께서는 제사와 예물과 번제와 속죄제는 원하지도 아니하고 기뻐하지도 아니하신다 하셨고 (이는 다 율법을 따라 드리는 것이라) 그 후에 말씀하시기를 보시옵소서 내가 하나님의 뜻을 행하러 왔나이다 하셨으니 그 첫째 것을 폐하심은 둘째 것을 세우려 하심이라 이 뜻을 따라 예수 그리스도의 몸을 단번에 드리심으로 말미암아 우리가 거룩함을 얻었노라"(히 10:5-10).

많은 것을 하나님께 바친다고 해도 그것이 하나님의 말씀에서 벗어나 있다면 더러운 우상숭배 행위에 지나지 않는다.

물론 그들은 결코 더러운 사신邪神을 섬긴 적도 없고 우상偶像에게 절한 적도 없다고 변명할 것이다. 실제로 그들은 그런 행동을 한 적이 없다. 그러나 그들은 그렇게 했다. 사울 왕이나 호세아 선지자 시대의 많은 민족지도자들과 마찬가지로 오늘날 우리 역시 그와 동일한 자리에 놓여 있을 가능성은 얼마든지 있다. 인간들이 아무리 아니라 해도 성경은 하나님의 뜻을 알지 못하는 종교인들의 그런 행동이 곧 사신우상을 섬기는 행위임을 분명히 말하고 있다.

6. 사울 왕의 위선적 회개와 잘못된 명예심

사울 왕은 자기가 저지른 잘못을 어느 정도 후회하는 듯 하면서도 여전히 자신의 죄를 진심으로 회개하지 않았다. 자기가 그런 악을 행했던 것은 일반 백성들 때문이었다며 엉뚱한 핑계를 대고 있었던 것이다. 그리고는 자신으로 하여금 하나님께 경배할 수 있도록 해 달라고 사무엘에게 부탁했다.

> "사울이 사무엘에게 이르되 내가 범죄하였나이다 내가 여호와의 명령과 당신의 말씀을 어긴 것은 내가 백성을 두려워하여 그들의 말을 청종하였음이니이다"(삼상 15:24)

외관상으로 볼 때 사울 왕은 자신의 죄를 회개하는 듯한 모습을 보이고 있다. 그러나 그것은 그의 진실한 신앙 때문이 아니었다. 그는 여전히 그 죄악이 자기 자신의 의도가 아니라 백성들의 요구에 의해 이루어진 어쩔 수 없는 것이라 변명했던 것이다.

그런 비신앙적인 태도로 사울 왕은 이제 하나님께 경배하겠노라며 나서고 있다. 그는 그렇게 하면 자기에게 지워진 모든 부담들이 해결될 것이라 오해하고 있었던 것이다. 그러나 사무엘은 사울의 요청을 거절하며(26절) 그의 왕위가 끝나게 될 것을 예언했다.

하지만 사울 왕은 여전히 실상을 전혀 깨닫지 못하고 있었다. 그런 심판의 예언 앞에서도 그는 자기 삶과 명예에만 관심을 두고 있었던 것이다. 그는 실상을 어느 정도 인식하고 있었지만 아직도 하나님의 진정한 뜻에는 관심이 없었다. 그가 관심을 가지고 있었던 것은 오로지 자신의 직책과 명예와 관련된 것들이었다.

> "사울이 이르되 내가 범죄하였을지라도 이제 청하옵나니 내 백성의 장로들 앞과 이스라엘 앞에서 나를 높이사 나와 함께 돌아가서 내가 당신의 하나님 여호와께 경배하게 하소서 하더라"(삼상 15:30)

우리는 여기서 사울 왕이 하나님을 경배하고자 했던 것은 하나님 때문이 아니라 자기가 높아지고자 했기 때문이었음을 알 수 있다. 그는 이스라엘 백성들의 면전에서 자신의 신앙적인 그런 모습을 보여주기를 원했다. 이 얼마나 어리석기 짝이 없는 일인가? 백성들에게 유능하고 신앙이 훌륭한 사람으로 비치는 것이 무슨 의미가 있는가?

그럼에도 불구하고 사무엘은 사울의 끈질긴 요구를 들어주었다. 그러나 그것은 사울을 위한 것이라기보다는 이스라엘 민족을 기억했기 때문이었다. 이스라엘 백성은 하나님을 섬기며 그의 뜻 가운데 살아야 할 민족이었다. 사무엘은 구속사역을 위한 하나님의 계획이 여전히 이스라엘 민족들 가운데 존재하고 있음을 보여주고자 했던 것이다.

7. 사무엘이 아말렉의 아각 왕을 쪼개 죽임

사무엘은 사울 왕이 체포한 아말렉의 아각 왕을 데려오도록 했다. 아각은 사무엘이 부르는 줄 알고 이제 죽음에서 살아날 것으로 기대했다.

사무엘은 군인이 아니었기 때문이다. 그러므로 그는 즐거운 마음으로 사무엘 앞으로 끌려나왔다.

사무엘은 하나님 앞에서 아각을 난도질하여 쪼개 죽였다. 그를 잔인하게 사형에 처했던 것이다. 사무엘이 아말렉의 아각 왕을 잔인한 방법으로 죽였던 것은, 사울 왕이 거부한 하나님의 뜻을 그가 순종하여 이행한 것으로 이해해야 한다. 사무엘은 아말렉 왕에게 아무런 자비를 베풀지 않고 끔찍한 사형에 처함으로써 아말렉의 모든 소유를 진멸하고 동물들뿐 아니라 모든 사람들을 죽이라고 하신 하나님의 뜻에 순종했던 것이다.

그 일 후에 사무엘과 사울은 완전히 결별했다. 그들의 관계가 완전히 끝난 것이다. 이는 하나님께서 사울을 버리셨음을 의미하고 있다. 하나님께서는 사울 왕을 버리고 유다지파 가운데서 자기의 선하신 뜻에 합한 자를 선택하여 왕으로 세우시고자 했던 것이다. 이는 아브라함과 그의 자손들에게 주셨던 하나님의 언약이 진행되고 있음을 우리에게 보여주고 있다.

제11장 _ 다윗을 불러 기름 부으신 하나님의 계획

(삼상 16:1-23)

1. 사울 왕국의 종언終焉

하나님께서는 사울 왕국을 폐하기로 작정하셨다. 사울의 왕위를 폐하실 뿐 아니라 그의 왕국을 폐하기로 작정하신 것이다. 사울은 처음부터 하나님의 언약에 따른 왕이 아니라 이스라엘 백성들의 요구에 의해 세워진 왕이었다. 공식적인 절차에 의해 왕으로 세워졌지만 그는 하나님의 언약에 따른 정통성을 가지고 있지 못했다.

하나님은 처음부터 사울을 아브라함으로부터 이어지는 언약의 왕으로 인정하지 않으셨다. 그가 이스라엘의 왕이 되기는 했지만 일시적인 왕이었을 뿐 구속사적 계보에 속한 언약의 왕은 아니었다.[19] 따라서 사

---

[19] 우리는 이 점을 신중하게 생각해야 한다. 성경 본문 가운데는 원래 하나님께서 사울을 정통성 있는 왕으로 세우셨으나 사울이 하나님의 길을 떠났기 때문에 버림을 받은 것처럼 보이는 기록이 나오기 때문이다. 대표적으로 "사무엘이 가로되 왕이 스스로 작게 여길 그 때에 이스라엘 지파의 머리가 되지 아니하셨나이까 여호와께서 왕에게 기름을 부어 이스라엘 왕을 삼으시고"(삼상 15:17)라는 기록이 그 가운데 하나이다. 그러나 이 말씀은 하나님의 언약을 말하고 있는 것이 아니라 이스라엘의 왕으로서 그의 통치권에 관한 기록이다. 즉 사울이 처음처럼 겸손했다면 끝까지 버림을 받지 않았을 것이란 의미가 아니다. 우리는 이 말씀 가운데서 도리어 하나님의 전적인 주권과 그의 놀라운 경륜을 볼 수 있어야 한다.

울 왕의 자손들이 이스라엘 왕국의 왕통을 이어가는 왕위를 계승할 수 없었다. 그것은 하나님의 구속사적 계획에 들어있지 않았기 때문이다.

하나님께서 그를 왕으로 세우셨던 것은 이스라엘 백성들의 요구를 허용하셨기 때문이다. 그것은 자기 백성들을 위한 하나님의 경륜 속에서 이루어졌다. 그리고 거기에는 이스라엘 민족을 보존하시고자 하는 하나님의 뜻이 담겨 있었다.

이는 이스라엘 백성의 배신에도 불구하고 하나님의 경륜이 그들 가운데 개입하고 있음을 보여주고 있다. 즉 이스라엘 백성은 하나님을 버리고 저들이 원하는 왕을 요구했지만, 하나님께서는 저들의 부당한 요청에도 불구하고 왕정제도를 허용하셨다(삼상 8:7-9). 하나님께서는 그 가운데서도 자신의 궁극적인 뜻을 이루기 위해 모든 것을 간섭하고 계셨다.

사울 왕국은 끝이 나게 되며 지속될 수 없었다. 그것은 하나님께서 작정하고 계시는 메시아 왕국의 등장을 의미하고 있다. 그 나라는 '아브라함 언약'에 연관된 왕국이며 그 나라를 통치하게 될 왕은 '유다지파' 가운데서 세워지게 된다.

2. 사무엘이 이새의 아들 다윗에게 기름부음

하나님께서는 사울 왕국이 지속되는 것을 허락하지 않으셨다. 사울 왕의 폐위와 그의 왕국을 끝내기로 작정하신 하나님의 뜻은 자신이 계획하시는 언약의 왕국을 세우기 위해서였다. 그 왕국은 아브라함에게 약속하신 왕국이었으며 모세의 율법이 구체적으로 적용되어야 할 언약의 왕국이었다.

그 왕국은 진정한 메시아 왕국의 그림자 역할을 하게 될 것이며, 그 가운데 하나님께서 보내시는 메시아가 도래하게 된다. 하나님께서는 언약 가운데 친히 세우시게 되는 왕국과 왕들의 혈통 가운데 메시아를 보내시게 되는 것이다.

하나님께서는 그 일을 이룩하시기 위해 이스라엘 민족 가운데 구체적으로 개입하셨다. 하나님의 뜻에 불순종함으로써 사울 왕국이 맞게 된 종말과 그로 인한 이스라엘 민족의 고통을 보며 사무엘은 깊은 슬픔에 빠졌다. 하나님께서는 그런 사무엘을 부르셨다. 그를 불러 베들레헴에 있는 이새Jesse의 집에 보내셨던 것이다. 이는 하나님께서 특별히 지목하신 왕을 세우기 위해서였다.

"너는 기름을 뿔에 채워가지고 가라 내가 너를 베들레헴 사람 이새에게로 보내리니 이는 내가 그 아들 중에서 한 왕을 예선(豫選)하였음이니라"(삼상 16:1)

하나님께서는 아무도 예측하지 못하고 있는 계획을 스스로 세우고 실행해 가셨다. 하나님은 홀로 베들레헴에 살고 있는 이새의 아들들 가운데 하나를 이스라엘의 왕으로 세우고자 작정하셨다. 일반 백성들은 물론 사무엘도 그 사실을 전혀 알지 못했다. 나아가 이새와 그의 아들들은 그런 상상조차 할 수 없었다. 왕으로 뽑히게 될 다윗이 그 사실을 알지 못했던 것은 당연하다.

하나님께서 사무엘에게 처음 그 사실을 말씀하셨을 때 그는 잠시 두려움에 빠졌다. 그것은 사울 왕과 그의 왕국에 저항하는 반역죄를 저지르는 행위였기 때문이다. 그러나 하나님께서는 그에게 특별한 방법을 알려 주셨다. 그것은 이새의 집으로 직접 찾아가지 말고 하나님께 제사를 지내면서 이새와 그의 아들들을 거기에 초청하라는 것이었다.

사무엘은 하나님께서 알려주신 방법대로 행했다. 그는 이새에게 그의 아들들 가운데 이스라엘의 왕이 될 자가 있으니 한 사람씩 보기를 원한다고 했다. 그러자 이새는 놀랐지만 자기의 아들을 데려와 하나씩 사무엘에게 보였다. 오늘날로 한다면 개별면담(interview)을 시도했던 것이다.

이새의 첫 번째 아들 엘리압Eliab을 만나본 사무엘은 그가 하나님께서 택하신 자일 것이라고 생각했다. 여러모로 괜찮은 인물이라 간주했던 것이다. 그러나 하나님께서는 그가 이스라엘 민족의 왕이 될 자가 아니라고 말씀하셨다. 사무엘이 보기에는 여러모로 그럴듯하다고 판단했지만 하나님의 뜻은 그와 달랐다. 하나님께서는 그 사실을 사무엘에게 알려 주셨다.

"여호와께서 사무엘에게 이르시되 그 용모와 신장을 보지 말라 내가 이미 그를 버렸노라 나의 보는 것은 사람과 같지 아니하니 사람은 외모를 보거니와 나 여호와는 중심을 보느니라"(삼상 16:7)

이 말씀은 무슨 의미인가? 사람들이 일반적으로 가장 오해하는 말씀 가운데 하나가 바로 이 성경구절이다. 하나님은 사람의 외모를 보지 않고 그 중심을 보신다는 말이 무슨 뜻일까? 하나님께서 보시는 것은 사람의 겉모습이 아니라 그 심성心性을 본다는 말일까? 만일 그렇다면 그 심성이란 인간의 성실한 자세를 말하고 있는 것인가?

그런 논리가 성립된다면 이새의 아들들은 하나같이 형편없는 인간들이 되고 만다. 만일 그런 논리를 적용하게 된다면 다윗은 여러 형제들 가운데 가장 윤리적이며 성실한 인물로 보아야 한다. 그러나 다윗은 우리가 생각하듯이 윤리적으로 성실한 인물은 아니었다. 그는 왕이 된 후 권력을 이용해 자기의 충신을 죽이고 그의 아내를 빼앗았다. 그것은 결코 있을 수 없는 파렴치한 행위이다. 그렇다면 다윗은 원래 매우 신실한 사람이었으나 나중에 그런 실수를 범하게 되었다고 말할 것인가?

하나님께서는 전적인 자신의 뜻에 따라 다윗을 부르셨을 따름이다. 그러므로 사무엘에게 외모를 보고 인간적인 느낌에 따라 판단하지 말라고 당부하고 계셨던 것이다. 오늘날 우리도 신앙생활을 하면서 자기의 경험과 이성에 따른 느낌이나 감정에 의해 자신과 이웃의 신앙을 가늠하고자 하는 경향성을 띠고 있다. 그러나 그것은 곧 '외모'에 의한 판단이다. 우리는 신앙의 기준이 인간적인 감정이나 느낌이 아니라 하나님의 말씀에 있다는 사실을 올바르게 깨달아야 한다.

신약성경에는 사람을 외모로 취하지 말라는 말씀을 되풀이하고 있다.[20] 인간의 느낌이나 취향에 따른 종교적 판단을 하지 말라는 것이다. 신약성경에 기록된 이 말씀의 진정한 의미는 특히 하나님의 구원과 연관되어 있다. 그러므로 하나님의 뜻에 의거하지 않고 사람들의 신앙을 판단하는 것은 위험한 일이다. 즉 종교적이며 윤리적인 외양을 기준으로 하여 사람의 신앙을 가늠할 수 없다. 하나님께서 보시는 '사람의 중심'이란 '하나님의 형상'과 연관되며 '하나님의 창세전 선택'과 관련되어 있기 때문이다.[21]

사무엘은 이새의 맏아들 엘리압을 접견한 후 그의 동생들인 아비나답Abinadab과 삼마Shammah를 차례로 만났지만 하나님께서는 그들이 이스라엘의 왕이 될 자가 아니라고 말씀하셨다. 그렇게 하여 일곱 번째 아들까지 만났으나 그 중에 하나님께서 원하시는 자가 없었다. 이새는 막내아들 다윗David을 아예 그 자리에 불러오지도 않았다. 이는 그 아들은

---

20) 사도행전 10:34; 로마서 2:11; 에베소서 6:9; 골로새서 3:25; 야고보서 2:1, 9 등.
21) 이광호, "창세전 선택과 하나님의 형상에 관한 소고", 「진리와 학문의 세계」 제13권, 2005년, 가을, pp. 51-88; 『구약신학의 구속사적 이해』 서울: 도서출판 깔뱅, 2006, pp. 40-71.

왕이 될만한 그릇이 되지 못한다고 판단하고 있었기 때문이었다.

하나님께서는 사무엘에게 분명히 이새의 아들 가운데 이스라엘 왕국의 왕이 될 자가 있다고 말씀하셨다. 그러나 이새의 아들들 중에 그 인물을 찾을 수 없자 사무엘은 아들이 더 없느냐고 물었다. 그러자 막내아들이 들에서 양을 치고 있음을 말했다.

> "또 이새에게 이르되 네 아들들이 다 여기 있느냐 이새가 가로되 아직 말째가 남았는데 그가 양을 지키나이다 사무엘이 이새에게 이르되 보내어 그를 데려오라 그가 여기 오기까지는 우리가 식사 자리에 앉지 아니하겠노라"(삼상 16:11)

우리는 이새의 말 속에서 막내아들 다윗은 볼 필요도 없이 이스라엘의 왕이 될만한 재목이 되지 못한다고 판단한 그의 의중을 읽을 수 있다. 지금 들에서 양을 치고 있는 막내아들은 변변치 못한 아들이라는 것이다. 물론 그 가운데는 다윗이 아직 어리다는 의미가 내포되어 있을 것이다. 하지만 그는 사나운 들짐승이 있는 바깥에서 혼자 양을 돌볼 만한 연령이었다.

자기 자식들에 대해서는 그 부모가 가장 잘 안다. 어릴 때부터의 습성과 개인적인 성품에 대해서도 부모들이 가장 잘 알고 있다. 나아가 개인적인 능력이나 장래까지도 어느 정도 내다 볼 수 있다. 이새 역시 자기 아들들에 대해 그러했을 것이다. 처음 사무엘이 자기 아들들을 데려오라 했을 때 이새는 나름대로 자식들 하나하나를 머리 속으로 평가했을 것이다. 이를테면 자식들의 제 각각의 습성, 성격, 능력, 인간관계 등을 떠올렸을 것이 틀림없다.

장남은 나무랄 데 없이 훌륭하며, 둘째는 머리가 좋아 공부는 잘 하지만 인간 관계가 좀 부족하고, 셋째 아들은 공부는 못하지만 용감하고 싸움을 잘 한다든지 하는 식으로 말이다. 넷째와 다섯째 아들들 역시 그런 식으로 평가했을 것이다. 어떤 아들은 공부도 못하고 싸움도 못하지만 마음이 바다같이 넓어 모든 것을 수용할 수 있고 또 다른 아들은 그런 것들에 대해서는 모두 부족하지만 우직하게 일하며 다른 사람들을 위해 헌신적으로 봉사하는 성실함이 있으니 나름대로 괜찮은 면이 있다고 생각했을 것이다.

이런 가운데 이새는 자기의 막내아들 다윗에게는 특별히 지도자가 될 만한 것이 보이지 않는다고 판단했던 것 같다. 이새는 다윗이 이스라엘 백성을 통치하는 왕의 직무를 감당할 만한 능력이 전혀 없는 인물로 생각했다. 우리는 자기 자식을 가장 잘 아는 아버지의 평가가 정확하리라는 사실을 잘 알고 있다. 그런데 다윗은 아버지로부터도 별다른 인물로 인정받지 못했다. 이는 무엇을 의미하고 있는가? 객관적인 평가에 의한다면 다윗을 왕이 될만한 일물로 인정한 사람은 이 세상에 단 한 사람도 없었다는 말이 된다.

그러나 하나님의 뜻은 인간들의 생각과 전혀 달랐다. 사무엘은 이새에게 그의 막내아들을 불러오도록 했으며, 그를 보지 않고는 식탁에 앉지 않겠다고 했다. 그리하여 이새는 사무엘의 요구에 따라 들에서 양을 치고 있는 다윗을 사무엘 앞으로 불러왔다.

> "이에 보내어 그를 데려오매 그의 빛이 붉고 눈이 빼어나고 얼굴이 아름답더라 여호와께서 가라사대 이가 그니 일어나 기름을 부으라 사무엘이 기름 뿔을 취하여 그 형제 중에서 그에게 부었더니 이 날 이후로 다윗이 여호와의 신에게 크게 감동되니라 사무엘이 떠나서 라마로 가니라"(삼상 16:12, 13)

하나님께서는 사무엘에게 이새의 아들 다윗이 이스라엘의 왕이 될 자임을 계시하셨다. 여기서 우리는 이새의 관점과 사무엘의 시각이 전혀 다르다는 사실을 알게 된다. 그런데 하나님께서는 앞에서 사람의 외모를 취하지 말라고 하셨는데 사무엘은 지금 다윗의 아름다운 외모를 보고 그에게 끌리고 있는 것은 아닌가?[22] 물론 그렇지는 않다.

위의 본문에서 '그의 빛이 붉고 눈이 빼어나고 얼굴이 아름답더라' 는 말은 단순히 외적인 아름다움을 묘사하는 의미라기보다 아직 애 띤 모습을 벗어나지 못한 그의 외모를 표현한 것으로 보인다. 하나님께서는 여전히 다윗의 '중심'(삼상 16:7)을 보고 계신다. 그러므로 하나님은 즉시 그에게 기름을 붓도록 명하셨으며 사무엘은 그에 순종했다.

우리가 또한 여기서 주의 깊게 생각해야 할 점은 그것이 전적으로 '하나님을 위하는'(삼상 16:3) 일이었다는 사실이다. 즉 그것은 일차적으로 다윗 개인을 위한 것이 아니었으며 이스라엘 백성을 위한 것도 아니었다. 그것은 '하나님 자신을 위한 것'이었다. 그리하여 사무엘은 하나님의 말씀에 순종하여 그에게 기름을 부었다. 다윗이 하나님께서 세우시는 언약의 왕국에서 왕위를 취할 자로 확정된 것이다. 그 이후로 다윗은 성령의 감동을 받아 하나님의 특별한 인도를 받는 인물이 되었다.

3. 하나님께서 사울을 버리심

하나님께서는 사울 왕과 그의 왕국을 버리셨다. 이는 그전에 이미 확정된 일이었으며 그것을 통해 하나님에 의한 새로운 왕국이 계획되고 있었다. 사무엘상 15장 35절에서 사무엘과 사울이 완전히 결별한 사실을 통해 그 점이 분명히 드러나고 있다.

사울은 '하나님이 보내신 악령(惡靈)'으로 인해 심히 번뇌하게 되었다.

---

[22] 그러므로 골리앗은 자기와 싸우기 위해 나오는 다윗에 대해 그와 동일하게 묘사하고 있다: "그 블레셋 사람이 둘러보다가 다윗을 보고 업신여기니 이는 그가 젊고 붉고 용모가 아름다움이라"(삼상 17:42).

이는 단순히 사울 개인의 문제가 아니라 이스라엘 민족과 그의 왕국이 처한 문제였다. 그러므로 사울의 신하들은 왕을 번뇌케 하는 악령을 쫓아내야 한다고 말했다. 그러면서 수금을 잘 탈 줄 아는 사람을 불러 '하나님이 보내신 악령'을 쫓아내도록 간청했다.

신하들이 그렇게 말하자 사울은 그것을 허락했다. 그때 신하들 중 한 사람이 베들레헴 사람 다윗을 적극적으로 추천하게 된다. 그가 수금을 잘 타기 때문에 왕에게 들린 악령을 쫓아낼 수 있을 것이라 말했던 것이다. 그러자 사울은 그를 데려오도록 명령했다.

> "신하에게 이르되 나를 위하여 잘 타는 사람을 구하여 내게로 데려오라 소년 중 한 사람이 대답하여 가로되 내가 베들레헴 사람 이새의 아들을 본즉 탈 줄을 알고 호기와 무용과 구변이 있는 준수한 자라 여호와께서 그와 함께 계시더이다"(삼상 16:17, 18)

우리는 여기서 다윗에 대한 평가가 그 전과 사뭇 달라지고 있음을 보게 된다. 이새가 다윗에게 처음 내렸던 평가와 사울 왕의 신하가 그에게 내린 평가는 전혀 다르다. 그렇다면 둘 중 어느 것이 옳은 평가인가?

원래는 이새가 다윗에 대해 내렸던 평가가 그의 진면목을 보여주고 있다. 하지만 사울 왕의 신하가 내렸던 평가 역시 틀렸다고 생각할 필요는 없다. 다윗이 기름부음을 받은 뒤 성령의 감동을 받은 모습을 떠올릴 수 있기 때문이다. 그리고 사울 왕의 신하는 다윗이 수금을 잘 타는 인물임을 전달하기 위해 그렇게 소개했을 것이다.

우리가 여기서 주의 깊게 생각해야 할 점은 하나님께서 사울에게 악령을 보내신 것은 사울 왕의 종말을 보여주는 메시지였으며, 동시에 거기에는 다윗을 위한 하나님의 놀라운 뜻이 들어 있었다는 사실이다. 즉 하나님께서는 사울의 악령 들림을 통해 다윗을 사울 왕궁으로 인도하시고자 했다. 여호와 하나님께서 사울에게 악령을 보내신 저변에는 바로 그 이유가 있었다.

4. 사울 왕과 다윗의 만남

다윗의 아버지 이새는 이스라엘 민족 가운데서 평범한 삶을 사는 인물이었다. 다윗 역시 양을 치는 평범한 청년에 지나지 않았다. 그는 양을 치다가 한가한 때가 되면 수금을 타며 시간을 보내던 전형적인 목동이었다. 그런 평범한 청년이 왕을 만난다는 것은 결코 쉬운 일이 아니다.

사울 왕이 하나님으로부터 버려져 악령에 시달리고 있을 때 다윗은 이미 사무엘로부터 기름부음을 받은 상태였다. 그렇지만 그 사실은 아직 외부에 알려지지 않고 있었다. 다윗은 하나님께서 세우실 언약의 왕국에서 왕이 될 자로 확정되었지만 그에 대한 일반 백성들의 예우는 전혀 없었다.

그러나 하나님께서는 사람들이 예측할 수 없는 특별한 방법을 통해 다윗과 사울을 만나게 하셨다. 사울 왕의 신하의 적극적인 추천에 의해 다윗은 왕궁에 초대되었고 그가 수금을 탐으로써 왕에게 들렸던 악령을 내쫓았다. 하나님은 사울 왕에게 악령이 들리게 하심으로써 다윗을 불러 사울의 평상심을 되찾게 하셨다. 그 일을 통해 하나님께서는 다윗을 사울의 왕궁으로 인도하셨다.

사울 왕은 그 일이 있은 후 다윗을 왕궁에 출입하며 일할 수 있도록 허락했다. 다윗은 사울 왕의 무기를 담당하는 부서에서 일하게 되었는데 그것은 전혀 예기치 못한 일이었다. 왕의 측근에 있는 무기 관련 부서에서 일하기 위해서는 우선 신분이 확실해야 했다. 만일 그가 무기를 가지고 왕을 협박하거나 살해라도 한다면 어떻게 될 것인가?

그렇지만 사울 왕이 다윗을 왕궁의 무기 관련 부서에 출입하며 일하도록 허락한 것은 나름대로 그럴 만한 이유가 있었다. 악령으로 인해 번뇌하던 자신의 고통을 해결해준 인물을 신뢰하는 것은 지극히 당연하다.

그런 과정을 거쳐 다윗은 왕궁을 출입하며 왕의 무기와 연관된 부서에서 근무할 수 있게 되었다. 사울 왕과 특별한 인간 관계가 시작된 것이다. 23) 다윗이 왕궁의 무기 관련 부서에서 일한다는 것은 사울 왕의 내부 기밀을 훤히 들여다보는 것과 마찬가지다. 다윗은 원래 양 치던 평범한 목동이었으며, 국가의 녹을 먹는 공직자가 아니었다. 사울 왕은 그저 평범하게 살아가는 다윗을 왕궁의 무기 관련 부서에서 일하도록 했던 것이다.

하지만 하나님의 뜻은 사울이 스스로 생각하던 것과는 전혀 달랐다. 사울 왕은 악령에 시달리는 자기의 고통을 덜어준 다윗에게 일자리를 하나 제공했을 따름이었지만 하나님께서는 그것을 통해 다윗을 왕궁으로 인도하셨다. 거기에는 이스라엘 민족을 위한 하나님의 놀라운 섭리가 들어 있었다.

대가족인 평범한 집안의 막내아들로 태어나 별다른 눈길을 받지 못하던 다윗이 기밀을 요하는 사울 왕조의 핵심 부서에서 일하게 된 점은 하

---

23) 사무엘상 16:21에는 사울이 다윗을 크게 사랑했다는 묘사를 하고 있다. "사울이 그를 크게 사랑하여"(삼상 16:21)라고 기록되어 있다. 그러나 뒤따라 나오는 사무엘상 17장의 블레셋과의 전쟁터에서 사울이 다윗을 전혀 알아보지 못한 점으로 보아 그때 사울이 다윗을 사랑했다는 말은 우리가 일반적으로 생각하는 깊은 사랑의 마음은 아니었음이 분명하다. 영어성경 NIV에는 이 부분이 "Saul liked him very much"(1Sam 16:21)라고 번역되어 있다. 이는 사울이 다윗을 매우 좋아했다는 말이다. 서로 간 잘 아는 관계가 아니라 할지라도 특정인을 매우 좋아하는 것은 자연스럽다. 예를 들어 우리는 자신을 전혀 알지 못하는 학자나 예술가 등을 매우 좋아할 수 있는 것과 같다. 또한 첫인상을 보고 일시적으로 매우 좋은 감정을 가지게 되는 것과도 동일한 의미를 지닌다.

나님의 특별한 계획에 의한 것이었다. 다윗은 어릴 때부터 별다른 야망을 가지고 있지 않았으며 그저 양을 치며 살아가는 평범한 인물이었을 따름이다. 하나님께서 이새의 아들 중 그런 다윗을 선택해 이스라엘의 왕으로 세우고자 하셨던 것이다. 하나님께서는 그런 과정들을 통해 다윗으로 하여금 서서히 새로운 왕국의 왕이 되는 수업을 시키기 시작하셨다.

제12장 _ 다윗과 골리앗
(삼상 17:1-58)

1. 블레셋과 이스라엘의 탐색전

이스라엘 민족과 블레셋 종족은 팔레스틴에 정착한 초기 역사부터 줄곧 상호 대치 관계에 놓여 있었다. 그들은 근본적인 태생이 다른 민족이었다. 그러므로 항상 서로 부딪쳐 싸웠으며 서로 간 용납할 수 없는 사이였다.

다수의 사람들은 구약시대의 그 상황은 오늘까지 그대로 이어지고 있는 것으로 본다. 현재 이스라엘과 팔레스틴이 극한 대립 관계에 있으면서 서로 싸우는 것을 두고 옛날부터 있어온 연장선상에서 이해하는 것이다.

사울 왕 당시 이스라엘 백성과 블레셋 사람들이 대치 관계에 있었던 것은 전혀 새로운 일이 아니다. 다윗과 골리앗으로 대표되는 이번 전투 역시 뿌리깊은 배경에서 시작된 싸움이었다. 사울 왕조 말기와 다윗 왕조 출현에 앞선 이 전투는 하나님의 섭리 가운데 있었던 사건으로 이해해야 한다.

그 전투를 앞두고 블레셋과 이스라엘은 산골짜기를 사이에 두고 한

달 이상을 대치하며(삼상 17:16), 서로간 공격의 기회를 엿보고 있었다. 두 나라가 즉시 전투에 돌입하지 않고 오랫동안 대치 상황에 있었다는 사실은 양 세력간의 힘이 비등했음을 말해주고 있다. 세력이 어느 한 쪽에 완전히 기울어 있었다면 진작 실제 전투에 돌입했을 것이다.

물론 여기서 말하는 비등함이란 단순한 전투력만을 두고 하는 말은 아니다. 전력戰力 외에 여러 가지 주변 상황과 정서들이 있었던 것이다. 서로 간 이전에 상대국과 치렀던 전쟁에 대한 기억과 종교적 신에 대한 두려움 같은 것도 거기에 포함되어 있었다.

그러므로 그들은 오랜 기간동안 상호 대치한 상태에서 신경전을 벌이며 상대를 주시하고 있었던 것이다. 이는 블레셋 군대도 이스라엘에 대한 어느 정도 두려움을 느끼고 있었으며 이스라엘 역시 블레셋에 대한 상당한 두려움이 있었음을 말해주고 있다.

2. 블레셋과 이스라엘은 서로 간 무엇을 두려워했던가?

블레셋과 이스라엘 군대는 전장戰場에 나와 전열을 정비하고 있으면서 한 달 이상을 상대방의 동태를 지켜보고 있었다. 그들은 즉시 전투에 들어간 것이 아니라 공격 준비를 하며 상대방을 저울질하고 있었다. 양편 군대는 즉각적인 전투를 벌이는 대신 상대방의 전황을 살피며 기회를 엿보고 있었다.

그들이 쉽게 선제공격을 하지 못하고 장기간 대치했던 것은 과연 무엇 때문이었을까? 시간을 끌면 군사적으로 더욱 힘든 처지에 놓이게 될 줄 몰랐을까? 적군을 눈앞에 두고 오랜 시간을 보내게 되면 전투에 임하게 될 군인들이 편한 마음을 가질 수 없게 되고 결국은 사기가 저하될 수밖에 없다.

이스라엘과 블레셋 군대 사이에는 이미 그전부터 상당한 교전이 있어왔다. 근자에 일어났던 일들만 되돌아봐도 그렇다. 엘리 제사장 시대에 이스라엘과 블레셋 사이에 전투가 있었을 때 이스라엘 백성들은 하나님의 법궤를 앞세우고 전투를 벌인 적이 있었다. 이스라엘 백성은 그렇게 하면 하나님의 도움으로 인해 승리할 것으로 믿었으며 블레셋 군대는 잠시 긴장감에 빠지게 되었다.

그러나 그 결과는 예상과 달리 이스라엘 백성의 참패였다. 그들은 전쟁에 패했을 뿐 아니라 하나님의 법궤마저도 블레셋 사람들에게 빼앗겼다. 당시 블레셋 사람들은 저들이 섬기는 다곤Dagon 신이 이스라엘의 여호와 하나님보다 힘이 강했기 때문에 승리한 것으로 믿고 있었다.

하지만 다곤 신당神堂에 옮겨진 여호와의 법궤로 인해 다곤신상이 크게 훼파되었으며 나중에는 많은 블레셋 사람들이 수차례 심각한 질병에 시달리게 되었다. 그리하여 블레셋은 결국 여호와의 법궤를 이스라엘에게 되돌려주게 되었다. 그나마 어렵고 힘든 절차를 거쳐 그렇게 했던 것이다. 그것을 통해 블레셋은 이스라엘 민족의 여호와 하나님의 능력을 확인하게 되었다.

그때의 전쟁과 하나님의 법궤 사건으로 말미암아 블레셋과 이스라엘은 서로 간 상대방에 대해 두려운 마음을 가지게 되었다. 즉 블레셋 군대는 막강한 전투력을 가지고 있었으므로 이스라엘 백성들은 그들을 두려워했다. 블레셋의 전투력은 그 후 사울 왕 시대에 있었던 전쟁에서도 확인된 바 있다.

한편 블레셋은 이스라엘의 여호와 하나님을 크게 두려워했다. 그렇지 않아도 그들은 대제국이었던 애굽에서 행했던 하나님의 놀라운 능력에 대한 소문을 듣고 있던 터였다. 나아가 블레셋 사람들은 전쟁에 승리했음에도 불구하고 하나님의 법궤로 말미암아 크게 혼이 났던 것이다. 또한 사울 왕 때의 전투에서도 그들은 심각한 어려움을 겪었다. 막강한 전투력에도 불구하고 빈번히 패배를 맛보아야 했던 것이다.
그러므로 블레셋 사람들은 이스라엘의 하나님을 두려워했으며 이스라엘 백성들은 막강한 블레셋의 군사력을 두려워했다. 이런 형편 가운데서 양편 군대는 서로 대치한 상황에서 오랫동안 신경전을 벌였던 것이다.

3. 골리앗의 오만함

전투를 앞두고 서로 간 대치하고 있는 상황에서는 치열한 신경전이 오갔다. 블레셋 군대는 정신적으로 이스라엘을 제압하기 위해 막강한 힘을 가진 골리앗을 앞세웠다. 골리앗은 외모로 보아 범상한 인물이 아니었다. 그는 몸 덩치가 엄청나게 컸으며 힘이 장사였다. 그의 창과 방패를 비롯한 무기는 일반 병사들의 것에 비해 훨씬 큰 것들이었다. 그것을 본 보통 사람들은 기가 죽고 위축될 수밖에 없었다.

골리앗은 40일이 넘는 동안 아침저녁 밖으로 나와 이스라엘을 향해 욕설을 퍼부었다. 그 대상은 이스라엘 백성들뿐 아니라 여호와 하나님까지도 포함되어 있었다. 말하자면 이스라엘 백성들의 심기를 자극하고 있었다.
그러면서 자기와 힘을 겨루어 대결할 만한 힘센 장사를 뽑아 한판 승부를 결정짓자고 요구했다(삼상 17:10). 그러나 이스라엘 군인들 가운데는 그렇게 할만한 인물이 없었다. 아무도 앞으로 나가 골리앗과 맞서 싸우려 하는 자가 없었다.
그것은 단순한 용기로 될 일이 아니었다. 만일 어떤 사람이 분노와 용기만으로 그와 맞붙어 싸운다면 그에게 패배할 것은 불을 보듯 뻔한 일이었다. 그것을 잘 알고 있는 이스라엘 백성들이었기에 아무도 나서는 사람이 없었다.

그렇지만 블레셋이 즉시 이스라엘을 침공하지 않고 40일이 넘는 긴 기간(16절) 동안 그런 식으로 대응했다는 것은 속으로는 그들 역시 상당한 두려움을 가지고 있었음을 말해주고 있다.

하지만 이스라엘 군대는 그들의 속마음을 읽기보다는 골리앗을 앞세운 블레셋의 기세에 눌려 있었다. 그것을 본 이스라엘 백성들은 두려움에 질려 있었던 것이다. 그러나 그들은 두려운 마음만 가지고 있었을 뿐 달리 대응방안이 있지 않았다.

우리가 여기서 볼 수 있는 것은 이스라엘 백성들에게 하나님께서 구체적으로 도와주실 수 있음에 대한 믿음은 아예 없었다는 사실이다. 그들은 눈앞에 보이는 거인 골리앗의 모습만 두려움의 대상이었을 뿐, 보이지 않는 하나님을 진정으로 의지하는 마음이 전혀 없었다.

4. 다윗의 등장과 이스라엘의 승리

(1) 다윗의 출현

이스라엘과 블레셋의 전쟁은 다윗과 골리앗의 싸움으로 전개되었다. 그것은 또한 하나님과 세상의 싸움에 비견된다. 물론 그 의미는 단순한 양자간의 싸움이 아니라 하나님께서 세상을 심판하시는 의미를 지니고 있다.

다윗을 전면에 등장시키신 하나님께서는 그를 자신이 작정하셨던 언약 왕국의 왕으로 인도하시고자 했다. 다윗이 하나님께서 언약하신 이스라엘 왕국의 왕이 된다는 사실은 세상에 대한 구체적인 전쟁이 시작되었음을 선언하고 있다.

그러므로 다윗과 골리앗의 싸움은 매우 중요한 구속사적 의미를 지닌다. 그것은 기대하기 어려웠던 힘의 대결에서 기적적인 방법을 통해 얻은 승리에 대해 말하려는 것이 주된 목적이 아니다. 나아가 그것이 일회적인 전쟁승리에 대한 기념비가 될 수 없다. 중요한 것은 다윗과 골리앗의 싸움이 구속사적 의미를 지니고 있다는 사실이다.

우리는 다윗의 등장에 관한 몇 가지 사실을 생각해 보아야 한다. 사울은 지난번 왕궁에서 다윗을 만난 적이 있었는데 왜 전쟁터에서는 그의 얼굴을 알아보지 못했던 것일까? 다윗은 지난번 사울 왕에게 든 악령을 쫓아낸 뒤 왕궁에서 근무하지 않았던가? 사무엘상 16장에는 그에 대한 분명한 사건들이 기록되어 있다. 그럼에도 불구하고 사울 왕은 다윗이 전쟁현장戰爭現場에 나타났을 때 그를 전혀 알아보지 못했다.

당시 다윗은 아버지 이새의 요청에 따라 형들의 안부를 알아볼 겸 심부름을 하기 위해 전쟁터에 왔다. 그러던 중 다윗은 골리앗이 여호와 하나님과 이스라엘 백성을 능멸하는 소리를 듣게 되었다.

그리하여 다윗은 골리앗과 싸움에 나서겠다는 의사를 밝혔다. 그러나 그의 형들은 하나같이 그를 책망하며 나무랐다(삼상 17:28). 사실 그 일은 누가 봐도 얼토당토 않는 말이었다. 이는 마치 고도의 군사훈련을 받아 모든 전술에 탁월한 장군과 지나가던 청소년이 정면으로 대결하는 것과 같다. 아예 싸움 자체를 기대할 수 없는 형국이었다.

하지만 다윗은 자기가 블레셋의 골리앗과 싸워 이기겠노라고 장담했다. 그는 들에서 양을 지키다가 사나운 곰이나 사자와 같은 짐승이 나타나 자기 양떼를 해치면 그 짐승들을 쳐죽이고 동물들을 지켰음을 말하며 골리앗과 맞서 싸울 자신이 있음을 밝혔다.

다윗에 관한 보고를 들은 사울 왕은 그를 불러 골리앗과 싸울 수 있도록 허락했다. 물론 사울은 처음에 그것을 부정적으로 생각했지만 사나운 맹수들을 물리쳤던 그의 경력을 듣고는 결국 마음을 바꾸게 되었다(삼상 17:33). 우리는 기본적인 군사훈련조차 받지 않은 그 청소년으로 하여금 적군의 장수와 맞서 싸우게 하는 이스라엘 진영을 통해 그들의 긴박한 상황을 읽을 수 있다.

(2) 골리앗과 맞선 다윗 : '전쟁은 여호와께 속함'

사울 왕은 다윗을 싸움터에 내보내기 위해 자기의 군복을 그에게 입혔다.[24] 그러나 다윗은 갑옷을 입고 놋 투구를 쓰고 허리에 칼을 차보았으나 몸에 맞지 않아 군장을 포기해야만 했다. 그리하여 다윗은 평소 가지고 다니던 막대기와 개울가에 있는 자갈돌 다섯 개를 골라 주머니에 넣고 돌팔매 끈을 가지고 골리앗 앞으로 나아갔다.

그러자 골리앗도 준비를 갖추고 앞으로 나아왔다. 가까이 다가가서 보니 다윗이 군장을 갖추지 않았을 뿐 아니라 아직 나이 어린 청소년인 줄 알고 골리앗은 코웃음을 쳤다. 블레셋의 장수를 어떻게 보느냐는 것이었다. 또한 다윗이 나무 막대기를 든 것을 보며 자기를 개犬로 취급하느냐며 큰소리를 쳤다.

골리앗의 말을 들은 다윗은 그에 대해 분명한 어조로 말했다. 하나님을 경외할 줄 모르고 도리어 전능하신 자를 모독하는 자들에게 하나님의 무서운 심판이 임하게 될 것을 경고했던 것이다.

> "다윗이 블레셋 사람에게 이르되 너는 칼과 창과 단창으로 내게 오거니와 나는 만군의 여호와의 이름 곧 네가 모욕하는 이스라엘 군대의 하나님의 이름으로 네게 가노라 오늘 여호와께서 너를 내 손에 붙이시리니 내가 너를 쳐서 네 머리를 베고 블레셋 군대의 시체로 오늘날 공중의 새와 땅의 들짐승에게 주어 온 땅으로 이스라엘에 하나님이 계신 줄 알게 하겠고 또 여호와의 구원하심이 칼과 창에 있지 아니함을 이 무리로 알게 하리라 전쟁은 여호와께 속한 것인즉 그가 너희를 우리 손에 붙이시리라"(삼상 17:45-47)

---

[24] 사무엘상 17:38에는 사울 왕이 자기의 군복을 다윗에게 입힌 것으로 기록되어 있다. 그러나 이 말의 의미는 사울이 입고 있던 군복을 벗어 다윗에게 입혔다기 보다 사울 왕이 통치하는 이스라엘 군대의 군복을 입혀 내보내려 했던 것으로 보인다. 키가 다른 사람들 보다 훨씬 더 컸던 사울의 군복을 키가 작은 다윗에게 입히려 했던 것으로 생각할 수 없기 때문이다.

다윗은 지금 하나님만을 의지하고 나아가고 있다. 그는 결코 자기의 돌팔매 실력이나 능력에 의존하지 않았다. 그가 담대하게 나아갈 수 있었던 것은 전적으로 하나님을 의지하는 믿음이 있었기 때문이다. 다윗은 전쟁이 인간들의 칼이나 창에 달려있지 않으며 군대의 전력에 달린 것이 아니라 여호와 하나님께 달려 있음을 고백적으로 선포했다.

다윗은 하나님을 의지해 골리앗의 목을 벨뿐 아니라 블레셋 군대의 시체를 새들과 들짐승의 먹이로 주겠다고 했다. 골리앗은 그 말을 듣고 어처구니없다고 생각했을 것이 틀림없다. 외부 조건으로 따진다면 누가 보아도 그렇게 판단할 수밖에 없다.

전쟁은 여호와께 속한 것이다. 우리는 이 의미를 잘 깨달아야 한다. 과연 이 세상의 전쟁들은 여호와께 속한 것인가? 그렇다면 모든 전쟁은 하나님께서 일으키시는 것인가? 물론 인간 역사 가운데 일어났던 일반적인 전쟁은 인간들의 욕망에 의해 발생한 것이다. 그리고 오늘날 우리가 직접 간접적으로 경험하고 있는 전쟁들도 인간들에 의해 일어나고 있다.

하나님께 속한 전쟁은 어떤 전쟁인가? 하나님의 언약 가운데 발생한 전쟁도 있으며 하나님께서 경륜 가운데서 간섭하시는 전쟁도 있다. 그러나 이 세상에서 일어나는 상당수의 전쟁은 인간들의 욕심으로 발생하고 있다.

(3) 다윗이 골리앗을 죽임

골리앗과 블레셋을 향해 전쟁이 여호와께 속했음을 선언했던 다윗의 말은 하나님의 구속사 가운데서 발생하는 전쟁을 의미하고 있다. 다윗은 여기서 골리앗을 물리치기 위해 나온 자기가 하나님의 구속사 가운데 존재하는 인물임을 선언하고 있었던 것이다.

다윗이 말을 하는 동안 골리앗은 점점 앞으로 나아오고 있었다. 그때 다윗은 앞으로 달려가며 물맷돌을 취하여 골리앗을 향해 힘차게 날렸다. 그러자 그 돌이 골리앗의 이마에 정통으로 박혀 그 자리에 엎드러졌다. 다윗은 잽싸게 달려가 그의 칼을 빼앗아 그를 죽이고 목을 베었다.

이렇듯이 매우 갑작스런 방법에 의해 양자의 대결이 끝나고 골리앗의 목이 베이게 되자 블레셋 사람들은 급히 도망치게 되었다. 그리고 이스라엘 병사들은 그들의 뒤를 맹렬하게 추격했다. 그로 인해 이스라엘 백성들은 적진을 유린했으며 수많은 블레셋 사람들이 전사를 당하게 되었다.

다윗은 나중 골리앗의 머리를 예루살렘으로 가져갔다. 이는 다윗의 승리가 단순한 의미에 머물지 않음을 말해주고 있다. 다윗이 골리앗의 머리를 예루살렘으로 가져갔다는 사실은 매우 중요한 구속사적 의미를 지니고 있다.

"다윗은 그 블레셋 장수(골리앗)의 목을 예루살렘으로 가져가고 그의 무기는 자기의 천막에 간직하였다"(삼상 17:54).

당시는 아직 예루살렘이 정복되기 전이었다. 그럼에도 불구하고 골리앗의 머리를 예루살렘으로 가져간 것은 후일 다윗이 그 성을 정복하게 될 것을 예표하고 있다. 앞으로 다윗에게 저항하는 예루살렘의 이방인들은 누구나 골리앗처럼 된다는 것이었다. 나중 다윗이 헤브론에서 왕위를 얻은 후 예루살렘을 정복할 때 그러한 상황이 일어났던 사실을 우리가 알고 있다.

(4) 다윗과 사울

다윗의 용맹한 모습을 본 사울 왕은 그가 누구인지 물었다. 그러나 그에 대해 정확하게 아는 사람이 주변에 없었다. 전쟁이 끝난 후 다윗이 사울 왕 앞에 나아왔을 때 왕은 그에게 직접 그것을 묻게 되었다. 다윗은 자기가 베들레헴 이새의 아들 다윗이라는 사실을 왕에게 고했다. 사실 그때는 다윗의 아버지 이새의 나이가 지난번 왕을 만났을 당시보다 더 늙은 상태였다(삼상 17:12).

여기에서 우리는 사울 왕과 다윗의 처음 만남과 두 번째 만남에 대한 이해를 잘 해야 할 필요가 있다. 그와 관련된 앞의 사무엘상 16장의 내용과 17장에 기록된 내용이 서로 조화될 수 있는 것인가? 자유주의 신학자들 가운데는 사울이 다윗을 만났던 두 사건들을 두고 문제를 삼고 있는 것이 사실이다. 그러나 그들은 말씀에 대한 전반적인 이해를 하지 못하고 있기 때문에 그런 오해를 하고 있다.

사울 왕이 다윗을 보았음에도 불구하고 그를 전혀 몰라보고 있는 데는 그만한 이유가 있었다. 다윗이 처음 사울 왕에게 들린 악령을 물리치기 위해 불려갔을 때는 왕을 알현하는 최상의 예禮를 갖추었을 것이 분명하다. 또한 처음 그들이 만났을 때는 스쳐 지나가는 만남이었다. 마치 왕이 질병에 걸렸을 때 명의名醫가 와서 진료한 정도로 생각할 수 있다. 왕은 그에게 왕궁에서 일할 수 있는 기회를 허락했지만 항상 그를 기억했던 것은 아니었던 것으로 보인다.

골리앗과 싸우던 그때는 전쟁터로 갈 때 평상복을 입고 아무런 준비 없이 갔었다. 그런 그가 갑작스레 골리앗과 대결하게 되었던 것이다. 그것은 전혀 계획에 없던 사건이었다. 그러므로 사울 왕이 그를 쉽게 알아보지 못했던 것은 매우 자연스러운 일이라 할 수 있다.

또한 다윗이 사울 왕의 무기를 관리했던 직위에 있었는데 왜 왕궁에 있지 않고 양을 돌보고 있었는가 하는 문제이다. 그것도 별 문제가 되지 않는다. 다윗은 왕의 무기를 관리하는 부서에서 일하게 되었으나 왕궁에 상주했던 것이 아니라 오늘날 우리 식으로 말하자면 왕궁에 출퇴근을 하며 자기에게 주어진 일을 담당했던 것이다.

"다윗은 사울에게로 왕래하며 베들레헴에서 그 아비의 양을 칠 때에"(삼상 17:15)

이 본문을 통해 우리는 당시 다윗이 왕궁과 자기 집을 오가며 일했음을 잘 알 수 있다. 그러므로 다윗은 쉬는 날이나 일이 없을 때는 집에서 양을 치며 가사家事를 돌볼 수 있었다. 이는 매우 자연스러운 일이며 전혀 어색하지 않다. 다윗은 그때 쉬고 있을 때였기 때문에 전쟁터로 나가 형들의 형편을 알아보도록 아버지로부터 요청받았던 것이다.

이로 인해 사울 왕과 다윗은 한층 가까워지게 된다. 다윗은 전쟁을 승리로 이끈 주역이 되었다. 위기에 빠진 이스라엘을 구출한 영웅이 되었던 것이다. 그것은 다윗이 계획한 일이 아니었을 뿐 아니라 상상조차 할 수 없는 일이었다. 그러나 하나님께서는 자신의 뜻을 이루어 가시기 위해 경륜 가운데 역사하셨다.

제13장 _ 다윗의 대적자 사울 왕

(삼상 18:1-30; 19:1-24)

1. 다윗과 요나단

다윗이 골리앗을 물리침으로써 이스라엘은 블레셋에 극적인 승리를 하게 되었다. 그 과정을 지켜본 사울 왕은 다윗의 신상을 확인한 후 자기와 함께 머물도록 명령했다. 사울은 다윗이 이스라엘 민족을 위해 꼭 필요한 인물이라는 사실을 깨달았던 것이다. 물론 사울이 다윗을 가까이 두려고 했던 것은 하나님의 뜻을 염두에 두었기 때문이 아니라 자신이 다스리는 왕국을 강화하기 위해서였다.

그때 사울 왕 옆에서 다윗을 지켜보던 요나단은 그를 신뢰하여 하나님 앞에서 친구의 언약을 맺었다. 요나단은 자기의 군복과 칼, 활 등 무기를 다윗에게 주었다. 이는 단순한 선물을 주었던 것이 아니라 자신의 모든 것을 위임하는 구속사적인 의미를 지니고 있다. 이 의미 가운데는 요나단이 가지고 있던 왕위 계승권마저 다윗에게 위임하는 의미가 포함되어 있었다.[25]

---

[25] 사울은 요나단을 자기의 왕위 계승자로 생각했음이 분명하다. 그러므로 그는 다윗을 죽여야 할 이유가 요나단의 통치권과 연관됨을 언급했다: "이새의 아들이 땅에 사는 동안은 너와 네 나라가 든든히 서지 못하리라 그런즉 이제 보내어 그를 내게로 끌어오라 그는 죽어야 할 자니라"(삼상 20:31); "As long as the son of Jesse lives on this earth, neither you nor your kingdom will be established. Now send and bring him to me, for he must die!"(1Sam 20:31).

요나단은 당시 전쟁에 능숙한 훌륭한 군인이었다. 그가 다윗을 자기의 생명처럼 사랑했던 까닭은 다윗이 패망 직전의 위기에 놓인 이스라엘 민족을 구했을 뿐 아니라 하나님의 특별한 인도하심을 받는 사람으로 알았기 때문이었다. 요나단은 결코 그의 외모를 보고 감정적으로 사랑했던 것이 아니다.

　그러나 하나님의 진리를 알지 못하는 자들은 그때 요나단이 다윗을 좋아했던 것이 그의 외모에 끌렸기 때문이라고 생각한다. 즉 요나단이 다윗이 가진 매력에 푹 빠졌다는 것이다. 그런 자들은 심하면 요나단과 다윗을 언급하며 마치 동성연애자였던 것처럼 비아냥대기도 한다. 심지어 동성애를 주장하는 자들은 종종 다윗과 요나단의 사랑을 입에 떠올린다.

　그런 더러운 사고를 하는 자들은 하나님의 뜻을 전혀 모르고 있을 뿐 아니라 하나님의 말씀을 욕되게 하는 자들이다. 그것은 곧 하나님에 대한 모독이다. 요나단이 다윗을 자기 생명보다 귀하게 여겼던 것은 하나님께서 그를 이스라엘 민족을 위해 특별히 사용하시는 인물이라는 사실을 알았기 때문이다.

　우리는 여기서 이스라엘 민족에 대한 요나단의 깊은 심정을 파악할 수 있어야 한다. 다윗을 사랑하는 요나단의 마음은 곧 이스라엘 민족을 위한 충성스런 마음의 표출이었다. 즉 다윗에 대한 요나단의 사랑은 그의 감정적 욕망의 표현이 아니라 하나님의 언약 백성들에 대한 깊은 사랑의 표현이었다.

2. 다윗의 지혜로운 처신과 불안감에 빠진 사울

　다윗은 사울 왕이 명령하고 지시하는 모든 일에 대해 지혜롭게 처신했다. 그것은 하나님의 은혜로 말미암은 것이었다. 사울 왕은 아직 전쟁터에 있는 동안 다윗을 장군으로 임명했다. 그것은 파격적인 인사 명령이었다. 그렇지만 사울의 신하들 가운데 아무도 다윗이 장군으로 임명되는 문제에 대해 반대하지 않았다. 골리앗을 물리친 사실 하나만으로 그의 능력을 충분히 인정받을 수 있었다.

블레셋 군대에 승리하고 개선凱旋하는 이스라엘 병사들을 많은 백성들이 나와서 환영했다. 그들은 온갖 악기들을 동원하여 노래를 부르며 춤을 추면서 적군이 승리한 군인들을 맞이했다. 수많은 여인들은 전쟁에 승리한 사울 왕의 공적을 노래하며 새로운 영웅으로 부상한 다윗의 공적을 노래했다.

"사울의 죽인 자는 천천이요 다윗은 만만이로다"(삼상 18:7)

이 노래 가운데 심각한 문제의 요인이 잠복하고 있었다. 역사적 영웅이 되고 싶은 욕망을 가졌던 사울 왕이 자기보다 다윗을 높이는 민중의 노래 소리를 순순히 받아들일 리 없었다. 다윗에게는 만만萬萬을 돌리고 자기에게는 천천千千을 돌리는 백성들의 노래가 그를 심히 불쾌하게 했던 것이다.

백성들의 노래로 인해 상당한 위기감과 분노를 느꼈던 사울 왕은 다윗을 견제의 대상으로 여겼으며 급기야는 죽이기로 결심한다. 사울이 다윗을 살해하고자 마음먹은 것은 그에게 악령이 들렸기 때문이었다. 그가 악령으로 인해 제정신이 아닌 상태에서 발작하자 다윗은 그전처럼 그를 위해 수금을 탔다.

그러던 중 사울은 손에 들고 있던 단창短槍을 다윗을 향해 힘차게 던졌다. 그를 죽이고자 했다. 그러나 다윗은 두 번이나 되풀이하여 던진 사울의 창을 피했다. 충분히 맞출 수 있는 거리였음에도 불구하고 자기의 창을 피하는 다윗을 보고 사울은 하나님께서 저와 함께 하시는 것으로 생각하여 커다란 두려움에 빠지게 되었다.

사울 왕은 다윗과 함께 있는 것을 꺼려 그를 천부장으로 임명(삼상 18:13)하여 다른 지역으로 발령을 내렸다. 다윗은 군부대의 지휘관이 되어서도 여전히 지혜롭게 처신했다. 일반 백성들은 그런 다윗을 더욱 신뢰하게 되었으며, 사울 왕은 점차 그를 더욱 두려워하게 되었다.

3. 다윗을 죽이려는 사울 왕의 혼인계략

사울 왕은 다윗을 살해하기 위해 기가 막히는 혼인계략을 짰다. 그것은 다윗을 자신의 사위로 삼은 다음 블레셋과 전쟁을 일으켜 그들의 손에 의해 죽게 만든다는 것이었다. 그렇게 되면 자기의 손에 직접 피를 묻힐 필요가 없을 뿐더러 백성들 앞에서도 떳떳한 명분이 생기게 된다. 자기는 다윗을 크게 사랑하여 사위를 삼은 것으로 비쳐질 수 있을 것이며, 그를 블레셋 사람의 손에 의해 전사당하게 함으로써 일거양득이 되는 것이다.

그리하여 사울 왕은 다윗에게 자기의 맏딸 메랍Merab을 주어 사위로 삼고자 한다는 말을 전했다. 사울은 속으로 엄청난 음모를 꾸미면서도 그것을 여호와 하나님을 빗댄 신앙으로 포장하기를 주저하지 않았다.

> "내 맏딸 메랍을 네게 아내로 주리니 오직 너는 나를 위하여 용맹을 내어 여호와의 싸움을 싸우라"(삼상 18:17)

사울의 말을 들은 다윗은 그 제안을 정중히 사양했다. 자기는 왕가王家와 혼인을 맺을 만한 집안 배경을 가지고 있지 못하며 개인적으로도 너무 부족하다는 것이었다. 다윗의 그 말은 진심이었다. 그런 이야기가 오가던 중 메랍은 그 전부터 혼사문제가 오가던 다른 유망한 집안의 청년과 혼인하게 되었다.

제13장 _ 다윗의 대적자 사울 왕(삼상 18:1-30; 19:1-24)

하지만 그전부터 다윗을 마음으로 사랑하고 있던 사람은 사울 왕의 다른 딸 미갈Michal이었다. 사울 왕의 의중을 파악하고 있던 어떤 사람이 공주 미갈이 다윗을 사랑하고 있다는 사실을 귀띔해 주었다. 그러자 사울은 다윗을 죽이기에 혈안이 되어 있어서 딸의 행복 따위에는 아무런 관심이 없었다. 그래서 다윗에게 올무를 놓을 목적으로 두 사람의 혼인을 추진했다. 사울 왕은 신하들에게 자기의 속마음을 철저하게 위장하여 다윗에게 전달했던 것이다.

"사울이 그 신하들에게 명하되 너희는 다윗에게 비밀히 말하여 이르기를 보라 왕이 너를 기뻐하시고 모든 신하도 너를 사랑하나니 그런즉 네가 왕의 사위가 되는 것이 가하니라 하라"(삼상 18:22)

왕의 말을 전해들은 다윗은 여전히 지난번처럼 자기의 부족함을 내세워 완곡하게 거절했다. 공주를 맞이할 만큼의 지불금이 없다는 말도 덧붙였다(삼상 18:23). 그러자 사울은 다윗에게 특별한 조건을 제시했다. 그것은 블레셋 사람 일백 명을 죽이고 그들의 양피 일백 개를 가져오라는 것이었다. 그것은 곧 죽으라는 말과 마찬가지다. 적진에 들어가서 백 명의 양피를 베어 온다는 것은 생명을 걸지 않고는 시도조차 할 수 없는 일이었다.

그에 대해서는 사울 왕이 누구보다 잘 알고 있었다. 그는 다윗이 블레셋 사람들의 양피 일백을 얻기 위해 적진에 들어가 싸우다가 죽기를 바라고 있었다. 다윗은 사울 왕의 말을 듣고 블레셋 진영에 들어가 이백 명을 죽이고 그들의 양피 이백 개를 가지고 왔다. 사울 왕이 원래 요구했던 것 보다 갑절을 더 많이 가지고 돌아왔다.

사울 왕은 자기의 목적을 이루지 못했으며 다윗은 미갈과 혼인하여 사울의 사위가 되었다. 다윗과 미갈은 부부로서 서로 사랑했지만 사울은 다윗을 두려워하여 더욱 견제하게 되었다. 한편 다윗은 블레셋의 위협에 대해 더욱 지혜롭게 대처했으므로 그에 대한 이스라엘 백성들의 신망이 더해갔다.

4. 다윗을 죽이라는 공식적인 지령

사울 왕은 요나단에게 자기 신하들에게 다윗을 살해하라는 특별지령을 내렸다(삼상 19:1). 그러나 요나단은 다윗을 진정으로 아끼고 있었으므로 극비에 해당하는 그 사실을 다윗에게 알려주고 빨리 은밀한 곳으로 피신하도록 했다.

앞에서도 언급한 것처럼 요나단이 다윗을 아끼고 있었던 것은 단순한 인간적인 감정의 문제가 아니었다. 그것은 이스라엘 민족을 생각하는 요나단의 충정 때문이었다. 그러므로 요나단은 아버지 사울 왕에게 이스라엘 민족을 위해 목숨을 다해 싸웠던 다윗의 치적을 다시금 말씀드렸다. 그것을 통해 아버지 사울 왕에게 다윗을 죽이라는 지령을 거두어 주도록 요청했던 것이다.

> "그가 자기 생명을 아끼지 아니하고 블레셋 사람을 죽였고 여호와께서는 온 이스라엘을 위하여 큰 구원을 이루셨으므로 왕이 이를 보고 기뻐하셨거늘 어찌 무고히 다윗을 죽여 무죄한 피를 흘려 범죄하려 하시나이까"(삼상 19:5)

요나단이 보기에 다윗은 이스라엘 민족을 위한 하나님의 사람이었다. 그는 자기의 생명을 전혀 아끼지 않고 블레셋과 맞서 용감하게 싸웠다. 하나님께서는 다윗을 통해 이스라엘 민족을 위한 큰 구원을 이루셨던 것이다. 그러므로 사울 왕도 다윗의 용맹한 싸움을 통한 승리를 기뻐했었다.

요나단은 아버지에게 그 점을 이야기하며 하나님의 사람 다윗을 죽이는 범죄에 빠지지 않도록 간청했다. 사울 왕은 요나단의 말을 받아들여 일시적이나마 그를 죽이려는 자세를 바꾸게 되었다. 그리하여 다윗은 다시 사울 왕 앞에 설 수 있었다(삼상 19:7). 그와 같은 상황에서 또다시 블레셋이 이스라엘을 공격했을 때 다윗은 지혜롭게 그들을 물리쳤다. 이로써 다윗의 위상은 이스라엘 민족 가운데서 점점 높아져 갔다.

5. 다윗의 대적이 된 사울

그 후 다윗이 왕궁으로 돌아와 수금을 타고 있을 때 사울은 악령이 들려 또다시 다윗을 단창을 던져 죽이려 했다. 다윗은 사울 왕이 자기를 죽이려 하자 급히 집으로 피신했다. 그러자 사울은 다윗을 죽이고자 하여 신하들에게 그 다음 날 그를 체포해 오도록 명령을 내렸다.

왕이 다윗을 죽이려 하는 것을 알게 된 사울의 딸 미갈은 자기 남편 다윗에게 그 사실을 알려 주었다. 그날 밤 미갈은 남편의 죽음을 막기 위해 줄을 통해 그를 창 밖으로 달아내려 도망하도록 했다(삼상 19:12).

그러고 나서 미갈은 모조 인형을 만들이 마치 남편인 것처럼 가장하여 그의 침상 위에 눕혀 두었다. 그 다음날 아침 사울의 신하들이 다윗을 찾아왔을 때 미갈은 남편이 아프다는 핑계를 대어 되돌려 보냈다. 그러나 왕은 병상에 누워있는 다윗을 체포해 끌고 오도록 명령했다.

사울의 신하들이 왕의 명령을 수행하기 위해 다윗의 집을 재차 방문했을 때 그들은 다윗이 이미 도망한 사실을 알게 되었다. 침상에 눕혀져 있던 것은 다윗이 아니라 커다란 인형이었다. 그에 대한 보고를 받은 사울 왕은 딸 미갈에게 왜 다윗을 도망치게 했느냐고 책망했다. 그러자 미갈은 그렇게 하지 않으면 다윗이 자기를 죽이려 했으므로 어쩔 수 없었다고 변명했다(삼상 19:17). 그것은 남편의 생명도 구해야 하고 아버지의 마음도 상하지 않게 해야 하는 미갈의 처신이었다.

6. 다윗과 사무엘 그리고 예언하는 사울 왕과 그의 신하들

사울 왕을 피한 다윗은 라마에 있는 사무엘에게로 갔다. 이미 오래전에 사울과 사무엘의 관계는 완전히 끊어진 상태였다. 그러나 다윗과 사무엘 사이에는 밀접한 관계가 형성되어 있었다. 다윗은 사무엘에게 사울이 자기에게 행한 모든 사실들을 보고했으며 두 사람은 라마 나욧(Naioth in Ramah)으로 가서 함께 거했다.

사울 왕은 다윗이 사무엘과 함께 라마 나욧에 있다는 정보를 입수하고 그를 죽이기 위해 부하들을 보냈다. 그런데 그들이 사무엘에게 갔을 때 그가 선지자 무리(삼상 19:20)의 수령首領으로 있다는 사실을 알게 되었다. 그들은 사무엘과 함께 있는 자들이 예언하는 것을 보고는 저들도 예언하게 되었다.

사울 왕의 부하들이 예언했다는 것은 특별한 계시적 언어를 발설했다는 의미라기보다 하나님을 경배하며 노래하게 된 것으로 이해해야 한다. 즉 그들은 하나님의 간섭에 의해 하나님을 노래하는 자리에 놓이게 되었던 것이다. 이는 그들이 이성적인 판단에 따라 자기 마음대로 행동할 수 없는 형편에 놓이게 되었음을 말해주고 있다.

사울 왕은 자기의 부하들이 사무엘이 있는 자리에서 저들과 함께 예언한다는 말을 듣고 다른 부하들을 급히 보냈으나 그들 역시 예언하게 되었다. 사울이 세 번째 신하들을 보냈을 때도 동일한 일이 발생하자 이번에는 그가 직접 그곳으로 갔다. 그런데 사울이 세구Secu에 있는 커다란 물웅덩이를 지났을 때 그에게 하나님의 신이 임하자(삼상 19:23) 그 또한 예언하기 시작했다. 사울 왕은 라마 나욧에 도착하자 사무엘 앞에서 예언을 하며 하루 종일토록 벌거벗은 상태로 누워 있었다.

사울 왕과 그의 부하들이 사무엘과 더불어 예언했다는 사실은 무엇을 의미하고 있을까? 그들은 하나같이 다윗을 죽일 목적으로 라마 나욧을 찾아갔지만 예언하는 무리에 섞여 예언을 하게 되었다. 특히 벌거벗은 상태에서 하루 종일 예언하던 사울 왕의 모습은 결코 평범하지 않다.

  사울은 화려한 왕궁과 권위를 상징하는 왕의 의상을 버리고 벌거벗은 몸으로 선지자들의 무리 가운데서 예언을 했다. 그것은 그의 모든 체면과 지위를 내던진 상태를 말해주고 있다. 당시 이스라엘 민족의 속담 가운데는 "사울도 선지자 중에 있느냐?"는 말이 있었다(삼상 10:12 참조). 이는 다윗을 죽이기 위해 안간힘을 쓰던 사울도 하나님을 경배하는 무리 가운데 있는 기이한 현상을 말하고 있다.

  하나님께서는 이를 통해 다윗을 죽이려던 저들의 계획을 무산시키셨다. 우리가 여기서 알 수 있는 것은 하나님의 간섭과 경륜으로 말미암아 사울과 그의 신하들이 다윗을 해할 수 없게 되었다는 사실이다. 그렇지만 그것은 일시적인 방편이었을 뿐 근본적인 해결책이 되지는 못했다.

  새로운 언약 왕국의 통치자가 되어 메시아를 잉태하게 될 다윗은 하나님의 특별한 은혜의 방편을 통해 보호받게 되었다. 그것은 이스라엘 민족을 통치하던 사울 왕국의 세력이 점차 하나님께서 예비하신 다윗 왕국에 흡수되어 가고 있음을 말해주고 있다.

  그럼에도 불구하고 다윗은 라마 나욧에서 다른 곳으로 도망쳤다. 사울 왕이 자기를 죽이기로 작정하고 부하들을 되풀이하여 보내는 상황 가운데서 어찌할 도리가 없었다. 그는 결국 자기를 가장 아끼는 요나단에게로 피신하게 되었다.

제14장 _ 다윗의 편에 선 요나단

(삼상 20:1-42)

1. 요나단에게 도망간 다윗

다윗은 당시 죽음을 느낄 만큼 절박한 위기에 빠져 있었다. 사울 왕은 다윗을 살해하기 위해 모든 조직적인 방법들을 강구하고 있었기 때문이다. 다윗은 기브아에 있는 요나단을 찾아가 그에게 모든 상황을 설명하면서 '자기와 죽음 사이는 한 걸음'(삼상 20:3) 거리밖에 되지 않는다고 말했다.

다윗은 결국 사울의 위협을 피해 라마 나욧까지 가서 사무엘과 함께 기거하고 있었다. 그런데 사울 왕과 그의 신하들은 다윗을 죽이기 위해 그곳까지 찾아 나섰다. 급기야 다윗은 사울 왕의 눈을 피해 요나단을 찾아가 피신했다. 하나님께서 사울과 그의 신하들을 강하게 간섭하셨지만 다윗은 그 사실을 미처 알지 못하고 다른 곳으로 피신하게 되었다. 그는 자기의 존재를 가장 잘 이해하고 있는 요나단에게 갈 수밖에 없었다.

요나단은 하나님의 뜻 가운데서 다윗을 가장 신뢰하고 있는 인물이었다. 그는 사울의 왕자였을 뿐 아니라 이제는 다윗의 처남이었다. 요나단을 찾아간 다윗은 사울 왕이 자기를 찾아 죽이려고 하는 이유가 무엇인지 따지듯 물었다. 그는 자기가 왕에게 무슨 악한 죄를 지었는지 요나단에게 알아보고자 했다. 당시 요나단은 사울 왕이 가장 신뢰하는 참모이자 자신의 왕위를 계승하게 될 사랑하는 아들이었다. 그러므로 왕은 중요한 사안이 있을 때마다 항상 요나단과 의논을 했다.

사울과 요나단의 정치적 신뢰관계를 잘 알고 있었던 다윗은 요나단에게 왕이 자기를 죽이려는 이유가 무엇인지 물었다. 하지만 요나단은 그 사실을 잘 모르고 있었다. 그는 왕이 자기와 의논하지 않고 그렇게 할 리 없다고 생각했다. 사울이 다윗을 죽이려는 계획을 요나단에게 말하지 않았던 것은 그가 그 사실을 알게 되면 사랑하는 친구의 일로 인해 슬픔에 빠질까 염려했기 때문이다.

2. 다윗의 요청에 대한 요나단의 약속

다윗은 그동안 있었던 일들을 요나단에게 소상히 말했다. 다윗의 모든 설명을 듣고 난 요나단은 다윗이 요구하는 모든 것을 들어주겠다고 약속했다. 정말 사울이 다윗을 죽이고자 하는지 그 진의眞意를 알아주겠다는 것이다. 그러자 다윗은 징표를 제시하며 자기를 도와줄 것을 부탁했다.

그때는 마침 매월 왕궁에서 가졌던 주요 참모들의 정기 모임이 있는 월삭을 눈앞에 두고 있었다. 그 모임에는 요나단과 다윗도 참석하게 되어 있었다. 다윗은 요나단에게 그 날 있게 될 정례 식사 자리에서 사울 왕의 태도를 파악해 보면 그가 정말 자기를 죽이려 하는지 여부를 알 수 있으리라는 것이었다.

다윗은 요나단에게 그에 대한 구체적인 부탁을 했다. 왕과 측근 참모들이 함께 식사를 할 때 자기가 자리에 없는 것을 사울 왕이 자연스럽게 알게 될 것이다. 그때 왕이 자신을 찾거든 해마다 한번씩 드리는 매년제

每年祭로 인해 고향에 다녀올 수 있는 휴가를 청했다고 말하도록 부탁했다. 만일 왕이 그것을 흔쾌히 받아들이면 자기가 무사하겠지만 화를 낸다면 왕이 자기를 죽이려 하는 증거가 된다는 것이었다.

그러면서 다윗은 요나단에게 자기의 결백을 분명히 말했다. 자기가 왕에게 악한 행동을 한 적이 없었다는 것이다. 자기에게 왕으로부터 진노를 살만한 잘못된 허물이 있다면 자기가 책임질 것이며, 만일 그런 사실이 드러나면 신뢰하는 친구인 요나단에 의해 죽임을 당해도 좋다고 말했다.

요나단은 왕이 다윗을 죽이고자 하는 그런 일은 결코 없을 것이라 말했다. 만일 사울 왕이 정말 그를 해치려고 한다면 그 사실을 즉시 알려주겠다고 했다. 그러자 다윗은 사울 왕이 자기를 죽이려 하는지 여부를 확인하게 되면 그것을 알려줄 방도를 일러달라고 요구했다.

요나단은 사울 왕의 마음을 정확하게 파악한 후 다윗에게 그 결과를 알려주겠다며 하나님 앞에서 맹세했다. 왕이 다윗을 여전히 좋게 여기면 사람을 보내 그 사실을 전갈傳喝하겠으며 만일 왕이 다윗을 죽이려는 마음이 있다는 사실이 확인되면 빨리 도망칠 수 있도록 즉시 알려주겠다고 말했던 것이다.

만약 다윗을 죽이려는 사울의 계획을 알고 나서 자기가 그 사실을 알려주지 않아 다윗으로 하여금 무사히 도망치지 못하게 된다면 하나님께서 자기에게 내리시는 모든 벌을 달게 받으리라 다짐했다. 요나단은 그 자리에서 자기가 다윗의 편에 서있는 사람임을 분명히 밝히고 있다. 그러므로 그는 하나님께서 '다윗의 대적들'을 치시는 날을 소망하고 있음을 고백적으로 말했던 것이다.

"요나단이 다윗의 집과 언약하기를 여호와께서는 다윗의 대적들을

치실지어다 하니라"(삼상 20:16)

여기서 요나단이 언급하고 있는 '다윗의 대적'이란 다름 아닌 사울 왕의 집안 곧 자기 집안을 말하고 있다(삼상 18:29 참조). 그러나 요나단은 자기 집안의 성공과 번영을 원했던 것이 아니라 다윗의 집안의 번영을 원했다. 이는 다윗의 집은 메시아의 혈통을 지닌 집안이었기 때문이다. 요나단은 하나님의 간섭 가운데 은연중 그 점을 드러내고 있었던 것이다.

요나단은 메시아를 예표하는 그 집안의 중심이 되는 다윗에게 생명과 연관된 분명한 약속을 했다. 매월 월삭 때 있는 왕과 주요 참모들의 정례 식사 자리에 다윗이 보이지 않으면 사울 왕이 그에 대해 궁금해 할 것이 분명하다. 만일 그 다음날에도 다윗이 보이지 않으면 더욱 궁금해져 그를 더욱 찾게 될 것이다. 그때 사울 왕의 태도를 살펴보면 그가 정말 다윗을 죽이려 하는지 여부를 알 수 있다는 것이었다.

요나단은 다윗에게 자기가 사울 왕의 마음을 파악하게 되는 그날 에셀Ezel 바위 옆에(삼상 20:19) 숨어 있으라고 말했다. 그러면 자기가 약속된 시간에 심복을 데리고 그 부근으로 가겠다고 했다. 요나단이 과녁을 맞히는 체하고 에셀 바위 부근으로 활을 세 번 쏜 후 자기가 데리고 간 심복에게 화살이 이쪽에 있다고 말하면서 집어 "오라"고 하면 아무 일 없을 것이니 안심하고 나오면 된다고 했다. 그렇지만 화살이 저쪽에 있으니 더 멀리 "가라"고 하면 하나님의 뜻인 줄 알고 왕의 눈을 피해 떠나가라는 것이었다.

요나단은 하나님 앞에서 그에 관한 약조를 분명히 지키겠다고 맹세했다. 그 후 다윗은 그곳에서 들로 나가 숨었다. 한편 요나단은 매월 있는 왕궁의 참모회의를 기다리게 되었다. 그것은 사실 기울어져 가는 사울 왕조와 이제 곧 태동될 다윗 왕조 사이에 일어나는 갈등양상으로 이해되어야 한다.

3. 다윗과 요나단의 언약

매월 월삭에 맞추어 왕과 중요 참모들이 한 자리에 모여 정례적으로 식사하는 날이 되어 사울 왕이 자리에 나와 앉았다. 왕은 관례대로 벽 쪽에 자리를 잡고 앉았으며, 요나단은 그 앞에 섰다. 그리고 군사령관 아브넬은 사울 옆에 앉아 있었다. 하지만 다윗의 자리는 비어 있었다. 그때 다윗은 요나단과 의논한 후 들에 나가 숨어 있었던 것이다.

첫날 있었던 식사 자리에서 사울은 다윗이 자리에 없는 것을 보고도 그에 대해 아무런 언급을 하지 않았다. 다윗의 개인적인 신상에 부정不淨한 어떤 문제가 생겼을 것이라 생각했던 것이다. 그렇지만 그 다음날에도 다윗의 자리가 비어 있는 것을 본 사울 왕은 아들 요나단에게 다윗이 식사 자리에 나오지 않은 이유를 물었다.

왕의 질문을 받은 요나단은, 다윗이 매년 정기적으로 드리는 제사를 지내기 위해 고향으로 가기 위한 휴가를 요청했는데 그것 때문에 그가 정례적인 식사자리에 나오지 못한 것이라 보고했다.[26]

사울은 그의 말을 듣자마자 심한 욕설을 퍼부으며 요나단에게 화를 냈다. 사울 왕은 다윗에게 호의를 베푸는 요나단이 못마땅했던 것이다. 사울은 다윗을 살려두면 그가 사울 왕 자신과 요나단의 왕위 계승에까지 방해를 끼치게 될 것이라 말했다. 즉 다윗이 사울 왕국의 번영을 방해하고 결국 자기의 왕국을 세우게 되리라는 것이었다.

"이새의 아들이 땅에 사는 동안은 너와 네 나라가 든든히 서지 못하리라 그런즉 이제 보내어 그를 내게로 끌어오라 그는 죽어야 할 자니

---

[26] 요나단의 그 보고는 사실 거짓된 보고였다. 요나단은 다윗과 짜고 왕에게 거짓말을 했던 것이다. 그러나 성경은 그들의 거짓말에 대해서 특별한 언급을 하지 않고 있다. 그 이유는 성경이 하나님의 구속사적인 경륜과 그에 대한 과정을 보여주고 있을 뿐 윤리적인 교훈을 주려는 것을 목적으로 삼지 않고 있기 때문이다.

라"(삼상 20:31);

"As long as the son of Jesse lives on this earth, neither you nor your kingdom will be established. Now send and bring him to me, for he must die"(1Sam 20:31)

이 말씀은 우리에게 매우 중요한 점을 시사하고 있다. 이는 위 본문 말씀 가운데 사울 왕이 요나단을 자기의 왕위를 계승할 자로 생각하고 있었던 사실이 드러나고 있기 때문이다. 사울 왕이 다윗을 죽이려 했던 까닭은 자기를 위해서이기도 했지만 자기의 왕국을 이을 요나단을 위해서이기도 했다. 그러므로 사울은 '너의 나라'(your kingdom), 즉 '요나단의 나라'(Jonathan's kingdom)가 든든히 서야 한다는 점을 강조했던 것이다.

앞에서도 언급했듯이 요나단이 다윗을 사랑했던 사실에는 특별한 의미가 들어있었다. 그 의미 가운데는 요나단이 사울 왕국을 잇게 될 자기의 왕위 계승권을 포기하고, 이스라엘의 진정한 왕이 되어야 할 자는 다윗이라는 사실을 깨달아 알고 있었던 점이 내포되어 있다. 이는 사실 다윗이 골리앗을 죽인 전투를 마친 후 요나단이 사울 왕 앞에서 자기의 군복을 비롯한 칼과 활을 다윗에게 주었을 때 그 상징적 의미가 이미 거기 담겨 있었다.27)

4. 아버지 사울 왕을 떠나 다윗의 편에 선 요나단

아버지 사울 왕이 다윗에 대해 분노하는 것을 본 요나단은 왕에게 강하게 항의했다. 다윗이 잘못한 일이 아무 것도 없다는 것이었다. 그러자 사울은 그 자리에서 창을 뽑아 들고 아들 요나단을 죽이려 했다. 이는 사울 왕조의 파국을 의미한다. 사울 왕이 차기 왕위를 계승하기로 지목

---

27) "요나단은 다윗을 자기 생명 같이 사랑하여 더불어 언약을 맺었으며 요나단이 자기의 입었던 겉옷을 벗어 다윗에게 주었고 그 군복과 칼과 활과 띠도 그리하였더라"(삼상 18:3, 4)

한 아들 요나단을 향해 창을 던졌다는 사실은 왕조의 끝을 보여주고 있다. 그것을 보게 된 요나단은 사울 왕이 다윗을 죽이려 작심하고 있었음을 분명히 알게 되었다.

요나단은 그 사실을 확인하고는 분노에 차 자리를 떠났으며 그 날 아무런 음식도 먹지 않았다. 그리고 그로 인해 심히 마음 아파했다. 하나님께서 언약하신 참 이스라엘의 왕국의 통치자가 될 자를 죽이려고 하는 자기 아버지 사울 왕과 이스라엘 민족이 안타깝게 생각되었기 때문이다.

그 다음날 요나단은 자신의 심복 하나를 데리고 다윗과 약속한 장소인 들로 나갔다. 그는 심복에게 활을 쏠 테니 그것을 집어올 수 있도록 멀리 나가 있으라고 명령했다. 자기 심복이 앞으로 뛰어 나가는 것을 보면서 요나단은 그의 머리 위로 활을 쏴 보냈다. 그는 심복이 화살이 떨어진 지점 가까이 닿을 즈음에 더 멀리 '가라' 고 큰 소리로 외쳤다. 그 말은 다윗에게 멀리 '도망가라' 고 알리는 신호였다.

요나단의 심복은 그 화살을 집어가지고 돌아왔지만 요나단과 다윗 사이에 약속되어 있었던 그 의미에 대해서는 전혀 눈치 채지 못했다. 그 후 요나단은 자기 심복을 성안으로 돌려보내고 자기는 숨어있던 다윗을 만났다. 다윗이 요나단에게 격식을 갖추어 인사를 하고 나서 그들은 서로 부둥켜안은 채 눈물을 흘리며 울었다.

그들이 울었던 까닭은 이스라엘 민족을 위한 것이었음에 틀림없다. 즉 그들의 눈물은 단순한 개인적인 신세 한탄이 아니었다. 그리고 그들이 처한 고생스런 형편 때문만은 아니었다. 그들은 함께 눈물을 흘리며 울고 난 후 여호와 하나님 앞에서 맺었던 언약을 확인하며 서로 신뢰를 다짐하면서 헤어졌다. 다윗은 멀리 다른 곳으로 피신했고 요나단은 성안으로 들어가게 되었다.

5. 제사장 나라가 될 다윗 왕국을 바라본 요나단

우리는 요나단에 관한 올바른 이해를 해야만 한다. 그는 사울 왕국과 다윗 왕국 사이의 단절과 연결고리 역할을 동시에 하는 매우 중요한 인물이었기 때문이다. 요나단은 사울 왕조의 왕자로서 왕의 참모 역할을 했다. 나아가 그는 사울 왕을 이을 왕위계승자였다. 그러므로 사울 왕은 요나단을 중요한 국정논의 대상으로 삼았던 것이다.

그런 위치에 있던 요나단이 다윗을 가까운 친구로 받아드렸다. 그는 결국 아버지 사울 왕을 배신하고 다윗을 따르게 되었다. 다윗은 사울 왕조가 패망한 후 새로운 언약의 왕국에서 이스라엘 민족을 다스릴 왕이 될 인물이었다. 한편 요나단은 사울 왕조를 계승할 특별한 인물이었다. 그런 요나단이 사울 왕을 떠난다는 것은 자기가 이어받게 될 사울 왕조의 왕위를 포기한다는 의미를 담고 있다.

나아가 요나단이 아버지를 배신한 것은 일반적인 관점에서 본다면 인륜에 관련된 문제이기도 했다. 자식이 아버지를 버리고 친구를 따른다는 것은 결코 마음 편한 일이 아니었다. 나아가 요나단의 행동은 단순한 개인의 문제가 아니라 가문家門 전체와 연관되는 중요한 문제였다. 하지만 요나단은 아버지의 뜻이 아니라 다윗의 뜻을 따랐다.

요나단이 상당한 심적인 부담 가운데서 그렇게 했던 것은 다윗을 통해 세워지게 될 제사장 나라를 바라보았기 때문이다. 요나단은 다윗을 선택함으로써 자기의 왕위계승권을 포기해야 했으며 아버지에 대한 불효를 저질러야만 했다. 그럼에도 불구하고 그가 그런 행동을 취했던 것은 이스라엘 민족에 대한 하나님의 뜻을 알고 있었기 때문이다.

요나단은 왕위와 관련된 자기의 모든 것을 포기하고 하나님의 사람 다윗의 편에 섰다. 그는 다윗 왕조를 세우는 데 있어서 매우 중요한 역할을 감당했다. 요나단이 다윗을 자신의 생명보다도 더 사랑했던 것은 단순한 감정적인 문제가 아니었다. 그의 사랑은 하나님께서 세우시고자 하는 메시아 왕국과 연관되어 있었다. 즉 요나단이 자기를 포기하고 다윗을 절대적으로 따랐던 까닭은 다윗 왕조를 통한 하나님의 놀라운 메시아 언약을 깨달아 알고 있었기 때문이다.

제15장 _ 도망 다니던 다윗의 군대 편성

(삼상 21:1-15; 22:1-23)

1. 제사장 아히멜렉Ahimelech

사울 왕의 눈을 피해 요나단과 헤어진 다윗은 놉Nob 땅에 있는 제사장 아히멜렉에게로 도망갔다. 다윗을 본 아히멜렉은 그를 영접하면서도 심한 공포에 질렸다. 사울 왕조의 장군인 다윗이 홀로 자기에게로 피한 것은 그가 왕의 진노를 사고 있음을 짐작할 수 있었기 때문이었다.

왕의 눈을 피해 도망다니는 사람을 비호하거나 그에게 도움을 준다는 사실은 왕명을 어긴다는 것을 의미한다. 당시 사울 왕은 정신적으로 이미 상당히 피폐한 상태였다. 제사장인 아히멜렉이 그 사실을 모를 리 없었다. 그러므로 제사장이 다윗을 보고 두려운 마음을 가졌던 것은 지극히 당연한 일이었다.

아히멜렉의 두려워하는 마음을 읽은 다윗은 거짓말을 하며 적절히 둘러댔다. 그것은 자기가 왕의 눈을 피해 도망다니는 것이 아니라 극비 사항에 해당하는 중요한 임무를 수행하고 있다는 것이었다. 그는 사울 왕이 자기에게 극비리에 맡긴 특별한 임무가 있기 때문에 다른 부하들이 모르게 홀로 행동하고 있다고 말했다. 그러면서 다윗은 그 극비의 사실을 아무에게도 발설하지 말아야 할 것을 당부했다.

우리는 다윗의 거짓말을 어떻게 받아들여야 할까? 다윗은 그 전에도 거짓말을 꾸며댄 적이 있었다. 그는 사울 왕을 속일 목적으로 요나단과 함께 거짓말을 꾸몄었다. 사울이 자기를 죽이려는 지에 대한 분명한 의사를 확인하기 위해 거짓말을 만들었던 것이다. 그는 매년제每年祭를 지내기 위해 고향 베들레헴으로 간 것이 아니면서 사울 왕에게는 그런 식으로 보고했던 것이다.

다윗은 이번에도 제사장 아히멜렉에게 거짓으로 말하고 있다. 물론 우리가 관심을 기울일 부분이 다윗이 참말을 하느냐 아니면 거짓말을 하느냐 하는 것이 아니다. 우리는 여기서 하나님의 전체적인 사역과 경륜을 볼 수 있어야만 한다. 하나님께서는 다윗의 그런 거짓말에 대해 크게 관심을 두지 않으셨다. 따라서 우리 역시 그에 대해 지나친 관심을 기울일 필요가 없다.

다윗은 제사장 아히멜렉을 만났을 때 우선 먹을 음식을 요구했다. 배가 고팠던 그는 요기療飢할 수 있는 떡 몇 덩어리를 원했던 것이다. 그러나 제사장은 일반 음식은 없지만 하나님을 경배하는데 사용한 거룩한 떡인 진설병陳設餠은 있다고 했다. 제사장은 다윗에게 성性 문제와 연관된 정결 규례를 어기지 않았음을 확인한 후 그에게 그 음식을 주었다(삼상 21:4, 5).

우리가 여기서 신중히 생각해 보아야 할 점은 제사장 아히멜렉이 다윗에게 속았던 것이 아니라는 사실이다. 아히멜렉은 다윗이 거짓말을 하고 있다는 사실을 감지하고 있었다. 사울 왕이 다윗에게 극비에 해당하는 임무를 맡긴 것이 아니라 다윗이 쫓기는 몸이었음을 알았던 것이다.

그럼에도 불구하고 아히멜렉이 다윗에게 먹을 것을 주고 보호했던 까닭은 그가 이스라엘 민족 가운데 차지하는 '다윗의 신분' 을 알고 있었기 때문이다. 이미 민간에 퍼져있는 '다윗은 만만이요 사울은 천천이라'는 말처럼 제사장 아히멜렉은 그에 대한 의미를 더욱 구체적으로 알고 있었음이 틀림없다.

다윗이 아히멜렉에게 도망쳐 그와 함께 있을 때 그곳에는 사울 왕의 목자들 가운데 총 책임을 지고 있는 힘이 장사인 에돔 출신의 도엑Doeg 이라는 자가 와 있었다. 다윗은 그 사실을 알고는 위기를 느껴 다른 곳으로 도망하고자 했다. 그리하여 그는 제사장 아히멜렉에게 창과 칼을 요구했는데 제사장은 그 전에 다윗이 블레셋과의 전투에서 골리앗을 물리치고 **빼앗은** 무기들을 다윗에게 되돌려주었다. 결국 다윗은 사울의 눈을 피해 무기를 가지고 다른 곳으로 피신해 가게 되었다.

2. 가드Gath 왕 아기스Achish

다윗은 도엑으로 인해 아히멜렉을 떠나 아기스 왕이 통치하는 가드 지역으로 피신해 갔다. 다윗이 그 지역으로 들어왔다는 소문을 들은 아기스의 신하들은 즉시 그에게 보고했다. 다윗은 여간 주의를 기울여 견제하지 않으면 안 될 위험한 인물이라는 사실을 말했다. 그는 이스라엘 민족 가운데서 사울 왕보다 더 막강한 사람이라는 사실을 전했던 것이다. 따라서 그들은 다윗이 이미 유다 지역의 왕이라고 서둘러 말했다(삼상 21:11).

이스라엘 백성들이 "사울이 죽인 자는 천천이요 다윗은 만만이로다"라고 노래한 것은 다윗을 왕으로 옹립하려 했던 것과 마찬가지라는 것이었다. 아기스의 신하들이 자기에 대해 그렇게 보고한 사실을 알게 된 다윗은 또다시 적잖은 두려움에 빠지게 되었다. 가드 왕 아기스가 결코 자기를 그냥 두지 않을 것이라 생각했던 것이다.

그러자 불안감을 느낀 다윗은 이번에는 여러 사람들이 보는 앞에서 미친 척 하는 행동을 하게 되었다. 그는 정상적인 사람이라면 결코 행할 수 없는 미친 짓거리를 하며 돌아다녔다. 대문짝에 이상한 낙서를 해대는가 하면 수염에 침을 질질 흘리고 다녔다. 다윗의 그런 행동은 누가 봐도 정상적이라 생각할 수 없었다.

다윗의 그런 작태는 한 나라의 왕이나 왕이 될 인물이 취할 수 있는 행동이 아니었다. 그러나 다윗은 분명히 이상한 모습을 보였다. 그가 과거에 얼마나 화려하고 용맹한 장군이었는지 알 수 없지만 눈앞에 보이는 미친 행동을 하는 다윗은 더 이상 고상한 위엄을 갖춘 그런 인물이 아니었다.

그런 이상 행동을 하는 다윗을 본 아기스는 신하들을 통해 그가 미치광이가 되었다는 사실을 분명히 확인했다. 결국 그들은 다윗을 견제의 대상으로 볼 필요가 없다는 결론에 다다랐다. 그리하여 아기스 왕과 그의 신하들은 다윗이 가드Gath를 넘볼 만한 위인이 되지 못한다는 사실을 확인하고는 안도했다. 그와 동시에 다윗은 더 이상 생명에 대한 위협을 느끼지 않아도 되었다.

우리는 여기서 여러 사람들 앞에서 미친 척 한 연기를 펼쳐 보인 다윗을 어떻게 받아들여야 할까? 그것을 과연 그의 지혜로 보아야 할까? 앞에서도 언급했듯이 다윗은 요나단과 함께 사울 왕 앞에 말할 거짓말을 꾸몄다. 사울의 눈을 피하여 들로 도망을 가면서 하나님께 제사를 드리기 위해 고향 베들레헴으로 간 것처럼 거짓말을 했던 것이다.

제사장 아히멜렉 앞에서도 그는 능청스런 거짓말을 했다. 사울 왕의 칼을 피해 이리저리 도망을 다니는 형편에 놓여 있었으면서도 마치 대단한 기밀에 쌓인 왕의 특명을 받들고 있는 듯이 말했던 것이다. 그리고 지금은 가드 왕 아기스와 여러 사람들 앞에서 미친 척하는 행동을 연출했다.

다윗은 장래 한 나라의 왕이 될 인물이다. 더구나 하나님의 언약의 왕국에서 왕위를 차지하게 될 특별한 인물이다. 그는 이미 사무엘을 통해 기름부음을 받은 자로서 이스라엘 민족의 왕이 되는 것은 기정사실화되어 있었다. 그런 떳떳치 못한 행동을 하는 자가 과연 이스라엘 민족의 왕이 될 만한 인물이라 할 수 있겠는가?

우리는 여기서 다윗의 인간적인 부족한 면을 많이 보게 된다. 동시에 그 가운데서 하나님의 놀라운 경륜을 깨닫게 된다. 우리는 거짓말을 되풀이하며 미친 척하는 다윗의 그런 모습에도 불구하고 자기 백성을 구원하시고자 하는 하나님의 놀라운 경륜을 보게 되는 것이다. 성경은 인간들에게 단순한 윤리나 도덕률을 제시하는 것이 아니라 자기 자녀들을 위한 하나님의 구속사적 진리를 계시하고 있다.

3. 아둘람 굴(the cave of Adullam)로 도망간 다윗(삼상 22:1)

그 후 다윗은 그곳을 떠나 아둘람 굴로 도망치게 되었다. 그때 다윗의 손에는 '골리앗의 칼'이 들려져 있었다. 이는 매우 중요한 상징적 의미를 지닌다. 즉 그것은 이방인의 칼이 사울 왕조에 대한 심판을 시작하고 있음을 의미하고 있기 때문이다.

다윗이 아둘람 굴로 도망했다는 소문을 들은 많은 사람들이 다윗에게로 나아왔다. 그의 아버지와 형제들을 비롯하여 백성들 가운데 억울하게 억눌린 자들과 경제적인 고통을 겪는 자들, 그리고 사울 왕의 정치에 환멸을 느끼는 많은 사람들이 그에게로 나아왔다.

다윗의 아버지 이새는 자기 아들이 앞으로 이스라엘 민족의 특별한 왕이 될 자라는 사실을 이미 잘 알고 있었다. 그는 다윗이 사울 왕궁과 관련을 가지게 된 사실과 왕의 사위가 된 점 그리고 생명의 위협을 받으면서 쫓기는 모든 여건들을 결코 예사롭게 보지 않았던 것이다. 선지자 사무엘이 베들레헴을 방문하여 다윗에게 기름을 부었던 때부터 이새는 다윗을 주시하여 보지 않을 수 없었다.

많은 백성들이 사울 왕으로부터 쫓기는 다윗을 찾아 나아왔다는 사실은 그가 왕위에 오를 때가 가까이 임박했음을 알려주는 것이기도 하다. 그때 다윗에게 나아온 백성들은 약 사백 명 가량 되었으며 다윗은 그들을 전쟁을 할 수 있는 군대로 편성하고 자신이 그들의 총 사령관이 되었다.

> "그러므로 다윗이 그곳을 떠나 아둘람 굴로 도망하매 그 형제와 아비의 온 집이 듣고는 그리로 내려가서 그에게 이르렀고 환난 당한 모든 자와 빚진 자와 마음이 원통한 자가 다 그에게로 모였고 그는 그 장관이 되었는데 그와 함께 한 자가 사백 명 가량이었더라"(삼상 22:1, 2)

사울의 입장에서 본다면 이제 다윗을 중심으로 하는 구체적인 반란군이 편성된 셈이었다. 이는 다윗에게 속한 처음 군대로서 매우 중요한 의미를 지닌다. 그로써 사울 왕조에 저항하는 다윗의 세력이 구체화된 것으로 볼 수 있기 때문이다.

군대를 편성한 다윗은 모압Moab 왕에게 자기의 부모를 보호해 주도록 당부했다. 모압 왕은 다윗의 부탁을 순순히 들어주었다. 이스라엘 민족의 사울 왕이 거부하는 일을 이방의 왕이 맡아주었던 것이다.

이러한 현상은 이스라엘 역사 가운데 끊임없이 발생하며 그 경향성은 오늘날 우리 시대에까지 그대로 이어지고 있다. 참 이스라엘 백성을 주로 괴롭히던 자들은 이방 사람들이 아니라 도리어 언약의 민족 가운데 섞여 살던 악한 자들이었다. 그리고 예수님 당시와 사도교회 시대에 주님과 교회에 대한 핍박은 이방인들이 아니라 유대민족주의자들에 의해 더욱 심하게 행해졌다.

이에 대해서는 오늘 우리의 시대 역시 마찬가지다. 참된 교회를 적극적으로 핍박하는 자들은 세속국가가 아니라 기독교 내부의 불신자들이다. 그들은 겉보기에 기독교인인 것 같이 보이지만 실상은 하나님을 알지 못하는 불신자들이다. 사울 왕이 해하고자 했던 다윗의 가족을 모압 왕이 도리어 보호했던 것도 이와 동일한 맥락에서 이해할 수 있다.

4. 다윗이 유다 땅으로 돌아감(삼상 22:6)

다윗이 군대를 편성하고 있을 동안 선지자 갓Gad이 그에게 나아왔다. 그의 요구는 이제 더 이상 은신처를 떠돌아다니지 말고 유다 땅으로 돌아가라는 것이었다. 이는 이스라엘에 다윗의 군대로 인한 변화가 있을 것임을 시사하고 있다.

그것은 다윗을 향해 요구하시는 하나님의 말씀으로 받아들여야 한다. 따라서 다윗은 선지자의 말을 듣고 유다 땅으로 갔다. 다윗은 상당한 규모의 병사들을 이끌고 사울이 있는 영역으로 들어갔던 것이다.

당시 기브아Gibeah에 머물고 있던 사울은 다윗이 돌아온다는 소식을 듣고 함께 있던 신하들에게 말했다. 만일 다윗이 이스라엘 민족의 새로운 지도자로 부각하게 된다면 사울의 부하들은 가진 모든 것을 잃어버리게 되리라는 것이었다. 자기는 신하들에게 부富를 제공하고 높은 계급과 관직을 주었지만 다윗이 집권하게 되면 그들에게 아무것도 주지 않을 뿐 아니라 있는 것 마저 다 빼앗으리라는 것이었다.

그러면서 사울 왕은 정황을 한탄하며 신하들을 꾸짖었다. 그것은 모두가 공모하여 자기를 배신하고 있다는 것이었다. 심지어는 자기를 뒤이어야 할 요나단마저 자기의 대적자인 다윗과 맹약을 맺었으며 거기 있는 신하들마저 언제든지 칼을 돌려 자기에게 위협을 가할 자들이 되어 있다는 것이었다.

"너희가 다 공모하여 나를 대적하며 내 아들이 이새의 아들과 맹약하였으되 내게 고발하는 자가 하나도 없고 나를 위하여 슬퍼하거나 내 아들이 내 신하를 선동하여 오늘이라도 매복하였다가 나를 치려 하는 것을 내게 고발하는 자가 하나도 없도다"(삼상 22:8)

이것은 파국을 앞두고 있던 사울 왕의 한탄이었다. 그때 사울에 대한 충성을 맹세하고 앞으로 나온 자가 있었다. 그는 에돔 사람 도엑이었다. 그는 그 전에 왕을 배신하고 다윗을 비호했던 인물들을 사울 왕 앞에 고해 바쳤다.

도엑은 먼저 그 전에 제사장 아히멜렉이 다윗에게 공조함으로써 왕을 배신했다고 고발했다. 다윗이 사울 왕을 피해 도망을 다닐 때 제사장이 그에게 먹을 음식을 제공했으며 나아가 그에게 블레셋 사람 골리앗으로부터 빼앗은 창과 칼을 준 사실을 고해 바쳤다. 도엑의 보고를 받은 사울 왕은 진노하며 놉 땅에 있던 제사장 아히멜렉과 그의 집안 모든 식구들을 불러올렸다.

아히멜렉의 집안은 평범한 일반 가정이 아니라 이스라엘 민족의 제사장 집안이었다. 사울 왕은 아히멜렉을 심문하며 대적자 다윗을 도운 사실에 대해 문책했다. 그것은 곧 자기를 대적하여 공모한 역적행위였다는 것이었다. 그러나 아히멜렉은 그에 대해 받아들이지 않았다. 도리어 그것이 곧 하나님의 뜻이었음을 말했다.

아히멜렉은 다윗이 신실하고 충성스러울 뿐 아니라 존귀한 자임을 밝혔다. 그리고 자기가 다윗에 대해 취했던 행동은 하나님의 인도하심에 의한 것이었으며 그와 더불어 역적을 도모한 적은 없음을 말했다. 그러므로 자기의 집안에 역적 공모의 책임을 묻는 것은 부당한 처사임을 고했다.

그러나 아히멜렉의 변론을 들은 사울 왕은 그들을 사형에 처하도록 지시했다. 그 유일한 이유는 아히멜렉이 다윗에게 협조했다는 것이었다.

"여호와의 제사장들을 죽이라 그들도 다윗과 합력하였고 또 그들이 다윗의 도망한 것을 알고도 내게 고발치 아니하였음이니라"(삼상 22:17)

사울 왕과 다윗 사이는 이제 완전히 갈라졌다. 이는 사울이 하나님을 떠났음이 분명히 드러나고 있음을 보여준다. 사울은 감히 "여호와의 제사장을 죽이라"(17절)고 명령하고 있다. 왕이 여호와 하나님의 신실한 제사장과 그의 가문을 처형하라고 명령한 것은 그가 하나님을 정면으로 대적하고 있음을 말하고 있다.

사울의 명령을 받은 신하들은 순순히 제사장들에게 칼을 대려하지 않았다. 그들은 도를 지나친 사울 왕의 경거망동한 행동을 보며 마음의 부담이 컸을 것이 틀림없다. 사울의 신하들 역시 이스라엘 민족에 속한 자들로서 하나님의 제사장들을 처형한다는 것이 결코 쉽지 않았을 것이다.

그러자 왕은 에돔 사람 도엑에게 제사장 가문을 처형하는 일을 명령했다. 하나님을 알지 못하는 이방인이었던 도엑이 그 악역을 담당하게 되었다. 그의 어쭙잖은 충성심이 결국 하나님을 대적하는 일에 앞장서게 했다.

그때 도엑은 에봇 입은 제사장 집안의 사람들 85명을 살해했다(삼상 22:18). 그는 제사장들뿐 아니라 남녀노소의 일반인들과 소, 양, 나귀 등 동물들도 무차별적으로 죽였다. 사울의 명령을 받은 도엑이 이스라엘 민족 가운데 있는 하나님의 제사장들을 대거 살해했던 사건은 예삿일이 아니었다. 이는 하나님에 대한 사울의 직접적인 저항이었기 때문이다.

그 과정 중에 아히멜렉의 아들 아비아달Abiathar이 도엑의 칼날을 피하여 다윗에게로 도망해갔다. 그는 사울의 모든 악행을 다윗에게 그대로 일러 고했다. 그의 말을 들은 다윗은 아비아달을 자기의 편으로 받아들였다.

> "두려워 말고 내게 있으라 내 생명을 찾는 자가 네 생명도 찾는 자니 네가 나와 함께 있으면 보전하리라"(삼상 22:23)

다윗은 여기서 제사장 아비아달과 자신의 생명을 동일시하고 있다. 다윗의 이 말은 인정에 얽매인 단순한 말이 아니다. 우리가 여기서 관심을 가져야 할 부분은 앞으로 왕이 될 다윗과 이스라엘 민족 가운데 세워진 제사장의 연관성에 대한 의미이다.

우리가 여기서 깨달아야 할 점은 하나님 앞에서 전개되는 사울과 다윗의 상반된 행동이다. 사울은 하나님의 제사장 가문을 멸절시킴으로써 하나님을 떠났으며, 다윗은 그 가운데 '남은 자'를 받아들임으로써 하나님의 사역에 더욱 밀접하게 나아갔다. 사울은 다윗과 제사장들을 죽이고 자기 나라를 확립하려는 욕망에 사로잡혀 있었지만 하나님께서는 다윗과 제사장 가문의 남은 자를 통해 언약하신 '제사장 나라'를 세우기 위해 역사적 경륜을 이루어 가셨다.

제16장 _ 하나님의 경륜에 따라 예비되는 제사장 나라

(삼상 23:1-29; 24:1-22)

1. 블레셋의 공격

다윗은 사울 왕이 에돔 사람 도엑Doeg을 시켜 제사장 집안을 집단 살해했다는 소식을 아비아달로부터 듣게 되었다. 그즈음 블레셋 군대가 그일라Keilah 지역을 공격하여 타작마당을 점령하는 일이 발생했다. 그일라는 헤브론의 북서쪽에 위치한 유다 지파 거주지의 변두리 지역이었다. 그일라가 블레셋의 침탈을 당했다는 소식을 들었을 때 유다지파에 속한 다윗의 마음은 남달랐을 것이 분명하다.

다윗은 그 긴박한 상황을 어떻게 대처해야 할지 하나님께 간구했다. 다윗을 따르던 병사들은 블레셋과 전투를 벌이는 것이 무모한 행위라 여겼다(삼상 23:3). 그러나 하나님께서는 그로 하여금 유다지역 일부를 점령하고 있는 블레셋 군대를 치도록 허락하셨다. 그때는 다윗의 군대가 그 전에 비해 상당히 불어나 있었다. 400명 되던 군인의 수가 600여명 가량으로 늘어났다(삼상 22:2; 23:13 참조).

블레셋 군대와 맞서 싸운 결과 다윗의 군대는 대승을 거두었다. 다윗의 군대가 그때 블레셋과 싸운 사실은 매우 중요한 의미를 지닌다. 왜냐하면 이번의 전투는 사울 왕국과 무관한 다윗의 군대가 독자적으로 블레셋과 싸운 것이었기 때문이다. 즉 다윗은 사울 왕의 지휘를 받지 않았으며 사울의 정부에 그 전쟁에 관련된 보고를 해야 하는 것도 아니었다. 그것은 다윗의 군대가 사울 정부를 떠나 이방국가를 저항한 대외적인 전쟁을 처음으로 치른 매우 중요한 일이었다.

사무엘서를 기록한 선지자는 그 정황을 설명하면서 특별히 제사장들의 에봇Ephod에 관한 언급을 하고 있다. 아비아달이 사울 왕의 칼날을 피해 다윗에게 도망쳐 올 때 에봇을 가지고 온 사실은 매우 중요한 의미를 지닌다. 에봇은 대제사장의 의복 위에 걸쳐 입는 외투의 일종이다. 그 에봇에는 '판결의 흉배'라고 하는 우림Urim과 둠밈Thummim이 있어서, 여호와의 뜻을 밝혀주는 중요한 역할을 하고 있었다.

이를 통해 다윗이 하나님께서 인도하시는 특별한 인물이라는 사실이 점차 분명히 드러나고 있다. 그는 선지자 갓Gad을 통해 하나님의 인도하심을 받고 있었으며(삼상 22:5), 제사장 아비아달이 함께 함으로써 여호와 하나님을 경배하는 여건을 갖추게 되었다.[28] 이는 이스라엘 민족 가운데서 왕이 될 다윗의 위상을 분명히 보여주고 있다.

2. 사울 왕의 추격과 다윗의 대응

사울 왕은 다윗의 군대가 블레셋을 물리치기 위해 그일라에 집결해 있다는 사실을 보고받게 되었다. 그러자 사울 왕은 다윗의 군대를 '독안에 든 쥐'처럼 생각했다. 다윗을 진압할 수 있는 절호의 기회가 온 것으

---

28) 이와는 달리 사울 왕과 그의 정권은 당시 사무엘과 완전히 단절된 상태였으며 제사장 아히멜렉의 집안을 멸족(滅族)함으로써 제사장과 무관한 세력집단이 되어 있었다.

로 판단했던 것이다.

> "사울이 가로되 하나님이 그를 내 손에 붙이셨도다 그가 문과 문빗장이 있는 성에 들어갔으니 갇혔도다"(삼상 23:7)

사울은 하나님이 마치 자기의 편에 서있는 양 엄청난 착각을 하고 있었다. 하나님이 자기에게 다윗을 죽일 수 있는 기회를 허락한 것으로 여겼다. 그는 하나님께서 다윗이 일으킨 반란군이 블레셋과 자기의 군대 사이에 갇혀 진퇴양난進退兩難에 처하도록 한 것으로 판단했다. 마침내 사울은 궁지에 몰린 다윗을 추격하기 위해 출병했다.

사울 왕의 전략을 알게 된 다윗은 그와 맞서 싸우려 했던 것이 아니라 하나님께 의존하는 자세를 가졌다. 사울은 당시 이스라엘 민족의 왕이었다. 그일라 지역의 주민들에게도 사울은 엄연히 왕이었다. 다윗이 아무리 자기들을 구출한 고마운 사람이긴 했지만 그들의 왕은 아니었다. 그러므로 그일라 거민들은 다윗의 편에 선 것이 아니라 도리어 다윗을 반란군 지도자로 생각했던 것이다.

이에 불안감을 느낀 다윗은 아비아달에게 에봇을 가져오도록 요구했다. 그것은 하나님을 의지하고 있는 다윗의 신앙적인 모습을 보여주고 있다. 다윗은 하나님께 간구하며 물었다. 그 내용은 사울 왕의 추격과 그에 대한 그일라 거민들이 가지게 될 태도에 관한 문제였다. 그러자 하나님께서는 그일라 거민들이 다윗의 편에 서지 않고 사울 왕의 편에 서게 되리라고 말씀하셨다.

이는 무엇을 의미하고 있는가? 사울 왕은 물론 유다 지역의 백성들조차도 다윗의 편이 아니었다. 백성들이 '사울이 죽인 자는 천천이요 다윗은 만만이라' 고 노래했지만 그것이 다윗을 왕으로 받아들인 것을 의미하지는 않는다. 그러므로 다윗은 위험에 노출되어 있었으며 오직 하나님 한 분만 의지할 수밖에 없었다.

3. 다윗을 격려하는 요나단의 예언

강한 위협을 느낀 다윗은 결국 자기의 군대를 이끌고 다른 곳으로 도피할 수밖에 없었다. 다윗의 군대는 유대 여러 지역의 광야들을 배회하면서 사울 왕의 눈을 피해 다녔다. 다윗의 군대가 사울 왕을 피해 그일라를 떠났다는 소식을 접한 사울은 더 이상 그일라를 공격하지 않았다. 그 대신 다윗의 군대를 찾아내기 위해 곳곳을 수색하고 다녔다.

그러던 중 다윗의 군대가 십Ziph 황무지에 피해있을 때 요나단이 다윗을 찾아갔다. 사울의 다른 병사들보다 요나단이 다윗을 미리 발견했던 것이다. 요나단은 쫓겨다니는 다윗을 격려하기 위해 그를 만났다.

> "사울의 아들 요나단이 일어나 수풀에 들어가서 다윗에게 이르러 그로 하나님을 힘 있게 의지하게 하였는데 곧 요나단이 그에게 이르기를 두려워 말라 내 부친 사울의 손이 네게 미치지 못할 것이요 너는 이스라엘 왕이 되고 나는 네 다음이 될 것을 내 부친 사울도 안다 하니라 두 사람이 여호와 앞에서 언약하고 다윗은 수풀에 거하고 요나단은 자기 집으로 돌아가니라"(삼상 23:16-18)

사울 왕의 입장에서 본다면 요나단은 분명히 첩자행위를 하고 있었다. 사울의 군대에 속한 장군으로서 적장敵將에게 격려의 말을 보낸다는 것은 있을 수 없는 일이었다. 그것은 사형에 처해질 만한 심각한 배신행위였다. 하지만 이 점에 대해서는 사울이 이미 짐작하고 있던 바였다(삼상 22:8).

요나단은 사울 왕의 칼을 피해 도망다니면서 피곤에 지쳐있는 다윗에게 하나님의 말씀으로 격려했다. 자기 아버지 사울 왕의 칼날이 결코 그에게 미치지 못할 것이니 두려워하지 말라고 했다. 하나님께서 보호하고 계시는 자를 악한 인간이 감히 어떻게 할 수 없다는 것이었다. 이는 사울 왕이 하나님의 뜻을 거스르고 있음을 말하고 있다.

요나단은 앞으로 다윗이 하나님께서 세우시는 제사장 나라의 왕이 될 것임을 예언으로 말했다. 사울 왕은 요나단을 자신의 왕위를 이을 후계자로 생각하고 있었다. 하지만 요나단 자신은 다윗을 보좌하는 자란 사실을 분명히 했다. 그에 대해서는 사울 왕도 이미 알고 있음을 언급했다.

그리고 하나님 앞에서 그에 대한 서로 간 약속을 하고 헤어졌다. 이를 통해 하나님의 언약이 확증되고 있었던 것이다. 다윗을 추격하는 사울은 자기 욕망과 더불어 패망을 향해 달려가고 있었으며, 그로부터 쫓기는 다윗은 하나님의 은혜로 말미암아 앞으로 세워질 제사장 나라의 왕위를 향해 나아가고 있었던 것이다.

4. 십Ziph 사람들의 신고와 다윗을 추격하는 사울 왕

다윗의 군대는 여시몬Jeshimon 남쪽의 험난한 산악지대로 피했다. 그러자 십 사람들은 사울 왕에게 다윗이 자기들 지역에 숨어있다는 사실을 신고했다. 요나단과는 사뭇 다른 태도였다. 다수의 백성들은 사울 왕과 다윗 사이에서 혼란스러워했다. 현재의 왕과 새로 부각되는 민족의 영웅 사이에서 갈등하고 있었다.

그런 형편 가운데서 십 사람들은, 다윗이 숨어 있는 곳을 사울 왕에게 신고하여 알려주었다. 신고를 받은 사울 왕은 여호와 하나님의 이름으로 그들을 축복했다.

"사울이 가로되 너희가 나를 긍휼히 여겼으니 여호와께 복 받기를 원하노라"(삼상 23:21)

우리는 여기서 신앙의 본질을 떠난 사울 왕의 종교적 착각을 여실히 보게 된다. 이는 엄청난 착각이 아닐 수 없다. 하나님의 뜻을 거스르며 하나님을 욕되게 하면서도 그는 하나님의 복을 빌며 악행을 지속했다. 그러면서 사울은 그들에게 좀 더 구체적인 실상을 파악해 보고 하도록 명령했다. 동시에 그는 군대를 동원해 다윗의 군대를 추격하기 시작했다.

그 소식을 전해들은 다윗은 사울 왕의 군대와 맞부딪쳐 싸우고자 했던 것이 아니라 그들을 피해 광야 여기저기를 옮겨 다녔다. 다윗의 군대가 여시몬 남쪽의 아라바Arabah에 있는 마온 광야(Desert of Maon)에 피해 있을 때 그들은 사울 왕의 군대에 의해 거의 포위될 지경에 이르렀다.

다윗의 군대가 심각한 위기에 처해 있을 때 사울 왕에게 급한 전령이 왔다. 블레셋 군대가 이스라엘을 공격해 오고 있다는 것이었다(삼상 23:27). 블레셋 군대로 인해 급박한 상황이 닥치자 사울 왕은 다윗을 공격하는 것을 멈추고 되돌아가게 되었다.

국내의 반란군을 진압하는 문제보다 이방국가의 외부적 공격을 방어하는 것이 우선일 수밖에 없었다. 그리하여 사울 왕은 눈앞에 있는 다윗의 반란군을 포기하고 발길을 되돌리게 되었다. 그후부터 그곳은 '셀라 하마느곳'(Sela Hammahlekoth) 곧 '갈림 바위'라는 지명을 얻었다.

여기서 우리는 다윗의 생명을 보호하시고자 하는 하나님의 놀라운 뜻을 보게 된다. 즉 블레셋 군대의 출현은 하나님의 경륜에 따른 것이었다. 다윗의 생명은 하나님께서 보호하고 계셨다. 다윗은 자기가 지휘하는 군대와 군사력에 의해 목숨을 보장받았던 것이 아니라 하나님의 은혜로 인해 생명을 보호받았던 것이다.

다윗이 극한 위기에 처해 있을 때 블레셋 군대를 움직였던 분은 하나님이었다. 사울 왕이 블레셋 군대를 방어하기 위해 출병했다가 즉시 돌아서게 되는 모습에서 그 점을 분명히 보게 된다(삼상 24:1). 즉 블레셋 사람들은 다윗으로부터 사울의 발길만 돌리게 하고 즉시 퇴각했던 것이다. 우리는 그것을 통해 다윗을 보호하시고자 하는 하나님의 놀라운 뜻을 쉽게 알 수 있다.

5. 사울 왕을 해치지 않은 다윗

사울 왕의 추격으로 인해 다윗은 자리를 옮겨 엔게디En-Gedi로 피신했다. 사울은 삼천 여명의 병력을 갖춘 특수부대를 편성하여 다윗을 추격하러 나섰다(삼상 24:2). 다윗에게 속한 육백 여명의 군인으로는 그들을 감당할 재간이 없다.

사울이 '들염소 바위'(the Rocks of the Wild Goats)에 이르렀을 때 용변을 보기 위해[29] 그 부근에 있는 동굴 안으로 들어갔다. 그 굴 깊숙한 내부에는 다윗과 그의 군인들이 숨어 있었다. 사울을 죽이거나 체포할 수 있는 절호의 기회가 찾아왔던 것이다. 다윗의 부하들은 그 기회를 결코 놓치지 말아야 한다고 생각했다.

그러나 다윗의 마음은 달랐다. 그는 사울 왕에게 직접적인 해를 끼치지 않으려 했다. 그래서 그는 사울 왕을 죽이는 대신 용변을 보기 위해 벗어둔 그의 겉옷 자락의 일부를 칼로 베어냈다. 자기가 사울 왕을 죽일 수도 있었지만 그렇게 하지 않았다는 사실을 그에게 보여주기 위해서였다.

---

29) 한글개역성경에서 '발을 가리우다'로 번역된 이 문구가 영어성경 KJV에는 'Saul went in to cover his feet'로 번역되어 있다. 한편 이에 대한 번역이 개역개정, 표준새번역, 공동번역 등에서는 '뒤를 보러 가다'로 표현하고 있다. 그리고 영어성경 NIV와 NASB에는 'Saul went in to relieve himself' 번역되어 있다. 이는 사울이 용변을 보기 위해 굴에 들어갔음을 의미하는 것을 말하고 있는 것으로 보인다.

"사울의 옷자락 벰을 인하여 다윗의 마음이 찔려 자기 사람들에게 이르되 내가 손을 들어 여호와의 기름 부음을 받은 내 주를 치는 것은 여호와의 금하시는 것이니 그는 여호와의 기름 부음을 받은 자가 됨이니라 하고"(삼상 24:5, 6)

다윗은 사울 왕의 겉옷 일부를 벤 것조차 마음 편치 않게 생각했다. 그러므로 그는 부하들에게 사울 왕의 몸에 손을 대지 못하도록 했다. 사울은 자기를 죽이려 하고 있었지만 여전히 하나님의 기름부음을 받은 이스라엘의 왕이라는 것이었다.

우리는 여기서 이 사건을 잘못 적용하고 있는 우리 시대의 잘못된 종교적 관행을 주의 깊게 반성해 보아야 한다. 현대의 많은 기독교 지도자들은 이 말씀을 근거로 하여, 일반 교인들이 목사에게 어떠한 저항하는 말이라도 해서는 안 된다고 가르친다. 목사는 '하나님의 기름부음 받은 종'이기 때문에 그에게 함부로 해서는 안 된다는 것이다. 즉 목사는 무슨 잘못을 하든지 하나님께서 직접 간섭하실 것이므로 일반 교인들이 그의 잘못을 지적하거나 말해서는 안 된다는 것이다.

목사에게 함부로 대하지 말아야 한다는 말은 지극히 옳다. 그러나 그것은 목사에게만 해당되는 말이 아니라 모든 성도들에게 공히 해당되어야만 한다. 물론 목사에게 특별히 주의를 기울여할 중요한 부분이 없지 않다. 목사가 진리의 말씀에서 벗어나거나 세상을 탐한다면 분명히 지적해야 하지만, 그가 올바르게 하나님의 말씀을 살피고 증거할 수 있도록 적절한 도움을 주는 것은 매우 중요하다.

사도 바울은 이에 대해 분명히 말하고 있다. 그는 디모데에게 편지하면서 교회의 세움을 받아 가르치는 장로들을 존경해야 하는 당위성을 강조했다.

"잘 다스리는 장로들을 배나 존경할 자로 알되 말씀과 가르침에 수고하는 이들을 더할 것이니라"(딤전 5:17)

성도들은 말씀을 선포하는 교사로 세움 받은 목사의 마음을 정당하지 않은 일로 인해 상하지 않도록 배려해야 한다. 이는 전체 교회를 위해 매우 중요한 일이다. 간접적인 경우라 할지라도 말씀을 선포하는 일을 방해하는 것은 교회를 해롭게 하는 행위일 수 있음을 기억해야 한다.

그렇지만 일반적인 측면에서 목사를 특별히 '하나님으로부터 기름부음 받은 종'으로 간주해서는 안 된다. 목사는 하나님의 말씀을 증거하며 가르치도록 교회로부터 세워진 교사로서의 직분자이다. 그러므로 다윗이 사울 왕을 하나님의 기름부음 받은 왕으로 인정하여 직접 해를 가하지 않은 것은 구속사 가운데 일어난 특별한 경우로서 우리 시대에 일반화시킬 수 있는 문제가 아니다.

6. 사울 왕의 부지중 예언

사울이 용변을 마치고 동굴 밖으로 나갔을 때 다윗은 뒤에서 그를 향해 큰 소리로 외쳤다. 자기는 결코 사울 왕을 해치려는 의사를 가지고 있지 않음을 고했다. 만일 그런 마음이 있었다면 조금 전 동굴 안에서 왕을 해쳤겠지만 그렇게 하지 않은 것이 증거임을 내세웠다. 그는 자기 손에 들려있는 사울 왕의 겉옷에서 벤 천을 흔들어 보이면서 호소했다.

그러자 사울은 자기는 다윗을 죽이려 하는데도 다윗은 그렇게 하지 않은 사실에 대해 감격했다. 조금 전 동굴 안에서 다윗의 칼에 의해 죽게 되었다면 어떻게 되었을까? 생각만 해도 끔찍한 일이었다. 그는 다윗의 말을 듣고 적잖은 충격을 받았을 것이 분명하다. 그러자 그는 다윗에 대한 자기의 속내를 드러냈다.

"보라 나는 네가 반드시 왕이 될 것을 알고 이스라엘 나라가 네 손에 견고히 설 것을 아노니 그런즉 너는 내 후손을 끊지 아니하며 내 아비의 집에서 내 이름을 멸하지 아니할 것을 이제 여호와로 내게 맹세하라 다윗이 사울에게 맹세하매 사울은 집으로 돌아가고 다윗과 그의 사람들은 요새로 올라가니라"(삼상 24:20-22)

사울 왕은 다윗에게 심기가 불편한 덕담德談을 했다. 다윗이 이스라엘 왕국의 왕이 되리라는 사실을 말했던 것이다. 사울의 그 말은 밀실密室에서 한 것이 아니라 양편 군대의 병사들이 들을 수 있도록 표명된 언어였다.

우리는 사울의 이 말 가운데는 예언적 성격을 들어 있음을 기억하게 된다. 사울은 자신의 왕조가 끝이 나고, 다윗을 중심으로 한 제사장 나라가 견고히 서게 될 것을 분명히 예언하고 있다. 그러므로 사울은 다윗으로부터 자기의 가문을 멸절시키지 않겠다는 다짐을 받고자 했다. 이는 사울 왕조가 이스라엘 민족 가운데서 생명을 유지할 수 있도록 해 달라는 일종의 애원이었다.

다윗은 여호와 하나님 앞에서 사울 왕에게 그에 대한 맹세를 했다. 다윗이 관심을 기울였던 것은 사울 왕에 대한 승리가 아니라 하나님께서 세우시는 제사장 나라였다. 이는 그 가운데 메시아가 오시게 될 것이며, 다윗 왕국은 메시아 왕국을 예표하는 언약의 나라가 될 것이기 때문이었다.

그후 사울의 군대는 퇴각하여 기브온Gibeon으로 되돌아갔다. 사울은 여기서 다윗을 죽이려고 한 자신의 행동을 뉘우치고 있는 듯 보이지만 그것은 진정한 뉘우침이라 할 수 없다. 그가 다윗을 죽이려는 마음을 여전히 버리지 않고 있었음이 나중에 다시 확인되고 있기 때문이다(삼상 26장).

제17장 _ 사무엘의 죽음과 다윗의 변화
(삼상 25:1-44)

1. 사무엘의 죽음

사무엘이 살아있을 때 이스라엘 민족의 구심점은 사무엘이었다고 해도 과언이 아니다. 당시 사울 왕이 정치적 집권을 하고 있었으며 다윗이 다음 세대의 나라를 이끌 지도자로 내정되어 있었지만 여전히 사무엘이 이스라엘 민족의 중심에 위치하고 있었다. 하나님께서는 사무엘을 통해 영원한 구원 사역을 이루어가기 위한 특별한 뜻을 계시하셨던 것이다.

그렇지만 사무엘 역시 생명에 있어서 다른 사람들과 다르지 않은 인물이었다. 세월이 흘러 나이가 많게 되자 그도 죽을 수밖에 없었다. 민족의 선지자였던 사무엘이 죽게 되자 이스라엘 백성은 새로운 국면에 처하게 된다. 그의 죽음을 기점으로 하여 새로운 정국政局이 펼쳐지기 시작했던 것이다.

사무엘은 죽어 시신이 라마Ramah에 묻혔다. 다윗은 사무엘을 장사지낸 후 이스라엘 민족 가운데 더욱 전면으로 등장하게 되었다. 그것은 매우 적극적인 행보가 시작되었음을 말해주고 있다. 사무엘이 죽고 난 후부터 다윗은 즉시 이스라엘의 유력한 자들과 화친을 시도한다. 이는 사울 왕국과 분명한 결별을 꾀하고 있음을 보여주고 있다.

다윗은 장래 이스라엘 민족 가운데 세워질 언약의 왕국의 통치자가 될 인물로서 자신의 입지를 굳건히 해 나갔다. 그러므로 그는 유력한 인물들을 점차 자기편으로 편입시키려 노력했던 것이다. 다윗은 그 일을 위해 사울 왕의 눈을 의식하는 가운데 이스라엘 여러 지역을 방문하게 된다.

2. 나발에 대한 다윗의 응징 계획

다윗은 사무엘을 장사지낸 후 마온Maon으로 내려갔다(삼상 25:2). 그곳에는 나발Nabal이라는 유력한 인물이 살고 있었다. 그는 갈멜에 생업의 기반을 두고 있으면서 수천 마리의 동물들을 소유한 부자였다. 반면에 그는 지역의 강력한 유지였지만 완고하고 사악한 사람이었다. 그는 하나님을 두려워할 줄 모르고 자기만 아는 인물이었다.

나발의 아내 아비가일Abigail은 남편과는 달리 총명하며 용모가 단정한 여성이었다. 그녀는 하나님을 경외하는 자로서 신실한 사람이었다. 그는 메시아를 소망하며 하나님께서 세우시는 왕국을 기다리는 정숙한 여성이었다. 나발과 아비가일은 외적으로 보아 잘 어울리지 않은 상태에서 부부가 되어 살아가고 있었던 것이다.

다윗은 유력한 지도자인 나발과 화친하기를 원했다. 다윗은 나발이 양털을 깎고 있을 때 부하 10명을 보내 그에게 문안을 전했다. 다윗은 그 전에 나발에게 간접적으로나마 도움을 준 적이 있었다. 그는 이제까지 서로간 좋은 관계를 유지해 왔으니 도움을 달라고 요청했다.

다윗은 특별히 '자기 이름으로' 그에게 도움을 요청하도록 했다(삼상 25:6, 9). 여기에는 매우 중요한 의미가 담겨있다. 이는 그가 앞으로 새로운 이스라엘 왕국의 통치자가 될 것을 선포하고 있었기 때문이다. 그러나 나발은 다윗을 사울 왕에 대한 배신한 자로 규정하며 정면으로 모욕했다.

> "나발이 다윗의 사환들에게 대답하여 가로되 다윗은 누구며 이새의 아들은 누구뇨 근일에 각기 주인에게서 억지로 떠나는 종이 많도다"(삼상 25:10)

나발은 다윗의 요청을 일언지하에 거절했다. 다윗과 그의 군대에 아무런 원조도 할 수 없다는 사실을 분명히 했던 것이다. 그는 단순히 거절했던 것이 아니라 다윗을 왕의 배신자로 간주하고 의도적으로 외면했다. 이는 다윗에 대한 나발의 모욕적인 언행이었다.

나발의 모욕과 원조 거부 의사를 보고받은 다윗은 그를 응징하고자 결심했다. 그는 자기가 지휘하고 있던 육백 여명의 병사들 가운데 이백 명 가량은 후방에 남게 하고 사백 여명의 병사들에게는 칼로 무장하게 하고 나발의 지역으로 진군했다.

그 사실을 알게 된 나발의 하인 가운데 한 사람이 그의 아내 아비가일에게 다윗의 군대가 쳐들어오고 있음을 보고했다. 그 전에 다윗이 나발의 보호막이 되어 선대했음에도 불구하고 그는 다윗의 존재를 무시하고 그의 부탁을 거부함으로써 모욕을 준 사실도 함께 고했다. 다윗이 군대를 이끌고 오고 있는 것은 나발을 응징하기 위해서라는 사실을 말하면서 나발에게 그것을 말해 주어도 별 소용이 없을 것 같아 여주인 아비가일에게 보고하게 되었음을 분명히 밝혔다.

3. 아비가일의 지혜와 다윗 왕국에 대한 고백

다윗의 군대가 들어오고 있다는 집 하인의 보고를 들은 아비가일은 즉시 그에 대한 대처를 했다. 그녀는 고기와 식물 등 양식을 나귀에 싣고 다윗을 맞으러 나아갔다. 하인들과 양식을 실은 나귀들을 앞서가게 하고 아비가일 자신은 그 뒤를 따랐다. 그러나 남편 나발에게는 그에 대한 사실을 전혀 알리지 않았다.

다윗을 맞으러 간 아비가일이 산모퉁이를 돌아갈 때 다윗과 그의 군대를 만났다. 아비가일은 다윗에게 문안했으며 다윗은 자신이 그전에 나발을 보호해주었던 사실을 언급했다. 그런 일이 있었음에도 불구하고 나발은 자신을 배신하고 모욕한 사실을 이야기했다. 그가 악으로 선을 갚고 있다는 것이었다(삼상 25:21). 그러므로 이제 다윗이 배신자 나발을 공격해 응징하겠노라고 맹세하며 다짐했다.

그러자 아비가일은 나귀에서 내려 다윗의 발 앞에 무릎을 꿇었다. 그녀는 남편의 무례함을 대신 사과하며 용서를 빌었다. 자기 남편은 원래 기본이 악하며 미련한 사람이므로 그의 행동에 대해 개의치 말라고 당부했다.

아비가일은 하나님을 진정으로 경외하는 여인이었다. 또한 다윗의 은혜를 잘 아는 인물이었다. 그리고 다윗이 하나님의 사람으로서 차지하는 비중을 알고 있었다. 다윗에게 말하는 그 여인의 고백을 통해 그 점을 분명히 알 수 있다.

> "내 주여 여호와께서 사시고 내 주도 살아 계시거니와 내 주의 손으로 피를 흘려 친히 보수하시는 일을 여호와께서 막으셨으니 내 주의 원수들과 내 주를 해하려 하는 자들은 나발과 같이 되기를 원하나이다"
> (삼상 25:26)

아비가일은 악한 자기 남편과는 달리 여호와 하나님을 경외하는 여인이었다. 그리고 다윗을 해하려 하는 자들은 나발과 같이 멸망하게 되기를 원한다는 고백을 했다. 그녀는 남편의 편을 들었던 것이 아니라 하나님께서 세우실 다윗을 더욱 소중하게 여겼던 것이다. 그것은 한 여인의 남편에 대한 배반이자 비윤리적인 처세로 보일 수도 있다. 하지만 그것은 결코 단순한 윤리적인 문제가 아니다.

우리는 여기서 다윗에 대한 요나단의 고백을 떠올리게 된다. 요나단은 자기 아버지 사울 왕의 불신앙을 지적하며 다윗의 편을 들었다. 요나단이 아버지를 버리고 다윗의 편에 섰던 까닭은 그가 이스라엘 민족 가운데 차지하고 있는 지위를 깨달아 알고 있었기 때문이다.

이처럼 아비가일이 자기 남편을 증오하고 다윗의 편을 들고 있는 것은 단순한 감정이나 분위기 때문이 아니었다(삼상 25:26). 아비가일은 다윗이 하나님 앞에서 어떤 인물인가 하는 점을 잘 알고 있었다. 이스라엘 민족 가운데 한 사람이었던 아비가일은 다윗에 관한 백성들의 노래가 지니는 의미를 기억하고 있었던 것이다.

아비가일이 다윗의 발 앞에 무릎을 꿇고 자신의 심정을 고백했던 것은 그가 앞으로 세워지게 될 새로운 이스라엘 왕국의 통치자가 될 인물임을 알았기 때문이다. 그러므로 다윗에게 예물을 바치며 그 점을 분명히 밝혔다.

> "주의 여종의 허물을 사하여 주옵소서 여호와께서 반드시 내 주를 위하여 든든한 집을 세우시리니 이는 내 주께서 여호와의 싸움을 싸우심이요 내 주의 일생에 내 주에게서 악한 일을 찾을 수 없음이니이다"(삼상 25:28)

우리는 여기서 아비가일의 뚜렷한 신앙을 보게 된다. 그녀는 하나님께서 다윗을 통해 세우시게 되는 든든한 나라를 언급하고 있다. 여기서

'든든한 집'이란 하나님께서 세우시는 '든든한 왕국'이라는 의미이다 (룻 4:11, 12 참조). 아비가일은 다윗이 그 나라를 위해 '여호와의 싸움'을 싸우는 자임을 고백하고 있었다.

아비가일은 메시아 사상이 분명한 여인이었다. 악한 무리들이 다윗을 죽이려 한다 해도 하나님께서 그를 보호하실 것이며, 때가 이르면 하나님께서 다윗을 이스라엘의 최고 지도자로 세우시게 될 사실을 분명히 깨닫고 있었다(삼상 25:30). 그러므로 하나님께서 다윗을 왕으로 세우실 때 자신을 기억해 달라는 당부를 잊지 않았다.

다윗은 아비가일의 화친제의를 기꺼이 수용했다. 그것은 단순히 아비가일이 나발에 대한 다윗의 노여운 마음을 풀었기 때문이 아니다. 다윗이 그 화친을 받아들였던 것은 하나님에 대한 그녀의 진정한 고백을 알 수 있었기 때문이다. 그것은 앞으로 세워지게 될 메시아 왕국과 연관되는 것이다.

> "다윗이 아비가일에게 이르되 오늘날 너를 보내어 나를 영접케 하신 이스라엘의 하나님 여호와를 찬송할지로다 또 네 지혜를 칭찬할지며 또 네게 복이 있을지로다 오늘날 내가 피를 흘릴 것과 친히 보수하는 것을 네가 막았느니라"(삼상 25:32, 33)

다윗은 아비가일의 진정한 신앙을 보고 있었다. 그러므로 아비가일을 통해 여호와 하나님을 찬송할 수 있었으며 그녀의 지혜가 피 흘리는 보복을 막게 되었음을 말하고 있다. 아비가일의 지혜로운 행동이 아니었으면 나발의 집안은 피의 복수를 면하지 못했으리라는 것이었다. 여기서 말하는 아비가일의 지혜란 하나님의 뜻을 깨달은 진정한 지혜를 의미하고 있다. 다윗은 그녀의 참된 신앙으로 인해 하나님의 복을 기원하며 그 화친제의를 받아들였던 것이다.

4. 나발의 축제와 하나님의 심판

나발은 원래부터 하나님을 경외하는 인물이 아니었다. 그는 자기를 위한 세계를 구축하여 스스로 그에 대한 만족감과 즐거움에 취해있는 자였다. 그에게는 메시아와 메시아 왕국에 대해서는 아무런 관심도 없었다. 그런 그가 다윗에게 별다른 관심을 기울이지 않았던 것은 당연한 일이었다.

그러므로 자기 아내 아비가일이 다윗과 그의 왕국에 관한 고백을 하며 화친을 맺고 있을 때 그는 스스로 베푼 성대한 축제를 즐기고 있었다. 그는 눈앞에 닥친 하나님의 두려운 심판을 알지 못하고 달콤한 술에 흠뻑 취해 있었던 것이다. 나발이 이스라엘 왕국의 왕이 될 하나님의 사람 다윗을 거부한 것은 하나님을 거부하는 것이었다.

집으로 돌아온 아비가일은 남편의 분별력 없는 행동과 하나님의 뜻을 버린 타락한 모습을 보며 아무런 할 말이 없었다. 그가 술이 취하여 즐거움에 들떠 있는 것은 도리어 처참한 모습이었음에도 불구하고 나발은 그에 대한 아무런 인식이 없었다. 그는 그것을 자신의 성공으로 여겼으며 인생을 누리는 방편으로 생각하고 있었다. 남편의 처참한 그런 모습을 보는 아내 아비가일이 안타까운 심정을 우리는 이해할 수 있어야 한다.

다음날이 되어 나발이 술에서 깨어난 후 아비가일은 남편에게 다윗에 관한 이야기를 했다. 그녀는 남편에게 분명한 어조로 말했다. 다윗의 군사적인 응징은 중단되었지만 하나님의 직접적인 심판이 따르게 될 것이라는 사실을 말했던 것이다. 그러자 나발은 심히 낙담하지 않을 수 없었다. 결국 그 예언이 이루어져 열흘 후에는 하나님의 심판으로 인해 나발이 죽음을 맞게 되었다. 다윗은 그 소식을 듣고 나서 자기를 모욕한 나발을 직접 심판하신 하나님께 감사와 찬송을 돌렸다.

　인간의 욕망으로 인한 일시적인 즐거움은 아무런 의미가 없다. 그것은 진정한 기쁨이 아니라 순간적인 것이며 도리어 마약과 같은 것이다. 하나님을 떠난 만족은 인간을 무서운 파멸로 이끌어가게 될 따름이다. 따라서 우리는 하나님의 영원한 뜻과 그의 심판에 온전한 관심을 기울여야만 한다.

5. 다윗의 재혼과 이혼

　나발이 죽은 다음 다윗은 나발의 아내였던 아비가일을 자신의 아내로 맞아들였다. 다윗이 부하들을 보내 아비가일을 아내로 맞고자 한다는 전갈을 보냈을 때 아비가일은 아무런 망설임 없이 절차를 갖추어 다윗에게 나아가 그의 아내가 되었다.

　우리가 여기서 생각해 보아야 할 사실은 다윗이 과연 아비가일의 미모에 반했기 때문에 그를 아내로 맞아들였을까 하는 점이다. 성경의 문맥을 보아서는 다윗이 단순히 아비가일의 외모 때문에 그를 아내로 맞아들인 것 같지는 않다.

　다윗이 아비가일을 아내로 맞아들인 이유 가운데 하나는 그녀가 하나님 앞에서 지혜로운 여인이었기 때문이다. 그녀는 다윗을 통한 메시아 언약을 깨닫고 있던 여인이었다. 즉 다윗이 아비가일을 아내로 맞았던 것은 메시아에 대한 그녀의 신앙과 연관되어 있었던 것이다.

　다윗은 그 후 이스르엘의 아히노암(Ahinoam of Jezreel)을 아내로 맞아들였다. 그 과정에 대해서는 상세하게 알지 못한다. 물론 우리는 그에 대한 긍정적이거나 부정적인 말을 하기가 쉽지 않다. 분명한 것은 다윗이 여러 명의 여성을 동시에 아내로 두게 되었다는 사실이다.

한편 사울 왕은 다윗의 아내인 자기의 딸 미갈을 라이스의 아들 발디(Phalti the son of Laish)에게 아내로 주었다. 여기서 우리의 관심을 끄는 것은, 미갈이 다윗으로부터 떠나게 된 원인이 다윗이나 미갈 때문이 아니라 사울에게 있었다는 사실이다. 우리로서는 도저히 이해할 수 없는 복잡한 내용이지만 당시에는 그것이 가능했던 모양이다. 혼인한 딸을 친정아버지가 그렇게 할 수 있었다는 것은 혼인중이라 해도 그 딸을 통해 사위에게 상당한 영향력을 미치고 있었음을 잘 말해주고 있다.

미갈이 다윗을 떠나 다른 남자와 살게 됨으로써 다윗은 사울 왕가(王家)와 완전히 결별하게 되었다. 다윗은 미갈로 인해 사울 왕의 사위로서 그와 인척관계에 있었지만 그들의 부부관계가 깨어짐으로써 사울과 다윗 사이에 형성되었던 장인과 사위관계 역시 끝이 났다. 이제 양 집안 사이에는 아무런 인척관계가 없이 서로 완전한 남남이 되었던 것이다.

우리는 다윗의 혼인과 이혼 관계를 보면서 이해하기 어려운 점들이 많이 있음을 알게 된다. 그것은 결코 자연스럽지 않으며 정당하지도 않다. 그리고 다윗이 혼인관계에서 행했던 그와 같은 행동이 당시에 보편적이었던 것으로 보이지도 않는다. 즉 그런 부부관계가 당시 이스라엘 민족 가운데 있었던 보편적인 문화였다고 볼 수 없는 것이다.

다윗의 혼인관계는 그의 특별한 처신과 행동이었던 것으로 이해해야 한다. 그렇다면 성경은 왜 우리가 볼 때 결코 모범적이지 않은 그런 부도덕한 일을 말해주고 있을까? 여기서 몇 가지 생각해 볼 수 있는 것은 그 가운데 하나님의 구속사적인 의미가 흐르고 있다는 사실이다. 즉 일반적이지 않은 과정을 통해 일하시는 세미한 하나님의 사역을 볼 수 있다.

하나님을 경외하며 메시아를 소망하는 아비가일이 이스라엘 왕국의 왕이 될 다윗을 소망하다가 그의 부인이 된 것은 나름대로 충분한 의미가 있다. 또한 사울의 딸 미갈이 다윗을 떠남으로써 다윗이 사울 왕가로부터 완전히 분리된 점에서도 나름대로의 의미를 찾을 수 있다. 이런 일련의 과정들을 통해 이스라엘 민족의 왕이 될 다윗의 변화를 보게 되는 것이다.

물론 우리는 다윗의 그런 중혼 형태의 혼인관계를 정당하다고 볼 수 없다. 그러나 하나님께서는 그 가운데 경륜적 사역을 이루어가셨다. 즉 다윗은 환경에 의해 여러 여성들과 부부관계를 맺기도 하고 이혼을 하기도 하지만 하나님께서 그 가운데 역사하셨던 것이다.

우리가 분명히 기억해야 할 점은 다윗의 그런 부부관계가 결코 우리의 모범이 될 수 없다는 사실이다. 나아가 그것이 우리의 악한 욕망을 부분적으로나마 합리화시킬 수 있는 그 어떤 근거도 될 수 없다. 그것은 하나님의 구속사 가운데 일어난 특별한 일들이다. 하나님께서는 그 가운데서 이 땅에 메시아를 보내시고자 하는 구속사역을 이루어 가셨던 것이다.

제18장 _ 사울 왕을 피해 블레셋으로 피신한 다윗

(사무엘상 26:1-25; 27:1-12)

1. 사울 왕의 군대가 다윗을 추격함

다윗이 어떤 인물인가 하는 사실이 이스라엘 민족 가운데 상당부분 공개되었음에도 불구하고 그에게 반감을 가진 자들은 여전히 많이 있었다. 다수의 백성들은 여전히 사울 왕을 추종했으며, 그것이 이스라엘 백성의 도리라 여겼다. 따라서 그들은 사울 왕에게 마음을 바쳐 충성을 다하고자 했다.

당시 하나님께서는 이미 사울 왕을 버린 상태였으며, 대신 다윗을 선택하여 새로운 왕으로 세우고자 하셨다. 그럼에도 불구하고 다수의 일반 백성들은 형식적인 왕위를 차지하고 있는 사울 왕에게 충성하는 것이 올바른 자세인 양 생각했던 것이다.

그런 자들 가운데 어떤 사람들이 피신해 다니는 다윗을 사울 왕에게 신고했다. 다윗과 그의 군대가 광야의 하길라 언덕(the hill of Hakilah)에 숨어 있을 때 십 사람들(Ziphites)이 기브아에 있는 사울 왕을 찾아가 또 다시 그 사실을 고했던 것이다. 이는 엔게디 동굴 사건으로 이어지는 첫 번째 신고(삼상 24:1) 다음에 있었던 일이다. 당시 다윗은 동굴 안으로 들어온 사울 왕을 죽일 수 있었지만 그의 겉옷 자락 일부를 잘라 증거를 남겼으며 그것으로 인해 당시의 추격 상황은 일단락되었다.

그런데 십 사람들은 이제 또다시 다윗을 신고했다. 거민들로부터 신고를 받은 사울 왕은 다윗이 피신하고 있는 지역에 대한 정보를 입수하게 되자 즉시 군대를 이끌고 그를 추격하기 위해 광야로 내려갔다. 사울이 직접 다윗을 추격하기 위해 광야로 나갔다는 사실은 민생을 위한 국정에 소홀했다는 말과도 같다. 사울의 관심은 이스라엘 민족을 향한 하나님의 뜻이 아니라 자신의 정치적 야망에 있었을 따름이다.

사울 왕의 군대는 다윗이 숨어있는 하길라 언덕 부근에 진을 쳤으며, 그 사실을 알게 된 다윗은 사울 왕이 이끄는 군대의 동향을 살폈다. 사울 왕의 진영에서는 사령관 아브넬Abner이 왕을 보좌하며 전술을 꾀하고 있었다. 일반 병사들은 사울 왕을 중심으로 하여 그 주변을 둘러싸듯 진치고 있었다.

사울 왕은 그곳에 진지를 구축함으로써 다윗과 그의 추종자들이 숨어있는 곳을 탐색해 나갔다. 그런 형편 가운데서 다윗은 사울 왕과 그 쪽 진영의 동향을 살피며 적절한 대처를 하지 않을 수 없었다. 다윗이 밤중에 적의 동태를 알아본즉 군대가 진을 친 가운데 사울은 아브넬과 함께 잠자리에 들어 있었다.

2. 다윗이 손안에 든 사울 왕의 목숨을 끊지 않음

다윗은 사울에게 자신의 진심을 보여줄 필요성을 느꼈다. 자기는 사울 왕에게 피해를 입히고자 하는 자가 아님을 밝혀야 했던 것이다. 사실 저번에도 다윗은 이미 그런 자신의 본심을 사울 왕에게 보여준 적이 있었다. 엔게디En-Gedi 부근의 동굴에서 사울 왕이 용변을 볼 때 그를 죽일 수 있었으나 그의 생명을 해하지 않았던 것이다(삼상 24:1-7). 그러나 사울 왕은 잠시 그 상황을 알아차리는 듯 했으나 그리 오래가지 못했다.

다윗은 이번 기회에 또다시 자신의 진심을 사울 왕에게 보여주고자 했다. 그리하여 다윗은 아비새Abishai와 함께 사울 왕의 진영으로 몰래 잠입해 들어갔다. 그때 사울은 무기를 옆에 둔 채 진지 가운데서 잠들어 있었으며 아브넬을 비롯한 병사들도 모두 깊이 잠들어 있었다. 그 상황을 파악한 아비새는 창을 들어 그를 단번에 찔러 죽이자고 다윗에게 제안했다. 그것은 하나님께서 허락하신 절호의 기회라는 것이었다.

그러나 다윗은 여호와의 기름 부음을 받은 자의 몸에 함부로 손을 대지 못하도록 했다. 하나님께서 원하시면 직접 그를 치시리라는 것이었다.

> "다윗이 아비새에게 이르되 죽이지 말라 누구든지 손을 들어 여호와의 기름 부음을 받은 자를 치면 죄가 없겠느냐 또 가로되 여호와께서 사시거니와 여호와께서 그를 치시리니 혹 죽을 날이 이르거나 혹 전장에 들어가서 망하리라"(삼상 26:9, 10)

다윗의 이 말 속에는 분명한 예언적 성격이 담겨있다. 다윗은 하나님의 계획을 깨닫고 있었던 것이다. 그러므로 다윗은 사울을 죽이는 대신 그의 머리맡에 꽂혀있던 창과 물병을 몰래 가지고 그곳을 빠져나갔다. 하지만 사울의 진영에서는, 적군 병사들이 진지 한 가운데 잠입해 들어와 왕의 창과 물병을 가지고 나갔음에도 불구하고 아무도 그 사실을 눈치 채지 못했다.

왕의 생명이 적군 앞에 완전히 노출되어 있었음에도 불구하고 그들은 깜깜하게 몰랐던 것이다. 이는 하나님께서 그들로 하여금 깊은 잠에 빠져들게 하셨기 때문이다. 또한 사울 왕의 병사들은 다윗의 군대가 밤잠을 자지 않고 엄히 경계해야할 만한 강한 군대가 아니라고 판단했기 때문이기도 하다.

적군이 진중 깊숙이 들어와 왕의 생명을 해할 지경에 빠졌을 때도 사울은 그것을 전혀 눈치 채지 못했다. 하지만 다윗은 사울 왕의 생명에 손을 대지 않았다. 그는 어떤 경우에도 하나님의 기름부음을 받은 자의 생명을 해하고자 하지 않았다.

3. 다윗이 사울 왕의 참모들에게 호통을 침

적진에 잠입해 들어가 사울 왕의 창과 물병을 몰래 가지고 나온 다윗은 멀리 건너편 언덕 위에 섰다. 그리고는 적장敵將 아브넬의 이름을 부르며 큰 소리로 책망했다. 왕의 생명을 보호해야할 장군이 임무를 등한시함으로써, 적군이 진중에 잠입해 들어가 왕의 물건들을 훔쳐 나왔음에도 불구하고 모르고 있음에 대해 질책했다.

이는 왕의 생명이 적군의 손에 죽을 수 있었음을 말하고 있다. 즉 다윗은 자기가 사울 왕의 생명을 끊어버릴 수도 있었지만 그렇게 하지 않은 사실을 외치고 있었다. 왕을 보호해야 하는 중요한 직책을 소홀히 한 아브넬과 그의 신하들은 사형에 처해져야 마땅하다고 외쳤다.

그러면서 다윗은 그에 대한 증거를 제시했다. 사울 왕의 머리맡에 두었던 창과 물병이 어디 있는가 보라는 것이었다. 사울 왕의 모든 병사들은 당혹감을 감추지 못했을 것이 틀림없다. 사울 역시 매우 당황스러웠을 것이다.

사울 왕은 다윗의 음성을 알아듣고 그를 확인했다. 그러자 다윗은 자신이 왕을 죽일 수 있었음에도 불구하고 그렇게 하지 않았음을 말했다. 정말 자기가 왕을 죽일 마음이 있었다면 충분히 죽일 수도 있었지만 그렇게 하지 않은 사실을 밝혔던 것이다. 그럼에도 불구하고 아무런 잘못이 없는 자기를 찾아 죽이려는 왕의 처사가 억울하다는 것이었다.

만일 자기가 왕의 손에 의해 죽어야 하는 것이 하나님의 뜻이라면 기꺼이 죽어 생명을 하나님의 제물로 내어놓겠지만, 그것이 인간들의 작당에 의한 것이라면 그들이 저주를 받게 될 것이라 말했다. 왜냐하면 다윗을 이스라엘 지경 바깥으로 몰아내는 것은 그로 하여금 하나님이 아니라 이방신들을 섬기라고 요구하는 것과 같기 때문이었다. 이는 다윗을 이스라엘 민족이 소유할 하나님의 상속으로부터 격리시키는 악한 일이었다.

다윗은 사울 왕에게 이제 자기를 죽여 피흘리고자 하는 잘못된 판단을 거두어 달라고 간청했다. 그러면서 이스라엘의 최고 통치권자인 사울 왕이 별 존재가 아닌 일개 시민인 자기를 찾기 위해 그토록 애쓰고 있느냐고 말했다. 다윗은 사울 왕 앞에서 극도로 겸손한 모습을 보이고 있다.

이스라엘의 왕의 신분을 가진 사울이 한 마리 벼룩정도 밖에 안 되는 자기를 추격하기 위해 엄청난 규모의 군사들을 동원했느냐며 사울의 심정을 꼬집었던 것이다. 그러자 사울은 또다시 자기의 잘못을 뉘우쳤다. 이런 형태의 뉘우침은 그 전에도 있었다.

"사울이 가로되 내가 범죄하였도다 내 아들 다윗아 돌아오라 네가 오늘 내 생명을 귀중히 여겼은즉 내가 다시는 너를 해하려 하지 아니하리라 내가 어리석은 일을 하였으니 대단히 잘못되었도다"(삼상 26:21)

사울 왕의 말을 들은 다윗은 병사를 보내 그의 창을 가져가도록 요구했다. 그는 마음만 먹었다면 얼마든지 왕을 죽일 수도 있었지만 그렇게 하지 않았음을 강조했다. 그러면서 다윗은 자기가 사울의 생명을 보장해주었듯이 하나님께서는 어떠한 위기에 놓여있을지라도 자신의 생명을 지켜주시리라는 사실을 말했다.

다윗은 자기를 해치려는 사울 왕의 그런 군사 작전이 무의미할 뿐 아니라 하나님께 적극적으로 저항하는 악한 행동임을 드러내고 있었던 것이다. 다윗의 말을 들은 사울은 부지중에 예언적 말을 발설하고 있다.

> "사울이 다윗에게 이르되 내 아들 다윗아 네게 복이 있을지로다 네가 큰일을 행하겠고 반드시 승리를 얻으리라 하니라"(삼상 26:25)

사울은 다윗이 어떤 존재인지 은연중 예언했다. 하나님께서 다윗을 특별히 선택하여 언약의 왕국을 세우게 될 것을 말하고 있었던 것이다. 여기서 사울은 지금 자신의 왕국을 지키기 위해 발버둥치고 있지만 결국 파멸을 맞게 될 것임을 시사하고 있다. 이 사건이 있은 후 사울 왕은 다윗을 추격하는 일을 더 이상 시도하지 않게 되었다.

4. 블레셋 지역으로 피신하는 다윗

사울은 자신이 범죄했다고 뉘우치고 있지만 다윗은 그의 말을 신뢰하지 않았다. 이는 사울의 뉘우침이 진정한 회개가 아니라는 사실을 다윗이 알고 있었음을 말해주고 있다. 그러므로 다윗은 사울을 피해 블레셋 땅으로 피신하기로 결심했다(삼상 27:1). 사울 왕이 이스라엘 지경 안에서 다윗을 찾다가 발견하지 못하면 결국 포기할 것이라 생각했다.

다윗은 자신의 병사 육백 명을 이끌고 가드왕 아기스에게로 갔다. 병사들과 그 식솔들뿐 아니라 다윗의 두 아내 아히노암과 아비가일도 함께 가서 아기스의 지역에 거했다. 가드는 블레셋의 주력 부대가 주둔하고 있는 요새이자 골리앗의 고향이다. 바로 그 지역으로 다윗과 그의 군대가 들어갔다는 사실은 상당한 상징적 의미를 가지고 있다.

한편 다윗이 블레셋 지역으로 도망갔다는 말을 들은 사울 왕은 더 이상 그를 추격하지 않았다. 그 전에도 다윗은 사울 왕의 추격을 피해 홀로 아기스에게 피신한 적이 있었다. 그때는 그곳의 많은 사람들이 다윗을 이스라엘 민족의 영웅인 줄 생각했으므로 다윗은 미친 척 행동하다가 그곳을 떠나 피신했었다.30) 하지만 당시 다윗이 아둘람 굴로 도망간 후 자연스럽게 그의 군대가 모집되었다.

이제 다윗은 사울 왕에게 쫓겨 다시금 가드 왕 아기스에게로 피신해 왔다. 아기스는 다윗을 영접하게 되었다. 얼마 후 다윗은 왕도王都에 거하는 것이 부담스럽다는 말을 했고 아기스는 그의 말을 순순히 받아들였다. 그리하여 아기스는 다른 지역에 살게 해 달라는 다윗의 요청에 따라 그로 하여금 시글락Ziklag에 거하게 해주었다.

시글락은 이스라엘 민족이 가나안 땅을 정복할 때 유다지파에 속한 지역이었다. 하지만 나중 시므온 지파에게 주어졌으나 블레셋에게 빼앗기고 말았다. 당시는 시글락이 블레셋의 통치를 받고 있었다. 다윗은 가드 왕 아기스로부터 시글락에 거하도록 허락받음으로써 그곳을 자신의 전진기지로 삼게 되었다.

또한 우리가 주의 깊게 생각해 보아야 할 것은 아기스가 다윗을 영접한 까닭이 무엇이었을까 하는 점이다. 더구나 당시는 다윗이 소규모의 군대를 이끈 사령관이었다. 그 전에는 홀몸이던 다윗을 강하게 견제하던 아기스가 군대를 이끌고 들어온 다윗을 받아들였다.

---

30) "그 날에 다윗이 사울을 두려워하여 일어나 도망하여 가드 왕 아기스에게로 가니 아기스의 신하들이 아기스에게 고하되 이는 그 땅의 왕 다윗이 아니니이까 무리가 춤추며 이 사람의 일을 창화하여 가로되 사울의 죽인 자는 천천이요 다윗은 만만이로다 하지 아니하였나이까 한지라 다윗이 이 말을 그 마음에 두고 가드 왕 아기스를 심히 두려워하여 그들의 앞에서 그 행동을 변하여 미친 체하고 대문짝에 그적거리며 침을 수염에 흘리매 아기스가 그 신하에게 이르되 너희도 보거니와 이 사람이 미치광이로다 어찌하여 그를 내게로 데려왔느냐 내게 미치광이가 부족하여서 너희가 이 자를 데려다가 내 앞에서 미친 짓을 하게 하느냐 이 자가 어찌 내 집에 들어오겠느냐 하니라"(삼상 21:10-15).

우리가 짐작할 수 있는 사실은 그것이 아기스의 전략적인 이유 때문이었을 것이라는 점이다. 사울 왕의 추격을 받고 있는 다윗이 자기에게 옴으로써 그를 이용하여 사울과 이스라엘 군대를 견제하고자 했던 것이다. 사울 왕과 다윗은 서로 원수지간이라는 사실을 그가 잘 알고 있었다. 즉 다윗의 군대가 자기와 함께 있으면 사울의 이스라엘 왕국을 견제하기 위해 손해 볼 것이 없다는 계산이 깔려 있었다.

5. 다윗의 위장전술

당시 시글락에 본거지를 둔 다윗은 종종 부하들을 거느리고 다니면서 수르 광야와 이집트 국경에 이르는 지역에 분포해 살고 있던 그술 사람(Geshurites)과 기르스 사람(Girzites)과 아말렉 사람(Amalekites)들을 습격하였다(삼상 27:8). 그들이 살고 있던 지역은 하나님께서 아브라함에게 기업으로 주신 땅이었다.[31] 다윗은 그들을 침략하면서 닥치는 대로 사람들을 죽이고 양과 소, 낙타 등의 동물들을 비롯한 다른 물건들을 약탈했다.

하지만 다윗이 그들을 공격한 배경에는 이스라엘 백성을 보호하기 위한 목적이 있었다. 그 족속들은 주로 팔레스틴 남부 지역에 거하면서 이스라엘을 괴롭히고 있었다. 하나님께서는 그 땅을 이스라엘 백성에게 주셨지만 여전히 이방인의 수중에 있었던 것이다.

다윗은 원래 유다지파에 속해야 했지만 블레셋의 지배를 받고 있는 땅인 시글락에 본거지를 두고 이방 족속이 지배하고 있으나 이스라엘 민족이 회복해야 할 그 지역들을 공격했던 것이다. 그 땅은 하나님의 언약 왕국이 궁극적으로 통치해야 할 영역이었다. 다윗은 하나님께서 아

---

31) 여호수아 13장 1-3절 참조.

브라함에게 주시고자 약속한 땅에 깊은 관심을 가지고 있었다. 그것은 조상들에게 주어진 하나님의 언약 때문이었다.

하지만 아기스는 다윗이 다른 이방 족속이 아니라 유다지역과 이스라엘 백성들을 공격하여 전리품들을 약탈해 오는 줄 알았다. 왜냐하면 그가 아기스에게 거짓말을 했기 때문이었다. 다윗은 침탈하는 지역의 사람들을 죽이면서 절대 그들을 생포하여 가드로 데려가지 않았다. 그는 피해지역의 이방 거민들이 자신의 침략행위를 폭로할까 두려워하고 있었다. 다윗은 항상 그런 식으로 일을 마무리했다.

아기스는 다윗의 말을 그대로 믿었다. 따라서 다윗이 자기 종족인 이스라엘 사람들로부터 심한 미움을 받을 것으로 생각했다. 그렇게 함으로써 다윗과 그의 군대는 계속 자기의 통치권 아래 있게 될 것이라 여겼던 것이다. 다윗은 그때 블레셋 지역에 사울 왕을 피해 1년 4개월 동안 머물면서 미 점령지역인 약속의 땅을 확고히 해감으로써 하나님의 뜻을 점차적으로 이루어갔던 것이다.

우리는 블레셋 지역에서 있었던 다윗의 침략행위와 그의 거짓말을 일반화하여 이해해서는 안 된다. 이방인들이 점령하고 있는 지역을 공격하고 많은 사람들을 죽인 그의 모든 행동과 가드왕에게 거짓말을 한 그 자체에 윤리적인 정당성을 부여하지 않는다. 그렇다고 해서 다윗의 그런 모든 행동과 말을 부당한 것이라 단정 지어 말할 필요도 없다.

우리가 여기서 분명히 기억해야 할 사실은 다윗을 통해 새로운 언약의 왕국을 세우려고 하시는 하나님의 경륜적 사역이다. 사울 왕은 폐위될 인물이었으며 다윗은 하나님께서 왕으로 세우실 인물이다. 우리는 여기서 다윗에게서 윤리적인 온전성을 찾으려고 하지 않는다. 많은 사람들이 다윗을 특별한 인물로 인식하고 있었음에도 불구하고 일반적인 관점에서 본다면 그에게 많은 문제점들이 발견된다.

우리가 여기서 눈여겨보아야 할 내용은 다윗의 지략을 통한 군사적 승리가 아니라 하나님의 언약을 기억함으로써 전투에 임하고 있는 다윗의 특별한 모습이다. 우리는 그 가운데서 점차적으로 성취되어가고 있는 하나님의 놀라운 경륜을 보게 된다. 나중에 제사장 나라인 언약의 왕국이 세워져도 본질적인 측면에서 보아 다윗이 개인적으로 가질 만한 자랑거리는 남아있지 않다. 따라서 우리는 그 모든 역사 가운데 하나님께서 작정하신바 뜻이 성취되어 가고 있는 세미한 움직임을 볼 수 있어야만 한다.

제19장 _ 사울의 요청에 의해 신들린 무당이 불러올린 '사무엘'(?)과 블레셋의 다윗

(사무엘상 28:1-25; 29:1-11)

1. 다윗과 블레셋: 블레셋의 이스라엘 침공계획

이스라엘과 블레셋은 항상 적대 관계에 놓여 있었다. 그런 정세 가운데서 다윗은 사울 왕을 피해 적국敵國이라 할 수 있는 블레셋의 진영에 들어와 피신해 있었다. 이는 과연 무엇을 말하고 있는가? 우리는 다윗이 자기 민족을 배신했다고 말할 수 있을 것인가?

분명한 것은 다윗이 이스라엘 민족을 배신하지 않았다는 사실이다. 당시 하나님의 뜻을 적극적으로 거스르는 행동을 했던 자들은 이방 족속들이 아니라 입으로는 하나님의 이름을 떠올리고 다니던 이스라엘 민족의 악한 지도자들이었다. 그러므로 블레셋의 통치자는 다윗의 생명을 보호한 반면 사울 왕의 정부는 다윗을 찾아 죽이려 했던 것이다.

그럼에도 불구하고 순박하고 무지한 이스라엘 백성들의 눈에는 다윗이 배신자로 보였을 것이 분명하다. 이는 일반 백성들뿐 아니라 사울 역시 다윗을 반역자로 규정했다. 이스라엘 민족과 적대 관계에 있는 이방 국가에 몸을 숨기고 있는 다윗과 그의 추종자들을 민족의 배신자로 보는 것은 그다지 이상하지 않다.

우리는 여기서 중요한 몇 가지 의미를 생각해 보아야 한다. 오늘날에도 하나님을 적극적으로 대적하는 원수들은 기독교 바깥이 아니라 내부에 들어와 있다. 성숙한 성도들은 변질된 기독교와 그것을 주도하는 교회 내부의 지도자들을 비판한다. 참된 성도들은 세상을 향해 노골적으로 욕하지 않고 하나님의 교회를 어지럽히는 사악한 기독교 지도자의 행태를 비난한다. 세상은 이미 죄와 저주 가운데 빠져 있으므로 또다시 심하게 비난할 이유가 별로 없다.

예수님과 그의 제자들도 그러했다. 그들은 로마제국의 황제를 비롯한 이방의 지도자들이 아니라 이스라엘 민족 가운데서 누룩을 퍼뜨리는 거짓 종교인들을 강하게 비난했다. 그러므로 그런 자들을 향해 '독사의 자식' '개, 돼지 같은 인간들'이란 극단적인 언어를 사용하기를 주저하지 않았던 것이다.

하나님과 성경 말씀을 항상 입에 달고 다니면서 하나님을 욕되게 하는 기독교 내부의 종교 지도자들이 가장 위험한 인물들이다. 그들은 주님의 몸된 교회를 어지럽히고 있으면서 그것을 종교적 충성이라 착각하고 있다. 그런 자들은 성도들을 미혹하며 그들의 영혼을 심하게 유린하기를 게을리 하지 않는다.

성숙한 성도들은 기독교 내부의 악한 자들의 불신앙을 끊임없이 드러내며 지적해야 한다. 그렇게 함으로써 어린 성도들이 그들이 내미는 달콤한 미사여구에 속아 넘어 가지 않도록 도와주어야 하는 것이다.

하지만 안타깝게도 신앙이 어린 성도들은 그 점을 잘 이해하지 못하고 있다. 타락한 기독교 지도자들의 의도된 종교적 행위들을 비판하는 것이 마치 내부갈등을 유발하는 못마땅한 행동인 양 생각하는 것이다. 이는 악한 지도자들 스스로 제공하는 종교적인 선전이 크게 한 몫하고 있기 때문이다. 그러나 성숙한 교회는 그에 대한 올바른 관점을 가져야만 한다.

다윗이 사울 왕과 그의 정부의 악행을 떠나 블레셋 땅에 몸을 피해 있으면서 그곳에서 다양한 적대세력들을 저항해 싸웠던 것은 그런 관점에서 이해해야 한다. 합법적으로 세워진 사울 왕과 그의 정부가 다윗을 반역자로 규정하고 다수의 일반 백성들이 그를 민족 배신자로 간주했을지라도 다윗은 여전히 하나님의 편에 서 있었다. 다윗은 하나님의 말씀을 순종하며 그의 인도하심을 받던 신실한 하나님의 사람이었다.

다윗이 블레셋 땅에 몸을 숨기고 그들의 보호를 받으며 살아가고 있는 동안, 블레셋은 이스라엘과 맞서 싸우기 위해 구체적인 전쟁 계획을 세우고 있었다. 전쟁을 위한 모든 준비가 끝났을 때 블레셋의 아기스는 다윗에게 이스라엘을 침공하는 전투대열에 참가하도록 명령했다. 이스라엘 민족의 입장에서 볼 때 그가 반역자임이 명백하게 드러나게 되는 행위를 요구했던 것이다.

다윗은 아기스의 무리한 요구를 거절하지 않았다. 그에 대한 수용은 다윗에게 앞으로 상당한 정치적 부담으로 작용할지도 모른다. 하지만 다윗은 아기스를 위해 충성을 다하겠다는 말을 했으며 아기스도 그것을 받아들이게 되었다.

물론 우리는 다윗이 블레셋의 장군이 되어 진정으로 이스라엘 민족을 공격하는 대열에 가담할 마음이 있었는지, 아니면 하나님께서 다른 길을 예비하고 계신다는 사실을 알고 그렇게 대응했었는지에 대해서는 확실히 말할 수 없다. 하지만 우리가 분명히 말할 수 있는 것은 다윗이 하나님의 언약과 그의 계획을 항상 마음에 담아두고 있었다는 사실이다.

2. 사울과 신들린 무당

한편 사무엘이 죽은 후 사울 왕은 이스라엘 민족 중에서 신접한 자들과 박수무당들을 쫓아내었다. 그들이 이스라엘 백성들 가운데서 미신적

활동을 하는 것을 엄격히 금했던 것이다. 사울은 자기가 백성들의 눈에 죽은 사무엘처럼 하나님을 열심히 섬기는 자로 비쳐지기를 원했다.

그는 하나님의 뜻을 진정으로 따르겠다고 마음을 먹었던 것이 아니라 백성들로부터 신앙이 돈독한 종교인으로 인정받고 싶어했다. 백성들의 환심을 사고 성공적인 왕이 되기 위해서는 그렇게 하는 것이 최선의 정치적 책략이라 생각했던 것이다. 그것은 나중 그가 엔돌의 신들린 무당을 찾아가는 과정에서 그 점을 분명히 알 수 있다.

그런 시점에서 블레셋 군대는 이스라엘을 공격하기 위해 수넴Shunem에 진쳤으며, 이스라엘 군대는 그 맞은 편 길보아Gilboa 산에 진을 쳤다. 사울은 막강한 블레셋 군대를 보고 엄청난 두려움에 떨게 되었다. 그들과 싸워 승리할 자신이 전혀 없었던 것이다. 그래서 그는 여호와 하나님께 어떻게 해야 할지 물었다. 그는 사무엘과 다윗이 하던 대로 다양한 종교적 형식을 취했다. 선지자들을 동원하기도 했다. 그러나 하나님께서는 그에게 아무런 대응도 하시지 않았다.

그러자 사울 왕은 결국 하나님 대신 신들린 무당을 찾았다. 영험한 무당을 통해 자신이 처한 어려운 국면을 타개해 보겠다는 심산이었다. 여호와 하나님이 답변하지 않으면 굳이 그에게 매달릴 필요 없이 자기에게 응답하는 이방신들을 찾아 자기의 문제를 해결하겠다는 것이었다.

우리는 여기서 사울의 종교적 심리를 주의 깊게 살펴보아야 한다. 사울이 블레셋과의 전투를 앞두고 두려움에 떨면서 여호와 하나님을 찾았던 것은 하나님에 대한 진정한 신앙 때문이 아니었다. 그는 자기의 목적을 이루기 위해 이스라엘 민족의 신을 찾았을 따름이다. 그러므로 여호와 하나님께서 응답하지 않는다고 판단하자 거침없이 다른 신들을 찾았던 것이다.

무당을 찾으라는 사울 왕의 요구를 들은 신하들은 엔돌Endor에 신들린 영험한 여인이 있음을 고했다. 그러자 사울은 그 무당에게 가서 응답을 받아야겠다고 판단했다. 그리하여 그는 일반 백성들이 입는 평복平服으로 변장한 채 두 사람의 신하들을 대동하고 엔돌의 신들린 무당을 찾아갔다.

그 무당은 사울의 방문을 받았을 때 그가 누구인지 알아보지 못했다. 그냥 이스라엘 가운데 살아가는 세력 있는 불신자들 중 한 사람이라 생각했던 것이다. 사울은 그 무당에게 자기를 위한 무속의례를 해주도록 요청했다. 그것은 일종의 종교적인 굿 행위였다. 그러나 신들린 무당은 그의 요청을 거부했다.

그 무당은 사울 왕의 종교정책을 잘 알고 있었다. 왕이 신접한 자들을 멸절시킨 터에 그런 무속행위를 했다가 당하게 될지 모르는 위험을 인식하고 있었던 것이다. 무당의 반응을 살핀 사울은 그에 대해 염려하지 않아도 좋다고 말했다. 사울은 자기가 곧 왕이므로 염려를 놓으라는 뜻으로 말했던 것이다. 하지만 그 말을 들은 무당은 왕이 금한 자신의 무속행위를 절대 비밀로 지키겠다는 고객의 맹세로 받아들였다.

3. 죽은 사무엘의 혼령(?)

사울의 말을 듣고 난 그 무당은 곧바로 무속의례를 시작했다. 신접한 무당은 그에게 누구를 불러올려 줄 것인지 물었다. 사울은 그 여인에게 죽은 사무엘의 혼령을 불러올려 달라고 거침없이 요구했다.

우리는 여기서 매우 신중한 생각을 떠올리게 된다. 그것은 사울 왕이 가졌던 종교관에 대한 문제이다. 사울은 하나님을 떠나 이방신을 섬기는 의례를 행하면서 무당에게 죽은 사무엘을 불러올려 줄 것을 요청했던 것이다. 즉 다른 유명한 인물을 불러주도록 요구한 것이 아니라 하나님의 말씀에 온전히 순종한 선지자였던 사무엘을 불러 그에게 자기가 처한 어려운 형편에 대해 물어볼 생각이었다.

무지한 백성들의 눈에는 그런 사울 왕이 상당히 훌륭한 신앙인으로 비쳐질 수도 있었다. 사무엘은 이미 오래 전에 하나님을 떠난 사울 왕을 버렸다. 그것은 하나님의 뜻에 따른 행동이었다. 그러므로 그는 살아있을 때 사울과 상종하기를 거부했다. 그럼에도 불구하고 사울 왕은 지금 신들린 무당에게 죽은 사무엘의 혼령을 불러올리도록 요구하고 있다. 사울은 사무엘이 하나님의 뜻을 가장 잘 알고 있으리라 판단하고 있었던 것이다.

사무엘을 불러올려 달라는 사울 왕의 요청을 받은 무당은 그가 왕이라는 사실을 즉각 알아차렸다. 사무엘의 혼령을 불러달라는 요청은 아무나 할 것 같지 않았다. 무당은 자기의 눈앞에 서 있는 사람이 사울 왕임을 알아보았던 것이다.

무속의례를 시작하면서 그의 존재를 알게 된 그 무당은 사울 왕 앞에서 사시나무 떨듯 떨었다. 그가 왕이 내린 금령을 왕 앞에서 행하고 있었기 때문이었다. 아마 그 무당은 순간적으로 왕이 무속행위를 단속하기 위해 잠행潛行하고 있는 것으로 생각했을지도 모른다.

그러나 왕은 그 무당에게 안심하라고 일렀다. 그러자 신들린 무당은 왕의 요청에 따라 죽은 귀신을 불러올렸다. 그 여인은 사울에게 땅 속으로부터 어떤 노인이 올라오는 것이 보인다고 말했다. 물론 그 귀신은 사울에게는 보이지 않고 신들린 무당에게만 보였다.

사울 왕은 땅 속에서 올라온 그 사람의 모습이 어떠한지 물었다. 신들린 무당은 그 노인이 땅으로부터 '겉옷' 32)을 입고 올라왔다고 말했다.

---

32) 여기서 말하는 '겉옷'은 의미상 '에봇'으로 생각된다. 그것은 일반적인 겉옷이 아니라는 것이다. '에봇'이라는 말은 원래 '겉에 걸쳐 입다'는 뜻의 히브리어 '아파드'에서 나왔다. 그러므로 무당이 한 노인이 땅에서 겉옷을 입고 올라왔다고 했을 때, 사울이 즉시 그를 사무엘로 생각했던 까닭은 그가 제사장이 입는 '에봇'을 입은 것으로 믿었기 때문이었다.

그러자 사울은 그가 사무엘인 것으로 생각하고 그 자리에서 일어나 죽은 사무엘을 향해 엎드려 절을 했다. 이는 일종의 종교적 경배 행위에 해당되는 행동이었다.

신들린 무당이 불러올린 '사무엘'이라는 귀신이 사울 왕에게 말했다. 무엇 때문에 자기를 불러올려 번거롭게 하느냐는 것이었다. 사울은 자기가 매우 절박한 상황에 처해 있으므로 그를 찾았노라고 말했다. 블레셋 군대가 침공하려는 극한 위기 앞에서 하나님께 기도를 하고 선지자들을 불러 하나님의 답변을 들으려 했지만 아무런 응답이 없다는 것이었다. 그러면서 하나님 앞에서 가장 신실한 사람이요 믿을만한 선지자였던 사무엘로부터 답변을 듣기 위해 신들린 무당을 통해 불러올려 달라는 요구를 했노라고 말했다.

그 말을 들은 귀신은 사울에게, 하나님이 이미 그를 완전히 떠났다는 사실을 언급했다. 하나님께서 사울 왕국을 폐하시고 이제 다윗에게 새로운 왕국을 허락하게 되었다는 것이다. 이는 그가 여호와 하나님의 말씀을 청종하지 않았기 때문이라고 지적했다.

그러면서 그는 하나님께서 사울의 군대를 블레셋에게 패망하도록 내어줄 것이며 사울 왕과 그의 아들들이 전투 현장에서 전사戰死하게 될 것이라 예언했다(삼상 28:19). 사울은 그 말을 듣고 더욱 심한 두려움에 빠지게 되었다. 그로 인해 그는 입맛을 상실하여 음식을 먹을 힘조차 상실한 상태에 놓이게 되었던 것이다.

그런 형편에서 신들린 무당은 사울 왕을 격려했다. 음식을 준비해 그에게 먹도록 권면했다. 사울 왕 앞에 있던 그 여인은 여전히 매우 불안할 수밖에 없었다. 하지만 왕이 자신의 음식을 받아먹게 된다면 어느 정도 안심할 수 있으리라 여겼다. 무당은 자기가 불러올린 사무엘의 혼령으로부터 불길한 예언을 들은 사울 왕이 어떤 행동을 할지 알 수 없었다.

사울은 신접한 무당의 권유를 받아들여 자리에서 일어날 수밖에 없었다. 그 순간도 블레셋 군대가 아군의 눈앞에 바짝 다가와 있는 절체절명의 위기 상황이었기 때문이었다. 사울은 신들린 여인이 준비한 살찐 송아지 고기와 구운 무교병을 먹고 나서 힘을 차려 그곳을 떠나 전장戰場으로 갔다.

우리는 여기서 엔돌의 신들린 무당이 불러올렸던 '사무엘'이라는 존재에 대해 잘 생각해 보아야 한다.33) 그는 과연 정말 사무엘의 혼령이었던가? 분명한 것은 그 귀신은 사무엘의 혼령이 아니었다는 사실이다. 죽은 사무엘의 혼령을 신들린 무당이 행하는 굿을 통해 올라올 리 만무하다. 어떤 경우에도 그런 참람한 일은 발생할 수 없다. 어떤 종교의 이름으로 그런 행위를 한다고 해도 그것은 더러운 무속행위일 따름이다.

그렇다면 신들린 무당에 의해 불려 올라왔던 그 노인은 누구였던가? 사무엘의 이름을 가지고 사울 왕에게 예언했던 그 노인은 과연 누구였을까? 우리가 분명히 알 수 있는 것은 그 혼령은 인간의 탈을 쓴 귀신이었다는 사실이다. 더러운 귀신이 사무엘의 혼령을 가장해 무당 앞에 나타났던 것이다.

---

33) 엔돌의 신들린 무당이 불러올렸던 존재는 과연 사무엘의 혼령이었는가? 물론 아니다. 그것은 귀신의 장난일 따름이었다. 그럼에도 불구하고 학자들은 그에 대한 다양한 주장들을 하고 있는 것이 사실이다. Keil, Lange, Klein, Payne 등은 실제로 죽은 사무엘의 혼령이 신들린 무당에 의해 불러내졌다고 주장한다. 그 근거는 사무엘의 혼령이라고 주장되는 존재의 예언이 맞았다는 것이다. 한편 Hertzberg, Pulpit 등은 신들린 무당이 아무것도 불러내지 않았으면서 사울에게 거짓말을 했다고 주장한다. 그러나 이러한 두 가지의 주장들은 모두 잘못되었다. 신들린 무당이 사무엘의 혼령이라며 불러낸 것은 죽은 사무엘의 혼령이 아니었으며 신들린 여자가 거짓말을 한 것도 아니었다. 그 무당이 불러낸 존재는 사무엘을 가장한 귀신이었다; 강병도 편, 『호크마 종합주석』 사무엘 상하, 서울: 기독지혜사, 1990, pp. 540. 참조.

그렇다면 여호와 하나님의 이름을 빗대어 예언했던 그의 말이 정확하게 맞아떨어진 사실에 대해서는 어떻게 이해해야 할 것인가? 보통 인간들이 알지 못하는 일들을 귀신들은 정확하게 알고 있는 경우가 많이 있다. 귀신은 인간들과 다른 차원에서 훨씬 더 많은 것들을 알고 있다.

더러운 귀신들은 하나님의 이름을 들먹이며 선지자 노릇하기를 주저하지 않는다. 하나님과 무관한 종교적 활동을 펼치면서 다른 사람들에게 그것이 하나님으로 말미암은 것이라 선전하는 것이다. 그러므로 예수님께서는 그 점에 대해 특별히 주의하도록 제자들에게 말씀하셨다.

> "나더러 주여 주여 하는 자마다 다 천국에 들어갈 것이 아니요 다만 하늘에 계신 내 아버지의 뜻대로 행하는 자라야 들어가리라 그 날에 많은 사람이 나더러 이르되 주여 주여 우리가 주의 이름으로 선지자 노릇하며 주의 이름으로 귀신을 쫓아내며 주의 이름으로 많은 권능을 행하지 아니하였나이까 하리니 그때에 내가 그들에게 밝히 말하되 내가 너희를 도무지 알지 못하니 불법을 행하는 자들아 내게서 떠나가라 하리라"(마 7:21-23)

예수님께서는 주님의 이름을 빗대어 선지자 노릇하면서 귀신을 쫓아내며 다양한 이적과 권능을 행하는 종교인들에 대한 경고를 하셨다. 그들은 하나님을 앞세워 많은 활동을 하며 훌륭한 신앙인으로 인정받게 된다. 그러나 그들은 하나님과 아무런 상관이 없는 자들이다. 하나님으로부터 허락된 일이 아님에도 불구하고 많은 사람들은 오해하게 되는 것이다.

우리는 하나님의 이름을 핑계대어 예언을 하며 미래에 일어날 일들을 적중시키는 기독교 내부의 거짓 종교인들을 항상 조심해야 한다. 다른 모습으로 발생하는 다양한 이적들도 마찬가지다. 귀신이 다양한 방편들을 통해 자신의 일을 하고 있는 것을 보며 그것이 마치 하나님께서 행하시는 일인 양 오해하거나 속아서는 안 된다.

우리는 엔돌의 신들린 무당이 죽은 사무엘의 혼령을 불러올려 행한 무속의례를 보며 많은 교훈을 얻게 된다. 그 일이 이방 지역이 아니라 이스라엘 지경 안에서 일어났다는 사실을 잊어서는 안 된다. 오늘날도 기독교와 교회 가운데서 하나님의 이름과 선지자들의 이름을 빗대어 무속행위를 하는 종교인들이 많이 있다는 사실을 정신 차려 살펴 볼 수 있어야 한다.

4. 블레셋의 편에 서 있는 다윗

다윗과 그의 부대는 블레셋의 편에 서 있었지만 사울 왕이 이끄는 이스라엘 군대와 맞서 전투하지 않았다. 하나님께서 다윗으로 하여금 이스라엘 민족을 치는 자리에 서지 않도록 인도하셨다. 그것은 특별한 경륜 가운데 베풀어진 하나님의 간섭으로 말미암은 것이었다.

블레셋 군대가 이스라엘을 공격하기 위해 아벡Aphek에 진치고 있을 때 다윗도 그들과 함께 있었다. 다윗은 휘하의 부대를 이끌고 블레셋의 군대에 편입된 상태였다. 그는 총 사령관 아기스와 함께 전투장에 나가 이스르엘Jezreel에 진치고 있던 사울 왕의 군대와 대치하고 있었다.

그때 블레셋의 장군들 가운데 몇 사람이 다윗과 그가 이끄는 부대에 대해 강한 문제를 제기했다. 다윗은 원래 사울 왕의 부하였기 때문에 언제 칼을 돌려 자기들을 역공격하게 될지 모르는 위험한 인물이라는 것이었다. 그들로서는 충분히 생각할 수 있는 문제였다.

물론 아기스 왕은 그동안 자신이 지켜본 바로는 다윗이 충분히 신뢰할 만한 인물임을 내세워 함께 전투에 임하고자 했다. 다윗과 함께 나아가면 블레셋 군대에 크게 유리할 것이라 판단하고 있었던 것이다. 그러자 블레셋 군대의 장군들은 더욱 강한 불만을 나타내어 진노하게 되었다. 언제 배신하게 될지 모르는 적국 민족의 혈통을 지닌 위험한 인물과 함께 전투에 임할 수 없다는 것이었다. 그러면서 아기스에게 이스라엘 백성들이 "사울의 죽인 자는 천천이요 다윗은 만만이로다"는 이스라엘의 민간에 퍼져있는 노래를 상기시켰다.

아기스는 결국 다수의 장군들의 간청에 따라 하는 수 없이 다윗을 후방 지역으로 돌려보낼 수밖에 없었다. 그는 다윗을 불러 자신은 그를 신뢰하지만 다른 장군들이 강하게 문제를 제기하기 때문에 하는 수 없이 본성本城으로 돌아가라고 권면했다. 괜히 블레셋 군대의 장군들의 눈에 거슬릴 필요가 없다는 것이었다. 다윗은 그 말을 듣고 잠시 가벼운 항의를 했지만 결국 아기스의 말을 받아들였다.

블레셋 군대는 다음날 새벽 일찍 이스라엘을 공격하기 위해 이스르엘을 향해 진군했으며, 다윗은 자기가 지휘하는 군사들을 이끌고 이스라엘이 아닌 블레셋 땅으로 되돌아갔다. 다윗이 사울 왕이 이끄는 이스라엘 군대와 직접 맞서 싸우지 않았던 것은 하나님의 특별한 간섭에 의한 것이었다.

제20장 _ 다윗의 승리와 사울 왕의 전사

(삼상 30:1-30; 31:1-13)

1. 아말렉 사람들의 공격과 다윗의 신앙적 반응

블레셋 군대는 사울 왕과 싸우기 위해 출전했으며, 다윗은 여러 장군들의 반대로 인해 시글락으로 되돌아왔다. 다윗이 시글락으로 돌아왔을 때 그곳은 아말렉 군대의 기습으로 인해 엉망이 되어 있었다. 아말렉 사람들이 시글락을 침공해 도성을 불살랐으며 수많은 여인들을 사로잡아 갔다. 그들은 일반 부녀자들 뿐 아니라 다윗의 두 아내 아히노암과 아비가일도 포로로 잡아갔다.

그런 형편에 놓인 시글락의 남은 자들은 탄식하며 울고 있었다. 그들은 그 원인이 다윗에게 있다고 판단하여 다윗을 죽이려 했다. 즉 아말렉 사람들이 시글락을 공격한 이유는 다윗이 그곳에 있었기 때문이라는 것이다. 다윗은 그로 인해 위급한 상황에 처하게 되었지만 하나님만을 의지했다. 그는 하나님께 의지할 수밖에 달리 방법이 없다는 사실을 잘 알고 있었던 것이다.

그렇게 함으로써 용기를 되찾은 다윗은 제사장 아비아달에게 에봇을 가져오도록 요구했다. 아비아달이 에봇을 가져오자 여호와께 물었다. 이스라엘 백성을 공격했던 아말렉 사람들의 뒤를 추격해도 좋을지 하나님께 물었던 것이다. 이에 하나님께서는 다윗으로 하여금 아말렉 군대를 공격하도록 허락했다. 그렇게 하면 사로잡혀간 여인들과 빼앗긴 모든 것들을 되찾을 수 있으리라 말씀하셨다.

우리는 여기서 다윗의 신앙자세를 엿보게 된다. 그것은 그가 이방인들과 싸울 때 하나님의 응답을 기다렸다는 것이다. 즉 다윗은 자기 판단에 의해 이방 족속들에 대한 공격에 나섰던 것이 아니라 하나님의 뜻에 따르고자 했다.

이방 세력인 아말렉 사람들에 대한 다윗의 응징은 단순한 감정에 의존한 것이 아니었다. 자신의 사랑하는 가족과 부하들의 가족을 포로로 빼앗긴 판국에 곧바로 추격을 시도할 수 있었지만 다윗은 그렇게 하지 않았다. 그는 자기에게 위급하고 불리한 상황이 전개되었으나 스스로 결단을 내리지 않고 하나님의 뜻을 물었다. 그는 하나님의 구체적인 인도하심을 받아 모든 일을 수행하고자 했던 것이다.

2. 아말렉에 대한 다윗의 응징

하나님의 뜻을 알게 된 다윗은 군사들을 이끌고 아말렉 군대를 추격했다. 그는 진군進軍하는 동안 피곤에 지친 이백 명의 병사들을 브솔 시내(Besor Ravine)에 머물게 했다. 그리고 나머지 싸울 만한 군인들 사백 명을 이끌고 적군을 뒤쫓았다.

다윗의 군대는 아말렉 사람들을 찾아가던 중 심한 피곤에 지쳐 낙오한 애굽 청년 하나를 만나게 되었다. 그들은 그 사람을 통해 아말렉에 대한 정보를 얻고자 하여 그를 다윗에게 데려왔다. 그 청년은 며칠 동안을 먹고 마시지 못해 극도로 지쳐있는 상태였다. 다윗이 그에게 음식을 마련해 먹게 하자 그 음식으로 인해 힘을 얻어 비로소 정신을 차리게 되었다.

다윗은 그 애굽 청년에게 그의 신분을 물었다. 그는 애굽 출신으로 아말렉 사람의 하인으로 있었으나 며칠 전 병이 들게 되자 주인이 자신을 들에 버리고 가버렸다는 것이다. 이는 그가 아말렉 군대에 속한 사람이었음을 말하고 있다. 그는 자기가 속했던 무리가 얼마 전 유다에 속한 일부 지방을 비롯한 여러 지역과 시글락을 불살라 파괴했음을 실토했다.

다윗은 그 청년의 말을 듣고 아말렉 군대가 있는 곳으로 안내해주겠느냐고 물었다. 그러자 그 사람은 자신의 생명을 보장해준다고 신에게 맹세한다면 그렇게 하겠노라고 말했다. 자기가 아말렉 군대가 주둔하고 있는 곳을 알고 있다는 것이었다.

그리하여 다윗의 군대는 그 청년을 앞세워 아말렉 군대가 머물러 있는 곳으로 찾아갔다. 그들이 있는 곳에 도착해 보니 아말렉의 병사들은 블레셋 지역과 유다 땅에서 승리하여 많은 전리품을 얻었으므로 인해 잔치를 벌이고 있었다. 그들은 먹고 마시고 춤을 추며 승리의 축배를 들고 있었던 것이다.

아말렉의 군사들이 승리감에 빠져 술에 취해 있을 때 다윗의 군대는 그들을 급습했다. 다윗은 그들이 만취하는 시간을 기다렸다가 새벽부터 그들을 공격하기 시작하여 이튿날 해가 저물 때까지 그들을 쳤다. 그러자 아말렉 군대는 혼비백산魂飛魄散하여 도망칠 수밖에 없었다. 그 공격을 피해 낙타를 타고 도망한 수백 명의 아말렉 군사들 외에는 다윗의 군대가 휘두르는 칼날에 의해 전부 대패하게 되었다.

3. 다윗의 승리와 전리품

아말렉 군대를 기습적으로 공격한 다윗은 그들에게 포로로 잡혔던 자신의 두 아내를 비롯한 다른 모든 사람들을 구출했다. 그리고 아말렉 사람들에게 빼앗겼던 크고 작은 모든 물건들을 되찾게 되었다. 뿐만 아니라 그들의 양 떼와 소 떼를 탈취해 돌아왔다.

아말렉 사람들에게 빼앗겼던 모든 것들을 되찾고 동물들을 몰고 귀환하면서 병사들은 승리를 노래했다. 그들은 그 가운데서 특별히 다윗의 이름을 부르며 승리를 즐거워했다. 백성들은 아말렉에 대한 승리가 다윗으로 말미암아 이루어진 것임을 노래했다.

출전하면서 이백 명의 군사를 머물게 했던 브솔 시내에 도착하자 남아있던 병사들이 승전한 다윗의 군대를 영접했다. 그때 그들 가운데서 전승戰勝에 대한 공과功過를 따지는 문제가 발생했다. 다윗과 함께 아말렉을 징벌하는 전투에 참가했던 병사들 가운데 일부 이기적인 자들이 적군으로부터 빼앗은 전리품을 아말렉 전투에 참여하지 않는 자들에게 나눠 줄 수 없다고 주장했다.

그들은 저들의 처자妻子만 주어 데리고 가게 하고 전리품은 뒤에 남아있었던 병사들에게 나누어주지 않으려 했다. 그러나 다윗은 그런 주장을 하는 자들을 엄하게 책망했다. 그들이 승리한 것은 전적으로 여호와 하나님의 은혜로 말미암은 것임을 말했던 것이다. 하나님께서 허락하신 승리와 그로 인해 얻은 전리품을 그런 식으로 나눌 수 없다는 것이었다. 다윗은 그 점에 대해 분명히 말했다.

> "나의 형제들아 여호와께서 우리를 보호하시고 우리를 치러 온 그 군대를 우리 손에 넘기셨은즉 그가 우리에게 주신 것을 너희가 이같이 못하리라 이 일에 누가 너희에게 듣겠느냐 전장에 내려갔던 자의 분깃이나 소유물 곁에 머물렀던 자의 분깃이 동일할지니 같이 분배할 것이니라"(삼상 30:23, 24)

우리는 여기서 하나님을 경외하는 다윗의 신앙적인 마음을 읽을 수 있다. 다윗은 전쟁에서 저들을 보호하신 분도 하나님이시며 승리를 허락하신 분도 하나님이란 사실을 분명히 알고 그 점을 병사들에게 언급했다. 하나님께서 주신 것을 자기들의 판단에 따라 스스로에게 특별한 공적을 돌리고 전리품을 나누는 행위는 잘못되었다는 것이다.

그러므로 다윗은 그들이 얻은 전리품을 전투에 직접 참가했던 자들이나 후방에 머물러 있던 자들 사이에 아무런 구분 없이 균등하게 분배할 것을 명령했다. 그때 다윗이 행한 그것이 이후 이스라엘 민족의 율례와 규례가 되었다.

또한 시글락에 도착한 다윗은 아말렉으로부터 탈취한 전리품을 유다 지파의 장로들에게 선물로 보냈다. 그는 유다 지파 사람들이 흩어져 있는 여러 지역들에 위치한 모든 성읍들에 그것을 나누어 보냈던 것이다. 다윗은 그것을 통해, 하나님께서 원수인 아말렉 군대를 자기의 손에 붙였음을 알렸던 것이다.

4. 사울 왕과 요나단의 전사

한편 다윗의 군대가 아말렉을 추격하여 승리를 거두고 있는 동안, 사울 왕의 군대와 블레셋 군대는 상호 접전을 벌이고 있었다. 그러나 점차적으로 블레셋 군대가 승기를 잡아가게 되었다. 결국 사울 왕이 이끄는 이스라엘 병사들은 블레셋 군인들 앞에서 패하게 되자 지리멸렬하여 도망할 수밖에 없었다. 이는 아말렉 군대를 궤멸시키고 승리의 개가를 부르고 있는 다윗과 크게 대비된다.

길보아 산으로 도망간 이스라엘 병사들은 블레셋 군사들의 칼날을 피할 길 없었다. 그때 다윗의 친구인 요나단을 비롯한 사울의 세 아들들이 적군의 손에 의해 전사당했다. 그런 와중에 사울 왕도 적군이 쏜 화살에 맞아 중상을 입게 되었다. 그는 더 이상 전투를 지속할 수 없는 처지에 빠졌다.

사울은 자기의 병기를 들고 따라다니는 부관에게 칼을 빼 자기를 죽여 달라고 명령했다. 이방의 블레셋 군인의 손에 의해 죽는 모욕을 피하고 싶다는 것이었다(삼상 31:4). 그러나 사울 왕의 부관은 그렇게 하는 것이 두려워 그의 명령을 따르지 않았다.

결국 사울 왕은 스스로 칼을 빼 자기의 목숨을 끊는 자살을 시도했다. 그러나 사울의 생명은 쉽게 끊어지지 않았다. 그 광경을 가까이서 지켜보던 왕의 부관은 고민하던 끝에 그 자리에서 자살하고 말았다.

깔끔한 자살에 실패한 사울 왕은 마지막 고통을 이기지 못하고 결국 옆을 지나가던 아말렉 출신 병사의 손을 빌려 최종적인 죽음을 맞았다(삼하 1:10). 그것은 그가 결코 원하지 않던 이방인의 손에 의한 죽음이었다. 이방인의 손에 들린 칼에 의해 전장에서 죽게 된 그는 불행한 죽음을 맞게 된 것이다. 그리하여 사울 왕은 자기의 세 아들들과 함께 같은 날 동일한 전장에서 모욕적인 죽음을 맞게 되었다.

"사울과 그의 세 아들과 무기를 든 자와 그의 모든 사람이 다 그 날에 함께 죽었더라"(삼상 31:6)

사울의 죽음은 일반적인 한 사람의 죽음 이상의 의미를 지닌다. 그는 결코 평범한 죽음을 맞았던 것이 아니라 적군을 눈앞에 둔 채 스스로 목숨을 끊으려고 자살을 시도했다. 그나마 자살에도 실패하고 이방인의 손을 빌려 죽음에 이르게 되었다. 나아가 혼자만 죽었던 것이 아니라 그의 세 아들들마저 그 전장에서 처참하게 죽었다. 과거에 가졌던 그의 모든 야망과 영광은 한 줌 물거품이 되고 말았다.

사울 왕의 죽음은 그의 가족의 멸망을 의미하며 그의 왕국의 패망을 의미하고 있다. 사울과 그의 아들들이 전사했다는 사실과 패전한 이스라엘 병사들이 도주한 사실을 알게 된 인근의 사람들은 저마다 성읍을 버리고 도망하였다. 그리하여 블레셋 사람들은 이스라엘 백성들이 버리고 간 성읍에 들어와 거하게 되었다.

사울과 그의 세 아들이 전사한 그 이튿날 블레셋 군대는 이스라엘의 죽은 병사들을 확인하고 전리품을 거두기 위해 왔다가 사울 왕과 그의 세 아들들이 길보아 산에서 전사한 것을 확인했다. 블레셋 병사들은 사울 왕의 머리를 베고 그의 갑옷을 벗겼다. 그들은 그 시체와 갑옷을 블레셋의 아스다롯Ashtaroth 신당을 비롯한 여러 지역에 흩어 둠으로써 블레셋의 승리를 자축하고자 했다.

하지만 이스라엘 백성에게 있어서 그것은 엄청난 비극이었다. 사울 왕을 비롯한 그의 아들들의 전사 소식과 왕의 시체가 이방 블레셋 사람들에 의해 모독을 당하고 있다는 사실은 참을 수 없는 일이었다. 그리하여 길르앗 야베스 거민들은 특별히 용맹한 병사들을 택하여 블레셋 진영으로 들여보냈다. 그들은 거기서 사울 왕과 그 아들들의 시체를 거두어 와서 화장火葬을 하고, 그 뼈를 야베스에 있는 에셀나무 아래 장사지낸 후 칠일 간 금식했다.

블레셋 사람들이 승리의 축배를 들고 있던 때 사울 왕의 진영은 슬픔에 빠져 있었다. 나아가 다윗의 군대가 승리의 기쁨을 누리고 있는 동안 사울 왕의 군대는 패망의 길에 들어서 있었다. 여기서 우리는 언약의 왕국을 건립하기 위한 하나님의 놀라운 섭리와 세미한 경륜을 보게 된다.

5. 사무엘, 사울, 다윗

사무엘상에는 전체적으로 보아 이스라엘 민족 가운데 거했던 특별한 인물들인 사무엘, 사울, 다윗에 관한 내용들이 기록되어 있다. 사사시대 말기와 하나님께서 아브라함에게 약속하신 언약의 왕국이 세워지기 전에 그 세 사람은 서로 매우 중요한 관계를 형성하고 있었다.

제20장 _ 다윗의 승리와 사울 왕의 전사(삼상 30:1-30; 31:1-13)

사사시대가 끝나갈 무렵 첨예한 국제정세 가운데 살아가고 있던 이스라엘 백성들은 주변 국가들에 뒤지지 않는 막강한 왕국을 세우고자 원했다. 그들은 이 땅에 자기들이 원하는 왕국을 세우기를 원했던 것이다. 또한 그들은 영원한 메시아를 보내시고자 하는 하나님의 뜻을 구했던 것이 아니라 자기들을 위한 왕국을 구했다.

이스라엘 백성들은 하나님의 계획을 완전히 무시했지만 하나님께서는 그들의 요구에 따라 사울 왕국을 허용하셨다. 그 과정에서 사무엘은 이스라엘의 왕을 세우는 선지자 역할을 감당했다. 백성의 요구에 의해 세워진 사울은 진정한 언약 왕국의 왕이 아니었다. 하나님께서 그를 왕으로 세우기는 했으나 그는 백성들의 구미에 맞는 왕이었을 뿐 하나님의 뜻에 합한 자는 아니었던 것이다.

하나님께서 자신의 뜻에 맞지 않은 왕을 기꺼이 세우신 까닭은 이스라엘 백성들 가운데서 행해야 할 하나님의 놀라운 구속사적 뜻이 있었기 때문이다. 즉 이스라엘 백성들은 하나님을 버리고 있었지만 그들 가운데서 이룩하게 될 하나님의 구속사역이 남아있었던 것이다. 하나님께서는 자신이 원하시는 참 언약의 왕국을 세우시기 위해 이스라엘 백성들이 원하는 과정적 왕국을 허용하셨던 것이다.

사울 왕이 블레셋과의 전쟁에서 사망함으로써 과정적 왕국이었던 그의 나라는 완전히 막을 내렸다. 이제 하나님께서 세우시게 될 제사장 나라인 언약 왕국이 다윗을 통해 새롭게 확립된다. 하나님께서는 이 일을 위해 이미 오래 전 지속적으로 일해 오셨다. 사무엘이 살아있을 때 하나님은 그를 통해 다윗을 부르시고 그에게 기름을 붓게 하심으로써 새 이스라엘 왕국의 왕이 될 자임을 선포하셨던 것이다.

사무엘상에서는 전체적으로 메시아를 보내시기 위해 하나님께서 이스라엘 민족을 어떻게 인도해 가시는지에 대한 구속사적 과정을 선명하게 보여 주고 있다. 맨 마지막 부분에서는 아말렉에 대한 다윗의 승리와 잔치의 모습이 생생하게 기록되어 있다. 동시에 사울 왕의 전사戰死와 그의 가문이 패망해가는 모습이 구체적으로 드러나고 있다.

  이는 이스라엘 백성들이 원했던 사울 왕국의 패망과 하나님께서 세우시는 다윗 왕국의 승기勝機를 보여주고 있다. 여기서 순전한 하나님의 뜻에 의해 세워진 다윗의 세력과 이스라엘 백성의 요구에 의해 세워진 사울 왕의 말로가 극명하게 대비되고 있다. 이로써 하나님께서는 다윗을 통해 자신의 제사장 나라를 건립하기 위한 놀라운 계획을 진척시키고 계셨던 것이다.

제2부
사무엘하

제21장 _ 사울의 죽음과 다윗이 부른 '활의 노래'

(삼하 1:1-27)

1. 사울의 전사戰死 사실이 다윗에게 보고 됨

다윗이 아말렉 군대에 대한 승리를 거두고 시글락으로 돌아온 뒤 며칠 지나지 않아 사울 왕의 진영에서 아말렉 출신의 한 병사가 나왔다. 당시 사울의 군대는 블레셋에 의해 대패한 상태였다. 그 사람은 찢어진 옷을 입고 있었으며 온 몸과 머리에는 흙이 묻어 있었다.

그는 다윗에게 나아와 엎드려 부복했다. 다윗이 그에게 자초지종을 묻자 그는 이스라엘 진영에서 도망나온 사실과 사울의 병사들 가운데 많은 사람이 도망을 쳤으며 상당수가 전사하게 되었음을 보고했다. 그리고 사울 왕과 요나단도 그 전투에서 죽었음을 고했다.

다윗은 그에게 사울과 요나단이 죽은 사실을 어떻게 알고 있느냐고 물었다. 그때 그 아말렉 출신의 병사는 다윗으로부터 자신의 공적을 인정받아 포상을 받고자 기대했던 것으로 보인다. 그러므로 자기가 사울을 죽이는데 나름대로 한 역할을 감당했음을 고했다. 그의 눈에는 다윗이 이스라엘 민족의 군주君主될 인물이 아니라 블레셋의 장군으로 비쳐질 수 있었다. 나아가 다윗이 한 때 사울 왕의 부하로 있었으나 지금은 그와 원수가 되어 있는 것으로 판단할 수 있었던 것이다.

그 사람은 사울 왕에게 행한 자신의 공적을 다윗에게 보고했다. 그가 길보아 산에 올라갔을 때 사울 왕은 자기 창에 기대고 있었으며 블레셋 군대가 그를 추격하고 있었다고 말했다. 그때 사울 왕은 이미 중상을 입은 상태였으며 자살에 실패한 상태로 목숨만 붙어 있는 상태였다. 사울은 고통에 빠져있으면서 적국 병사인 자기에게 죽여 달라고 요구했다고 한다. 그래서 그는 사울 왕이 다시 살아날 가능성이 없음을 확인하고 그를 죽였노라고 했다.[34]

그는 자신의 공적을 은근히 드러내면서도 사울 왕의 요청에 의해 그를 죽이게 되었다는 사실을 언급했다. 그 사실을 통해 자신의 전공戰功을 인정받고자 했다. 자살미수로 인해 고통 중에 있는 사울을 살해했으므로 전략적인 것은 아니었지만 나름대로 전공을 내세웠던 것이다.

그 병사는 사울의 죽음을 입증하기 위해 왕관과 팔에 차고 있던 고리를 벗겨서 다윗에게 가져 왔다. 그는 블레셋 군인들이 전리품을 거두기 위해 그곳에 도착하기 전에 사울 왕을 죽이고 그의 왕관과 팔 고리를 가지고 다윗에게로 도망쳤던 것이다. 그가 생각할 때 그것은 다윗에게 낭보朗報가 되리라 여겼던 것이 분명하다.

---

34) 그런데 아말렉 출신의 그 병사가 정말 사울을 죽였을까? 혹 그가 다윗으로부터 포상을 기대하며 거짓말을 했던 것은 아닐까? 사무엘상 31장에는 사울 왕이 자살했음을 기록하고 있다. 즉 그가 자살미수에 그쳤음을 언급하고 있지 않다. 어쩌면 아말렉 출신의 병사는 자기가 사울 왕을 죽이지 않았으면서 그렇게 했노라고 거짓말을 했을 가능성이 없지 않다. 이는 그가 다윗으로부터 포상을 받을 욕심으로 그런 거짓말을 했을지도 모른다. 하지만 실제로 그가 사울의 마지막 생명을 거두었을 가능성도 높다. 이는 그 병사가 사울 왕의 왕관과 유품을 가지고 다윗에게 온 것을 미루어 보아 그가 사울의 마지막 상태를 지켜본 사람으로 인정되기 때문이다.

2. 다윗의 애곡哀哭

아말렉 청년의 짐작과는 달리 사울 왕의 전사 소식은 다윗에게 비보悲報였다. 사울과 요나단이 죽었다는 소식을 접한 다윗은 슬퍼하여 울면서 금식했다. 이는 다윗뿐 아니라 그와 함께 있던 다른 모든 이스라엘 병사들도 마찬가지였다.

그런데 우리가 여기서 주의 깊게 생각해 볼 문제가 있다. 그것은 사울의 죽음이 다윗에게 반가운 소식이 아니었을까 하는 점이다. 다윗이 슬퍼하며 울었던 까닭은 사울의 전사 때문이 아니라 요나단의 죽음 때문이 아니었을까?

성경의 문맥을 보아 우리가 분명히 알 수 있는 사실은 그의 애곡이 요나단이 아니라 사울 왕 때문이었다는 사실이다. 물론 거기에는 요나단의 죽음에 대한 슬픔이 포함되어 있었을 것이다. 하지만 다윗이 공적으로 슬퍼하는 중심에는 사울 왕이 있었음이 틀림없다.

슬픔에 빠진 다윗은 사울을 죽인 아말렉 청년을 심하게 책망했다. 그의 전공을 인정받아 포상을 받기는커녕 왕의 생명을 끊은 그가 얼마나 악한 행동을 했는지 지적했다. 그의 행동이 악했던 까닭은 사울 왕이 여호와 하나님의 기름부음을 받은 자이기 때문이었다.

> "다윗이 그에게 이르되 네가 어찌하여 손을 들어 여호와의 기름 부음 받은 자 죽이기를 두려워하지 아니하였느냐 하고"(삼하 1:14)

다윗은 결국 사울 왕의 왕관과 유품을 전리품으로 가져와 포상받기를 원했던 아말렉 출신의 병사를 저주하며 죽여 버렸다. 그는 포상을 받았던 것이 아니라 사형을 당하는 중벌을 받았던 것이다. 그렇다면 무엇 때문에 다윗은 원수 같은 사울의 죽음을 위해 그토록 애곡했을까? 우리는 공적으로 사울의 죽음을 애곡한 다윗의 심중을 잘 이해해야만 한다. 그에 대한 의미가 그가 불렀던 '활의 노래'에 표현되고 있다.

3. 다윗이 부른 '활의 노래' (Song of the bow)

(1) '활의 노래' 35)

이 노래는 '야살의 책'(Book of Jashar)에 기록되어 있었다(삼하 1:18). 야살의 책은 계시된 하나님의 말씀은 아니었지만 이스라엘 민족의 역사가 부분적으로 기록된 서적이었다. '활의 노래'가 야살의 책에 기록되어 있었던 것은 그 노래가 이스라엘의 민간에 널리 퍼져 있었음을 말해주고 있다. 사무엘하 1장에 '활의 노래'가 기록된 것은 하나님의 계시에 의한 것이었다. 즉 그것은 야살의 책에 수록된 다윗의 '활의 노래'를 옮겨 적은 것이 아니라 하나님의 말씀으로서 다시금 계시였던 것이다. 다윗이 부른 노래가 성경에 기록된 것은 그것이 가지는 구속사적 의미가 그만큼 컸기 때문이다.

(2) 블레셋을 경계하고 이스라엘을 보호하고자 하는 다윗의 마음

다윗은 이 노래를 통해 자신이 블레셋에 선 사람이 아님을 분명히 밝히고 있다. 외형적으로 보아 다윗은 당시 블레셋의 편에 서 있는 듯이 보였을 것이다. 일반 이스라엘 백성들 가운데 다수가 적국의 장군이 되어 있는 다윗을 못마땅했을 것이 틀림없었다. 하지만 다윗은 그에 대해 달리 부인하거나 해명할 기회가 없었다. 그러나 다윗은 '활의 노래'를 통해 자기가 블레셋의 편에 서있는 것이 아니라 이스라엘 민족을 위한 자임을 명확하게 밝혔다.

---

35) 이 노래가 '활의 노래'로 명명된 것은 하나님을 알지 못하는 블레셋에 대한 다윗의 강한 응징의사를 보여주고 있다. 이를 통해 다윗은 자신이 블레셋의 편이 아니라 이스라엘 민족에 속해 있다는 정체성을 만방에 선포했던 것이다.

"이스라엘아 네 영광이 산 위에서 죽임을 당하였도다 오호라 두 용사가 엎드러졌도다 이 일을 가드에도 알리지 말며 아스글론 거리에도 전파하지 말지어다 블레셋 사람들의 딸들이 즐거워할까 할례 받지 못한 자의 딸들이 개가를 부를까 염려로다"(삼하 1:19, 20)

다윗은 이 노래 가운데서 사울 왕과 요나단을 '이스라엘의 영광'으로 표현하고 있다. 전사당한 그 두 용사들이 이스라엘 민족 가운데 하나님으로 말미암아 세워진 지도자들이었음을 인정하고 있었던 것이다. 많은 백성들이 다윗을 사울 왕에게 적개심을 가지고 반란을 꾀한 인물로 인식하고 있는 터에 다윗은 자신이 그런 마음을 먹고 있는 것이 아님을 드러냈던 것이다.

그러면서 그는 도리어 블레셋을 강하게 경계하고 있다. 다윗은 지금 블레셋의 영역인 시글락에 머물고 있으면서 사울 왕의 전사로 인해 블레셋 사람들이 가지게 될 승리의 감정에 대해 강하게 경계했다. 즉 이스라엘의 왕과 왕자가 전사함으로 인해 블레셋이 승리의 개가를 부르는 것을 염려하지 않을 수 없었다.

블레셋 사람들이 사울과 요나단의 전사 소식을 듣게 되면 자신의 승리를 노래할 뿐 아니라 이스라엘과 여호와 하나님을 비웃을 것이다. 하나님의 놀라운 섭리를 알지 못하는 이방인들이 하나님께서 택하신 민족을 비웃으며 여호와 하나님을 능욕하는 것을 그냥 보고 있을 수 없다. 그 이방인들은 하나님이 살아있다면 왜 이스라엘을 보호하지 못했느냐며 비야냥댈 것이 분명하다. 다윗은 그 점을 염려하며 노래로써 자신의 심경을 밝혔던 것이다.

(3) 사울과 요나단을 죽인 블레셋을 응징하고자 하는 다윗의 결심
사울은 일시적으로나마 하나님께서 기름부어 이스라엘 민족의 지도자로 사용했던 인물이다. 그리고 요나단은 이스라엘 민족을 선택하신

하나님의 뜻을 아는 그의 왕자였다. 그들은 하나님께서 특별히 세우신 이스라엘 민족의 지도자들이었다. 그들이 블레셋과의 전투에서 전사를 당했다.

> "길보아 산들아 너희 위에 이슬과 비가 내리지 아니하며 제물 낼 밭도 없을지어다 거기서 두 용사의 방패가 버린바 됨이니라 곧 사울의 방패가 기름 부음을 받지 아니함 같이 됨이로다 죽은 자의 피에서, 용사의 기름에서 요나단의 활이 뒤로 물러가지 아니하였으며 사울의 칼이 헛되이 돌아오지 아니하였도다"(삼하 1:21, 22)

다윗은 자연도 그들의 죽음에 대해 슬픔으로 반응할 것이라고 노래함으로써 자신의 애절한 심경을 표현했다. 그러면서 그들의 죽음이 결코 헛되지 않을 것임을 노래하고 있다. 그 가운데는 사울 왕과 요나단을 죽인 블레셋을 반드시 응징하리라는 다윗의 결심이 엿보인다. 이는 블레셋과 이스라엘은 서로 맞서 싸워야 할 원수지간임을 말하고 있다.

(4) 사울과 요나단의 죽음에 대한 다윗의 애곡
다윗은 사울 왕과 요나단의 생전의 삶을 기억하며 그들의 죽음을 애도하고 있다. 그는 그들 부자의 용맹스러움을 상기하면서 온 이스라엘 백성이 함께 애곡하도록 요청하고 있다. 사울과 요나단은 민족의 영웅으로써 이스라엘 민족에게 강력한 터를 제공한 훌륭한 지도자들이었음을 노래했던 것이다.

이는 단순히 일반 백성들의 생활의 윤택함을 말하는 것은 아닌 것으로 보인다. 즉 사울 왕이 백성들에게 화려한 붉은 옷을 입히고 금 노리개를 옷에 채웠다는 의미는 백성들의 삶을 노래한 것이 아니라 민족적 위상을 말하고 있다.

> "사울과 요나단이 생전에 사랑스럽고 아름다운 자이러니 죽을 때에

도 서로 떠나지 아니하였도다 그들은 독수리보다 빠르고 사자보다 강하였도다 이스라엘 딸들아 사울을 슬퍼하여 울지어다 그가 붉은 옷으로 너희에게 화려하게 입혔고 금 노리개를 너희 옷에 채웠도다 오호라 두 용사가 전쟁 중에 엎드러졌도다 요나단이 네 산 위에서 죽임을 당하였도다 내 형 요나단이여 내가 그대를 애통함은 그대는 내게 심히 아름다움이라 그대가 나를 사랑함이 기이하여 여인의 사랑보다 더하였도다 오호라 두 용사가 엎드러졌으며 싸우는 무기가 망하였도다"(삼하 1:23-27)

다윗은 사울과 요나단의 죽음을 애통해 하면서 그들 부자간의 관계에 대해 언급하고 있다. 그것은 사울과 요나단의 관계가 기본적으로 원만한 관계였음을 노래했던 것이다. 우리가 잘 알고 있듯이 사울 왕은 다윗을 죽이기 위해 모든 수단과 방법을 다 동원했었다. 그러나 요나단은 아버지 사울과 달리 다윗의 생명을 구하기 위해 최선을 다했다. 그 이유 때문에 사울 왕은 왕자인 요나단을 죽이려고까지 했었다.

그런데 다윗은 여기서 사울 왕과 요나단은 좋은 부자관계를 형성하고 있었음을 노래하고 있다. 그것은 생전에 이스라엘 민족을 위한 그들의 마음이 서로간 일치했음을 말하고 있다. 그들 부자가 블레셋 전투에 함께 참여했던 것도 이스라엘 민족의 원수들과 맞서 싸우기 위해서였다. 그러므로 다윗이 사울과 요나단 부자는 죽을 때도 서로 떠나지 않고 함께 전사했다고 노래했던 것이다.

이스라엘 민족을 위해 힘을 다해 싸운 지도자들인 사울과 요나단이 전쟁 중에 죽었으니 애곡하지 않을 수 없었다. 다윗은 용맹한 두 용사가 전쟁 중에 죽었으니 다시금 민족적 힘을 모으지 않으면 안 된다는 사실을 노래를 통해 강변했다. 다윗은 특별히 요나단의 죽음을 애곡하며 그가 기억하던 하나님의 뜻이 반드시 이루어지게 될 것을 다짐하고 있다.

4. '활의 노래'가 지닌 구속사적 의미

다윗이 부른 '활의 노래'는 이스라엘 민족을 통합하는 중요한 기능을 했다. 사울 왕과 요나단이 블레셋 전투에서 전사한 후 이스라엘 민족이 흔들릴 때 다윗은 '활의 노래'를 통해 백성들의 마음을 하나로 결집하고자 했다. 그러므로 다윗은 그 노래를 백성들에게 가르쳐 널리 부르도록 명령했다.

> "다윗이 이 슬픈 노래로 사울과 그 아들 요나단을 조상(弔喪)하고 명령하여 그것을 유다 족속에게 가르치라 하였으니 곧 활의 노래라"(삼하 1:18)

다윗의 이 말 가운데는 매우 중요한 의미가 들어 있다. 이는 그 노래에 대한 분명한 의도와 목적이 있었음을 보여주고 있다. '활의 노래'는 단순히 개인의 감정을 표현한 것이 아니라 이스라엘 민족을 염두에 둔 노래였다. 즉 그 노래는 다윗이 불렀지만 곧 이스라엘 민족의 노래가 되었다. 사울의 죽음을 통해 일시적으로 민족적 구심점을 상실한 백성들이 그 노래를 부름으로써 민족의 정체성을 확인했던 것이다.

특히 '활의 노래' 맨 마지막 단의 "두 용사가 엎드러졌으며 싸우는 무기가 망하였도다"고 노래한 부분에서 다윗은 자신의 강력한 왕국을 예고하고 있다. 이스라엘을 지키던 사울 왕조가 무너진 자리에 언약의 왕국인 다윗 왕조가 세워짐으로써 이방 왕국인 블레셋을 응징하게 될 것을 예고했던 것이다.

다윗은 사울 왕의 죽음으로 인해 이스라엘 민족이 분열되는 것을 적극적으로 막고자 했다. 당시 대다수 일반 백성들은 다윗이 사울과 원수지간인 것으로 생각하고 있었다. 더구나 그때는 다윗이 이스라엘 민족의 사울 왕이 맞서 싸웠던 블레셋의 군대에 속해 있던 자였다. 사울 왕이 이스라엘 민족을 위해 목숨을 내어놓고 죽기까지 하며 용맹하게 싸웠던 인물이라면 다윗은 그때 적국의 편에 서있으면서 사울 왕의 대적이 되어 있었던 것이다.

그러나 그것은 다윗의 진정한 속마음을 알지 못하는 사람들의 생각이었을 따름이었다. 다윗은 하나님께서 사무엘을 통해 기름 부으신 매우 특별한 인물이었다. 하지만 하나님의 경륜에 무지한 일반 백성들은 사울 왕과 요나단이 죽은 마당에 다른 새로운 왕을 원할 것이 분명하다. 그들 중 영향력이 있는 자들은 사울 왕의 불행한 전사를 떠올리며 다윗을 가장 강하게 배제하고 있었을지도 모른다.

그런 복잡한 정국 가운데서 다윗은 '활의 노래'를 불렀으며 그 노래를 백성들에게 가르쳐 부르도록 명령했던 것이다. 이는 다윗 자신이 사울 왕과 궁극적으로 적군이었던 것이 아니라는 사실을 선포하고 있는 것과 같다. 이렇게 함으로써 다윗은 이스라엘 민족 가운데 구체적인 자신의 모습을 드러냈던 것이다.

제22장 _ 다윗과 사울 왕 추종세력 사이의 갈등

(삼하 2:1-32; 3:1-39; 4:1-12)

1. 유다지파의 왕이 된 다윗

아말렉 군대를 대파大破한 다윗은 빼앗은 전리품들을 유다지파의 여러 성읍에 흩어져 있는 장로들에게 보냈었다(삼상 31:26-31). 그동안 사울 왕이 블레셋 군에 패함으로써 죽는 일이 발생했다. 이로써 이스라엘 민족의 정국에 심각한 문제가 발생하게 되었다.

사울 왕조가 붕괴되어 가는 시점에서 다윗은 이제 어떻게 해야 할지 하나님께 물었다. 하나님께서는 당시 블레셋 영토에 머물고 있던 다윗에게 그곳을 떠나 이스라엘 땅 헤브론으로 올라가도록 명령하셨다. 헤브론은 다윗이 스스로 선택한 지역이 아니라 하나님께서 정하신 땅이다(삼하 2:1). 후일 헤브론은 이방인들의 수중에 있던 예루살렘을 공격하는 교두보 역할을 하게 된다.

하나님의 명령을 들은 다윗은 자기의 가족과 모든 추종자들을 이끌고 헤브론으로 가서 각 성읍에 흩어져 살게 했다. 거기서 다윗은 유다지파의 왕으로 세워졌다(삼하 2:4). 유다지파 사람들이 다윗을 그들의 왕으로 옹립했던 것이다.

다윗이 먼저 유다지파의 왕이 되었다는 사실은 메시아를 배태胚胎하게 될 지파의 특수성을 계시하고 있었던 것으로 이해해야 한다. 다윗은 처음부터 전체 이스라엘 민족의 통일 왕이 되었던 것이 아니라 먼저 유다지파의 왕이 된 후 점차적으로 이스라엘 민족의 왕이 되어 갔던 것이다.

유다지파의 왕이 된 다윗은 자신의 영역을 넓혀가기 시작했다. 우선 빼앗긴 사울 왕의 시체를 블레셋으로부터 거두어 장사지냈던 길르앗 야베스 사람들에게 전령을 보내 그들의 처신을 칭찬하며 하나님의 복을 빌었다. 동시에 다윗은 유다지파가 자신을 왕으로 세웠음을 전하면서 그들을 격려했던 것이다. 유다지파의 왕이 된 다윗은 약 7년 반 동안 헤브론에 있으면서 백성들을 다스렸다(삼하 2:11).

2. 이스보셋Ishbosheth이 사울 왕조의 세습 왕으로 옹립됨

사울 왕조에서 사울 왕의 뒤를 이을 왕자는 원래 요나단이었다. 그러나 요나단이 블레셋과의 전투에서 전사했으니 다른 대안이 마련되어야만 했다. 사울 왕의 편에 서있던 자들은 이제 선왕先王의 아들들 가운데 한 왕자가 왕위를 계승해야 한다고 여겼다.

사울 왕 정부의 군사령관이었던 아브넬은 왕과 여러 왕자들이 전사하게 되자 남은 왕자들 가운데 이스보셋을 에브라임과 베냐민 등 이스라엘 민족 일부 지파의 왕으로 옹립했다. 그는 나이 마흔이 되었을 때 이스라엘의 왕이 되었다(삼하 2:10). 그후 두 해 동안 정치를 하며 백성들을 다스렸다.

이렇게 하여 사울 왕이 죽은 다음 이스라엘 민족 가운데는 동시에 두 명의 왕이 있게 되었다. 그들은 사울 왕을 세습하게 된 이스보셋과, 유다지파의 왕으로 옹립된 다윗이었다. 그런 특수한 정치적인 국면 가운데서 두 왕들 사이에 심각한 군사적 충돌이 일어났다. 사울 왕조를 잇고 있던 이스보셋의 군대와 유다지파에 속한 다윗의 군대가 기브온에 있는 한 못을 사이에 두고 결전을 벌이게 되었던 것이다. 그때 이스보셋 군대의 사령관은 아브넬이었으며 다윗 군대의 사령관은 요압이었다.

그 날 기브온에서 있었던 이스라엘 민족 내부의 전투는 맹렬했다. 그러나 사울 왕조의 병사들은 수백 명이나 전사한데 반해 다윗의 병사들 가운데는 사령관 요압의 동생이자 장군이었던 아사헬Asahel을 비롯한 스무 명이 목숨을 잃었다. 결국 다윗의 군대가 대승을 거두게 되었던 것이다. 이후부터 그 곳은 헬갓핫수림Helkathhazzurim, 즉 '날카로운 칼의 밭'이란 지명을 얻게 되었다. 그 날 사울 왕조에 대한 다윗 군대의 대승은 하나님께서 예비하신 새로운 왕조의 탄생을 예고하고 있었다.

3. 다윗의 세력 확장과 사울 왕조의 자중지란自中之亂

사울 왕이 죽은 후 그의 아들 이스보셋을 따르던 사람들과 다윗을 따르는 무리 사이에 오랜 기간 동안 크고 작은 많은 전쟁들이 있었다. 그러던 중 기브온 전투에서 패한 사울 왕조의 추종세력은 힘이 기울어져 간 반면 승리한 다윗의 세력은 더욱 강성해져 갔다. 그 전투를 기점으로 하여 힘의 우열이 점차 분명히 벌어지기 시작했던 것이다.

> "사울의 집과 다윗의 집 사이에 전쟁이 오래매 다윗은 점점 강하여 가고 사울의 집은 점점 약하여 가니라"(삼하 3:1)

다윗의 세력은 이스라엘 민족 가운데 안정된 힘을 축적해 나갔다. 다윗은 헤브론에 있으면서 많은 자녀들을 낳았다. 아히노암을 통해 맏아들 암논Amnon을 낳았으며 아비가일에게서 둘째 아들 길르압Chileab을 낳았다. 그리고 그술Geshur 왕의 공주 마아가Maacah로부터 셋째 아들 압살롬Absalom을 낳았고 학깃Haggith을 통해 넷째 아들 아도니야 Adonijah를 낳았다. 그 후 아비달Abital에게서 다섯째 아들 스바댜 Shephatiah를 낳았으며 에글라Eglah로부터 여섯 째 아들 이드르암 Ithream을 낳았다(삼하 3:2-5).

다윗이 헤브론에 있으면서 여러 여인들을 통해 많은 수의 자녀를 낳았다는 사실은 그의 통치력이 서서히 안정을 찾아가고 있었음을 의미한다. 반면에 많은 다른 여인들의 몸에서 출생한 배 다른 여러 형제들로 말미암아 앞으로 세워지게 될 다윗 왕가에 험난한 일들이 전개될 것이 예고되고 있다.

다윗이 헤브론에서 유다지파의 왕이 되어 안정을 찾아가고 있을 동안 기울어 가는 사울 왕조에서는 불안한 정국이 계속되었다. 그 와중에서 사울 왕조의 마지막 실권을 장악했던 자는 군사령관이었던 아브넬이었다(삼하 3:5). 군사적 실권을 완전히 장악한 아브넬은 점차 안하무인眼下無人격이 되어갔다.

그는 심지어 자기의 권력을 배경으로 하여 사울 왕의 첩이었던 리스바Rizpah와 통간하게 되었다. 신하가 죽은 왕의 첩과 간통을 한다는 것은 결코 있을 수 없는 일이었다. 그러므로 사울의 아들로서 패망해 가는 왕조를 잇고 있던 힘없는 왕이었던 이스보셋이 그것을 알고 아브넬의 불륜을 강하게 책망했다. 이스보셋의 입장에서 본다면 자기 아버지의 첩 곧 서모와 자기 신하가 통간하고 있는 셈이었다.

이스보셋의 책망을 들은 아브넬은 도리어 심하게 분노하게 된다. 자기는 그동안 사울 왕조를 위한 충신으로서 최선을 다해왔는데 하잘 것 없는 여자 문제로 인해 비판받고 있는 것에 대해 참을 수 없다는 것이었다(삼하 3:8). 이로 인해 그는 이스보셋 왕에게 이제부터 사울 왕조로부터 등을 돌리겠다고 선언했다.

"여호와께서 다윗에게 맹세하신 대로 내가 이루게 하지 아니하면 하나님이 아브넬에게 벌 위에 벌을 내리심이 마땅하니라 그 맹세는 곧 이 나라를 사울의 집에서 다윗에게 옮겨서 그의 왕위를 단에서 브엘세바까지 이스라엘과 유다에 세우리라 하신 것이니라"(삼하 3:9, 10)

아브넬은 여기서 부지중에 하나님의 언약을 드러내고 있다. 그는 하나님께서 다윗 왕을 약속의 땅 가나안에서 이스라엘 백성들을 다스리는 통일 왕으로 세우게 될 사실을 말하고 있다. 이는 창세기 12장 앞부분에 기록된 아브라함에게 허락된 땅과 자손에 관한 언약이 다윗을 통해 성취될 것에 대한 예언이다. 이스보셋은 반성은커녕 정면으로 도전하는 아브넬을 보며 두려워하지 않을 수 없었다.

아브넬은 군대장관답게 성질이 매우 급한 인물이었다. 그래서 그는 곧장 다윗에게 전령을 보내 그의 대열에 참여하겠다는 의사를 전달했다. 다윗 왕이 이스라엘 민족의 통일 왕이 되는 일에 앞장서 참여하겠다는 것이었다. 그때 다윗은 순순히 아브넬을 받아들이겠다고 하지 않고 특별한 조건을 하나 제시했다. 그 조건은 일상적인 정치적 협상의 대상이 될 만한 내용이 아니었다. 그것은 의외로 과거에 자기의 아내였다가 빼앗긴 사울의 딸 미갈Michal을 데려오라는 것이었다. 다윗은 아브넬에게 그것을 분명한 언약의 조건으로 내세웠던 것이다.

"좋다 내가 너와 언약을 맺거니와 내가 네게 한 가지 일을 요구하노니 나를 보러올 때에 우선 사울의 딸 미갈을 데리고 오라 그리하지 아니하면 내 얼굴을 보지 못하리라"(삼하 3:13)

다윗은 왜 그런 의외의 요구를 했을까? 이미 다른 남자의 아내가 되어있는 미갈에 대한 애정이 그토록 강하게 남아 있었기 때문이었을까? 그것은 단순히 그런 이유 때문만이 아니었다.

다윗이 사울 왕의 딸이자 자기 아내였던 미갈을 데려오는 것을 언약의 중요한 조건으로 삼았던 까닭은 자기가 사울 왕가王家와 원수지간이 아님을 이스라엘 민족 가운데 천명하고자 함이었다. 사울은 자기를 죽이려 했으며 자기 아내 미갈을 빼앗아 다른 남자에게 주었으나 자기는 여전히 사울의 집안을 원수로 생각지 않는다는 것이었다. 그러면서 은근히 사울의 실책을 드러내고 있다.

다윗의 요구를 들은 아브넬은 사울의 딸 미갈을 전 남편으로부터 강제로 빼앗아왔다. 물론 그 남편은 울며 애걸했지만 무지막지한 권력의 힘 앞에서는 속수무책이었다. 아브넬이 사울의 딸 미갈을 다윗에게 돌림으로써 이스라엘 민족은 새로운 정치적 국면에 처하게 된다.

다윗의 군대에 편입되고자 한 아브넬의 정치적 결단은 가까스로 이어져 오던 사울 왕조에 치명적이었다. 아브넬은 사울 왕조에 속해 있으면서 흔들리고 있던 이스라엘 장로들을 모아 정국을 설명하며 자기를 따라 다윗의 편이 되도록 부탁했다. 이제 다윗을 전체 이스라엘의 왕으로 세우는 일에 참여하자는 것이었다.

> "너희가 여러 번 다윗을 너희의 임금으로 세우기를 구하였으니 이제 그대로 하라 여호와께서 이미 다윗에 대하여 말씀하시기를 내가 내 종 다윗의 손으로 내 백성 이스라엘을 구원하여 블레셋 사람의 손과 모든 대적의 손에서 벗어나게 하리라 하셨음이니라"(삼하 3:17, 18)

사울 왕조가 통치하던 지역의 백성들 가운데도 다윗을 이스라엘 민족의 왕으로 세워야 한다는 지도자들이 상당수 있었다. 그동안 사울 왕조는 그동안 그런 여론이나 동향을 강하게 억제해 왔으나 이제 상황이 크게 달라졌다. 사울 왕조의 군사령관이었던 아브넬이 다윗의 편에 서게 되었기 때문이다.

아브넬은 이제 백성들에게 다윗을 따르는 것이 하나님의 뜻이라고 강조했다. 그 후 그가 수십 명의 부하들을 대동하고 헤브론에 있는 다윗을 방문했을 때 다윗은 그를 위한 성대한 잔치를 베풀며 열렬히 환영했다. 아브넬은 그 자리에서 다윗에게 충성을 맹세하게 된다.

> "아브넬이 다윗에게 말하되 내가 일어나 가서 온 이스라엘 무리를 내 주 왕의 앞에 모아 더불어 언약을 맺게 하고 마음에 원하시는 대로 모든 것을 다스리시게 하리이다 하니 이에 다윗이 아브넬을 보내매 그가 평안히 가니라"(삼하 3:21)

다윗은 아브넬의 충성서약을 받아들였으며 그로 하여금 평안히 집으로 돌아가도록 했다. 그를 위협하여 볼모로 잡거나 죽이지 않고 선하게 대우했던 것이다. 마침 그때 요압을 비롯한 다윗의 군대가 적군과 전투를 마치고 승리하여 돌아왔다. 그들이 없는 사이에 아브넬이 헤브론을 다녀갔으므로 요압을 비롯하여 전투에서 돌아온 사람들은 그 사실을 전혀 알지 못했다.

그에 대해 아무것도 알지 못하고 있던 요압에게 어떤 사람이 찾아와 사울 왕조의 아브넬에 관한 사실을 전했다. 그가 헤브론에 와서 다윗 왕의 환대를 받고 돌아갔다는 것이었다. 요압은 그에 대한 이야기를 듣고 다윗을 찾아가 노골적인 불만을 토로했다. 아브넬이 온 것은 다윗 왕을 속이고자 함이었으며 헤브론의 정보를 입수하기 위해 의도적인 접근을 했다는 것이었다. 그런 그를 평안히 돌려보낸 것은 정책적 실책이었다며 은근히 다윗을 비난했다.

결국 요압은 병사들로 하여금 아브넬의 뒤를 쫓게 하여 그를 헤브론으로 도로 사로잡아 왔다. 그러나 다윗은 그 사실을 전혀 모르고 있었다. 요압은 아브넬을 조용히 불러 대화하려는 듯 제스처를 취하면서 그

제22장 _ 다윗과 사울 왕 추종세력 사이의 갈등(삼하 2:1-32; 3:1-39; 4:1-12) · 249

의 배를 찔러 죽여 버렸다. 그가 그렇게 했던 것은 그 전에 있었던 기브온 전투에서 아브넬이 자기 동생 아사헬을 죽인데 대한 적개심 때문이었다.

나중에야 그 사실을 알게 된 다윗은 아브넬에 대한 안타까운 마음을 드러내면서 그 일로 인해 요압과 그의 집안을 저주했다. 요압은 다윗 왕국을 위해 아브넬을 죽였던 것이 아니라 순전히 자기 동생 아사헬을 위한 복수를 했을 따름이었기 때문이다(삼하 3:27). 다윗은 옷을 찢고 굵은 베옷을 입은 채 금식하며 아브넬의 죽음을 애도했다. 그는 백성들이 보는 앞에서 아브넬을 위한 애가哀歌를 지어 불렀다.

> "아브넬의 죽음이 어찌하여 미련한 자의 죽음 같은고 네 손이 결박되지 아니하였고 네 발이 차꼬에 채이지 아니하였거늘 불의한 자식의 앞에 엎드러짐 같이 네가 엎드러졌도다"(삼하 3:33, 34)

다윗이 애가를 지어 부르자 온 백성이 그것을 듣고 함께 슬퍼하며 울었다. 다윗이 그렇게 했던 이유 가운데 하나는 아브넬을 죽인 자가 다윗이라는 오해가 민간에 일어날 우려가 있었기 때문이었다(삼하 3:37). 그러므로 다윗은 아브넬을 부당하게 죽인 요압에게 하나님의 벌이 임하기를 바란다는 노래를 불렀던 것이다.

다윗은 그렇게 함으로써 자기가 사울 왕조의 마지막 군사령관이었던 아브넬을 해하지 않았음을 만백성들에게 보여주었다. 사울 왕조에 대해 악한 감정을 가지고 있는 것이 아님을 이스라엘 민족 가운데 보여주었던 것이다. 이로 인해 다윗은 일반 백성들의 민심을 크게 얻을 수 있게 되었다.

> "온 백성이 보고 기뻐하며 왕이 무슨 일을 하든지 무리가 다 기뻐하므로 이 날에야 온 백성과 온 이스라엘이 넬의 아들 아브넬을 죽인 것이 왕이 한 것이 아닌 줄을 아니라"(삼하 3:36, 37)

이스라엘 백성들은 사울 왕조에 대한 다윗의 처신을 보며 그를 더욱 신뢰하게 되었다. 그런 다윗의 모습이 전체 이스라엘 민족에게 급속하게 퍼져 나갔음은 지극히 당연하다. 이렇게 함으로써 다윗은 이스라엘 민족의 지도자로서 지위를 점차 굳건하게 구축해 갔다.

4. 사울 왕조의 이스보셋 왕이 받은 충격

기울어져 가는 사울 왕조를 잇고 있던 이스보셋 왕은 당시의 정국을 제대로 판단하지 못하고 있었다(삼하 4:1). 자기 신하였던 아브넬이 헤브론에서 죽었다고 하면 그에게는 도리어 크게 다행한 일이었다. 아브넬은 이미 다윗의 편으로 완전히 돌아선 상태였다. 뿐만 아니라 그는 다른 이스라엘 백성의 지도자들을 만나 다윗의 편에 서도록 설득하고 있었다.

그럼에도 불구하고 사울 왕조의 이스보셋은 그가 살해당했다는 소식을 듣고 큰 충격에 빠졌다. 이스라엘 온 백성들도 그가 헤브론에서 죽었다는 소식을 듣고 매우 놀랐다. 그것은 누가 들어도 쉽게 납득할 수 있는 문제가 아니었다. 만일 이스보셋이 정국을 정확하게 파악하고 있었다면 일반 이스라엘 백성들을 선동할 수도 있었을 것이다.

다윗이 아브넬의 죽음에 대해 애가를 지어 불렀던 것도 이러한 상황이 전개될 것을 예측한 것과 무관하지 않은 것으로 보인다. 즉 다윗이 사울 왕조의 군대장관인 아브넬의 죽음에 대해 애곡을 부르고 형식을 갖추어 슬퍼했던 것은 그럴만한 충분한 이유가 있었다. 다윗은 이스라엘 백성에게 아브넬의 죽음을 슬퍼하는 자신의 모습을 분명히 보여주었던 것이다.

아브넬이 헤브론에서 요압에 의해 살해될 당시 이스보셋 왕에게는 바아나Baanah와 레갑Rechab이라는 두 사람의 군 지휘관이 있었다. 그들은 한 형제로서 사울 왕의 신하들이었다. 하지만 그들은 민족적인 소신을 가진 군인들이 아니라 출세와 자기 목적을 위한 눈치에 능한 자들이었다. 아브넬이 죽었다는 소식을 듣게 된 두 사람은 사울 왕조의 이스보셋 왕을 죽이기로 결심했다. 그렇게 함으로써 신흥세력으로 부각되는 다윗 왕으로부터 인정받고자 했던 것이다.

그들 형제는 마치 다른 일이 있는 것처럼 가장하여 이스보셋 왕의 궁 안으로 잠입해 들어갔다. 그들은 마침 침상에 누워 낮잠을 자고 있는 이스보셋을 죽이고 그의 머리를 베어 헤브론에 있는 다윗에게 달려갔다(삼하 4:7, 8). 그들은 이스보셋의 머리를 다윗에게 보여주며 자신들이 다윗의 원수 사울 왕의 아들 이스보셋을 죽였음을 고했다. 그들은 이스보셋 왕을 죽임으로써 다윗의 적대세력을 완전히 분쇄했으므로 그 공로를 인정받고 포상을 받고자 했던 것이다.

그러나 다윗은 그들에게 포상하기는커녕 그 형제들을 엄하게 벌했다. 그들은 다윗을 위해 충성된 일을 한 것이 아니라 이스라엘 민족에 대한 악행을 저질렀다는 것이다. 다윗은 그들을 죽이고 수족을 베어 헤브론의 못가에 매달았다. 오가는 많은 사람들이 공개적으로 그것을 보도록 했던 것이다.

그리고 다윗은 피살당한 이스보셋 왕의 머리를 헤브론에 있는 아브넬의 무덤에 매장했다. 다윗은 그렇게 함으로써 자기가 유다지파 만을 위하는 인물이 아니라 전체 이스라엘 민족을 기억하는 자임을 만방에 알렸던 것이다. 돌아가는 정국의 눈치를 살피며 성공하려고 시도했던 자들은 결국 처참한 죽음을 맛보게 되었다.

본문 가운데는 요나단의 아들에 관한 특별한 기록이 나타나고 있다. 이는 다윗이 사울 왕조의 씨를 말린 것이 아님을 보여주기 위함이 아닌가 생각된다. 다윗은 사울과 그의 집안을 멸망시키는 것을 목적으로 삼지 않았다. 그의 자손 가운데 하나님께서 세우시게 될 이스라엘 왕국에 저항할 인물이 나게 될 것이라 생각지 않았던 것이다.

사울의 아들 요나단에게는 므비보셋Mephibosheth이라는 아들이 있었다. 요나단은 전사했지만 그의 아들이 생존해 있었던 것이다. 그런데 그는 다리를 저는 사람이었다. 그가 다리를 절게 된 것은 그 전에 있었던 블레셋 전투에서 사울과 요나단이 전사했다는 소식을 들은 그의 유모가 겨우 다섯 살 된 그를 안고 급히 도망하다가 떨어뜨려 다리를 다쳤기 때문이다. 다윗은 나중 요나단의 아들 므비보셋을 특별히 예우하게 된다. 그는 요나단에게 했던 약속을 기억해 마길Makir의 집에 있던 므비보셋을 불러 친아들처럼 대우했다(삼하 9:3-11).

패망해 가는 사울 왕조에 관한 기록 가운데 요나단의 아들 므비보셋의 이름이 특별히 기록된 것은 매우 중요한 의미를 지니고 있다. 이는 원래 요나단이 사울 왕조의 세습왕자였으며 므비보셋은 세습왕자였던 요나단을 상속한 아들이었기 때문이다. 그러므로 므비보셋은 사울 왕조의 정통 왕위계승과 연관되는 인물이었다. 다윗이 그를 특별히 견제하거나 해롭게 하지 않고 도리어 예우했던 것은 하나님께서 세우신 다윗 왕조가 점차 흔들림 없이 굳건히 서 가고 있음을 보여주고 있다.

제23장 _ 이스라엘 민족의 통합 왕이 된 다윗
(삼하 5:1-25)

1. 헤브론에 집결한 이스라엘 열두 지파의 장로들

 사울의 아들 이스보셋이 두 해 동안 사울 왕조를 잇는 왕의 자리에 있다가 측근의 신하들에 의해 피살되었다. 그렇게 되자 사울 왕조는 완전히 막을 내리게 된다. 다윗은 이스보셋 왕을 살해한 자들이 그의 머리를 베어 가지고 왔을 때 그들을 포상한 것이 아니라 공개적인 엄한 벌을 내림으로써 자신의 심경을 온 백성들에게 드러내 보였다.
 다윗은 사울 왕조에 반기를 든 인물들을 결코 환영하지 않았다. 도리어 그런 자들을 민족에 반하는 자들로 여겨 엄하게 처형했다. 그러므로 사울 왕조를 추종하던 자들마저도 다윗이 자기들을 적대시하는 것이 아님을 알게 되었다. 따라서 사울 왕조의 통치아래 있던 여러 지도자들과 그 지역에 살던 이스라엘 백성들도 다윗에 대해 크게 저항하거나 반감을 가지지 않았다. 나아가 사울 왕조가 사실상 막을 내린 판국에 달리 특별한 방도를 마련할 형편이 되지 못했다.

 그와 같은 민족적 분위기 가운데서 이스라엘 모든 지파의 장로들이 다윗이 있는 헤브론으로 모였다. 그들은 유다지파의 지역에 모여 이스라엘 민족의 장래를 염려하며 의논했다. 그 자리에서 지도자들은 이스라엘 모든 지파가 한 골육임을 강조했다. 이는 그들이 아브라함의 자손이며 모세의 영도 하에 애굽 땅에서 나온 하나님의 백성임을 확인했던 것이다.

그런 가운데 민족 지도자들은 다윗에게 이스라엘 모든 지파를 총괄하는 통합 왕이 되어 주도록 요청했다. 그들은 다윗이 이스라엘 민족의 왕이 되는 것이 하나님의 뜻이라는 사실을 받아들였다. 사울 왕이 살아 있을 당시에도 이스라엘 민족의 정신적 지주는 다윗이었음을 강조했다. 그것은 단순한 아부성 발언이라기보다 그들의 입술을 통해 다윗의 위상이 선포되고 있는 것으로 이해되어야 한다.

"보소서 우리는 왕의 한 골육이니이다 전에 곧 사울이 우리의 왕이 되었을 때에도 이스라엘을 거느려 출입하게 하신 분은 왕이시었고 여호와께서도 왕에게 말씀하시기를 네가 내 백성 이스라엘의 목자가 되며 네가 이스라엘의 주권자가 되리라 하셨나이다"(삼하 5:1, 2)

이스라엘 열두 지파의 지도자들은 과거 사무엘이 다윗에게 기름을 부었던 사실을 기억하고 있었을 것이다. 그리고 다윗이 블레셋의 골리앗을 물리친 후부터 "사울의 죽인 자는 천천이요 다윗은 만만이로다"라고 하는 민간에 퍼진 노래의 의미를 잘 알고 있었을 것이 틀림없다. 그들은 그 사실들을 기억하며 그 전부터 이미 다윗은 이스라엘 민족 가운데 특별한 인물이었음을 말하고 있었던 것이다.

2. 민족의 통합 왕으로 옹립되는 다윗

헤브론에 집결한 이스라엘 모든 지파의 장로들은 다윗을 통합 왕으로 옹립하고자 준비했다. 다윗과 이스라엘 지파를 대표하는 장로들은 여호와 하나님 앞에 섰다. 그 자리에서 다윗은 그들과 언약을 맺고 모든 지파를 대표하는 장로들은 다윗에게 기름을 부어 이스라엘의 통합 왕으로 세웠다.

> "이에 이스라엘 모든 장로가 헤브론에 이르러 왕에게 나아오매 다윗 왕이 헤브론에서 여호와 앞에 그들과 언약을 맺으매 그들이 다윗에게 기름을 부어 이스라엘 왕으로 삼으니라"(삼하 5:3)

다윗이 헤브론에서 이스라엘 민족의 통합 왕으로 등극함으로써 아브라함에게 주어진 언약(창 12:1, 2)이 더욱 구체적으로 성취되어 가고 있었다. 거기에는 일반적인 관점에서 말하는 역사적 변화가 아니라 하나님의 놀라운 경륜이 개입되어 있었다. 우리는 여기서 몇 가지 중요한 의미를 생각해 보아야 한다.

첫째, 다윗과 이스라엘 백성들 사이에 맺어진 언약에 관한 진정한 의미를 기억해야 한다. 다윗이 이스라엘 민족의 왕으로 옹립되었다는 사실은 단순히 통치 권력을 장악하게 되었다는 것만을 말하지 않는다. 다윗과 백성의 장로들 사이의 언약은 여호와 하나님 앞에서 이루어졌다. 이 언약은 아브라함에게 주어진 하나님의 언약과 연관되며, 모세를 통해 이스라엘 백성들에게 주어진 율법과 연관된다. 이 언약을 통해 다윗은 이스라엘 왕국이 여호와 하나님의 구속사 가운데 존재하는 나라임을 확인했던 것이다.

둘째, 이스라엘의 장로들이 다윗에게 다시금 기름을 부어 왕으로 삼은 사실에 대한 의미를 생각해야 한다. 다윗은 이미 그 전에 사무엘로부터 기름부음을 받았었다. 그것은 하나님께서 그를 왕으로 세우시기로 작정하셨음을 의미하고 있었다.

그런데 이스라엘의 장로들은 다윗을 왕으로 세우면서 그에게 또다시 기름을 부었다. 이는 무엇을 말하고 있는가? 우리는 여기서 선민인 이스라엘 백성과 더불어 존재해야 할 왕의 존재 의미를 보게 된다. 이스라엘 민족의 왕은 백성들 위에 군림하는 일반적인 통치자가 아니다. 그는 하나님의 뜻에 온전히 순종해야 할 구속사적 인물인 것이다.

셋째, 이스라엘 민족의 장로들이 이미 유다지파의 왕이었던 다윗에게 기름을 부어 민족의 통합 왕으로 세웠다는 사실을 눈여겨보아야 한다. 이는 하나님께서 세우시고자 했던 언약의 왕국이 구체적으로 세워졌음을 의미한다. 다윗 왕국은 사울 왕국과는 전혀 차원이 다르다. 사울 왕은 예루살렘과 무관한 이스라엘 민족의 과정적 통치자였으나 다윗은 아브라함의 언약을 성취한 약속의 왕이었다.

블레셋에서 헤브론으로 돌아온 다윗은 먼저 유다지파의 왕으로 옹립되었었다. 그는 헤브론에 있으면서 칠 년 육 개월 동안 유다를 다스렸다. 이스라엘 열두 지파의 장로들에 의해 통합 왕으로 등극한 다윗은 하나님의 언약성취를 위해 예루살렘을 정복해야 한다는 사실을 잘 깨닫고 있었음이 분명하다.

3. 예루살렘을 정복하는 다윗 왕

다윗은 헤브론에서 이스라엘 민족의 통합 왕으로 등극하자마자 예루살렘 정복에 뜻을 두었다. 그것은 단순한 그의 정복욕 때문이 아니었다. 다윗은 하나님께서 조상 아브라함에 약속하신 그 땅의 중심부가 자기를 통해 정복되어야 하리라는 사실을 알고 있었다. 예루살렘은 아브라함이 자기의 아들 이삭을 하나님께 바쳤던 모리아 산이 있는 곳이다.

헤브론에 있는 다윗 왕이 이스라엘 민족의 통합 왕이 되어 예루살렘을 정복하고자 한다는 소문이 외부로 흘러나갔다. 특히 예루살렘에 살고 있던 여부스 족은 그 소식을 듣고 조소嘲笑했다. 난공불락의 성읍인 예루살렘이 그렇게 쉽게 무너지지 않으리라는 것이었다. 그들은 이스라엘 민족을 비웃으며 신체적 장애를 가진 연약한 자들이라 할지라도 다윗의 군대 정도는 넉넉히 물리칠 수 있을 것이라 장담하고 있었다(삼하 5:6). 그들은 막강한 요새인 예루살렘이 결코 쉽게 함락되지 않을 것으로 여겼다.

그러나 다윗 왕은 군대를 소집하여 예루살렘을 공격했다. 여부스 족의 예상과는 달리 이스라엘 민족이 완전히 승리하게 되었다. 이는 하나님께서 갈대아 우르에 있던 아브라함을 불러 그의 자손들에게 주시고자 약속하셨던 가나안 땅을 이스라엘 민족에게 완전히 허락하셨음을 의미하고 있다. 이렇게 하여 하나님께서는 아브라함에게 약속하신 그 땅을 다윗 왕을 통해 이스라엘 백성들에게 주셨다. 다윗 왕은 예루살렘을 지배하고 있던 이방인들을 몰아냄으로써 가나안 땅의 마지막 성읍을 얻게 된 것이다.

이스라엘 백성들은 출애굽한 후 시내 광야에서 사십 년을 보냈었다. 그들은 그곳에서 하나님의 백성으로서 민족적 연단을 받았다. 그후 그들이 요단강을 건넜던 것은 약속의 땅을 정복하기 위한 시발始發이었다. 이스라엘 백성들은 하나님께서 조상 아브라함에게 약속하신 가나안 땅을 얻기 위해 300년 동안이나 이방 세력들과 숱한 전쟁을 치렀다. 하나님께서는 그 과정에서 수많은 사사들을 일으켜 세우셨으며 백성들은 주변의 이방 족속들과의 싸움으로 인해 엄청난 피를 흘릴 수밖에 없었다.

헤브론에서 이스라엘 민족의 통합 왕으로 등극한 다윗이 예루살렘을 정복했던 것은 사사시대의 종지부를 찍게 되었음을 말하고 있으며 최종적인 땅의 쟁취를 의미하고 있다. 이제 조상 아브라함이 이삭을 바쳤던 모리아 산의 자리에 모세를 통해 건립된 성막이 안치되어야 한다. 그곳에 예루살렘 성전이 세워지게 되면 아브라함에게 약속된 모든 언약이 일차적으로 이루어지게 된다.

다윗 왕은 그 일을 위해 시온 산성에 거주하면서 이스라엘 민족을 통치하며 왕의 직무를 감당했다. 그는 자기가 살고 있는 시온 산을 다윗성이라 이름 짓고 모리아 산을 중심으로 하여 예루살렘 성곽을 쌓았다.

> "다윗이 그 산성에 살면서 다윗 성이라 이름하고 다윗이 밀로에서부터 안으로 성을 둘러 쌓으니라"(삼하 5:9)

다윗 왕이 예루살렘 성곽을 쌓은 것은 정치와 군사적인 의미가 포함되어 있겠지만, 그 가운데 가장 중요한 것은 예루살렘 성전을 건립하기 위한 것이었다. 이는 이스라엘 민족 가운데 이루어지는 아브라함 언약의 구체적인 성취를 말해주고 있다. 다윗은 그것을 위한 전반적인 준비 작업에 착수했다. 이렇게 하여 다윗 왕은 예루살렘에 거하면서 하나님의 구원사역이 이루어져 가는 과정에 참여했던 것이다.

4. 다윗 왕이 점점 강성해져 감

다윗이 예루살렘을 정복한 후 이스라엘 왕국은 점점 강성해져갔다. 그것은 다윗의 개인적인 능력 때문이 아니라 하나님께서 그와 함께 계셨기 때문이다(삼하 5:10). 다윗은 그 사실을 잘 알고 있는 인물이었다.

다윗 왕국에 관한 소문이 외부 세계로 퍼져나가자 주변의 이방 왕국들은 이스라엘 민족에 대해 더욱 신경을 쓰기 시작했다. 어떤 나라는 다윗 왕에게 호감을 보이기도 했지만 다른 어떤 나라는 다윗 왕국을 견제하며 전쟁을 준비하기도 했다.

두로 왕 히람Hiram은 그런 국제 정세 가운데서 다윗 왕에게 친선 사절을 보냈다. 뿐만 아니라 상당한 분량의 조공을 바쳤다. 두로 왕은 건축에 필요한 백향목과 함께 목수와 석수들을 보내 다윗 왕을 위한 궁전을 짓도록 했다. 그것을 보며 다윗은 하나님께서 자신을 이스라엘 왕국의 통치자로 세우신 뜻과 이스라엘 민족에 대한 특별한 계획이 있다는 사실을 더욱 분명히 확인해갔다.

다윗은 예루살렘에서도 여러 여인들을 통해 많은 자식들을 낳았다. 헤브론에서도 그랬지만 예루살렘에서는 더욱 그러했다. 예루살렘에서 낳은 자식 중 대표적인 사람은 역시 나중 다윗 왕의 뒤를 잇게 되는 솔로몬이었다.[36] 다윗에게 배다른 형제들이 많이 있게 된 사실은 앞으로 일어나게 될 다윗 왕가의 혼란상을 예고하고 있었다. 집안 여기저기서 심한 분란이 일어나고 왕자들의 난이 일어나게 될 조짐이 생겨나고 있었다.

하지만 다윗이 예루살렘에서 많은 자식을 낳았다는 사실은 군주로서 다윗의 지위가 굳건해 졌음을 간접적으로 시사해주고 있다. 그것의 윤리성에 대한 문제를 뒤로한다면 겉으로 드러나는 다윗 왕국은 점차 강성해져 갔다. 다윗은 유능한 군주로서 주변 왕국들을 견제하며 이스라엘 민족을 통치할 수 있었다.

5. 블레셋의 침공과 다윗 왕의 승리

두로 왕이 다윗 왕에게 친선사절과 조공을 바친 데 반해 블레셋 민족은 이스라엘 왕국에 대한 침공계획을 세우고 있었다. 블레셋은 당시 역사적으로 보아 이스라엘 민족과 결코 우호적인 관계가 아니었다. 그 두

---

[36] 다윗이 여러 여성들을 아내로 맞아들이는 과정에는 불법적인 방법이 동원되기로 했다. 그는 자신의 신하 우리야(Uriah)의 아내였던 밧세바(Bathsheba)를 통해 솔로몬을 낳았다. 우리는 여기서, 다윗이 하나님으로부터 특별히 선택된 구속사적 인물이기는 하나 그것이 그의 윤리성에 기초하는 것은 아님을 보게 된다.

민족 사이에는 항상 알력과 견제가 존재했다.

블레셋의 입장에서 본다면 다윗을 자신들에 대한 배신자로 생각할 수도 있었다. 과거 다윗이 사울로부터 쫓기는 몸이 되어 블레셋에 피해 있을 때 블레셋은 그에게 최대한 호의를 베풀었다. 당시 양국 간에 전쟁이 일어나자 다윗은 자기의 부대를 사울 왕을 공격하는 데 앞장세우겠다고 말했었다(삼상 29장 참조).

그때 다윗은 사울 왕의 군대를 대항해 싸우고자 하는 자신의 결연한 의지를 블레셋 장군들에게 보여 주었었다. 그러므로 다윗은 블레셋의 아기스 왕에게 사울을 원수로 표현하며 사울 왕과의 전투에 참가하지 못하도록 막은 것에 대한 불만을 토로했었다.

> "다윗이 아기스에게 이르되 내가 무엇을 하였나이까 내가 당신 앞에 오늘까지 있는 동안에 당신이 종에게서 무엇을 보셨기에 내가 가서 내 주 왕의 원수와 싸우지 못하게 하시나이까 하니"(삼상 29:8)

그러던 다윗이 이제 사울 왕조에 속한 백성들을 끌어안음으로써 결국 이스라엘 민족의 통합 왕이 되어 있었다. 블레셋의 입장에서 본다면 다윗이 배신자로 보였을 수 있으며 그런 그가 못마땅하기 그지없었을 것이다. 블레셋이 다윗에게 기만당했다는 생각을 버릴 수 없었던 것은 자연스럽다. 그러므로 블레셋 군대는 다윗을 공격하려 했던 것이다.

> "이스라엘이 다윗에게 기름을 부어 이스라엘 왕을 삼았다 함을 블레셋 사람이 듣고 다윗을 찾으러 다 올라오매 다윗이 듣고 요새로 나가니라"(삼하 5:17)

블레셋 군대가 이스라엘 민족을 공격하자 다윗 왕은 하나님의 뜻에 따라(삼하 5:19) 군대를 이끌고 전장으로 나갔다. 그 싸움에서 다윗은 블레셋 군대를 대파했다. 블레셋 군인들은 완전히 패배하게 되었다. 그들은 몸에 지니고 있던 신상들까지 다 버리고 갈 만큼 완전히 패했다. 다윗의 군사들은 그것들을 전부 모아 말끔히 치움으로써 완벽한 승리를 확인했다.

이스라엘 백성들은 그 후부터 그 곳 이름을 바알브라심Baal Perazim 이라 불렀다. 이는 하나님께서 블레셋 군대를 징벌함으로써 물을 흩으심 같이 대적들을 흩으셨다는 의미를 지니고 있다. 우리는 여기서 다윗 왕이 블레셋 군대에 대해 승리한 것이 군사적 전투력이 아니라 하나님께서 행하신 능력에 의한 것이었음을 알고 있었다는 사실에 주목해야 한다.

그렇지만 블레셋 군대는 또다시 전열을 정비해 공격을 재시도했다. 다윗은 그때도 하나님께 대응방안에 대해 물었다. 그러자 하나님께서는 다윗에게 구체적인 작전을 명령하셨다. 블레셋 군대와 정면으로 맞서 싸우지 말고 뽕나무 수풀 맞은편에서 그들을 기습 공격하라는 것이었다(삼하 5:23). 뽕나무 위에서 사람들의 걸음 걷는 소리가 들리거든 공격을 개시하라고 명령하셨다. 그러면 하나님께서 이스라엘 군대에 앞서 먼저 블레셋을 치리라는 것이었다.

우리는 여기서 이스라엘 민족 가운데서 구체적으로 역사하시는 하나님의 모습을 보게 된다. 하나님께서는 구속사를 이루어가는 과정에서 막연하게 명령만 하셨던 것이 아니라 전체적인 상황을 세밀하게 살피고 계셨다. 그는 자신의 언약성취를 방해하는 이방인들을 대항하여 이스라엘 민족과 더불어 직접 전쟁을 주도하셨던 것이다. 이리하여 다윗 왕의 군대는 하나님의 명령에 순종함으로써 블레셋 군대에 승리하게 되었다.

현대문명 가운데 살아가는 성도들도 성경의 기록을 통해 여전히 구체적으로 역사하시는 하나님을 기억해야 한다. 하나님께서는 자신의 거룩한 뜻을 이루어 가시기 위해 교회 가운데 실제적으로 관여하신다. 물론 여기서 말하는 교회란 이름만 가진 기독교적 종교단체를 말하는 것이 아니라 하나님께서 피로 값주고 사신 참된 교회를 의미한다.

　나아가 하나님께서 교회를 위해 실제적으로 관여하신다는 의미가 종교적 숙명론이나 결정론을 말하는 것이 아니다. 하나님은 교회에 속한 교인들의 모든 활동을 일거수일투족 일일이 간섭하시는 분이 아니다. 하나님께서는 도리어 성도들의 행동을 구체적으로 간섭하지 않고 그냥 내버려두시는 경우가 많다. 하지만 하나님의 뜻하신바 구속사와 연관된 모든 문제들에 대해서는 놀라운 경륜 가운데 직접 관여하신다.

　많은 경우에 있어서 우리가 그 사실을 잘 인식하지 못하고 있다 할지라도 하나님께서는 자기 백성들을 궁극적인 선한 길로 인도해 가고 계신다. 그러므로 성숙한 성도들은 항상 기록된 말씀을 통해 하나님의 경륜을 깨달아 그에 온전히 순종하는 삶을 살고자 애쓴다. 그들은 하나님의 도우심이 없이 인간이 스스로 할 수 있는 일은 아무 것도 없다는 사실을 잘 알고 있다.

제24장 _ 예루살렘으로 하나님의 법궤를 옮김

(삼하 6:1-23)

1. 다윗이 법궤를 예루살렘으로 옮기려 함

다윗은 이스라엘 민족의 왕이 되어 예루살렘을 정복한 후 하나님의 법궤를 그곳으로 옮겨오고자 했다. 그 법궤는 그룹들(cherubim) 사이에 좌정하신 만군의 하나님 여호와의 이름으로 불리는 거룩한 궤였다. 이스라엘 민족이 존재하는 모든 의미는 하나님의 법궤에서 발생한다고 해도 과언이 아니었다.

당시 법궤는 유다 산악 지역의 바알레(Baale of Judah)에 있는 아비나답의 집에 안치되어 있었다. 다윗은 그 법궤를 예루살렘으로 옮겨오기 위해 삼만 명이나 되는 엄청난 규모의 군사들을 동원했다. 그 일은 민족적인 거사巨事였기 때문이었을 것이다.

하나님의 법궤를 옮기게 될 자들은 만반의 준비를 갖추고 실행에 착수했다. 그들은 아비나답의 집에 있던 하나님의 법궤를 새로 만든 수레에 실었다. 법궤를 싣는 과정에서 적법한 절차와 의례에 따라 조심스럽게 그 일을 수행했을 것이 틀림없다.

그들이 법궤를 싣고 그곳에서 나올 때 아비나답의 아들 웃사Uzzaho와 아효Ahio가 그 수레를 몰았다. 법궤가 실려진 수레는 아무나 몰 수 있는 것이 아니었다. 아비나답의 아들들은 하나님의 법궤를 실은 수레를 몰았으며 다윗 왕을 비롯한 이스라엘 온 족속이 그 뒤를 따랐다.

하지만 법궤를 수레로 옮기는 일은 큰 재앙을 불러오고야 말았다. 아무튼 그들은 법궤를 옮기는 동안 여호와 하나님 앞에서 잣나무로 만든 다양한 악기와 수금, 비파, 소고, 양금, 제금으로 연주했다. 온 백성들이 여러 악기들을 총동원하여 기쁨으로 그 법궤를 옮기는 일에 참여했던 것이다. 이는 하나님께서 조상 아브라함에게 약속하신 가나안 땅을 이스라엘 민족에게 온전히 허락하셨음을 의미하는 구속사적 일이었기 때문이다.

2. 법궤의 위엄과 하나님의 뜻

법궤를 실은 새 수레가 아비나답의 집을 출발하여 나곤Nachon의 타작마당에 이르렀을 때 수레를 몰고 가던 소들이 갑자기 날뛰었다. 그러자 그것을 본 웃사가 급히 손을 들어 하나님의 궤를 붙들었다. 그가 손으로 붙잡지 않았다면 법궤가 넘어지거나 수레에서 떨어졌을지도 모를 일이다.

그러나 하나님께서는 법궤를 붙잡은 웃사로 인해 크게 진노하셨다. 웃사는 아무나 만져서는 안 되는 거룩한 하나님의 법궤를 더러운 손으로 만졌던 것이다. 하나님께서는 그 자리에서 웃사를 치셨으며 웃사는 법궤 옆에서 죽게 되었다.

하나님께서 웃사를 치심으로 즉사卽死하게 되자 다윗 왕의 마음이 크게 상했다. 그 일은 아무도 예측할 수 없는 일이었으며 급작스럽게 발생했다. 민족적인 큰 경사가 있는 중요한 날 지도자들 가운데 한 사람이 하나님으로부터 징벌을 받아 초상이 났다는 사실은 예삿일이 아니었다. 그로 인해 그곳은 베레스웃사Perezuzzah라 불려지게 되었다. 이는 '웃사의 벌' 이라는 뜻을 지닌 말이다.

다윗 왕의 입장에서 볼 때 웃사가 법궤를 잡은 일은 충분히 그럴 수 있다고 생각했을지 모른다. 소들이 갑자기 날뛰게 되자 수레가 흔들려 법궤가 떨어질지도 모르는 위급한 순간에 놓이게 되었다. 웃사는 하나님과 법궤를 위해서 그렇게 했을 뿐 결코 불경한 마음을 가지고 있지 않았다. 그때 옆에 있던 웃사가 손으로 법궤를 붙잡는 것은 어쩌면 당연한 반응이었을지도 모른다. 만일 웃사가 손으로 법궤를 붙들지 않아 그것이 수레에서 떨어지기라도 했더라면 어떻게 되었을까?

그 상황을 어떻게 이해하느냐에 따라 웃사에 대한 평가는 완전히 달라질 수 있다. 그가 용감하게 법궤를 손으로 붙잡음으로써 위기를 넘겼다고 볼 수도 있는 문제였다. 즉 웃사가 법궤를 잡지 않았다면 예기치 못한 불상사가 일어날 수도 있었던 것이다.

그럼에도 불구하고 하나님께서는 여호와의 법궤를 손으로 붙잡은 웃사를 그 자리에서 죽게 했다. 당시의 불가피했던 정황 따위는 전혀 고려되지 않았다. 나아가 순수했던 웃사의 마음 따위는 아무런 고려의 대상이 될 수 없었다. 만일 웃사가 그렇게 하지 않았더라면 발생했을지도 모르는 불상사 따위에 대해서는 참작조차 되지 않았던 것이다.

하나님께서 법궤를 붙잡은 일로 인해 웃사를 죽이시는 과정을 이스라엘 모든 백성들이 목격했다. 그로 인해 모든 백성들은 하나님의 위엄 앞에서 두려워 떨 수밖에 없었다. 그것은 다윗 왕과 이스라엘 백성들을 향한 강한 경고의 메시지였다.

하나님의 법궤는 절대적인 의미를 지닌다. 그 법궤는 하나님께서 임재하시는 거룩한 성물聖物이다. 그러므로 어느 누구도 하나님의 율법을 떠나 법궤를 자기 마음대로 대할 수 없다. 거기에는 어떠한 정황도 고려되지 않는다. 나아가 인간들의 순수한 종교심이라 할지라도 정상참작이 되지 못한다. 하나님의 거룩한 법궤에 임의로 접근하는 자들은 누구든지 죽음을 당할 수밖에 없었다. 하나님께서는 웃사를 죽임으로써 법궤의 의미와 자신의 모습을 이스라엘 백성들에게 분명히 보여주셨던 것이다.

3. 다윗이 법궤를 오벧에돔의 집으로 옮김

법궤를 실은 수레를 몰던 웃사가 흔들리는 법궤를 손으로 붙잡은 탓에 갑작스런 죽임을 당하게 되자 다윗 왕은 큰 두려움에 빠졌다. 인간의 순수한 의도가 아무런 참작이 되지 않는 것을 보며 다윗은 당황스러웠을 것이 틀림없다.

다윗은 원래 법궤를 예루살렘으로 옮기려 했었다. 그러나 그 과정에서 예기치 못한 일이 발생하게 되었던 것이다. 그것을 본 다윗은 아직 법궤를 예루살렘 땅에 옮길 시기가 아니라 생각했다. 나아가 자신은 하나님의 법궤를 예루살렘으로 옮기는 중요한 일을 감당하기에는 부족한 점이 너무 많은 인물이라 여겼다.

그래서 다윗은 법궤를 예루살렘으로 가져가는 것을 피하고자 했다. 여호와의 법궤를 잘못 대하게 되면 죽음에 이르게 된다는 무서운 상황을 직접 경험했던 것이다. 그리하여 다윗은 법궤를 예루살렘이 아닌 다른 곳에 안치하려고 결심하게 되었다.

결국 다윗은 하나님의 법궤를 가드 사람 오벧에돔(Obededom the Gittite)의 집으로 옮겼다. 그리하여 하나님의 법궤는 오벧에돔의 집에 석 달간 안치되어 있었다. 하나님께서는 법궤가 그 곳에 있는 동안 오벧에돔의 집에 커다란 복을 주셨다. 하나님께서 오벧에돔의 집에 어떤 구체적인 복을 내리셨는지 정확하게 알 수 없지만 그의 집안이 법궤로 인해 커다란 복을 받았다는 사실은 분명하다.

비록 석 달이라는 짧은 기간이기는 했지만 그에게 재산상의 복이 주어졌을 것으로 보인다(삼하 6:12). 그 복은 단순히 상징적인 것에 그치는 것이 아니라 주변의 모든 사람들이 직접 보고 알 수 있을 만큼 실제적인 것이었다. 즉 누가 보아도 오벧에돔의 집이 하나님의 복을 받고 있다는 사실을 알 수 있을 정도였다. 그러므로 어떤 사람이 다윗 왕에게 찾아와 법궤를 안치해 두고 있는 오벧에돔의 집이 하나님의 복을 받고 있다는 사실을 전해주게 되었다.

우리가 여기서 주의 깊게 생각해 보아야 할 점은 하나님께서 오벧에돔의 집에 복을 주신 까닭은 일차적으로 오벧에돔 개인의 가정만을 위한 것이 아니라 이스라엘 민족과 다윗 왕을 위해서였다는 사실이다. 하나님께서는 그것을 통해 다윗으로 하여금 법궤를 예루살렘으로 옮겨가고자 하는 마음을 허락하셨던 것이다. 즉 법궤로 인해 심한 두려움에 빠져 있는 다윗을 격려하며 안심시키셨던 것이다. 결국 그 상황으로 말미암아 다윗 왕은 하나님의 법궤를 예루살렘으로 옮겨오기로 작정하게 되었다.

4. 법궤를 예루살렘으로 옮김

하나님께서는 다윗 왕에게 법궤를 예루살렘으로 옮기도록 허락하셨다. 다윗은 하나님의 법궤를 예루살렘으로 옮기는 진정한 의미에 대해 잘 알고 있었다. 그러므로 그는 그 사실을 큰 기쁨으로 받아들였다. 물론 다윗이 오벧에돔의 집에 복을 내리신 것을 보고 자기도 그 복이 탐이 나서 법궤를 자기 가까이 옮기고자 했던 것은 아니다.

다윗은 오벧에돔의 집에 안치되어 있던 법궤를 옮기기 위해 사람들을 데리고 그곳으로 갔다. 법궤를 옮기는 일에 참여하는 자들은 만반의 준비를 갖추었다. 그들은 법도와 규례에 따라 하나님의 법궤를 메고 출발했다.

그 법궤를 멘 사람들이 여섯 걸음을 걸어갔을 때 다윗은 그들을 멈추어 세우고 소와 살찐 양을 잡아 하나님께 제사를 드렸다(삼하 6:13). 여기서 다윗이 하나님께 제사를 지낸 것은 첫 번째 이동 때 군사력을 의존했던 것과 비교된다. 다윗은 하나님의 법궤가 이스라엘 민족의 군사력이 아니라 하나님의 은혜로 인해 옮겨진다는 사실을 깨달았던 것이다.

그때 다윗은 의상을 갖추어 하나님 앞에서 춤을 추었다. 그것은 이스라엘 민족을 대표하는 왕의 춤이었다. 우리는 다윗이 어떤 형식의 춤을 추었는지에 대해서는 구체적으로 잘 알 수 없다. 분명한 것은 그 춤이 법도와 의례에 따르는 춤이었을 것이라는 사실이다.

또한 우리는 법궤를 멘 사람들이 왜 하필이면 여섯 걸음을 걸어갔을 때 그런 의식을 치렀는지에 대해 정확하게 알 수 없다. 하지만 우리가 분명히 알 수 있는 것은 법궤가 예루살렘을 향해 출발한 직후 그런 의례가 행해졌다는 사실이다. 이스라엘 백성이 시내광야에서 요단강을 건넌 후 수백 년의 긴 세월 동안 시기마다 처한 상황에 따라 법궤를 이리저리 옮겨 다니다가 이제 예루살렘으로 옮겨가고 있다.

다윗 왕과 이스라엘 백성이 법궤를 예루살렘으로 옮기는 과정은 아브라함에게 주어진 언약과 모세를 통해 주신 법궤에 대한 언약적 의미가 성취되어 가는 역사적인 순간들이었다. 그러므로 다윗을 비롯한 온 이스라엘 백성은 여호와의 법궤를 메어오는 동안 즐겁게 노래 부르며 나팔을 불며 예루살렘으로 함께 들어왔다.

하나님의 법궤가 예루살렘으로 들어올 때 다윗의 아내였던 사울의 딸 미갈이 창밖으로 그 광경을 지켜보고 있었다. 그때 다윗 왕은 하나님 앞에서 뛰놀며 춤을 추고 있었다. 미갈은 다윗 왕이 백성들 가운데서 뛰놀며 춤추는 것을 보고 마음속으로 그를 업신여겼다.

다윗은 여호와 하나님의 법궤가 예루살렘에 당도하자 자신이 쳐둔 장막의 특별히 예비된 자리에 안치하였다. 그 후 하나님께 번제와 화목제를 드렸다(삼하 6:17). 다윗은 그 가운데서 여호와 하나님의 이름으로 이스라엘 백성에게 축복했다. 그리고는 모든 백성들에게 준비한 떡 한 개와 고기 한 조각, 건포도 떡 한 덩이씩을 각각 나눠주었다. 백성들은 그것을 받아 들고 제각기 자기 집으로 돌아갔다. 이는 법궤가 예루살렘으로 옮겨진 것이 민족적 대축제였음을 잘 보여주고 있다.

법궤가 예루살렘에 도착하여 안치된 사실과 그에 따르는 모든 과정들은 하나님의 언약이 이스라엘 민족 가운데 성취되어 가고 있음을 보여주고 있다. 그것은 하나님께 놀라운 영광이자 이스라엘 백성에게는 감사와 축제의 순간들이었다. 그러므로 다윗 왕을 비롯한 온 백성이 법궤가 예루살렘으로 옮겨진 사실에 대해 진심으로 기뻐하며 즐거워했던 것이다.

5. 미갈의 오만한 태도와 하나님의 심판

하나님의 법궤를 예루살렘으로 옮긴 것은 다윗 왕에게 있어서 일생일대 최고의 과업이었다. 그는 모세가 시내산에서 계시받은 규례에 따라 제작한 법궤를 예루살렘의 정해진 장소에 안치하게 되었다. 아직 예루살렘 성전이 건립되지 않아 여전히 임시로 안치되어 있었으나 그 의미는 매우 중요했다. 그러므로 다윗은 법궤를 예루살렘으로 옮기고 난 후 하나님께 경배를 드렸으며 백성들에게 축복을 했다.

다윗은 법궤를 예루살렘으로 옮겨 안치하는 일을 완료한 후 왕궁으로 돌아왔다. 이번에는 특별히 자기의 가족에게 축복하기 위한 목적을 가지고 있었다(삼하 6:20). 그때 미갈이 남편 다윗 왕을 맞으며 그가 낮에 취했던 행동을 질책했다. 이스라엘 민족의 왕으로서 백성들 앞에서 채신없는 경망한 행동을 했다는 것이었다.

미갈은 다윗 왕이 계집종들 앞에서 몸을 드러내는 꼬락서니가 볼만하더라는 식으로 비꼬아 말하기를 서슴지 않았다. 그것은 왕으로서 체통을 지키지 않은 경거망동한 행동이었다는 직설적인 책망이었다. 그러나 다윗은 자신이 취했던 행동이 여호와 앞에서 행한 것이며 다른 사람들을 의식할 필요가 없는 것이었음을 강변했다.

> "다윗이 미갈에게 이르되 이는 여호와 앞에서 한 것이니라 저가 네 아비와 그 온 집을 버리시고 나를 택하사 나로 여호와의 백성 이스라엘의 주권자를 삼으셨으니 내가 여호와 앞에서 뛰놀리라 내가 이보다 더 낮아져서 스스로 천하게 보일지라도 네가 말한바 계집종에게는 내가 높임을 받으리라 한지라"(삼하 6:21, 22)

다윗 왕은 자기를 비꼬아 말하는 아내 미갈의 신앙을 도리어 책망하고 있다. 미갈은 아직 자기가 사울 왕의 딸이라는 사실을 의식하고 있었던 것으로 보인다. 그러므로 다윗은 사울 왕조를 버리고 자기를 선택하여 왕으로 세우신 하나님을 언급하며, 자신은 그 앞에서 뛰놀리라는 사실을 강조했다. 이는 하나님에 대한 순전한 삶의 자세와 연관되는 것이다.

다윗은 왕으로서 자신의 체통이 아니라 하나님과 그의 사역이 중요함을 분명히 말했다. 그러므로 자기는 하나님 앞에서 살며 그를 섬기는 일을 중단하지 않겠다는 사실을 밝혔다. 그러면서 자기를 비난하는 미갈은 그녀가 경멸하고 있는 다른 계집종들보다 오히려 못한 여자라는 사실을 언급했다.

미갈은 하나님 앞에서 행한 다윗의 그런 행동을 비난하고 있지만 그녀가 경멸하고 있는 그 계집종들은 여호와 하나님 앞에서 뛰노는 다윗 자신을 높이게 되리라는 것이었다. 미갈은 하나님의 뜻을 알지 못하고 자기 판단에 의존한 여인이었으므로 죽는 날까지 자식이 없이 죽었다.

이는 하나님의 심판을 의미하고 있다.

6. 다윗 왕이 춤을 춘 특별한 행동과 이스라엘 백성이 동원했던 다양한 악기 연주의 의미

다윗 왕이 하나님의 법궤를 예루살렘으로 옮기면서 뛰놀며 춤을 추었던 사실과 당시 많은 백성들이 수금, 비파, 소고, 양금, 제금 등 다양한 악기들을 동원했던 것을 보며 우리 시대에도 그대로 적용하려는 사람들이 있는 것을 보게 된다. 그러나 우리는 이 점에 대해 주의 깊게 생각해야 한다. 그것들은 결코 오늘날 우리가 예배 형태의 모범으로 삼을 수 있는 것이 아니다.

당시 다윗 왕과 이스라엘 백성들의 특별한 상황은 오히려 전쟁과 민족적 평화와 더불어 고려되어야 한다. 이스라엘 백성이 다양한 악기들을 동원했던 것은 전쟁의 승리와 연관이 있다. 즉 백성들은 그것들을 통해 제사祭祀 가운데 하나님을 경배하고 찬양하고자 했던 것이 아니라 하나님께서 허락하신 최종의 승리를 선포하는 방편이었다.

우리는 처음 법궤를 예루살렘으로 옮기기 위해 동원되었던 삼만 여명의 사람들은 전쟁을 할 수 있는 용맹한 군인들(삼하 6:1)이었음을 기억해야 한다. 다윗 왕이 남녀 여러 백성이 보는 앞에서 옷을 벗은 채 뛰놀며 춤을 춘 사실은 하나님께서 허락하신 평화를 선포하는 것과 연관된다. 다윗 왕을 비롯한 이스라엘 백성들의 하나님에 대한 경배는 동물을 잡아 번제와 화목제를 드림으로써 이루어졌다. 그들은 희생제물을 통해 하나님을 경배했던 것이다.

그러므로 법궤를 예루살렘으로 옮기면서 다윗 왕이 취했던 행동과 이스라엘 백성들이 다양한 악기들을 동원해 기뻐하며 즐거워했던 것은 하나님의 승리를 노래하는 특별한 의미를 지니고 있는 것으로 이해해야 한다. 즉 그것은 하나님을 섬기는 희생제사와 구분하여 이해되어야 한다. 따라서 하나님의 법궤를 옮기며 이스라엘 백성들이 많은 악기들을 동원하여 연주한 사실과 다윗 왕이 옷을 벗고 춤을 춘 행동을 신약시대 교회의 예배방식을 위한 모본으로 삼으려 해서는 안 된다.

제25장 _ 성전을 위한 관심과 하나님의 왕국 언약

(삼하 7:1-29)

1. 성전건립을 위한 다윗의 관심

예루살렘에 정착한 다윗은 주변의 여러 이방 국가들 가운데 둘러싸여 있으면서 원만한 정치를 했다. 그는 백향목으로 지은 왕궁에 거하면서 안정된 삶을 누릴 수 있었다. 그때 다윗은 하나님의 법궤를 안치할 성전 건립에 깊은 관심을 가졌다.

다윗의 주변에는 하나님의 말씀을 계시 받아 전달하는 선지자가 있었다. 그는 다윗으로 하여금 하나님의 뜻을 분명히 알 수 있도록 지침을 주었다. 당시에는 모세오경을 비롯한 구약 성경의 일부가 있었지만 이스라엘 민족의 왕인 다윗이 그의 삶과 행동을 구체적으로 해석하며 인도할 지침이 필요했다.

하나님께서는 그 일을 위해 특별히 다윗의 주변에 나단Nathan 선지자를 보내셨다. 다윗은 하나님의 선지자가 계시에 의해 전하는 말씀을 그대로 받아들였다. 다윗 왕은 이스라엘 민족을 통치하면서 인본적인 정책 중심이 아니라 하나님의 뜻에 온전히 따라야 함을 알고 있었다.

그는 이미 존재하는 성경책들과 선지자들이 전하는 하나님의 계시에 의존해야 하는 것을 당연하게 여겼다. 다윗은 이스라엘 왕으로서 자기의 존재 의미를 분명히 인식하고 있었던 것이다. 그러므로 다윗 왕은 선지자 나단에게 그에 대한 자신의 심경을 밝혔다.

> "왕이 선지자 나단에게 이르되 볼지어다 나는 백향목 궁에 거하거늘 하나님의 궤는 휘장 가운데 있도다"(삼하 7:2)

다윗은 자신이 화려한 왕궁에 정착해 살면서 하나님의 궤는 정착되지 못한 채 여전히 장막 안에 놓여있다는 사실에 대해 상당한 부담을 느끼고 있었다. 그는 하나님의 법궤가 안치될 성전 건립이 필요함을 깨달아 알고 있었던 것이다.

다윗 왕의 생각을 들은 나단 선지자는 왕의 생각이 옳다는 사실을 인정했다. 그는 아브라함이 이삭을 제물로 바쳤던 장소인 모리아 산 위에 하나님의 법궤를 안치할 성전이 건립되어야 할 사실을 인식하고 있었던 것으로 보인다. 그러므로 나단 선지자는 다윗이 생각하고 있는 바가 실행되어야 함을 말했던 것이다.

2. 나단 선지자를 통해 계시된 하나님의 말씀

(1) 다윗 왕국을 위한 하나님의 언약

다윗 왕이 예루살렘 성전에 대한 자신의 심경을 드러내던 날 밤 하나님의 말씀이 나단 선지자에게 임했다. 하나님께서는 나단 선지자로 하여금 다윗에게 자신의 뜻을 전하도록 요구하셨다. 하나님은 다윗에게 직접 말씀하시지 않고 선지자의 입을 통해 말씀하셨다.

왜 굳이 그렇게 하셨을까? 하나님께서는 다윗 왕에게 직접 말씀하실 수 있었을 텐데 그렇게 하지 않으셨다. 이는 이스라엘 민족 가운데 인간으로서 최고의 권위를 누리는 자가 없다는 사실을 말해주고 있다. 즉 왕이라고 해서 이스라엘 민족 가운데서 절대적인 지위를 누리는 자가 아님을 처음부터 분명히 하셨던 것이다.

나중 이스라엘 왕국의 역사 가운데는 수많은 선지자들이 등장하게 된다. 하나님께서 보내신 참 선지자들의 말을 듣지 않고 거역하는 것은 하나님의 뜻을 거스르는 것과 마찬가지다. 왕이든 제사장이든 장로든 모든 이스라엘 백성들은 선지자들의 입을 통해 말씀하시는 하나님의 음성을 들어 순종해야만 했다.

다윗 왕이 성전건립에 대한 의중을 드러냈을 때도 하나님께서는 다윗의 판단대로 행하도록 내버려두지 않았다. 그 대신 나단 선지자를 통해 자신의 뜻을 전하셨다. 하나님께서는 우선 자신이 정착된 화려한 집을 원하는 분이 아니라는 사실을 분명히 말씀하셨다. 하나님이 원하시는 것은 성전건립 자체가 아니라는 것이었다.

하나님은 이스라엘 민족을 애굽에서 인도하신 후 모세를 통해 시내 광야에서 장막을 건립하게 한 때부터 줄곧 정착되지 않은 장막에 거해 왔음을 말씀하셨다. 그런 가운데서도 이스라엘 백성에게 정착된 집을 지어 달라고 요구한 적이 없었다고 하셨다. 이는 성막과 성전을 통해 이룩하시고자 하는 하나님의 원대한 뜻이 있음을 말씀하고 계시는 것이다.

하나님께서는 나단 선지자에게 이제 이스라엘 왕국을 통해 하나님의 뜻을 이루어 가야할 때가 되었음을 말씀하셨다. 다윗을 왕으로 세우시고 그를 앞세워 예루살렘을 정복함으로써 아브라함에게 허락하신 약속의 땅을 쟁취했음을 말씀하셨던 것이다. 하지만 다윗이 하나님의 성전을 건립하지는 못할 것이라는 사실을 분명히 말씀하셨다.

그 대신 하나님께서는 다윗을 이스라엘의 주권자로 삼았음을 말씀하시면서 그의 이름을 존귀케 해주시겠다고 약속하셨다. 이는 다윗의 혈통 가운데서 약속하신 메시아가 강림하게 될 것을 시사하고 있다. 하나님께서 다윗의 이름을 존귀케 하시겠다는 것은 메시아와 연관되는 것으로 이해해야 하는 것이다.

"이제 내 종 다윗에게 이처럼 말하라 만군의 여호와께서 이처럼 말씀하시기를 내가 너를 목장 곧 양을 따르는 데서 취하여 내 백성 이스라엘의 주권자를 삼고 네가 어디를 가든지 내가 너와 함께 있어 네 모든 대적을 네 앞에서 멸하였은즉 세상에서 존귀한 자의 이름 같이 네 이름을 존귀케 만들어 주리라"(삼하 7:8, 9)

다윗에게 하신 하나님의 약속은 그에게 뿐 아니라 이스라엘 백성을 위한 것이었다. 나아가 거기에는 앞으로 메시아로 말미암아 형성될 교회에 관한 의미가 내포되어 있다. 그러므로 하나님께서는 이스라엘 백성들에게 보장된 삶을 제공하겠다는 점을 확실하게 말씀하셨다(삼하 7:10). 그전에는 이방 족속들의 공격들로 인해 여기저기 유리하기도 했지만 이제는 하나님께서 그들에게 정착된 삶을 살도록 보호하시겠다고 말씀하셨던 것이다. 이는 물론 메시아를 보내시기 위한 하나님의 계획에 따른 놀라운 역사적 방편이다.

(2) 다윗 왕의 후계자를 통한 성전건립

하나님께서는 다윗 왕이 예루살렘 성전을 건립하지 못하리라는 사실을 분명히 시사하셨다. 그 대신 그의 뒤를 잇게 될 후계자 왕이 하나님의 성전을 건축하게 될 것을 말씀하셨다. 그것이 곧 하나님의 뜻임을 밝히셨다.

"네 수한이 차서 네 조상들과 함께 잘 때에 내가 네 몸에서 날 자식을 네 뒤에 세워 그 나라를 견고케 하리라 저는 내 이름을 위하여 집을 건축할 것이요 나는 그 나라 위를 영원히 견고케 하리라"(삼하 7:12, 13);

"네 집과 네 나라가 내 앞에서 영원히 보전되고 네 위가 영원히 견고하리라"(삼하 7:16)

하나님께서는 다윗에게 성전과 언약의 왕국에 관해 말씀하고 계신다. 이는 사실 이스라엘 왕국의 핵심을 이루는 내용이다. 하나님께서 아브라함에게 땅과 자손을 주시겠다고 약속하신 것은 메시아 왕국과 연관된 것이었다. 그리고 그 왕국의 중심에는 하나님께서 임재하시는 예루살렘 성전이 존재하게 된다. 이는 아브라함이 약속에 의해 얻은 아들인 이삭을 하나님 앞에 제물로 바쳤던 모리아 산과 직접 연관이 된다.

우리는 하나님께서 말씀하신 이 내용 가운데 메시아가 오시게 될 사실이 약속되고 있음을 신중하게 기억해야 한다. 하나님께서는 특별히 세우신 언약의 왕국을 통해 메시아를 보내고자 했다. 이는 이스라엘 왕국 가운데 존재하는 성전에서 드려질 제사를 통해 메시아와 메시아 왕국이 계시되고 있다.

3. 다윗의 감사 노래

(1) 하나님의 은혜

나단 선지자가 전한 하나님의 계시의 말씀을 들은 다윗은 그에 반응하여 감사의 노래를 부른다. 다윗은 그 노래를 통해 자신과 이스라엘 왕국이 하나님 앞에서 아무것도 아니라는 사실을 고백하고 있다. 이는 하나님께서 이스라엘 민족 가운데서 이룩해야 할 놀라운 뜻이 있다는 사실을 알고 있었음을 보여준다.

"주 여호와여 나는 누구오며 내 집은 무엇이관데 나로 이에 이르게 하셨나이까 주 여호와여 주께서 이것을 오히려 적게 여기시고 또 종의 집에 영구히 이를 일을 말씀하실 뿐 아니라 주 여호와여 인간의 규례대로 하셨나이다"(삼하 7:18, 19)

이는 다윗의 개인적인 고백이라기보다 이스라엘 민족의 왕으로서 대표성을 띠는 것으로 이해해야 한다. 하나님께서는 다윗과 이스라엘 민족을 통해 '영원히 있게 될 일'을 그 백성들에게 허락하신 규례에 따라 행하신다. 이는 앞으로 인간의 몸을 입고 오시게 될 메시아가 성취하실 '놀라운 일'에 관한 것을 시사하고 있다.

하나님께서는 그 일을 이룩하시기 위해 아브라함에게 약속하신 땅에 언약의 백성이 온전히 거할 수 있도록 다윗으로 하여금 마지막 남은 예루살렘을 정복하게 하셨다. 그 가운데 하나님께서 모세를 통해 건립하신 성막의 모형을 따라 예루살렘 성전을 짓게 하시고 그 안에 하나님의 법궤를 안치하기를 원하셨다. 하나님께서는 다윗에게 그에 관한 비밀을 알게 하셨던 것이다.

다윗은 그 놀라운 사랑을 베푸신 하나님을 찬양하며 노래하고 있다. 나아가 그는 여호와 하나님 한 분만이 참 하나님이라는 점을 고백했다. 그는 이스라엘의 모든 것이 하나님의 뜻에 속해 있어야만 한다는 사실을 노래했던 것이다.

(2) 이스라엘 왕국에 대한 하나님의 뜻

하나님께서는 다윗을 통해 계획하신 언약의 왕국을 세우셨다. 그 왕국은 하나님의 제사장 나라이다. 그러므로 이스라엘 왕국은 이 세상의 다른 일반 국가들과는 완전히 구분되는 나라이다. 역사상 수많은 나라들이 있었고 주변에 많은 국가들이 있었지만 그 나라들은 하나님의 뜻으로 세워진 것이 아니다.

여호와 하나님은 세상의 다른 족속과 나라들이 아닌 구속사 가운데서 특별히 조성하여 택하신 이스라엘 민족을 통해 자신의 이름을 드러내셨으며 열국 가운데 자신의 놀라운 능력을 나타내셨다. 하나님께서는 이스라엘 민족을 자기가 세우시는 왕국의 유일한 백성으로 삼으셨다. 그리고 하나님은 그 왕국을 통해 영원한 메시아 왕국을 계획하고 계셨으며 자신이 친히 진정한 왕이 될 것임을 시사하셨다.

그러므로 이스라엘 민족 가운데 세워진 다윗 왕국은 하나님께서 창세 전에 작정하신 자신의 거룩한 뜻을 이루기 위해 건립하신 나라이다. 이 세상에는 이스라엘 왕국 이외에 그와 같은 나라가 더 이상 있을 수 없다. 하나님께서는 그 왕국을 통해 역사상의 모든 나라들을 심판하실 것이며 세상의 모든 통치자들은 그 앞에 무릎을 꿇게 될 것이다.

"주께서 주의 백성 이스라엘을 세우사 영원히 주의 백성을 삼으셨사오니 여호와여 주께서 저희 하나님이 되셨나이다"(삼하 7:24)

이스라엘 민족을 조성하시고 그들을 언약 왕국의 백성으로 삼으신 하나님의 궁극적인 목적은 무엇일까? 그것은 여호와께서 창세전에 택하신 자기 백성들의 하나님이 되기 위해서였다. 하나님께서는 자기 백성들을 통해 영원토록 영광을 받으시기 원하신다. 그 놀라운 일을 위해 하나님의 구속사역이 지속적으로 진행되었던 것이다.

(3) 메시아에 대한 소망

다윗 왕은 이 땅에 하나님의 뜻이 이루어지기를 바라며 하나님을 노래하고 있다. 그는 하나님께서 이스라엘 민족을 조성하여 언약의 왕국을 세우시고자 하는 그의 뜻을 분명히 깨닫고 있었다. 그것은 궁극적으로 세워질 메시아 왕국과 연관된다. 이는 과거 사울 왕조가 지향했던 것과는 본질적으로 차이가 나는 국가관이다.

하나님께서는 아브라함에게 약속하셨던 가나안 땅에 견고한 이스라엘 왕국을 세우시려는 뜻을 오래 전 가지고 계셨다. 이는 일반적인 관점에서 말하는 견고한 국력을 구비한 국가를 건립하겠다는 의미와는 다르다. 즉 지상에 존재하는 이스라엘 왕국 자체를 막강한 나라로 세우시겠다는 뜻은 아니었던 것이다.

하나님은 다윗의 혈통을 잇는 언약의 왕국을 통해 진정한 메시아 왕국을 세우시고자 했던 것이다. 그러므로 다윗은 감사의 노래를 부르며 지상에서 성취하는 일시적인 복을 넘어선 영원한 복을 소망하고 있다. 그것은 단순히 잘 먹고 잘 사는 풍요로움을 말하는 수준이 아니라 영원토록 하나님을 경배하며 찬양할 수 있는 특권이다.

> "이제 청컨대 종의 집에 복을 주사 주 앞에 영원히 있게 하옵소서 주 여호와께서 말씀하셨사오니 주의 은혜로 종의 집이 영원히 복을 받게 하옵소서 하니라"(삼하 7:29)

다윗 왕이 구한 복은 하나님께서 보내실 메시아와 연관되는 것이다. 다윗은 하나님께서 베푸시는 영원한 은혜의 의미를 깨닫고 있었다. 그가 바라던 것은 메시아 언약의 궁극적인 성취였다. 예루살렘에 성전이 건축되고 그 안에 하나님의 법궤가 안치되는 것은 하나님의 임재와 더불어 메시아 강림을 선언하는 의미를 담고 있다.

그러므로 예루살렘 성전은 메시아와 연관되지 않고서는 아무런 의미가 없다. 그 의미는 항상 사탄을 응징하실 메시아와 직접 연관된다. 그것은 예수 그리스도께서 인간의 몸을 입고 이 세상에 오심으로써 완전히 성취되었다. 예수님께서 자신의 몸을 예루살렘 성전과 일치시켜 말씀하셨던 것은 바로 그런 이유 때문이다.

> "예수께서 대답하여 가라사대 너희가 이 성전을 헐라 내가 사흘 동안에 일으키리라 유대인들이 가로되 이 성전은 사십육 년 동안에 지었거늘 네가 삼 일 동안에 일으키겠느뇨 하더라 그러나 예수는 성전된 자기 육체를 가리켜 말씀하신 것이라"(요 2:19-21)

하나님을 알지 못하던 구약시대 유대인들은 예루살렘 성전을 단순한 종교 행위의 중심지로 생각했다. 그들은 성전을 통해 메시아를 보내시겠다는 하나님의 언약에 관심을 두었던 것이 아니라 자신의 종교생활에 관심을 두고 있었던 것이다. 예수님 당시의 유대인들 역시 마찬가지였다. 하지만 진정한 하나님의 자녀들은 성전과 관련된 메시아를 소망했다.

신약시대 성도들은 구약 성경에 기록된 하나님의 언약을 기억하며 그의 놀라운 섭리를 깨닫게 된다. 이로써 그리스도에 대한 신앙의 증진을 가져오게 되는 것이다. 오늘날 예수 그리스도의 구원을 받아 하나님의 몸된 교회에 속한 성도들은 예루살렘 성전건립과 관련하여 다윗 왕이 구하던 그 복을 누리며 살아가는 복된 백성들이다.

제26장 _ 왕국의 안정과 예루살렘 성전건립을 위한 여건조성

(삼하 8:1-18 ; 9:1-13 ; 10:1-19)

1. 이방 정복을 통한 다윗 왕국의 국력강화

다윗 왕국은 예루살렘으로 수도首都를 옮기고 난 후 점차 국력이 강화되어 갔다. 주변 국가들이 쉽게 넘보지 못할 만큼 강력하게 되어 갔던 것이다. 물론 그것은 단순히 군사력을 갖춘 강국으로 변해간다는 의미에 머물지 않는다. 하나님께서는 그것을 통해 더욱 중요한 일을 이룩하고자 계획하고 계셨다.

다윗 왕은 블레셋을 공격하여 일부 지역의 영토를 빼앗고 모압을 침공하여 승리를 거두게 되었다. 다윗은 하나님의 도우심을 힘입어 주변의 국가들을 하나씩 제압해 나갔던 것이다. 그는 모압을 공략하여 승리한 후에는 병사들의 키에 따라 어떤 사람들은 죽이고 어떤 사람들은 살려 주었다. 이는 강한 자들은 죽이고 상대적으로 약한 자들을 살려둠으로써 통제를 쉽게 하고자 했던 것 같다.

그리하여 이스라엘 군사들에게 패한 모압 사람들은 다윗 왕에게 조공을 바치게 되었다. 뿐만 아니라 다윗 왕은 아람과 에돔을 비롯한 많은 주변 족속들을 공격하여 승리를 거두게 되었다. 당시 다윗은 어디에 가서 어느 종족과 싸우든지 항상 크게 승리했다. 다윗 왕이 이렇듯이 승승장구했던 것은 하나님께서 그로 하여금 승리하도록 인도하셨기 때문이다.

"다윗이 어디를 가든지 여호와께서 이기게 하셨더라"(삼하 8:6, 14)

그 승리들은 다윗 왕국의 병력과 그의 전략 때문이 아니라 전적으로 하나님께서 역사하신 결과였다. 하나님께서는 이를 통해 메시아를 보내시는 통로이자 그 예표가 되는 다윗 왕의 위상을 보여주셨다. 그리고 다윗 왕국이 이방의 원수들에게 승리하는 모습을 통해 메시아 왕국의 성격을 드러내셨다.

다윗 왕은 여러 이방 족속들과 싸워 빼앗은 전리품들을 예루살렘으로 가지고 왔다. 다윗 왕에 대한 소문은 점차 이웃 국가들에게 퍼져나갔다. 그렇게 되자 다윗의 명성을 들은 이방 족속들 가운데는 귀중품들을 조공으로 바치기 위해 자진해서 예루살렘을 방문하는 자들이 많이 생겨나게 되었다.

다윗 왕은 이스라엘의 국력이 강해짐으로써 얻게 되는 조공과 전리품들을 성별聖別하여 하나님께 바쳤다(삼하 8:11, 12). 그것은 단순히 물질을 바친 것을 의미하는 것이 아니라 이스라엘 왕국과 모든 백성이 하나님께 속해 있음을 고백하는 의미를 담고 있다. 다윗은 하나님께서 언약의 왕국을 세우신 목적을 잘 알고 있었다. 그러므로 이스라엘 왕국은 하나님의 말씀을 들어 순종해야만 했다. 백성들 가운데는 항상 전능하신 하나님께서 존재해 계셨던 것이다.

2. 다윗 왕의 국내 제도 정비

다윗 왕은 대외적인 상황에 강력하게 대응하면서 국내 정치에도 심혈을 기울였다. 그는 인근에 있는 주변 국가들과 수많은 전쟁을 치르는 가운데 용맹한 군주의 모습을 보이며 승리의 행보를 계속했다. 동시에 그는 국내 정치를 통해 백성들에게 원만한 통치자의 면모를 보였다.

　이는 다윗 왕국이 대내외적으로 안정을 찾아가고 있음을 의미한다. 다윗은 백성들 가운데 공의와 정의를 실천하기 위해 최선의 노력을 다했다. 즉 다윗 왕은 국가 안팎으로 하나님께서 세우신 언약의 왕으로서 책무를 다했던 것이다.

　다윗 왕은 국가의 전반적인 체제를 정비했다. 그는 군대조직을 정비하고 지휘관들을 임명했으며 역사를 기록하는 사관史官을 두었다. 그리고 하나님을 섬기는 제사장들과 서기관들을 엄선했다. 나아가 이방인들을 관할하는 특별 기구를 설립하고 책임자들을 임명했으며 정치적으로 백성들을 다스리는 대신들을 두었다(삼하 8:16-18).

　다윗 왕은 국가 제도를 정비함으로써 이스라엘 왕국의 존재의미를 다시금 확인했다. 그가 군대조직을 정비했던 것은 이방 세력들을 견제하기 위해서였다. 당시의 다윗 왕국이 강력한 국가가 되어야 했던 이유 가운데 가장 중요한 것은 예루살렘 성전을 건립하기 위한 기본 여건의 조성이었다. 즉 예루살렘 성전을 건립하는 중에 주변 이방 국가들의 공격이 있어서는 안 될 일이었다. 그것은 다윗 왕의 뒤를 잇는 솔로몬 왕 때 시작될 일이었지만 하나님께서는 미리 기본적인 여건을 조성하셨던 것이다.

　만일 이스라엘 왕국의 국력이 연약해 보인다면 하나님의 성전을 건립하는 중요한 시점에 이방국가들이 공격해 올 수도 있는 문제였다. 그러나 다윗 왕이 주변 족속들에 대해 승승장구하고 군대를 정비함으로써 이방인들이 예루살렘 성전 건립을 방해하는 일이 발생하지 않게 되었다. 그들은 막강한 이스라엘 왕국을 함부로 공격할 수 없었던 것이다.

　다윗이 역사를 기록하는 사관을 두었던 것은 하나님 앞에서 올바른 국가적 자세를 유지하기 위해서였다. 사관이 역사를 기록한다는 것은 모든 공직자들이 책임있는 자세를 가지게 하는 의미를 포함하고 있다. 만일 누군가 실책을 범하게 되면 진정한 역사기술은 후대의 사람들에게 그 사실을 고발하게 될 것이다.

또한 다윗은 제사장들을 새로 세워 하나님 앞에 온전한 제사를 드리도록 했으며 서기관들을 통해 성경의 기록에 따른 해석을 담당하게 했다.[37] 제사장은 하나님께 예배를 드리는 직무를 가졌으며 서기관은 기록된 하나님의 말씀을 연구하며 해석하는 일을 했다. 즉 이스라엘의 제사장들이 하나님께 예배를 드리되 하나님의 요구에 따라서 그 일을 행해야 했다. 서기관들은 성경말씀에 기록된 내용을 확인하며 제사장과 백성들이 하나님 앞에서 그릇된 신앙행위를 하지 않도록 도와주는 역할을 했다.

그리고 이방인들을 관할하는 특별한 기구를 두고 백성들을 다스리는 여러 공직자들을 두었다. 다윗 왕은 국내의 제도와 기구들을 새롭게 정비함으로써 국가의 기틀을 더욱 굳건히 했다. 이는 이스라엘 왕국이 점차 강성해지고 안정되어 가고 있음을 보여준다. 하나님께서 다윗을 통해 그 모든 일을 행하도록 하셨던 것은 앞으로 있게 될 예루살렘 성전건립을 위한 기본적인 여건을 마련하기 위한 것이었다.

3. 민족 결속을 다지는 다윗 왕

다윗 왕은 이방의 국가들에 대해서는 단호한 태도를 취했지만 이스라엘 민족에 대해서는 매우 포용적인 자세를 취했다. 그러므로 그는 과거

---

37) 서기관(scribe)은 필사자(筆寫者)를 의미한다. 필자는 여기서 말하는 서기관이란 성경을 필사하는 직책과 연관되는 것으로 이해한다. 본문 가운데 제사장과 서기관이 기록된 위치를 보아 그렇게 이해할 수 있다. 성경의 서기관들은 인쇄술이 발명되기 전 성경을 필사하는 직무를 담당했으며 신약시대에는 율법사란 명칭으로 불려지기도 했다. 물론 그 직책은 기록된 성경에 대한 깊은 이해가 있던 사람들 가운데 선정되었다.

사울 왕조의 남은 자들을 가까이 끌어안았다. 다윗은 이스라엘 민족의 존재 의미를 알고 있었으며 하나님께서 세우신 왕국 백성들의 결속이 필요함을 깨닫고 있었다.

그는 신하들에게 우선 사울 왕의 유가족을 언급하며 특히 요나단으로 인해 그들에게 은총을 베풀겠다고 말했다. 그러자 과거 사울 왕의 신하였던 시바Ziba라는 인물이 요나단의 아들 므비보셋에 관한 보고를 했다. 당시 므비보셋은 두 다리를 저는 불구자로서 마길Machir의 집에 기거하고 있음을 말했던 것이다.

다윗 왕은 마길의 집에서 므비보셋을 데려오게 했다. 그는 과거 사울 왕이 소유했던 토지를 므비보셋에게 되돌려주고 그로 하여금 자기와 함께 왕궁에 머물도록 허락했다. 다윗은 그에게 왕국에 거하면서 왕족과 함께 먹고 마시며 생활할 수 있는 특권을 베풀었던 것이다.

그렇지만 므비보셋은 다소간 불안한 마음을 가지고 있었던 것으로 보인다. 다윗이 그에게 '무서워 말라'(삼하 9:7)고 말한 데서 그 점이 잘 드러나고 있다. 그는 조부 사울 왕과 삼촌들이 다윗 왕에게 행했던 부정적인 일들을 잘 알고 있었다. 따라서 자신의 집안은 다윗 왕국에 대한 반역자의 집안이라 생각하고 있었던 것 같다. 그러므로 그는 다윗 왕 앞에서 자기를 극도로 비하하는 발언을 했다.

> "그가 절하여 이르되 이 종이 무엇이기에 왕께서 죽은 개 같은 나를 돌아보시나이까 하니라"(삼하 9:8)

물론 이 말은 다윗 왕 앞에서 보이는 므비보셋의 극도로 공손한 태도라 볼 수도 있다. 그렇지만 그가 자신을 '죽은 개'라며 심한 표현을 한 것을 통해 그의 불안한 마음을 충분히 읽을 수 있다. 이는 자신이 특별한 능력을 가진 자가 아닌 무력無力한 자에 지나지 않음을 강조하고 있

제26장 _ 왕국의 안정과 예루살렘 성전건립을 위한 여건조성(삼하 8:1-18 ; 9:1-13 ; 10:1-19) · 287

다. 패망한 전 왕조의 왕손王孫이라면 어느 정도 견제의 대상이 되리라 생각하는 것은 자연스럽다.

하지만 므비보셋은 결국 황공한 마음으로 다윗의 허락을 받아들였다. 사실 당시의 상황을 보아서는 그것을 거절할 수 있는 분위기가 아니었던 것 같다. 그리하여 므비보셋은 예루살렘의 다윗 왕궁에서 생활했으며 조부 사울 왕이 가졌던 땅을 되돌려 받게 되었다. 사울 왕의 신하였던 시바Ziba는 다윗 왕의 명령에 따라 므비보셋 대신 그 토지를 관리하며 경영했다.

다윗 왕은 모든 이스라엘 백성들을 끌어안으며 국내정치의 안정을 꾀했다. 다윗이 므비보셋에게 조부 사울 왕의 땅을 되돌려주고 그에게 최상의 대우를 했을 때 그 소문은 금세 이스라엘 전역에 퍼져나갔을 것이 틀림없다. 이렇게 하여 다윗 왕은 이스라엘 민족 가운데 훌륭한 명군주로 자리매김할 수 있었던 것이다. 이 모든 것은 다윗의 지혜였을 뿐 아니라 하나님의 은혜 가운데 이루어진 일들이었다.

4. 다윗 왕의 호의를 모독한 암몬자손에 대한 응징

다윗 왕국의 국내외 정치적 상황이 그렇게 전개되어 갈 무렵 암몬 족속들의 왕이 죽게 되었다(삼하 10:1). 그때 다윗 왕은 암몬 족속들에게 사자를 보내 문상하도록 했다. 다윗의 그런 대응은 진심에서 우러나오는 것이었다.

그러나 암몬 자손을 다스리는 정치 지도자들은 다윗 왕의 호의를 순수하게 받아들이지 않았다. 그들은 다윗이 조객弔客을 보낸 것은 진심으로 문상하고자 하는 것이 아니라 그들을 염탐하기 위한 것이라고 간주했다. 그들의 입장에서는 충분히 그럴 수 있는 상황이었다. 다윗 왕은 결코 이방 족속들에게 관대하지 않았으며 기회가 되면 잔인한 전쟁을 서슴지 않는 호전적인 왕이었다.

　암몬의 방백들은 다윗이 보낸 조객들이 도착했을 때 순순히 그들을 받아들이지 않았다. 선왕先王을 이어 새로 왕위에 앉게 된 하눈Hanun은 다윗 왕이 보낸 사자들을 붙잡아 수염의 절반을 깎고 그들의 의복을 엉덩이 부분까지 잘라낸 후 되돌려 보냈다. 그것은 외교관계상 있을 수 없는 일이었다. 이런 일이 발생하게 된 것은 당사자들뿐 아니라 다윗 왕은 물론 이스라엘 왕국에 대한 모욕이었다.
　다윗 왕의 명령에 따라 암몬 자손을 위로하기 위해 방문했던 신하들은 예기치 못한 엄청난 수치를 당하게 되자 당황하지 않을 수 없었다. 그 사실을 보고받은 다윗 왕 역시 마찬가지였다. 다윗 왕은 그들로 하여금 여리고Jericho에서 수염이 자랄 때까지 기다렸다가 수염이 자라나면 예루살렘으로 올라오도록 했다. 다윗 왕국의 신하들이 이방국가로부터 심한 모욕을 당한 그런 차림새로 예루살렘에 들어오는 것 자체가 참을 수 없는 모독이었다.

　다윗 왕국과 암몬 자손 사이에는 심각한 긴장감이 감돌 수밖에 없었다. 암몬 자손은 저들이 다윗의 신하들에게 행한 일로 인해 다윗 왕이 분노하리라는 사실을 잘 알고 있었다. 그러므로 그들은 다윗 왕의 공격을 기다렸던 것이 아니라 미리 전투태세를 갖추었다. 암몬 자손은 자기 병력뿐 아니라 주변 족속들을 용병으로 고용해 이스라엘 왕국에 대한 선제 공격을 시도하게 되었다.

　다윗 왕은 암몬 자손들의 군사적 동태를 보고 받고 즉시 응전태세를 갖추었다. 그는 사령관 요압과 아비새를 총 지휘관으로 한 군대를 출동시켰다. 하지만 그들은 앞뒤에 진을 치고 있는 적군들에 의해 갇히게 되었다. 요압은 그런 중에 자신과 아비새의 부대를 나누어 전열을 가다듬고 제각각 맞은편의 적군을 향해 싸울 준비를 완료했다.

하지만 그런 불리한 상황에 처한 이스라엘 군대는 하나님만 의지할 수밖에 없다는 사실을 잘 알고 있었다. 그러므로 요압은 아비새에게 하나님을 의지하여 전투에 임하자고 권면했다. 담대한 마음으로 나아가면 이스라엘 민족을 위해 선한 뜻을 가지신 하나님께서 도우실 것이라는 것이었다.

> "너는 담대하라 우리가 우리 백성과 우리 하나님의 성읍들을 위하여 담대히 하자 여호와께서 선히 여기시는 대로 행하시기를 원하노라"(삼하 10:12)

요압과 그의 군사들이 하나님을 의지하고 적군을 향해 진격하자 아람 군대는 그들 앞에서 도망을 치게 되었다. 그것을 본 암몬 자손도 아비새의 군대 앞에서 도망을 쳤다. 그리하여 다윗 왕의 군대는 암몬 자손들을 대파한 후 예루살렘으로 개선했다.

그러나 문제는 거기서 간단하게 끝나지 않았다. 아람 사람들이 다윗 왕의 군대에 대패한 것을 본 소바Zobah의 왕 하닷에셀Hadadezer이 다시 군사를 소집했다. 그는 이스라엘 군사들에 의해 패배한 사실을 받아들일 수 없었던 것이다. 하닷에셀이 소집한 군대의 정황을 보고받은 다윗 왕은 친히 요단강 건너편으로 출전하여 적군과 싸워 대승을 거두게 되었다.

다윗 왕의 군대는 적장敵將을 비롯한 수만 명에 달하는 적군을 죽였으며 동시에 많은 전리품들을 빼앗았다. 그러자 그것을 본 아람 병사들은 또다시 이스라엘 군대 앞에서 흩어져 도망을 쳤다. 하닷에셀에게 속했던 통치자들은 이스라엘 군대에게 패하고 나서 이스라엘 왕국을 섬기게 되었다. 그 후부터 아람 사람들은 암몬 자손을 도와 이스라엘 공격하는 일을 두려워할 수밖에 없었다. 이 전쟁을 통해 이스라엘 왕국의 국력은 더욱 강화되어 갔다.

5. 다윗 왕국의 안정이 주는 구속사적 의미

하나님께서는 다윗 왕국으로 하여금 이방 족속들과 싸워 그들에게 승리를 거두게 하셨다. 그리고 다윗 왕이 원만한 국내정치를 하도록 인도하셨다. 그것을 통해 이스라엘 왕국은 점차 안정을 찾아갔다. 다윗 왕국은 국내외적으로 막강한 국력을 가지게 되었던 것이다.

하나님께서 다윗 왕국을 강력한 국가로 세우시고자 했던 근본적인 까닭은 무엇이었을까? 다윗 왕과 솔로몬 왕 이후에는 이스라엘 왕국이 그와 같은 막강한 힘을 가진 적이 없었다. 그것을 보아 다윗 왕에게 허락된 당시 이스라엘의 국내외적 위상에는 하나님의 특별한 간섭이 있었음을 알 수 있다.

하나님께서는 다윗을 승리하는 왕으로 치켜세워 그에게 특별한 명예를 주시고자 하는 것이 목적이 아니었다. 하지만 그 가운데는 메시아와 메시아 왕국을 예표하는 의미가 담겨있다. 하나님은 다윗과 그의 왕국으로 하여금 막강한 국력을 가지게 함으로써 그것을 통해 자신의 놀라운 뜻을 이루어가고자 하셨다. 그것은 하나님의 구속사적 경륜 가운데서 이해되어야 한다.

하나님께서 다윗 왕을 대내외적으로 막강한 세력을 가진 왕으로 세우셨던 것은 메시아 예표와 더불어 예루살렘 성전 건립과 연관된다. 물론 성전은 솔로몬 왕 때 건립되지만 다윗의 강력한 왕국이 후대인 솔로몬에게 그대로 상속되었다. 그러므로 솔로몬 왕 때도 주변의 이방 국가들은 강력한 이스라엘 왕국에 대해 함부로 할 수 없었다.

우리가 주의 깊게 이해해야 할 바는 다윗 왕의 정부가 막강한 세력을 가지게 되었던 것은 전적인 하나님의 은혜였다는 사실이다. 하나님께서는 그것을 통해 예루살렘 성전을 건립할 수 있는 기본적인 여건을 마련하셨다. 성전을 건립하는 동안 주변 이방 족속들의 방해가 일어나지 않도록 하셨던 것이다. 그것은 솔로몬 왕이 예루살렘 성전을 건립할 때 분명한 효과를 드러냈다.

다윗 왕이 막강한 이스라엘 왕국을 확립할 수 있었던 것은 하나님의 인도하심에 따른 것이었다. 하나님께서는 그 과정을 간섭하시면서 예루살렘 성전 건립을 염두에 두고 계셨던 것이다. 즉 하나님께서 다윗 왕에게 막강한 통치력을 허락하셨던 까닭은 메시아 예표와 함께 예루살렘 성전을 건립하기 위한 것이었다. 다윗 왕국이 이렇듯이 안정되어 감으로써 점차 예루살렘 성전 건립을 위한 구체적인 여건들이 마련되어 갔다.

제27장 _ 다윗 왕과 밧세바, 그리고 우리아

(삼하 11:1-31)

1. 전쟁과 생명

전쟁은 인간의 생명을 담보로 한다. 그것은 단순히 승리를 위한 게임이나 경기를 의미하지 않는다. 처절한 싸움 뒤에는 병사들의 생사가 걸려있다. 적에게 승리하지 못하고 패배하면 재산상의 손실뿐 아니라 생명까지 위협을 당하게 된다.

나아가 전쟁에서의 승리와 패배는 국가뿐 아니라 병사 자신과 그의 가족에게 심각한 영향을 끼친다. 전쟁의 과정과 결과는 국가적인 입장에서도 그러하지만 개인 병사들의 가정과 연관된 문제 또한 그에 못지 않게 중요한 것이다.

전쟁에 나가는 병사들은 자신의 생명과 가족 그리고 국가에 대한 애착과 애정으로 인해 가진 모든 것을 바치게 된다. 설령 국가가 전쟁에서 승리한다고 하더라도 그 과정에서 전사를 당한 병사와 그 가족들은 어떤 것으로도 그만한 정도의 값어치가 되는 보상을 받을 길이 없다. 차후에 국가가 적절한 보상을 한다고 할지라도 그것은 지극히 작은 형식에 지나지 않는다.

따라서 국가와 최고 통치권자는 전쟁에 출전하는 병사와 그 가족들에 대한 최대한의 배려를 해야만 한다. 국가가 개인의 가정과 시민들에게 생명을 건 희생을 요구하고 있기 때문이다. 만일 그것을 무시하는 통치권자라면 국가와 민족의 진정한 지도자로 일컬음을 받을 수 없다.

구약시대의 이스라엘 민족은 항상 전쟁에 노출되어 있었다. 주변에 강대국들이 버티고 있었을 뿐 아니라 다양한 종족들과 국경을 맞대고 있었기 때문이다. 그러므로 언제든지 전쟁이 발발할 가능성이 도사리고 있었던 것이다.

그런 형편 가운데 있던 이스라엘 민족의 왕과 지도자들은 항상 전쟁을 대비하고 있어야 했다. 일반 백성들 역시 그에 대한 준비태세를 갖추고 있어야만 했다. 그렇지 않으면 언제 일어날지 모르는 전쟁 상황에 능동적으로 대처할 수 없다. 따라서 이스라엘 백성들은 항상 전쟁에 대한 긴장감을 늦추지 않은 채 살아가야 했다.

그러한 중에도 이스라엘 왕국과 이방 종족 사이에 발생하는 전쟁 가운데는 항상 하나님께서 개입하셨다. 특별한 언약의 백성인 이스라엘 왕국의 전쟁을 하나님께서 직접 간섭하셨던 것이다. 그들의 전쟁 가운데 하나님의 구체적인 간섭이 있었다는 사실은 이스라엘 왕국이 지니는 구속사적 의미를 드러내고 있다. 거기에는 항상 메시아와 그의 궁극적인 왕국에 대한 언약을 이루시기 위한 하나님의 뜻이 존재했던 것이다.

2. 왕위를 이용한 다윗의 성폭행

이스라엘 왕국이 국력을 강화해 가는 동안 암몬 자손들(Ammonites)로 인해 전쟁이 발발하게 되었다. 다윗 왕은 즉시 군대를 편성하여 출전시켰다. 군사령관 요압을 비롯한 장군들이 암몬 자손을 무찌르고 랍바 Rabbah 성을 포위했다.

병사들이 적진을 포위하고 전쟁을 벌이고 있을 때 다윗 왕은 예루살렘에 남아 전체적인 지휘를 하면서 국내 정치를 했다. 그런 형편이라면 국가 통수권자인 다윗은 전쟁에 나가 있는 병사들이나 남편, 아버지 혹은 자식을 전쟁터에 보내놓고 불안한 마음을 가지고 있는 가족들에 대한 충분한 배려를 해야만 한다.

하지만 당시 다윗 왕은 전쟁에서 피흘리며 싸우고 있는 병사들에 대한 진정한 염려가 있었던 것 같지 않다. 이스라엘 왕국이 막강한 힘을 가지고 여러 이방 국가들과의 전쟁에서 승승장구하는 동안 그의 태도는 점차 교만하게 되어갔던 것으로 보인다. 어쩌면 다윗은 이번 전쟁에서 마땅히 승리할 것으로 여기고 있었을지도 모른다. 그동안의 전적戰績을 본다면 아마 그렇게 생각했을 것이다.

만일 다윗이 그 전쟁에서 승리할 것으로 굳게 믿었다면 그것은 하나님에 대한 진정한 믿음 때문이었을까? 전쟁에 대한 승리를 막연하게 장담하는 것은 참된 믿음으로 인한 것이라 할 수 없다. 그것은 진정한 믿음이 아니라 긴장감을 늦춘 안일한 자세로 말미암은 것일 따름이다. 성숙한 믿음은 결코 하나님을 경외하는 마음을 버리게 하지 않으며 신앙의 긴장감을 늦추게 하지 않는다.

다윗 왕은 자기의 병사들이 전쟁터에서 생명을 건 싸움을 벌이며 그 가족들이 노심초사勞心焦思하는 동안 예루살렘에 있으면서 안일한 마음에 빠져 있었다. 그는 신하들이 전쟁을 하고 있는 그 시간에 후방에 남아 다른 여인을 성적으로 범하는 악행을 저질렀던 것이다. 그나마 그 범행의 과정은 일반적인 경우라 할지라도 결코 있을 수 없는 야비하기 짝이 없는 행동이었다.

다윗 왕은 어느 날 저녁 왕궁의 옥상을 거닐고 있었다. 그의 병사들은 그 시각에 전쟁터에서 적군들을 마주하고 있었을 것이 분명하다. 왕궁의 옥상을 거닐던 다윗은 한 여인이 목욕하는 장면을 보고 성적인 충동을 느끼게 되었다. 그 여인의 벌거벗은 몸을 보고 성적인 욕망을 느꼈던 것이다.

그런 상황이라면 누구나 그렇게 될 수 있지 않겠느냐고 말할지 모른다. 그러나 예기치 못한 유혹에 처하게 되었다면 마땅히 성적인 충동을 절제할 수 있어야 했다. 더구나 이스라엘 민족의 왕이라는 공적인 신분을 기억하고 당시 국가가 전쟁 중이라는 형편을 감안한다면 더욱 그렇다. 물론 왕이 아니고 전쟁 중이 아니라 해도 하나님을 경외하는 자라면 마땅히 그 유혹을 극복할 수 있어야 한다.

다윗 왕은 자기의 성적인 욕망을 자제하지 못하고 신하를 보내 그 여인의 신상을 알아보도록 명령했다. 그는 남의 여인을 탐내고 있었던 것이다. 왕의 명령을 받은 신하는 그녀의 신상을 조사한 후 다윗에게 보고했다. 그 여인은 헷 사람 우리아Uriah의 아내 밧세바Bathsheba였다. 그 보고 가운데는 우리아가 지금 전쟁터에 나가 있다는 내용이 포함되었을 것이 틀림없다.

다윗은 보고를 받은 즉시 신하를 보내 그 여인을 왕궁으로 데려오게 했다. 아마 다윗은 그 여인의 남편이 전쟁터에 있기 때문에 그때가 자기의 성적인 욕망을 채울 수 있는 절호의 기회인 양 생각했을 것이다. 그 여인을 왕궁으로 불러들여 월경 기간이 아님을 확인하고는 그녀와 동침同寢했다. 다윗은 왕이라는 자신의 신분과 지위를 배경으로 하여 성적인 욕구를 채우는 악행을 저지른 것이다. 그리고는 그 여인을 자기 집으로 되돌려 보냈다. 이는 직위를 이용한 사악한 성폭력에 해당된다.

물론 우리는 여기서 밧세바의 태도에 대해서도 동일한 의문을 품을 수밖에 없다. 왕이 요구하는 성적인 행위였기 때문에 감히 거절할 수 없었다고 하면 밧세바에게 모든 면죄부가 주어질까? 남편이 생명을 다투는 위험한 전쟁터에서 고생하고 있는 것을 뻔히 알고 있는 여성이 자기의 몸을 그런 식으로 다른 남성에게 맡겨도 되는 것인가? 우리가 분명히 알 수 있는 사실은 다윗 왕과 밧세바가 함께 하나님을 욕되게 하는 간음에 빠졌다는 점이다.

3. 밧세바의 임신과 다윗의 악한 대응

다윗 왕과 행한 간음으로 인해 우리아의 아내 밧세바는 임신을 하게 되었다. 그러자 그녀는 사람을 보내 자신의 임신 사실을 다윗 왕에게 알렸다. 다윗은 이제 커다란 문제에 봉착하게 되었다. 왕이 유부녀와 부정한 간음을 행한 것도 문제인데 그 대상이 전쟁터에 나가있는 병사의 아내였다.

부하들이 생명을 걸고 전투에 임하고 있는 터에 왕이라는 자가 유부녀를 왕궁으로 끌어들여 간음을 했다는 것이 드러나게 되면 그의 위상이 어떻게 될까? 더구나 왕이 전쟁터에 나가 있는 병사의 아내와 직위를 이용해 간음한 사실이 알려진다면 군대의 사기는 곤두박질할 것이 분명하다. 만일 그 사실이 온 나라 안에 소문이라도 나게 되면 여간 큰 일이 아닐 수 없다.

다윗은 자신의 직위를 이용해 그 문제를 해결하고자 했다. 그것은 자기로 말미암아 임신한 여성이 가진 태중의 아이가 자기 아이가 아닌 것처럼 꾸미려는 것이었다. 밧세바가 잉태한 태중의 아이가 자기 남편의 아이라면 하등의 문제가 될 것이 없다고 판단한 것이다.

다윗은 자기로 인해 밧세바가 임신한 사실을 알고 난 후 가장 먼저 취한 태도는 전쟁터에 나가있는 그녀의 남편 우리아를 급히 예루살렘으로 불러들이는 것이었다. 다윗 왕은 군사령관 요압에게 우리아를 속히 예루살렘으로 올려 보내라는 명령을 내렸다. 아마 다윗 왕은 전투상황을 비롯한 특별한 진상을 파악하기 위해 우리아를 부르는 것인 양 가장했을 것이다. 그렇게 해서 우리아에게 특별 휴가를 주고자 했던 것이 틀림없다.

다윗은 자기가 범한 밧세바와 그녀의 남편 우리아가 잠자리를 같이 하도록 특별 주선을 하고 있는 셈이다. 그렇게 함으로써 밧세바와 가졌던 자신의 성적인 범죄를 그녀의 남편이 알지 못하게 하려고 했다. 나아가 이스라엘 백성들에게 그 사실이 알려지는 것을 방지하고자 했다. 즉 자신의 성적인 범죄에 대한 완전범죄를 획책했던 것이다. 그렇게 하기 위해서는 밧세바가 임신한 태아가 자기의 아기가 아닌 듯이 꾸며야만 했다.

만일 그 일에 실패하여 간음사실이 드러나게 되면 밧세바는 돌에 맞아죽는 형벌을 받게 된다. 그것이 다윗 왕 자신과 행한 간음이라는 사실이 드러나게 되면 그의 입장이 난처하게 될 것은 불을 보듯 뻔한 일이다. 그렇게 되면 밧세바뿐 아니라 자기도 죽어야 한다. 율법은 유부녀와 간음한 자에 대한 예외규정을 두고 있지 않기 때문이다.

"누구든지 남의 아내와 간음하는 자 곧 그 이웃의 아내와 간음하는 자는 그 간부와 음부를 반드시 죽일지니라"(레 20:10); "남자가 유부녀와 통간함을 보거든 그 통간한 남자와 그 여자를 둘 다 죽여 이스라엘 중에 악을 제할지니라 처녀인 여자가 남자와 약혼한 후에 어떤 남자가 그를 성읍 중에서 만나 통간하면 너희는 그들을 둘 다 성읍 문으로 끌어내고 그들을 돌로 쳐죽일 것이니 그 처녀는 성읍 중에 있어서도 소리 지르지 아니하였음이요 그 남자는 그 이웃의 아내를 욕보였음이라 너는 이같이 하여 너의 중에 악을 제할지니라"(신 22:22-24)

유부녀와 간음한 자는 반드시 사형을 당해야 한다. 이를 잘 알고 있던 다윗은 위기에 처한 그 문제를 해결하기 하나님을 경외하는 사람답지 않게 약삭빠른 대응을 했다. 다윗이 우리아를 예루살렘으로 급히 불러 그에게 특별 휴가를 준 이유는 그로 하여금 자기 아내와 동침하도록 하기 위해서였다. 그래야만 나중 우리아가 아내의 임신 사실을 알았을 때 자신의 아기인 양 속게 될 것이기 때문이었다.

그런 끔찍한 음모를 꾸미고 있는 다윗 왕은 전쟁터에서 급히 돌아온 우리아에게 요압과 이스라엘 군대의 안부를 물었다. 전쟁터에서 수고하고 있는 병사들에 대한 관심을 표명했던 것이다(삼하 11:7). 그리고는 그에게 집으로 내려가 쉬도록 했으며 그에게 선물을 들려주었다. 아내와 잠자리를 같이 하며 즐거운 시간을 보내라는 특별한 배려였다. 우리는 그의 철저한 위선에 놀라지 않을 수 없다.

우리아는 자기 집으로 돌아가지 않았다. 그는 그날 밤 왕궁 문 앞에 있는 숙소에서 다른 신하들과 함께 잠을 잤다. 그렇게 되자 신하들 중 한 사람이 그 사실을 왕에게 보고했다. 이는 다윗 왕의 계획대로 일이 진행되어 가지 않고 있음을 말해주고 있다.

다윗 왕은 우리아를 다시 불러 전쟁으로 인해 오랫동안 집을 비웠는데 왜 집에 가서 쉬지 않았느냐고 말했다. 대단한 호의를 베푸는 것으로 들릴 수 있는 말이다. 그러나 우리아는 다른 병사들이 전쟁에서 힘들게 싸우고 있는 것을 뻔히 알면서 혼자 집에 가서 아내와 잠자리를 같이 하며 편안히 쉴 수 없다고 말했다.

"우리아가 다윗에게 아뢰되 언약궤와 이스라엘과 유다가 야영 중에 있고 내 주 요압과 내 왕의 부하들이 바깥들에 진치고 있거늘 내가 어찌 내 집으로 가서 먹고 마시고 내 처와 같이 자리이까 내가 이 일을 행하지 아니하기로 왕의 살아 계심과 왕의 혼의 살아 계심을 두고 맹세하나이다 하니라"(삼하 11:11)

이방인 출신의 우리아가 차라리 다윗 왕보다 훨씬 훌륭한 자세를 보이고 있다. 그는 하나님의 언약궤가 전쟁터에 나가 있고 다른 병사들이 전쟁을 위해 야영하고 있는 터에 혼자 즐거움을 취할 수는 없다고 단호히 말했다. 이방인 출신으로서 이스라엘 백성이 된 우리아는 다윗 왕이 자기 아내에게 행한 더러운 죄악을 전혀 알지 못하고 여전히 왕과 왕국에 대한 충성심을 그대로 간직하고 있었던 것이다.

하지만 다윗 왕은 어떻게 해서든 우리아를 구슬려 그의 집으로 보내려고 최선의 노력을 기울였다. 우리아가 자기 아내와 잠자리를 같이 하지 않으면 나중에 복잡한 문제가 발생하게 될 것이 분명하다. 자기는 전쟁터에서 싸우고 있었는데 그 기간에 아내가 임신을 하게 된 사실이 드러나게 되면 그녀의 간음 사실을 추궁하게 될 것이며 그렇게 되면 결국 다윗 자신이 행한 악행이 드러나게 될 것이었기 때문이다.

다윗 왕은 무슨 수를 써서라도 우리아가 자기 아내 밧세바와 잠자리를 같이 하게 해야만 했다. 그래서 다윗 왕은 우리아를 위해 거창한 술자리를 베풀었다. 그로 하여금 술이 취하도록 만들기 위해서였다. 술기운으로 인해 그에게 아내와 성적인 관계를 가지고 싶은 마음이 생겨나도록 하려 했던 것이다.

우리는 여기서 다윗의 역겨운 태도를 보며 그의 인간성을 짐작케 한다. 나아가 타락한 인간이란 누구든 별수 없다는 생각을 다시금 하게 된다. 하지만 우리아는 이번에도 다윗 왕의 뜻에 따라 행동하지 않았다. 그는 술이 취한 상태에서도 자기 집으로 가서 아내와 동침하지 않고 그날 밤에도 다른 신하들과 함께 잠을 잤다. 다윗의 입장에서는 이제 정말 큰일이 나게 된 것이다.

4. 다윗의 만행

우리아와 밧세바 부부의 잠자리를 마련하기 위해 꾸몄던 다윗 왕의 음모 계획은 완전히 수포로 돌아갔다. 우리아는 끝내 그의 집으로 가지 않았으며 자기 아내와 동침하지 않았다. 그렇게 되자 다윗은 하는 수 없이 그를 다시 전쟁터로 돌려보낼 수밖에 없었다.

다윗 왕은 첫 음모 계획에 성공하지 못하자 이번에는 유부녀와 간음한 사실보다 더욱 무서운 악한 범죄를 획책했다. 그는 왕의 직위를 이용해 자기와 간음한 여인의 남편을 살해하고자 하는 끔찍한 음모를 꾸몄다. 그는 우리아를 전쟁터로 돌려보내면서 사령관 요압에게 편지를 써 보냈다. 그 편지에는 우리아를 전투 중에 적군의 손에 죽게 하라는 왕명이 들어 있었다.

다윗 왕은 그 편지를 살해하고자 하는 당사자인 우리아의 손에 들려 보냈다. 우리아는 그 편지를 들고 전쟁터로 돌아가면서 그 안에 국가적인 중대사가 기록되어 있을 것이라 믿었을 것이 틀림없다. 그는 다윗 왕과 그의 왕국에 대한 충성심을 마음속에 간직하고 있었다. 그 편지에는 자기를 죽이라는 왕의 명령이 들어있었지만 그는 그 무서운 음모를 전혀 눈치 채지 못하고 있었던 것이다.

"너희가 우리아를 맹렬한 싸움에 앞세워 두고 너희는 뒤로 물러가서 저로 맞아 죽게 하라"(삼하 11:15)

이는 군사령관에게 내리는 왕의 특명이었다. 요압은 왕이 왜 그런 요구를 하는지 구체적인 이유에 대해 알지 못했을 것이다. 어쩌면 이방인 출신인 우리아에게 간첩혐의가 있을 것이라는 생각을 했을지도 모른다. 하여튼 왕의 명령을 받은 사령관 요압은 복종할 수밖에 없었다.

요압은 왕의 특명에 따라 결코 승산이 없는 적군과의 전투를 벌였다. 그는 우리아를 비롯한 몇 명의 병사들에게 적군의 진지 쪽으로 가까이 접근해 무리한 공격을 하도록 명령했다. 그 결과 다윗 왕에게 속한 몇 명의 군인들이 전사했으며 그들 중에는 밧세바의 남편 우리아도 포함되어 있었다. 그것은 요압의 특별 작전이었으므로 지극히 당연한 결과였다.

5. 다윗 왕에게 전해진 전황보고와 밧세바의 태도

우리아가 적군에게 전사당한 후 요압은 다윗 왕에게 전황을 보고했다. 그것은 왕의 특명을 훌륭히 수행했음을 알리는 내용이었다. 그 내용 가운데는 이스라엘 군대가 특별한 전투에서 적군에게 패배했다는 사실이 당연히 포함되어 있었다. 적진 가까이 접근해 무리한 전투를 벌이다가 패배한 상황도 기록되어 있었다.

그래서 요압은 전령에게 특별한 당부를 했다. 만일 다윗 왕이 무리한 공격을 강행함으로써 패배한 사실에 대해 진노하거든 그 전투에서 헷사람 우리아도 죽었음을 보고하라고 했다. 그러면 왕이 그에 대한 문책을 하지 않을 것이라는 것이었다. 요압의 말대로 전령이 보고하자 다윗 왕은 진노하지 않았으며 그에 대해 아무런 문책을 하지 않았다.

> "다윗이 사자에게 이르되 너는 요압에게 이같이 말하기를 이 일로 걱정하지 말라 칼은 이 사람이나 저 사람이나 죽이느니라 그 성을 향하여 더욱 힘써 싸워 함락시키라 하여 너는 저를 담대케 하라 하니라"(삼하 11:25)

우리는 여기서 다윗 왕의 태도에 거듭 역겨움을 느끼지 않을 수 없다. 우리아가 전사한 사실은 즉시 그의 가족에게도 전해졌다. 그의 아내 밧세바는 남편의 전사 소식을 듣고 큰 소리로 울었다. 물론 우리는 그녀가 울었던 울음의 의미를 분명히 알 수 없다. 하지만 그 울음 가운데는 만 가지 의미가 포함되어 있었을 것이 분명하다.

다윗 왕은 우리아를 장사지낸 후 그의 아내 밧세바를 왕궁으로 데려와 자기의 아내로 삼았다. 물론 그전에 있었던 모든 과정이 백성들에게 소상히 알려졌을 리 없다. 남편이 없는 과부를 왕이 데려왔으므로 별 문제가 없는 것으로 인식되었을 것이다. 결국 밧세바는 왕궁에 들어와 자기가 임신한 다윗 왕의 아들을 낳았다.

> "저가 그 처가 되어 아들을 낳으니라 다윗의 소위가 여호와 보시기에 악하였더라"(삼하 11:27)

다윗 왕이 밧세바와 간음한 사실과 우리아를 죽인 그의 행위는 악하기 그지없는 행동이었다. 다윗은 자기의 충성스런 심복의 아내를 강제로 빼앗았다. 그 일을 위해 무고한 부하의 생명을 교묘한 방법을 이용해 죽이는 악행을 서슴지 않았다. 다윗 왕의 그런 행동은 그의 삶 가운데 항상 남아 있었을 것이다.

그때 밧세바가 임신했던 아이는 출생한 후 그리 오래 지나지 않아 죽게 되었다(삼하 12:18). 하나님께서는 그것을 통해 자신의 뜻을 보여주셨다. 그런 행위는 하나님 앞에 무서운 죄악임을 분명히 보여주신 것이다. 다윗은 자기의 사사로운 목적을 이루기 위해 적군의 손에 자신의 신하를 죽게 만드는 음모 작전을 세운 왕이었다.

개인의 욕망을 달성하는데 눈이 멀게 된 다윗 왕은 결국 자신의 직위를 최대한 악용했다. 그는 이스라엘 왕국과 민족을 개인적인 욕망을 채우는 일에 이용했던 것이다. 그것은 어떤 경우에도 결코 있을 수 없는 악한 행동이었다.

우리는 다윗이 저지른 그런 끔찍한 악행들을 통해 오랫동안 참고 인내하시는 하나님의 모습을 보게 된다. 이런 악행 가운데서도 다윗 왕은 여전히 구속사의 중심 줄기 속에 존재해 있었다. 하나님께서는 자기 자녀들을 위한 구속사역을 이루어 가시면서 결코 다윗을 비롯한 인간들의 윤리성에 의존하시지 않으셨다. 모든 인간은 하나님 앞에서 악한 존재들일 따름이다. 밧세바와 관련된 다윗의 악행을 보며 그 사실을 더욱 분명히 깨닫게 된다.

그렇다면 오늘날 우리는 과연 다윗보다 윤리적으로 우월한 자들이라 할 수 있는가? 우리는 이를 통해 자신의 모습을 냉철하게 되돌아 볼 수 있어야 한다. 교회의 지도자들은 자기의 종교적 욕망을 달성하기 위해 교회와 성도들을 이용하려 하지는 않는가? 입술로는 하나님 나라의 유익을 말하지만 실상은 개인의 욕망을 충족하고자 온갖 아이디어를 창안해 내고 있지는 않은가?

제28장 _ 다윗 왕과 나단 선지자

(삼하 12:1-31)

1. 하나님께서 다윗에게 나단 선지자를 보내심

밧세바와 간음한 후 그의 남편 우리아를 적군의 손을 빌려 살해한 다윗 왕에게 하나님께서는 나단Nathan 선지자를 보내셨다. 나단은 다윗에게 예화를 하나 들려주었다. 한 성에 부자와 가난한 사람이 함께 살았는데 어느 날 부자에게 한 손님이 찾아왔다. 부자는 자기의 많은 동물들을 두고 그 가난한 자의 한 마리밖에 없는 새끼 암양을 잡아 자기 손님을 대접했다는 것이었다.

나단 선지자로부터 그 이야기를 들은 다윗 왕은 크게 진노했다. 그런 못된 인간은 더 이상 살려 둘 필요가 없다고 생각했다. 그리하여 다윗은 여호와의 이름으로 맹세하며 그 부자를 마땅히 사형에 처하리라 결심했다. 그리고 그 부자로 인해 피해를 입은 가난한 자에게는 그가 빼앗긴 것의 네 배를 갚아주도록 명령하리라 마음먹었다.

우리는 여기서 다윗 왕의 이중적인 모습을 보며 많은 생각을 하게 된다. 다윗은 자기의 끔찍한 범죄행위에 대해서는 아무런 양심의 가책조차 느끼지 못하면서 도리어 대단한 정의를 행하려 하고 있다. 그는 왕의 직위를 이용해 유부녀와 간음을 행했다. 그것은 구약의 율법에 의해 마땅히 돌에 쳐죽임을 당해야 할 중죄에 해당된다.

다윗은 자기의 범죄사실을 은닉隱匿하기 위해 온갖 음모를 다 꾸몄지만 성공하지 못했다. 그 모든 일들이 실패로 돌아가게 되자 결국은 아무런 죄도 없는 자기의 충성스런 신하이자 그녀의 남편인 우리아를 적군의 손을 빌려 살해했다. 그리고는 그의 아내를 빼앗아 자기 아내로 삼았다. 다윗은 이스라엘 민족 가운데서 극도로 악한 범행을 저지르고도 그것을 숨기려했을 뿐 아니라 별다른 양심의 가책을 느끼지 않고 있었다.

그런 다윗 왕이 자신의 범죄에 비하면 훨씬 작은 불의를 보고 대단한 정의를 행하려 했던 것이다. 그는 나단 선지자의 이야기를 듣고 불의를 행한 그런 악한 부자는 사형에 처하는 것이 마땅하다고 판단했다. 하나님께 맹세하며 그런 일은 결단코 있을 수 없다며 진노했던 것이다. 동시에 그로 말미암아 재산상의 피해를 본 가난한 자에게는 네 배의 보상을 하며 자비를 베풀려고 마음먹었다.

다윗 왕의 그런 태도를 보며 우리는 당혹감을 느낌과 동시에 우리 자신의 모습을 되돌아보지 않을 수 없다. 자신의 커다란 악행에 대해서는 아무런 양심의 가책조차 느끼지 않으면서 타인의 자그만 잘못에 대해서는 정의감을 불태우며 분노하고 있지는 않은가?

사실 우리는 여기서 하나님 앞에 선 우리 자신의 죄된 모습을 선명하게 깨달아야 한다. 하나님을 배반하고 그의 이름을 욕되게 하는 자기 자신에 대해서는 무감각하면서 다른 사람들의 작은 악행을 보며 정의를 외치며 분노하는 것이 우리 모두의 모습이다. 우리는 타인의 자그만 악행에 분노하면서 자기 자신을 스스로 의인인 양 오해하는 어설픈 존재에 지나지 않는다. 예수님께서는 그에 대한 분명한 주의를 주셨다.

"비판을 받지 아니하려거든 비판하지 말라 너희의 비판하는 그 비판으로 너희가 비판을 받을 것이요 너희의 헤아리는 그 헤아림으로 너희가 헤아림을 받을 것이니라 어찌하여 형제의 눈속에 있는 티는 보고 네 눈속에 있는 들보는 깨닫지 못하느냐 보라 네 눈속에 들보가 있는데 어찌하여 형제에게 말하기를 나로 네 눈속에 있는 티를 빼게 하라 하겠느냐 외식하는 자여 먼저 네 눈속에서 들보를 빼어라 그 후에야 밝히 보고 형제의 눈속에서 티를 빼리라"(마 7:1-5)

우리는 다윗의 이해할 수 없는 태도를 보며 주님의 말씀을 기억하게 된다. 나단 선지자의 이야기를 듣고 정의감으로 반응하는 다윗 왕의 분노를 통해 우리 자신의 모습을 되돌아볼 수 있어야 한다. 사무엘서에 기록된 다윗의 태도를 보아 그는 자신의 죄악을 인식조차 못하는 듯이 보인다.

다윗의 주관적이며 미숙한 태도를 본 나단 선지자는 다윗 왕 자신이 곧 그런 인간이라는 사실을 지적했다. 사실 다윗은 그 부자보다 훨씬 악한 자였다. 그러므로 나단은 다윗 왕에게 하나님의 말씀을 전했다. 하나님께서는 다윗을 이스라엘 민족의 왕으로 삼기 위해 기름을 붓고 사울의 손에서 생명을 구출해 주셨다. 그리고 그에게 이스라엘 민족과 언약의 왕국을 맡기셨다. 그러나 다윗 왕은 하나님의 은혜를 잊고 자기의 욕망대로 행하고 있었다.

하나님께서는 다윗이 밧세바에게 범한 간음과 그녀의 남편 우리아를 죽인 사실을 단순한 범죄로 보시지 않았다. 하나님은 다윗이 그 범죄를 통해 하나님 자신을 업신여겼다고 말씀하셨다. 그것은 인간들을 향해 저지른 단순한 범죄행위가 아니라 하나님을 업신여기는 죄악이었다.

"그러한데 어찌하여 네가 여호와의 말씀을 업신여기고 나 보기에 악을 행하였느뇨 네가 칼로 헷 사람 우리아를 죽이되 암몬 자손의 칼로 죽이고 그 처를 빼앗아 네 처를 삼았도다 이제 네가 나를 업신여기고 헷 사람 우리아의 처를 빼앗아 네 처를 삼았은즉 칼이 네 집에 영영히 떠나

지 아니하리라"(삼하 12:9, 10)

다윗은 아마 그런 범죄를 저지르면서 하나님을 업신여긴 적이 없었다고 생각했을 것이다. 그는 결코 하나님을 업신여긴 것이 아니라 자기의 욕망에 눈이 어두워져 악행을 저질렀을 뿐이라 여겼을 것이 틀림없다. 그렇지만 하나님께서는 다윗의 범행이 하나님을 업신여겼기 때문에 발생한 것이라고 분명히 말씀하고 계신다.

오늘날 우리도 이 점에 대해 잘 생각해 볼 수 있어야 한다. 우리가 인간들 사이에서 범하는 모든 악행들은 하나님을 업신여기기 때문에 발생하게 된다. 신앙이 어린 교인들은 결코 하나님을 업신여기거나 그를 욕되게 한 적이 없다고 주장할지 모르지만 모든 악행은 하나님과 연관된다. 우리의 모든 범죄는 하나님을 업신여기고 있는 결과임을 항상 기억해야만 한다.

하나님께서는 다윗의 악행에 대해 징벌하겠다는 뜻을 분명히 밝히셨다. 다윗 왕가에 엄청난 재난이 있게 하겠으며 다윗의 처첩들은 대낮에 다른 자에 의해 욕을 당하게 되리라는 것이었다. 다윗은 은밀하게 남의 아내와 간음을 행했지만 하나님께서는 그의 처첩으로 하여금 대낮에 많은 무리가 보는 앞에서 그 일을 당하게 하리라는 것이었다. 그리고 다윗은 밧세바의 남편 우리아를 비밀리에 살해했지만 그보다 더한 고통을 자기 아들로부터 당하게 될 것을 예언하셨다. 이는 나중 그가 사랑했던 아들 압살롬에 의해 그대로 이루어졌다.[38]

---

[38] "아히도벨이 압살롬에게 이르되 왕의 아버지가 머물러 두어 궁을 지키게 한 후궁들로 더불어 동침하소서 그리하면 왕께서 왕의 부친의 미워하는바 됨을 온 이스라엘이 들으리니 왕과 함께 있는 모든 사람의 힘이 더욱 강하여 지리이다 이에 사람들이 압살롬을 위하여 지붕에 장막을 치니 압살롬이 온 이스라엘 무리의 눈앞에서 그 부친의 후궁들로 더불어 동침하니라"(삼하 16:21,22).

2. 다윗의 회개와 하나님의 은혜

(1) 다윗의 뉘우침과 하나님의 심판

나단 선지자로부터 하나님의 예언을 들은 다윗 왕은 즉시 그에 대해 뉘우쳤다. 다윗은 자기가 하나님을 업신여긴 적이 없다고 항변하지 않았다. 대신 자기는 하나님께 범죄했음을 진심으로 고백했다. 다윗은 하나님 앞에서 자신의 악한 범죄행위가 하나님을 업신여긴 사실과 연관됨을 잘 알고 있었던 것이다.

> "다윗이 나단에게 이르되 내가 여호와께 죄를 범하였노라 하매 나단이 다윗에게 대답하되 여호와께서도 당신의 죄를 사하셨나니 당신이 죽지 아니하려니와 이 일로 인하여 여호와의 원수로 크게 훼방할 거리를 얻게 하였으니 당신의 낳은 아이가 정녕 죽으리이다"(삼하 12:13, 14)

다윗이 하나님께 범죄한 사실을 고백하자 나단 선지자는 하나님께서 그의 죄를 용서하셨음을 즉시 말했다. 그것은 하나님과 다윗 사이에 맺어진 관계로 인한 것이었다. 즉 다윗의 죄가 가볍기 때문이 아니었으며 다윗이 순순히 자백했기 때문도 아니었다. 물론 다윗의 자백이 하나님의 용서와 연관되지만, 그가 자신의 죄를 인정했던 것은 그에게 진정으로 하나님을 경외하는 마음이 있었기 때문이다.

하나님께서 다윗을 용서하셨다는 의미는 궁극적인 것을 두고 하는 말이다. 따라서 하나님께서는 여전히 그가 저지른 죄에 대한 책임을 묻고 계신다. 그러므로 하나님은 우리아의 아내 밧세바가 낳은 아기를 치셨으며 그로 인해 아기는 심히 앓게 되었다.

다윗은 그 아기의 생명을 구하려는 생각으로 금식하며 밤새도록 하나님께 간구했다. 다윗의 신하들은 그를 만류했으나 말을 듣지 않고 식음을 전폐했다. 그러나 결국 그 아기는 죽게 되었다. 그렇게 되자 신하들은 그 사실을 왕에게 보고하는 것을 두려워했다. 그 아기가 살아있을 때도 왕이 그렇게 괴로워했는데 그의 죽음에 관한 소식을 듣게 되면 어떤 반응을 할지 알지 못했기 때문이었다.

(2) 하나님께 경배하는 다윗

다윗 왕은 신하들의 모습과 주변 분위기를 통해 아기가 죽었다는 사실을 감지하게 되었다. 그리하여 신하들에게 그 사실을 확인한 후에는 자리에서 일어나 몸을 씻고 의상을 갈아입었다. 그는 하나님의 전殿에 나아가 경배를 드리고 왕궁으로 돌아와 식사를 했다.

다윗의 그런 행동은 신하들이 예상하던 것과는 전혀 다른 반응이었다. 신하들은 왕이 아기가 죽은 사실을 알게 되면 이전보다 훨씬 더 심각한 문제가 발생할 것으로 짐작했었다. 하지만 왕의 반응은 전혀 그렇지 않았다.

그래서 신하들은 어떻게 된 영문인지 다윗 왕에게 물었다. 왕은 아기가 살아있을 때 금식하고 울었던 것은 하나님의 은혜를 바랐기 때문이었다고 말했다. 하나님께서 혹 자신을 불쌍히 여겨 은혜를 베푸실지 모른다는 기대감을 가지고 있었다는 것이다. 다윗은 범죄한 자신의 모습을 돌아보며 하나님의 긍휼을 받고 싶어했었다. 그러나 다윗은 아기가 죽고 난 후에는 그럴 필요가 없음을 깨닫게 되었다.

> "가로되 아이가 살았을 때에 내가 금식하고 운 것은 혹시 여호와께서 나를 불쌍히 여기사 아이를 살려 주실는지 누가 알까 생각함이어니와 시방은 죽었으니 어찌 금식하랴 내가 다시 돌아오게 할 수 있느냐 나는 저에게로 가려니와 저는 내게로 돌아오지 아니하리라"(삼하 12:22, 23)

다윗은 신하들에게 한 이 말 가운데서 인생의 허무함을 고백하고 있다. 자기는 인간의 욕망으로 인해 무소불위無所不爲의 권력을 행사해 왔지만 그것 자체로는 아무런 의미 없다는 것을 말하고 있었던 것이다. '나는 저에게로 가려니와 저는 내게로 돌아오지 아니하리라'(23절)는 말 속에서 다윗의 심중을 충분히 엿볼 수 있다. 이는 하나님과 그의 나라만이 영원하다는 의미를 내포하고 있다.

(3) 다윗과 밧세바 사이에서 출생한 솔로몬

밧세바가 낳은 아기가 죽게 되자 다윗 왕은 그녀를 위로하고 동침했다. 그렇게 함으로써 다윗은 밧세바를 통해 다른 아들을 얻게 되었다. 그가 곧 나중에 다윗의 뒤를 잇게 되는 솔로몬 왕이다. 성경은 하나님께서 그때 태어난 솔로몬을 사랑하셨던 것으로 기록하고 있다. 하나님께서는 나단 선지자를 보내 그에게 '여호와께 사랑을 입은 자'라는 뜻을 지닌 여디디야Jedidiah란 이름을 주셨다. 이는 하나님께서 그를 사랑하셨음을 증거하고 있다.

우리는 여기서 매우 민감한 문제에 부딪치게 된다. 그것은 하나님께서 솔로몬을 사랑하신 까닭 때문이다. 우리가 먼저 생각해 보아야 할 것은 하나님께서 다윗과 밧세바를 통해 출생한 솔로몬을 사랑하신 것이 과연 그의 부모들 때문이었는가 하는 점이다.

우리는 이 점에 대해 쉽게 그렇게 말할 수 없다. 어린 솔로몬을 사랑하신 것을 통해 하나님께서는 다윗과 밧세바의 간음행위를 완전히 문제 없는 것으로 인정하셨던 것인가? 즉 다윗과 밧세바 사이에 아무런 문제가 없는 상태에서 솔로몬이 태어났기 때문에 그를 사랑하신 것인가? 우리가 주의를 기울여야 할 부분은 그 아이의 부모의 정당성 여부와 상관없이 하나님께서 그를 사랑하셨다는 사실이다. 좀 더 구체적으로 말하자면 하나님께서 솔로몬을 사랑하신 것이 다윗과 밧세바의 관계를 정당화시키지 않는다. 단지 다윗의 혈통과 연관된 메시아 사역에 관한 하나님의 뜻이 있음을 보여주신 것이다. 이는 나중 다윗을 잇게 될 왕위 계승 문제와 직접 연관되어 있다.

하나님께서 솔로몬을 사랑하셨던 것은 그로 하여금 이스라엘의 왕위를 잇게 하려는 하나님의 계획이 있음을 시사하고 있다. 거기에는 그를 나중 이스라엘 민족의 왕으로 세우기로 작정하신 하나님의 뜻이 어렴풋이 드러나고 있었던 것이다. 당시는 그 사실에 대해서 아무도 예측하지 못하고 있었다.

우리는 여기서 홀로 행하시는 하나님의 섭리와 경륜을 보게 된다. 인간들은 악을 저질렀지만 신실한 하나님께서는 그 가운데서 자신의 구속 사역을 이루어 가셨다. 즉 다윗과 밧세바는 하나님 앞에서 범죄했지만 하나님께서는 그 가운데서 은혜로 역사하셨던 것이다. 이를 통해 우리는 자기 백성을 위한 하나님의 사랑과 그의 놀라운 경륜을 깨닫게 된다.

3. 다윗 왕의 일시적 회복

다윗은 그 일이 있은 후 일시적으로 자신을 회복한다. 그러나 그것은 영구한 것이 아니라 다른 복잡한 상황을 앞두고 있었다. 그로부터 얼마 지나지 않아 다윗 왕가에는 상상을 초월하는 엄청난 회오리바람이 불어 닥치게 되는 것이다.

다윗 왕의 배다른 자식들 가운데 결코 있을 수 없는 일들이 일어나는가 하면 기본적인 인륜을 거스르는 악한 일들이 발생하게 된다. 다윗의 아들 암논은 배다른 누이동생을 강제로 겁탈하는가 하면 스스로 금방 증오의 감정을 품게 된다. 그것을 알게 된 그 누이의 친오빠가 되는 압살롬은 결국 배다른 형인 암논을 살해하게 된다.

뿐만 아니라 압살롬은 나중 아버지를 배신하고 왕위를 찬탈하고자 했다. 그는 헤브론으로 가서 자기를 왕으로 선포하는가 하면 아버지를 살해하려는 구체적인 음모를 꾸미게 된다. 다윗 왕가는 그야말로 엉망이 되어갔던 것이다.

이러한 왕가에 일게 될 강한 회오리바람을 앞두고 다윗 왕은 일시적으로 대외적인 힘을 과시하게 된다. 다윗 왕의 군대 사령관인 요압은 암몬 자손의 왕성인 랍바Rabbah를 공격하고 승기를 잡았다. 그리고는 급히 전령을 예루살렘으로 보내 다윗 왕으로 하여금 최종적인 승리를 취하도록 했다. 요압은 전쟁의 승리에 대한 영예를 다윗 왕에게 돌리고자 했던 것이다.

요압의 전갈을 받은 다윗 왕은 급히 군대를 이끌고 랍바로 가서 왕성王城을 공격하여 크게 승리했다. 그는 적군의 왕이 쓰던 금으로 된 왕관을 탈취하여 자신의 머리에 쓰고 적진을 유린했다. 뿐만 아니라 적군의 성에서 엄청난 양의 전리품들을 얻었다. 그리고 적국의 백성들을 끌어내어 노예로 부리면서 막강한 힘을 과시했다. 그 후 다윗은 승리의 왕으로서 개선장군이 되어 예루살렘으로 돌아왔다. 당시의 어지러운 형편 가운데서도 다윗 왕국은 여전히 강력한 힘을 가지고 있었던 것이다.

제29장 _ 암논과 압살롬
(삼하 13:1-39)

1. 다윗 왕가의 가정 문제

훌륭한 믿음의 조상인 다윗 왕과 그의 집안은 과연 모범적이었는가? 우리의 막연한 기대와는 달리 전혀 그렇지 않다. 일반적인 경우라면 상상조차 할 수 없는 수치스런 악한 사건들이 그의 가족들 가운데 빈번히 발생하게 된다. 이는 다윗 왕과 그의 가정이 우리에게 윤리적인 본을 보여주고 있는 것이 전혀 아니라는 사실을 잘 말해주고 있다.

다윗 왕은 유부녀였던 밧세바를 자신의 직위를 이용해 간음을 하고 나서는 급기야 이스라엘의 충신이자 그녀의 남편인 우리아마저 적군의 손을 통해 살해했다. 그리고는 그 여인을 자기 아내로 맞아들였다. 그것으로 인해 하나님께서는 선지자 나단을 보내 그에게 징벌을 내리시겠다고 말씀하셨다(삼하 12:10, 11). 다윗은 하나님과의 관계적인 면에서는 용서를 받게 되지만 그의 악행으로 인한 모든 것을 면책免責받은 것은 아니었다.

그런 일이 있은 지 얼마 되지 않아 다윗 왕가에는 심각한 문제들이 발생하기 시작했다. 우리의 상상을 초월하는 가장 비윤리적인 끔찍한 사건들이 언약 백성의 나라인 이스라엘 왕국의 왕궁에서 일어나고 있었던 것이다. 사실 이와 연관된 쓴 뿌리는 다윗 왕 자신의 악행으로부터 시작되었다.

2. 왕자 암논Amnon이 이복異腹 누이동생 다말Tamar을 겁탈함

하나님께서 다윗에게 예언하신 그 일이 그의 자식들인 이복 남매 사이에 강간사건이 일어남으로써 하나님의 말씀대로 이행되기 시작했다. 다윗 왕에게는 배다른 이복 자식들이 많이 있었다. 그 중에 암논이 자기의 이복 누이동생 다말을 강간하게 되었다.

압살롬Absalom의 친 여동생 다말은 외모가 매우 아름다운 공주였다. 그리고 암논은 자신의 이복 여동생인 다말을 짝사랑하게 되었던 것이다. 그 정도가 점차 심해져 암논은 결국 상사병相思病이 걸리게 되었다. 그리하여 암논의 건강은 점점 수척해져만 갔다.

그러던 중 암논의 친구였던 요나답Jonadab이 왕자인 암논에게 그 원인에 대해 물었다. 그러자 암논은 친구인 그에게 모든 자초지종을 털어놓았다. 매우 간교한 인물이었던 요나답(삼하 13:3)은 왕자 암논의 말을 듣고는 끔찍한 계략을 내놓았다. 그것은 암논으로 하여금 짝사랑하는 이복 누이동생 다말을 자기 방으로 끌어들여 강간하게 하는 것이었다.

우리가 여기서 보게 되는 것은 암논의 강간사건이 우발적이거나 즉흥적인 행동이 아니라 계획적이었다는 사실이다. 더구나 친구의 도움을 받아 마치 작전을 펴듯이 하며 누이동생을 겁탈할 계략을 세웠던 것이다.

요나답은 먼저 암논에게 침상에 누워 병든 척 하고 있으라는 계략을 말했다. 그러면 아버지 다윗 왕이 찾아올 것이며 그때 누이동생 다말로 하여금 자신의 병을 간호해 주도록 부탁하라는 것이었다. 공주 다말이

제29장 _ 암논과 압살롬(삼하 13:1-39)

만든 맛있는 음식을 먹고 기분이 상쾌해지면 낫게 되리라는 논리였다.

암논은 친구가 시키는 대로 따라했고 요나답의 말대로 부친 다윗 왕이 찾아왔다. 그러자 암논은 친구가 일러주는 대로 자기 아버지에게 말했다. 다말을 자기에게 보내 병간호를 하도록 해 달라는 것이었다.

다윗 왕은 암논의 말을 듣고 다말에게 이복 오빠인 암논에게 가서 병을 간호해 주도록 명령했다. 아버지의 말을 들은 공주는 이복 오빠인 암논의 집으로 가서 병상에 누워있는 그를 위해 밀가루 반죽을 하여 음식을 만들어 그에게 주었다.

암논은 다말이 만들어 가지고 온 음식을 먹기를 거부하고 집안에 있는 모든 사람들로 하여금 밖으로 나가라고 요구했다. 사람들을 내보낸 후 암논은 다말에게 음식을 가지고 자기의 침실로 들어오도록 했다. 자기에게 음식을 직접 떠 먹여달라는 것이었다. 이는 그의 병이 그만큼 심하다는 사실을 다말에게 인식시키기 위한 것이기도 했다.

아무런 계략을 알지 못하는 다말은 자기가 직접 준비한 음식을 들고 이복 오빠의 침실로 들어갔다. 다말이 음식을 먹여주려고 가까이 나아갔을 때 암논의 태도가 돌변했다. 암논이 이복 누이동생인 다말에게 성적인 요구를 했던 것이다.

이복 오빠의 갑작스런 태도에 깜짝 놀란 다말은 그것을 단호히 거절했다. 그런 행동은 이스라엘 민족 가운데 결코 있을 수 없는 악행이라는 것이었다. 그러면서 다말은 자기를 연모하는 마음이 있으면 아버지 다윗 왕에게 아뢰라는 것이었다. 그러면 왕이 혼인을 허락할 것이라 말했다.

다말의 말을 통해서 볼 때 당시에는 이복 남매간에 혼인이 가능했던 것으로 보인다. 그러나 암논은 다말을 강제로 겁탈했다. 힘이 약한 다말은 억울하게 당할 수밖에 없었다. 그것은 그녀에게 엄청난 상처가 될 것이 분명하다.

그런데 더욱 심각한 문제가 그 다음에 일어났다. 암논이 자기가 겁탈한 다말을 그 자리에서부터 증오하기 시작한 것이다. 그는 그 전에 다말을 짝사랑하며 사모하던 것보다 더욱 심하게 그녀를 증오하기 시작했다. 자기의 성적인 욕망을 채운 암논은 이제 이복 누이동생을 집에서 쫓아내듯이 내보냈다.

그러자 다말은 이복 오빠의 그런 행동이 자기를 강간한 일보다 더욱 악한 행동이라고 암논에게 말했지만 그는 더 이상 눈에 보이는 것이 없었다. 다말은 이복 오빠에 의해 강제로 겁탈 당했으나 이왕 더럽혀진 몸이 되었으니 그의 아내가 되어야 마땅하다고 생각했던 것 같다.

그렇지만 암논은 다말의 의사를 멸시하고 결국은 그녀를 집밖으로 쫓아내고 문빗장을 질러버렸다. 그러자 미혼인 다말은 입고 있던 공주의 채색 옷을 찢고 머리에 재를 쓴 채 머리 위에 손을 얹고 울며 집으로 돌아갔다.

3. 압살롬이 이복 형 암논을 살해함

이복 오빠로부터 예기치 못한 강간을 당하고 쫓겨난 다말은 자신의 집으로 돌아가 깊은 실의에 잠겨 있을 수밖에 없었다. 압살롬은 사랑하는 여동생이 이복형 암논에 의해 겁탈을 당한 후 실의에 빠져 있는 것이 매우 측은하게 여겨졌다. 그는 다말을 위로하면서 우선은 마음을 추스르고 잠잠히 있으라고 당부했다. 그 말 가운데는 자기가 기회를 봐서 암논에게 복수를 하겠다는 의미가 포함되어 있다.

다윗 왕은 자기의 아들이 다른 여인에게서 출생한 자기의 딸을 강간했다는 소식을 듣고 심히 분노했다. 자기의 추하고 더러운 과거는 생각할 여지도 없었던 것으로 보인다. 하지만 다윗은 암논에게 분노만 했을 뿐 달리 특별한 벌을 내리지는 않았던 것 같다.

한편 압살롬은 자기의 여동생 다말을 겁탈한 이복형 암논과 아무런 대꾸조차 하지 않았다. 그와 아무런 대화를 하지 않았을 뿐 아니라 그의 잘못에 대해 따져들지도 않았던 것이다. 서로 가까이 살고 있으면서 그런 식의 분위기 가운데 암논은 점차 자기가 저지른 강간사건을 지나간 과거사로 생각하면서 서서히 잊고 싶었을 것이다. 하지만 압살롬은 그것을 마음 속 깊이 새겨두고 복수를 꿈꾸고 있었다.

암논의 강간사건이 있은 지 이년이 지난 후(삼하 13:23) 압살롬이 에브라임 부근의 바알하솔Baal Hazor에서 양털을 깎으며 모든 왕자들을 초청하고자 했다. 압살롬은 그것을 위해 먼저 아버지 다윗 왕과 그의 신하들을 초청했다. 그러나 다윗 왕은 다른 사유들을 들어 완곡하게 거절함으로써 직접 그곳에 가지 않고 대신 그를 위해 복을 빌었다.
그러자 압살롬은 왕에게 암논을 비롯한 모든 왕자들을 보내줄 것을 부탁했다. 압살롬의 간청에 의해 왕은 암논과 함께 왕자들을 그에게 보냈다. 다윗은 그렇게 하는 것이 압살롬과 다른 왕자들에게도 좋은 일이라고 생각했다.

그러나 압살롬의 속셈은 그와 달랐다. 그는 자기의 누이동생을 겁탈하고 엄청난 상처를 입힌 암논을 죽일 계획을 하고 있었다. 압살롬은 자기의 부하들에게 암논이 술을 마시고 취해 즐거워할 때 적절한 기회를 봐서 그를 죽이라고 명령했다. 모든 뒷일은 자기가 책임질 테니 두려워하지 말고 거침없이 그 일을 시행하라고 명령했다.
압살롬의 부하들이 주인의 명령에 따라 암논을 비참하게 살해하게 되자 다른 왕자들은 놀라 도망을 치게 되었다. 다른 모든 왕자들이 전혀 예견치 못한 급작스런 일이 발생하게 된 것이다. 그들은 그 자리에서 도망칠 수밖에 없는 상황이었다.

4. 압살롬이 도망함

압살롬이 이복형 암논을 죽였다는 소문이 다윗 왕의 귀에 전해졌다. 소문은 실제보다 부풀려져 전달되었다. 압살롬이 모든 왕자들을 하나도 남기지 않고 다 죽였다고 다윗에게 전해졌던 것이다. 그 소식은 청천벽력 같은 비보였다.

다윗 왕은 그 슬픈 소문을 듣고는 자리에서 일어나 옷을 찢고 땅에 엎드렸으며 그의 모든 신하들도 왕 앞에서 그렇게 했다. 그때 암논의 친구인 요나답이 다윗 왕에게 그것은 잘못된 소문일 것이라고 아뢰었다. 압살롬이 죽인 대상은 모든 왕자들이 아니라 암논 한 사람일 것이라 말했던 것이다.

요나답은 다윗 왕에게 그전부터 자기의 친 여동생을 겁탈한 이복형인 암논을 죽이기로 압살롬이 작정하고 있었음을 고했다. 그러므로 그가 모든 왕자들이 다 죽인 것으로 생각지는 말라는 것이었다. 압살롬이 원수로 생각한 자는 암논이었을 뿐 다른 왕자들은 아니었다는 것이다.

우리는 여기서 요나답의 간교한 모습을 그대로 보게 된다. 왕자인 자기 친구 암논이 이복누이인 공주 다말을 짝사랑하여 상사병에 걸려 있을 때 그에게 겁탈할 수 있는 방법을 알려주었던 자가 곧 요나답이었다. 어떤 의미에서는 그가 다윗의 집안에 그런 일이 발생하도록 방편을 제공한 자였다. 그런 그가 이제 다윗 왕에게 마치 위로라도 하듯이 말하고 있다.

요나답이 다윗 왕에게 그 말을 하고 있는 동안 압살롬에게 갔던 왕자들이 예루살렘으로 돌아오고 있었다. 암논이 살해되었고 그를 죽인 압살롬은 이미 멀리 이방지역으로 도망을 치고 난 후였다. 왕자들이 돌아온 것을 확인한 요나답은 다윗 왕에게 자기가 암논 한 사람만 죽었을 것이라는 사실을 적중한 것을 은근히 드러내며 말했다.

 왕궁으로 돌아온 모든 왕자들은 아버지 다윗 왕 앞에서 대성통곡하게 되었으며 다윗과 그의 모든 신하들도 그것으로 인해 통곡했다. 한편 압살롬은 이방지역인 그술 왕 암미훗의 아들 달매(Talmai, the son of Ammihud, king of Geshur)에게 가서 피신했으며, 다윗은 죽은 아들로 인해 날마다 슬픔에 빠지게 되었다.

 압살롬이 그술로 가서 피신한지 삼 년이 되었을 때 암논의 죽음에 대한 다윗 왕의 슬픔은 점차 줄어들었으며 압살롬에 대한 노기怒氣도 풀려갔다. 한편 생각하면 자기의 친누이를 강제로 겁탈한 이복형에 대한 압살롬의 분노를 어느 정도 이해할 만 하기도 했던 것이다.

 그래서 다윗은 나중 압살롬을 예루살렘으로 불러올리게 된다. 하지만 다윗은 그 아들에게 전처럼 정겹게 대할 수는 없었다. 이방 지역에 피신하고 있는 아들을 가까이 두고 싶은 마음이 간절하기는 했을지라도 그와 정답게 살아가는 것은 결코 쉽지 않은 일이었다.

5. 강간과 살인이 난무한 다윗 왕가王家와 하나님의 경륜

 다윗 왕과 그의 집안이 이스라엘 민족사 가운데 차지하는 비중이 얼마나 큰가? 구속사 가운데 다윗 왕가보다 더 큰 비중을 차지하는 집안은 없다. 그런데 그 대단한 집안에 강간과 살인 사건이 되풀이되고 있다. 그나마 피해자로서 문제가 발생한 것이 아니라 도리어 그 집안에 끔찍한 가해자들이 있었다.

 강간과 살인, 그것이 다윗 왕의 집안 내력인가? 아버지 다윗 왕은 자신의 왕직을 이용해 충신의 아내인 유부녀와 간음을 저질렀다. 그것은 사실상 직권을 이용한 강간과 크게 다를 바 없는 행동이었다. 평범한 집안의 유부녀를 엄청난 권력을 가진 왕이 으리으리한 궁궐 안으로 불러들여 간음을 하고자 했을 때 그것을 쉽게 뿌리칠 수 없었을 것이다.

다윗은 유부녀와 간음을 행한 후 그 사실을 감추기 위해 이제는 그녀의 남편을 결코 있을 수 없는 방법으로 살해했다. 전쟁터에서 적군에 의해 죽게 만듦으로써 모든 백성들을 감쪽같이 속였던 것이다. 그 사실은 상당히 오랜 기간 동안 일반 시민들에게 비밀에 싸여 있었을 것이 분명하다.

하지만 하나님께서는 다윗이 저지른 모든 악행들을 만천하에 공개하셨다. 이스라엘의 모든 백성들이 알 수 있도록 성경에 기록하심으로써 다윗의 치부를 드러냈던 것이다. 이는 물론 한참 후에 드러나게 되었지만 그 사실을 알게 된 이스라엘 백성에게는 엄청나게 충격적인 일이었음이 틀림없다.

다윗 왕이 그런 악행을 저지른 지 그리 오래지 않아 이번에는 그의 아들 왕자 암논이 이복 누이동생인 다말을 비굴한 방법으로 강간하게 되었던 것이다. 그는 깊은 병에 든 것처럼 위장을 하고 이복 오빠임을 내세워 동생을 자기의 침실로 불러들였다. 그것은 동정심을 유발하는 의도적인 행동이었다. 그리고는 완력을 사용해 이복 누이동생을 강간했다. 나아가 그는 그 후 불쌍한 이복 여동생에게 전혀 긍휼을 베풀지 않았다.

그러자 이번에는 암논의 이복동생이자 강간당한 다말의 친 오빠였던 압살롬이 암논을 살해했다. 압살롬은 그 살해사건을 성사시키기 위해 치밀한 계획을 세웠었다. 그것은 자기 여동생을 더럽힌 이복형에 대한 복수였던 것이다.

다윗 왕의 입장에서는 자기의 사랑하는 공주가 다른 이복 아들인 왕자에 의해 강간을 당하게 되었으며, 이어 그 범행한 아들이 다른 이복 아들에 의해 살해당하게 된 것이다. 본문의 기록을 통해 다윗이 자기의 더럽고 추한 악행에 대해서는 무디었지만 자기 자식들 사이에 일어난 문제들에 대해서는 마음 아파하는 것을 볼 수 있다. 이는 얼마나 이기적인 자세인지 모른다. 다윗은 자기로 말미암아 다른 피해자들이 엄청난 고통을 당하고 있다는 사실에 대해서는 그다지 심각하게 여기지 않았던 것으로 보인다.

우리는 다윗의 집안을 어떻게 이해해야 하는가? 왕자 암논이 이복누이 동생인 공주 다말을 계획적으로 강간하고 나서도 별 양심의 가책을 받지 못하는 것 같다. 그는 공주를 강간한 후 집 밖으로 내칠 때도 그랬지만 그 후에 있었던 그의 태도에서도 그렇다. 나아가 다윗 왕은 그런 악행을 저지른 왕자에 대해 감정적으로만 크게 분노했을 뿐 그에게 엄한 벌을 내리지는 않았던 것 같다.

누이동생이 겁탈당한 문제로 인해 이복형을 계획적으로 살해한 압살롬에게도 정당성을 부여할 수 없다. 그는 형을 살인하고 나서 반성하는 기색을 보이지 않았다. 그는 자기 동생을 욕보이고 상처를 준 이복형을 죽이는 것이 마땅하다고 생각했던 것 같다.

그들은 강간과 살인을 우리의 생각과는 달리 그다지 심각한 문제로 받아들이지 않는 것 같이 보인다. 이는 다윗 왕가의 윤리적 수준을 말해 주고 있다. 하나님께서 세우신 이스라엘 왕국의 왕과 왕자들을 비롯한 그 집안을 보면 실망스럽지 않을 수 없다. 그런 끔찍한 사건은 일반적인 가정에서도 결코 있을 수 없는 일이다.

그렇다면 우리는 이러한 끔찍한 사건들을 보며 무엇을 배워야 하는가? 우리는 다윗 왕과 그의 집안을 통해 결코 윤리적인 훌륭한 면모를 볼 수 없다. 우리는 다윗 왕의 집안에서 특별한 윤리적 교훈을 얻지 않는다. 적어도 우리가 알고 있는바 강간과 살인이 심심찮게 일어나고 있는 그 집안을 훌륭한 집안이라 말할 수 없는 것이다.

    우리는 그들 가운데 역사하시는 창조주 하나님을 보아야만 한다. 그런 악행들 가운데서도 예루살렘 성전의 의미와 더불어 영원한 구속사역을 이루어 가시는 하나님의 놀라운 경륜을 보게 된다. 따라서 우리는 다윗 왕과 그의 왕가를 위대한 신앙적 모형으로 이해할 것이 아니라 이스라엘 민족 가운데 존재하는 하나님과 그의 성전을 기억해야만 한다. 이를 통해 우리는 메시아를 보내시기 위해 일하시는 하나님의 오래 참으심과 그의 진정한 은혜를 깨닫게 되는 것이다.

제30장 _ 다윗 왕과 압살롬

(삼하 14:1-33)

1. 압살롬을 위한 요압의 계략

다윗 왕은 자신의 이복異腹 자식들 사이에 일어난 강간사건과 살인 사건으로 인해 상당한 충격을 받았을 것이 틀림없다. 이복남매 사이에 일어난 강간사건(삼하 13:11-14)과 이복형제 사이에 발생한 살인사건(삼하 13:28, 29)은 충격적이지 않을 수 없다. 그는 자신이 저지른 간음과 살인 사건에 관련된 문제가 집안에서 발생한 자식들의 사건에 비하면 아무것도 아니라고 생각했을지 모른다.

하지만 세월이 흘러감에 따라 그런 엄청난 사건들에 관한 충격은 서서히 둔감하게 되어갔다. 다윗은 자신의 과오들에 대해서 잊어갔으며 자식들에 관한 문제들에 대해서도 서서히 멀어져 갔다. 그는 사랑하는 아들 암논이 살해당한 사실로 인해 마음이 심히 아팠지만, 이제 그를 죽인 아들 압살롬을 향하는 마음이 간절해져 갔다. 압살롬이 이방 지역으로 도망함으로써 비게 된 자리가 커보였던 것이다.

"압살롬은 도망한 뒤에 그술로 가서 그 곳에 세 해 동안 머물러 있었다. 그러는 사이에 다윗 왕은 암논을 잃었을 때에 받은 충격도 서서히 가라앉았고 오히려 압살롬을 보고 싶어하는 마음이 점점 간절해졌다"
(삼하 13:38, 39)

다윗도 다른 사람들과 다르지 않은 평범한 인간에 지나지 않았다. 압살롬은 이복형을 살해함으로써 집안에 고통과 불명예를 안겨준 괘씸한 아들이었지만 그를 보고 싶은 마음이 점점 간절해져갔다. 그렇지만 그 마음을 누구에게도 쉽게 표현할 수 없었다. 자칫 살인죄를 저지른 자를 왕자라 하여 책임도 묻지 않고 용서한다는 것은 상당한 정치적 부담이 될 수밖에 없었을 것이다. 나아가 그것은 하나님의 율법으로써 엄격하게 다스려 해결해야 할 문제이기도 했다. 그러므로 다윗은 안타깝게 속만 태우고 있었을 따름이었다.

그런 형편 가운데서 왕의 마음을 가장 잘 읽은 사람은 요압이었다. 그는 항상 왕의 측근에 있는 자였으므로 그 마음을 정확하게 파악할 수 있었다. 그렇지만 왕에게 그 이야기를 쉽게 꺼낼 수 있는 문제도 아니었다. 요압이 그에 대한 의견을 꺼냈을 때 예기치 않은 반응이 나오기라도 한다면 더욱 복잡하게 될 가능성도 없지 않았기 때문이었다. 즉 왕을 위해 의견을 제안한다는 것이 도리어 그 상황을 어렵게 만들 수도 있었던 것이다.

요압은 왕의 의중을 알고 압살롬을 예루살렘으로 데려오기 위한 계략을 세우게 되었다. 그는 드고아Tekoah에 사람을 보내 한 지혜로운 여인을 불러왔다. 여기서 지혜롭다는 의미는 하나님을 경외하는 것을 의미할 것이다. 요압은 그 여인을 통해 간접적으로 왕에게 자신의 의견을 전달하고자 했던 것이다. 그렇게 하면 왕이 즉답을 피함으로써 신중히 반응할 수 있는 기회를 줄 수 있을 것이라 생각했기 때문이다.

요압은 그 여인에게 상복喪服을 입히고 슬픔에 빠진 상주로 변장시켜 왕에게 들어가 자기의 처한 형편을 말하도록 지시했다. 물론 그것은 사실이 아니라 요압이 세운 계략이었다. 그녀는 상주의 모습을 하고 왕 앞에 나아가 요압이 시키는 대로 자신의 안타까운 사정을 왕께 고했다.

그 여인은 남편을 잃은 후 두 아들과 함께 살고 있었는데 어느 날 형제가 들에서 싸우다가 형이 동생을 죽이게 되었다는 것이다. 어미인 자기는 비록 살인자라고는 하지만 하나밖에 남지 않은 아들을 숨겼으나 주변 사람들이 일어나 살인한 아들을 죽이겠다며 내어놓으라고 한다는 것이었다. 그렇게 되면 자기의 가문이 멸절하게 될 것이니 왕이 좀 도와달라고 호소했다.

그 여인의 딱한 형편을 들은 다윗 왕은 그녀를 도와주기로 약속했다. 그에 대한 특별한 명령을 내리겠다는 왕의 말을 들은 여인은 그와 관련된 모든 죄는 자기와 집안이 지겠으며 왕에게는 아무런 허물이 없을 것이라 말했다. 다윗 왕은 누구든지 그 일로 인해 문제를 삼거나 그녀의 아들을 해하려는 자가 있으면 자기가 엄벌을 내리겠다는 약속을 했다.

다윗은 그에 대해 여호와 하나님의 이름을 걸고 굳게 맹세했다. 그 여인의 아들의 머리카락 하나라도 땅에 떨어지지 않게 저의 생명을 보호해 주겠다는 것이었다. 이는 다윗 왕의 약속이 단순히 그 여인의 문제에 그치는 것이 아니라 다윗 자신이 친히 살아 계신 하나님 앞에서 행한 맹세임을 말해주고 있다. 그러자 그녀는 이제 다윗 왕에게 원래 전달하고자 했던 본격적인 말을 하기 시작했다.

"그렇다면 왕께서는 어째서 하나님의 백성들에 대해 이 같은 일을 계획하셨습니까? 제게 말씀은 그렇게 해 주셨으나 정작 왕은 다르게 행동하시니 그릇된 것이 아닙니까? 왕께서는 쫓아낸 아들을 다시 불러들이지 않으시니 말입니다"(삼하 14:13)

그 여인은 다윗 왕이 자식에 대해 잘못 처신하고 있음을 지적하고 있다. 더구나 다윗의 행위가 개인적인 것이 아니라 '하나님의 백성'과 연관된 공적인 의미를 지니고 있음을 말하고 있다. 왕자 압살롬을 이방 지역으로 쫓아내고 예루살렘의 집으로 불러들이지 않는 것은 악한 죄인들이 할 잘못된 행위라는 것이었다.

드고아 여인의 말은 예언적 성격을 띠고 있는 것으로 이해해야 한다. 다윗 왕은 그 여인에게 이미 그녀의 살인한 자식의 생명을 약속했으며 더구나 하나님 앞에 맹세까지 한 상태였다. 그것은 곧 자신과 압살롬과 연관되는 것이었다.

다윗 왕은 이제 와서 달리 어떻게 할 도리가 없었다. 한편으로 생각하면 다윗은 속으로 보고 싶어하는 압살롬을 예루살렘으로 불러들일 수 있는 충분한 명분을 얻게 된 셈이다. 그 여인은 왕에게 압살롬을 이방지역에 내쫓은 채 두지 말고 예루살렘의 집으로 불러오는 것이 옳다는 사실을 말했던 것이다.

다윗 왕은 그 여인의 그 말을 듣고 나서야 그것이 요압의 두뇌에서 나온 계략이었음을 알아차리게 되었다. 물론 다윗은 자신의 마음을 정확하게 읽은 요압이 싫지 않았을 것이다. 왕이 그에 관한 모든 사실을 물었을 때 그 여인은 자초지종을 왕에게 고했다. 그리고 드고아 여인은 왕이 선악을 분별할 수 있는 자로서(삼하 14:17) 그 일을 지혜롭게 잘 처리할 것이라 믿는다는 말을 잊지 않았다.

2. 압살롬을 향한 다윗의 마음이 누그러짐

그러는 동안 압살롬에 대한 다윗 왕의 마음은 많이 누그러졌다. 이미 죽은 아들인 암논을 다시금 되살릴 수 있는 방법은 없었다. 한 아들을 잃고 또 다른 한 아들을 이방으로 쫓아내 버린다면 두 아들을 동시에 잃게 되는 것과 마찬가지다. 그것은 아버지로서 견디기 힘든 괴로운 일임에 틀림없다.

다윗 왕은 드고아 여인을 만난 후 즉시 요압을 불렀다. 왕은 요압에게 압살롬을 예루살렘으로 데리고 오도록 명령했다. 다윗은 그의 생각을 받아들였으며 요압은 왕명에 의해 압살롬을 데려오게 되었던 것이다. 요압은 왕의 명령을 듣자마자 곧장 그술Geshur로 가서 압살롬을 예루살렘으로 데리고 왔다.

다윗 왕은 예루살렘에 도착한 압살롬의 얼굴을 직접 마주보기를 원하지 않았다. 다윗으로서는 아직 여러 가지 복잡한 상황을 정리하지 못했던 것 같다. 한편으로 보고 싶은 마음도 있었지만 다른 한편으로는 여전히 괘씸한 마음이 없지 않았던 것이다. 물론 상당한 정치적 부담이 남아 있었을지도 모른다.

결국 압살롬은 아버지 다윗 왕의 명령에 의해 예루살렘으로 돌아오기는 했으나 직접 왕을 알현할 수는 없었다. 압살롬은 왕의 얼굴을 뵙지 못한 채 자기의 거처로 돌아갈 수밖에 없었다.

3. 예루살렘으로 돌아온 압살롬

압살롬은 아버지 다윗 왕이 자신의 알현을 거부한 사실로 인해 매우 서운했을 것이 분명하다. 왕이 친히 자기를 예루살렘으로 돌아오도록 허락했으면서도 직접 만나 인사할 기회를 주지 않았던 것이다. 그리하여 압살롬은 두 해 동안 왕의 얼굴을 보지 못한 상태에서 자기 거처로 돌아가야만 했다.

"압살롬을 데리고 예루살렘으로 오니 왕이 가로되 저를 그 집으로 물러가게 하고 내 얼굴을 보지 말게 하라 하매 압살롬이 자기 집으로 가

고 왕의 얼굴을 보지 못하니라"(삼하 14:23, 24)

다윗 왕이 압살롬의 얼굴을 피한 이유는 과연 무엇 때문이었을까? 요압이 압살롬을 예루살렘으로 데려왔지만 처음 그렇게 하기를 원했던 자는 다윗 왕이었다. 하지만 다윗 왕은 압살롬을 직접 대면하지 않았다. 이는 아마도 압살롬을 보고 싶은 마음이 다윗에게 있었으나 정치적인 부담이 적지 않았을 것이다.

그러므로 압살롬이 막상 예루살렘으로 돌아왔을 때 다윗 왕은 자기의 속마음을 드러내기를 주저했다. 살인한 아들에게 죄책을 묻지 않은 상태에서 용납하는 모습을 측근에게조차 보이고 싶지 않았던 것이다. 그렇게 해서 압살롬은 예루살렘에 거하고 있으면서도 오랫동안 아버지의 얼굴을 대면해 볼 수 없었다.

이는 곧 왕자인 압살롬에게 아무런 정치적 직책이 주어지지 않았음을 말하는 것이기도 하다. 만일 압살롬에 대한 모든 문제들이 해결되고 살인죄를 용서받았다면 그는 맡은 바 직책을 통해 자기의 일을 할 수 있어야만 했다. 그러나 그에게는 아무런 직책이 주어지지 않았다. 따라서 압살롬은 아버지 다윗 왕에 대한 새로운 불만이 쌓여가게 되었다.

하지만 일반 백성들은 전반적으로 압살롬을 매우 훌륭한 인물로 보았다. 어쩌면 압살롬이 자기의 이복형 암논을 살해한 사실이 비밀에 붙여지고 있었을지 모른다. 수년 전 다윗 왕의 아들 암논이 이복 여동생 다말을 강간한 사건 역시 그랬을 가능성이 있다. 압살롬이 암논을 죽인 사건은 공공연하게 벌어졌지만 그에 대해서는 다윗 왕의 측근 사람들과 고위 인사들만 알고 있었을 가능성이 크다.

따라서 일반 백성들은 궁중에서 일어난 일과 왕족들 사이에 일어난 끔찍한 사건에 대해 잘 모르고 있었을지도 모른다. 압살롬이 예루살렘으로 돌아왔을 때 백성들은 압살롬에 대해 많은 기대를 하고 있었다.

제30장 _ 다윗 왕과 압살롬(삼하 14:1-33)

"온 이스라엘 가운데 압살롬같이 아름다움으로 크게 칭찬 받는 자가 없었으니 저는 발바닥부터 정수리까지 흠이 없음이라 그 머리털이 무거우므로 년말마다 깎았으며 그 머리털을 깎을 때에 달아본즉 왕의 저울로 이백 세겔이었더라"(삼하 14:25, 26)

압살롬은 백성들로부터 크게 칭찬 받는 인물이었음이 분명하다. 이는 그가 이복형 암논을 죽인 살인자였다는 사실을 몰랐기 때문이었던 것 같다. 백성들은 대개 사람의 외모를 보고 그 인물됨을 평가하는 경향이 있다. 압살롬은 발바닥부터 정수리까지 흠이 없는 자로서 건강상 아무런 문제가 없는 사람이었다. 나아가 그의 머리털이 무거웠다는 것은 그의 외모의 출중함을 말해주고 있다.

거기다가 압살롬의 가정생활은 매우 원만했던 것으로 보인다. 그는 삼남 일녀를 둔 가장으로서 성실하게 살아가고 있었던 것 같다. 그러므로 일반 백성들은 왕자 압살롬을 훌륭한 인물로 여겼던 것이다. 하지만 압살롬은 예루살렘에 거하고 있으면서 오랫동안 아버지 다윗 왕의 얼굴을 보지 못했다. 아버지와 지근의 거리에 살고 있으면서 이년이 지나도록 부자상봉을 하지 못했던 것이다. 이는 사실 압살롬의 입장에서 볼 때 여간 심각한 문제가 아닐 수 없었다. 정치적인 사안에서 뿐 아니라 집안 문제에 있어서도 그렇다.

이를 우리 식으로 생각해 볼 수 있다. 예를 들어 아버지가 생신을 당하게 되면 모든 가족들이 한 자리에 모여 식사를 하며 축하하는 것이 일반적이다. 압살롬이 두 해 동안 예루살렘에 살고 있는 동안 아버지의 생신이 최소한 두 번이 지나갔지만 그는 그 자리에 한번도 초대받지 못했다. 만일 아버지가 심한 몸살이 걸려 편찮다는 이야기를 듣고 병문안을 하려고 해도 거절당했을 것이 틀림없다.

그런 상황에서 압살롬이 아무런 정치적 직책을 가질 수 없었던 것은 당연하다. 몇 해가 지나도록 그런 상황이 이어지자 압살롬은 아버지 다 윗 왕을 만나야겠다는 생각을 하고 극단적인 행동을 하기에 이른다.

4. 다윗과 압살롬의 해후

압살롬은 아버지 다윗 왕을 만나기 위해 요압을 왕궁으로 보내 자신의 뜻을 전하려고 했다. 요압은 자기가 이방지역에 있을 때 왕명을 받고 직접 찾아와 데려온 인물이었다. 그때 압살롬은 요압으로부터 당시의 모든 정황을 들었을 것이 분명하다.

그래서 압살롬은 이제 사람을 보내 요압을 불러와 면담하기를 원했으나 그는 압살롬에게 오지 않았다. 몇 번이나 그렇게 했지만 결국 오지 않았다. 그러자 압살롬은 자신의 하인에게 일러 요압의 보리밭에 불을 지르도록 명령했다. 압살롬의 하인들이 요압의 밭에 불을 지르자 그때서야 요압은 압살롬을 찾아와 따졌다.

그때 압살롬은 자기를 이방 땅 그술에서 예루살렘으로 데려왔으면 왕의 얼굴을 대면해야 할 것 아니냐는 불만을 토로했다. 이런 식으로 예루살렘에 거하면서 왕으로부터 멸시를 당할 것 같았으면 차라리 이방 지역에 사는 것이 나았을 것이라 말했다. 그러므로 왕을 대면하고자 자신의 소원을 왕께 전해달라고 요구했다.

요압은 압살롬의 말을 듣고 나서 왕께 나아가 그 사실을 보고했다. 그 이야기를 들은 다윗 왕은 압살롬을 즉시 왕궁으로 불러오게 했다. 압살롬은 아버지 다윗 왕을 알현하고 문안인사를 드렸다. 하지만 그 자리는 압살롬에게 만족스러운 자리가 되지 못했다.

압살롬은 단순히 아버지의 얼굴을 보는 것이 주된 목적이 아니라 이스라엘 민족 가운데서 자기의 역할을 확인하고 싶었던 것이다. 즉 왕으로부터 자신의 거취문제를 논의하고 그에 대한 확답을 듣고 싶어했던 것이다. 그러나 그 자리에서는 그에 대한 아무런 언급도 없었던 것 같다.

다윗 왕은 그에게 중요한 국정을 맡기거나 그에 관여하는 것을 원하지 않았다. 즉 자식으로서 압살롬에 대한 연민은 있었을지라도 그에게 중요한 정치적 직책을 맡기고 싶어하지는 않았던 것이다. 그러나 압살롬의 마음은 그렇지 않았다. 그것이 결국 압살롬으로 하여금 다윗 왕국에 반역을 꾀하게 하는 원인이 되었다.

5. 용서와 보호

사무엘하 14장에서 우리가 볼 수 있는 것은 용서와 보호에 관한 문제이다. 다윗 왕은 압살롬이 이복 형 암논을 살해한 후 이방지역으로 도망을 갔지만 세월이 흐르면서 그를 보고 싶은 마음이 간절하게 된다. 다윗 왕은 아들 하나를 잃고 또 다른 아들마저 이방지역에 도망가 있는 상태에서 마음이 편할 수 없었다.

다윗의 신하 요압이 지혜로운 드고아 여인을 통해 왕에게 전달하고자 했던 메시지는 형제를 살인한 자식에 대한 용서와 보호에 관한 것이었다. 형제간의 싸움으로 인해 한 아들이 다른 아들을 죽였지만 그 살해한 아들을 용서하지 않을 수 없는 사실과, 주변 사람들이 악행을 저지른 아들을 죽이고자 하지만 그를 보호해야 한다는 문제였다. 다윗 왕은 그 여인의 말을 듣고 그에 깊은 연민을 표하며 그것이 하나님의 뜻이라 말했다.

"여인이 가로되 청컨대 왕은 왕의 하나님 여호와를 생각하사 원수 갚는 자로 더 죽이지 못하게 하옵소서 내 아들을 죽일까 두려워하나이다 왕이 가로되 여호와의 사심을 가리켜 맹세하노니 네 아들의 머리카락 하나라도 땅에 떨어지지 아니하리라"(삼하 14:11)

다윗은 드고아 여인의 형편을 듣고 하나님께 맹세했다. 이는 자기 자신의 형편에 대한 간접적인 맹세가 되었다. 즉 그것이 자기 아들 압살롬에 대한 용서와 보호를 맹세하는 것이 되었던 것이다. 그러므로 다윗 왕은 자기 아들 압살롬이 이복형 암논을 살해했으나 그를 용서할 수밖에 없었다. 그것은 하나님께 맹세한 사실이기도 하지만 자기가 내심 바라는 것이기도 했다.

압살롬에 대한 다윗의 생각과 행위는 하나님 앞에서 정당한 판단이었던 것으로 이해되어야 한다. 그가 하나님께 맹세했다는 사실은 그것을 입증하고 있다. 여기서 우리는 이스라엘 민족에 대한 하나님의 사랑을 암시적으로 보게 된다. 이스라엘은 하나님을 배반하지만 하나님께서는 그들을 다시금 용서하신다는 의미가 담겨있는 것으로 이해할 수 있다. 따라서 다윗의 맹세 가운데는 생명에 관련된 문제가 들어 있었다.

"우리는 필경 죽으리니 땅에 쏟아진 물을 다시 모으지 못함 같을 것이오나 하나님은 생명을 빼앗지 아니하시고 방책을 베푸사 내어 쫓긴 자로 하나님께 버린 자가 되지 않게 하시나이다"(삼하 14:14)

우리는 다윗 왕을 향한 드고아 여인의 말 속에서 생명에 관한 하나님의 뜻이 드러나고 있음을 보게 된다. 하나님의 주된 관심은 개인의 윤리적 책임을 묻는 것에 있지 않다. 드고아 여인이 말한 그녀의 아들도 자신의 친형제를 죽인 살인자이다. 그는 살인을 저지른 자로서 자기의 죄책을 져야만 한다. 이처럼 이복형 암논을 살해한 압살롬도 자기의 살인 행위에 대해 책임을 져야 한다.

따라서 다윗이 그 아들을 용서한다 할지라도 그것은 율법에 의한 책임을 수반하는 것이 당연하다. 하지만 압살롬은 아버지 다윗 왕에 의해 예루살렘에 돌아왔을 때 자신의 살인행위에 대해서는 별다른 반성의 자세를 보이지 않고 있다. 도리어 그는 자기를 충분히 배려하지 않는 아버지 다윗 왕에 대해 불만스러운 마음을 가지고 있었다.

그럼에도 불구하고 하나님은 인간의 생명을 빼앗지 않고 용서하고 보호하는 분으로 묘사되고 있다. 이는 생명에 대한 본질적인 의미를 드러내고 있다. 하나님께서는 다윗 왕국에 대한 자신의 뜻과 그 가운데 영원한 생명을 공급하고자 하는 놀라운 계획이 있음을 은연중 드러내고 있다.

제31장 _ 압살롬의 반역과 다윗 왕의 태도
(삼하 15:1-37; 16:1-23)

1. 막강해야 할 다윗 왕국에 왜 이런 일이 일어났을까?

다윗 왕은 인간적인 측면에서 볼 때 비운의 왕이다. 우리는 흔히 다윗이 대단한 영예를 누렸던 사람으로 생각하지만 그 내막을 살펴보면 그렇지만도 않다. 다윗 왕국이 막강한 세력을 갖추기는 했으나 그것이 다윗의 개인적인 성실함이나 그의 유능함으로 인해 그렇게 되었던 것은 아니다.

사무엘하 8-10장에서 다윗 왕국이 막강한 나라가 된 것은 예루살렘 성전 건립을 위한 여건 조성이었다. 그것은 하나님의 경륜적 인도하심에 의한 것이었다. 그런 다윗 왕국의 내부에는 왕과 왕족으로 인한 심각한 문제들이 끊이지 않았다.

왕이 남의 아내 밧세바를 가로채 자기 아내로 삼는가 하면 그녀의 남편 우리아를 전략적인 방법을 동원해 살해하게 된다. 나아가 그의 배다른 자식들 사이에 복잡한 문제들이 발생한다. 이복 오빠인 암논은 누이동생 다말을 강간하는가 하면 그 사실을 알게 된 그녀의 친오빠인 압살롬은 이복형을 죽이게 된다. 이 모든 것들은 다윗이 뿌린 씨앗들로 말미암은 것들이었다.

이복형을 살해한 압살롬은 결국 이방지역 그술Geshur로 도망할 수밖에 없었다. 그는 이방지역에서 몇 년을 지낸 후 아버지 다윗 왕의 허락에 의해 예루살렘으로 돌아와 살게 된다. 하지만 아버지에 대한 그의 불만은 점차 커져갔다. 예루살렘에 돌아온 압살롬은 왕자로서 자신의 정치적 역할이 있을 것으로 기대했지만 아버지는 그에 대해 냉담했기 때문이다.

그렇게 되자 압살롬은 결국 아버지에 대해 반란을 일으켰다. 그는 헤브론에서 자기가 이스라엘의 왕임을 선포하고 예루살렘으로 진입해 들어오게 되었던 것이다. 이러한 정황 가운데서도 이스라엘 왕국은 여전히 막강한 세력을 가지고 있었던 것으로 이해된다.

결코 있을 수 없는 비윤리적인 사건들로 점철된 다윗 왕국의 내부는 복잡하게 얽혀 갔지만 주변 국가들은 여전히 다윗 왕국을 두려운 상대로 생각했다. 어쩌면 그들은 다윗 왕국을 무지막지한 민족의 나라로 인식했을지도 모른다. 아마 그들은 다윗 왕국에 속한 자들은 목적을 위해서라면 물불을 가리지 않고 덤벼드는 자들로 생각했을 것이다.

2. 압살롬의 반역

(1) 예루살렘의 압살롬

아버지 다윗 왕을 직접 만나 대면했던 압살롬(삼하 14:33)은 만족할 만한 약속을 받아내지 못했다. 그 결과 압살롬은 스스로 자기 세력을 구축하기 시작했다. 그는 자기를 위해 전차와 말을 준비하고 오십 명의 호위병을 두었다.

그때부터 압살롬은 스스로 정치적인 문제에 직접 개입하기 시작했다. 그는 아침 일찍 성문으로 나가 재판을 받기 위해 다윗 왕의 법정에 나아가는 사람들의 신분을 확인하고는 자기가 공의로 그들의 문제를 해결해 줄 자임을 내세워 재판을 했다. 그렇게 하여 압살롬은 다윗 왕의 정부가 재판해야 할 사건들을 자기가 중간에서 가로채 판결을 굽게 함으로써 사람들로부터 환심을 사게 되었다. 일반 백성들로서는 막강한 세력을 등에 업은 왕자王子가 그렇게 하는 것을 보며 어찌할 도리가 없었을 것이다.

그런데 우리가 보기에 이상한 점은 그 사실을 다윗 왕이 알고 있을 것임에도 불구하고 아무런 제재를 가하지 않았다는 사실이다. 다윗이 압살롬의 그런 행동을 몰랐던 것으로 보이지는 않는다. 그는 하루 이틀 그렇게 한 것이 아니라 장기간 그렇게 한 것으로 보이기 때문이다. 다윗왕이 압살롬의 그런 행동을 묵인한 것은 그에 대한 나름대로의 정치적 입지를 세워주었던 것으로 이해된다.

(2) 헤브론의 압살롬

그로부터 사 년이 지난 후 압살롬은 다윗 왕에게 자신을 헤브론으로 보내달라고 요청했다. 그는 이방 지역 그술Geshur에 피신해 있을 당시 이미 하나님께 서원했다는 말을 강조하면서 다윗이 자기의 요구를 거절할 수 없게 만들었다. 따라서 다윗 왕은 압살롬의 요청을 들어주지 않을 수 없었다.

압살롬이 헤브론으로 간 것은 아버지의 정권에 반역을 꾀하기 위해서였다. 예루살렘에는 이미 다윗 왕의 군대들이 포진하고 있어서 반란이 쉽지 않았다. 압살롬은 헤브론에서 반란을 일으키려 작정하고 있었다. 그는 헤브론으로 가서 이스라엘의 모든 지파들에게 밀사密使를 보내 자기가 새로운 왕이 될 것임을 전달했다. 신호가 떨어지면 자신이 이스라엘의 왕이 된다는 것이다.

> "이에 압살롬이 정탐을 이스라엘 모든 지파 가운데 두루 보내어 이르기를 너희는 나팔소리를 듣거든 곧 부르기를 압살롬이 헤브론에서 왕이 되었다 하라 하니라"(삼하 15:10)

압살롬은 그때 이스라엘의 흩어진 지파의 많은 지도자들을 헤브론으로 초청했다. 예루살렘에서 그의 초청을 받고 헤브론으로 온 사람들도 이백 명 가량이나 되었다. 그들은 압살롬이 다윗 왕에게 반역을 꾀한다는 낌새를 전혀 눈치 채지 못하고 헤브론으로 왔었다.

압살롬은 반역을 도모하면서 다윗 왕의 측근 인사인 아히도벨Ahithophel을 자기의 편으로 끌어들였다. 그렇게 하여 압살롬의 세력은 점차 커져갔다. 상황이 그렇게 되자 다윗 왕의 신하들 가운데 하나가 헤브론에서 벌어지고 있는 반역 사실을 왕에게 고하게 되었다. 예루살렘에 있는 다윗 왕은 그 소문을 듣고는 급히 피신할 마음을 먹었다.

우리는 여기서 다윗 왕의 석연치 않은 태도를 보게 된다. 다윗은 한 평생 수많은 전쟁을 치른 본 경험이 있는 백전노장百戰老將이었다. 그가 헤브론에서 일어난 반란을 즉시 진압하지 않고 도리어 그것을 피하려고 했던 까닭은 무엇이었을까? 정말 압살롬의 군대가 두려웠기 때문이었을까?

3. 다윗 왕의 피난

다윗 왕이 압살롬의 반란 소식을 듣고 급히 피하려 했던 이유는 예루살렘성에서 부자간父子間에 칼부림하며 싸워 피흘리는 것을 피하고 싶었기 때문이었다. 물론 다윗은 예루살렘에 그냥 있으면 압살롬의 군대에 의해 엄청난 피해를 입게 될까 두렵다는 말을 하고 있다. 하지만 그것은 단순히 압살롬의 군대를 두려워했다기보다 예루살렘 성에 대한 염려로 인해 그런 판단을 한 것으로 이해해야 한다. 다윗은 압살롬의 군대가 예루살렘 성을 칼로 치게 될 것에 대해 깊은 우려감을 나타냈던 것이다.

> "빨리 가자 두렵건대 그가 우리를 급히 따라와 우리를 해하고 칼날로 성읍을 칠까 하노라"(삼하 15:14)

예루살렘에서 전투가 벌어진다면 예루살렘 성이 심각하게 훼파되고 그 안에 지어질 하나님의 성전 공사에 차질이 생길 수밖에 없다. 또한 예루살렘에서 처절한 전투가 발생하면 주변의 이방 국가들에게 공격의 빌미를 주게 될지도 모를 일이었다.

우리는 다윗 왕이 압살롬의 군대와 맞서 싸우지 않고 피난을 결심하게 된 그의 생각을 어느 정도 알 수 있다. 이는 다윗이 언약궤와 예루살렘에 관해 염려하는 그의 마음을 통해서도 짐작할 수 있다(삼하 15:24, 25). 온갖 풍파를 겪은 다윗은 이제 이스라엘 민족과 예루살렘 성전을 통한 하나님의 계획을 깨달아 알고 있었다.

다윗 왕이 압살롬의 칼을 피해 예루살렘으로부터 피난하고자 했을 때 그의 심복들은 왕의 명령에 따르겠다고 다짐했다. 결국 다윗은 10명의 후궁들을 뒤에 남겨둔 채 왕실을 데리고 예루살렘 왕궁을 떠났다. 이는 다윗 왕이 예루살렘을 압살롬에게 내어주게 되었음을 의미하고 있다.

다윗 왕은 왕실 및 신하들을 비롯한 여러 백성들과 더불어 힘든 피난 길에 올랐다. 아들의 반역으로 인해 예루살렘 성을 떠나는 왕과 함께 피난하는 백성들의 마음은 착잡한 슬픔에 잠길 수밖에 없었다. 그런 와중에 이해하기 쉽지 않은 문제가 발생한다. 그것은 가드 사람 잇대Ittai라는 인물에 대한 다윗 왕의 태도 때문이다.

잇대는 육백 명 가량의 이방인 출신 군사들을 갖춘 외인부대外人部隊를 지휘하는 장군이었다. 그런데 다윗 왕은 그에게 자기를 떠나 예루살렘으로 돌아가 새로 왕이 된 압살롬을 섬기라고 권유했다(삼하 15:19, 20). 어차피 용병傭兵으로 있을 입장이라면 그것이 차라리 낮을 것이라는 것이었다. 이제 자기는 힘없는 왕이며 정처 없이 유리하는 자가 되었으니 자기를 따라와도 별 유익이 없을 것이라 말했다.

물론 다윗 왕의 말 가운데는 자신의 왕위를 지키려는 마음보다 예루살렘을 호위하고자 하는 마음이 더욱 강했음을 알 수 있다. 그는 압살롬의 군대가 강력하게 되는데 도움을 주려했던 것이 아니라 앞으로 성전이 세워지게 될 예루살렘 성을 중요하게 여겼던 것이다.

하지만 잇대는 다윗 왕을 버리지 않고 끝까지 따르겠다고 말했다. 그는 여호와 하나님의 사심으로 맹세했다(삼하 15:21). 이는 잇대를 비롯한 이방인들이 단순한 용병이 아니라 사실상 이스라엘 민족에 병합된 자들임을 말해주고 있다.

압살롬의 군대를 피해 피난을 가는 백성들은 언약궤를 앞세우고 있었다. 제사장 사독과 레위인들은 예루살렘을 떠나 광야로 피난을 가면서 언약궤를 가지고 나왔다. 그 사실을 나중에 알게 된 다윗은 사독에게 언약궤를 도로 예루살렘으로 가져가도록 명령했다. 언약궤가 있어야 할 곳은 예루살렘이라는 것이었다.

> "왕이 사독에게 이르되 하나님의 궤를 성으로 도로 메어 가라 만일 내가 여호와 앞에서 은혜를 얻으면 도로 나를 인도하사 내게 그 궤와 그 계신 데를 보이시리라"(삼하 15:25); "왕이 또 제사장 사독에게 이르되 네가 선견자가 아니냐 너는 너희의 두 아들 곧 네 아들 아히마아스와 아비아달의 아들 요나단을 데리고 평안히 성으로 돌아가라 너희에게서 내게 고하는 기별이 올 때까지 내가 광야 나루터에서 기다리리라 사독과 아비아달이 하나님의 궤를 예루살렘으로 도로 메어다놓고 거기 유하니라"(삼하 15:27-29)

우리는 여기서 다윗의 관심이 어디 있는지 분명히 알 수 있다. 그의 관심은 언약궤와 예루살렘에 있었다. 그는 깊은 슬픔에 빠져 있으면서도 하나님의 뜻을 기억하고 있었다. 그는 머리를 가리고 맨발로 걸으면서 비통한 마음을 가지고 있으면서도 언약궤와 예루살렘 성을 기억하고 있었다.

그러던 중 어떤 사람이 다윗 왕에게 특별한 보고를 했다. 압살롬의 반역에 가담한 자 중에 다윗 왕의 신하 아히도벨이 있다는 것이었다. 다윗은 그 사실을 듣고 괘씸한 마음을 감출 수 없었다. 그때 마침 아렉 사람 후새Hushai가 슬픈 복식服飾을 하고 다윗 왕에게 나아왔다. 왕은 후새에게 그의 마음이 진심이라면 예루살렘으로 들어가 첩자 활동을 하라고 명령했다.

다윗 왕은 후새로 하여금 예루살렘으로 들어가 압살롬의 신하가 되어 거기서 일어나는 모든 상황을 사독과 아비아달 두 제사장에게 고하도록 했다. 그러면 그에 대한 보고가 자신의 귀에 전달되리라는 것이었다. 물론 그것은 다윗의 사적인 목적을 위해서라기보다 이스라엘 민족을 위한 것으로 이해해야 할 것 같다. 이렇게 하여 후새는 예루살렘으로 들어가 다윗 왕의 첩자로서 압살롬의 신하가 되었다.

4. 다윗 왕을 향한 그릇된 위로와 저주의 말들

다윗 왕이 자신의 아들 압살롬의 반역으로 인해 예루살렘을 떠나 피난길에 있을 때 사울 왕의 손자이자 요나단의 아들이었던 므비보셋 Mephibosheth의 사환 시바Ziba가 음식을 가득 실은 나귀들을 몰고 다윗에게로 나아왔다(삼하 16:1). 그는 다윗에게 므비보셋이 예루살렘에서 왕이 되기를 기대하고 있다는 말을 했다. 시바는 사울의 손자 므비보셋이 빼앗긴 사울 왕조가 다시 자기를 통해 계승되기를 바란다고 말했던 것이다.

시바가 다윗 왕에게 그런 식으로 말했던 것은 다윗을 위로하려는 의도였던 것 같다. 시바의 말에 의하면 예루살렘에서 압살롬의 세력과 사울을 추종하던 자들의 잔여 세력이 충돌하게 된다. 압살롬에 대한 응징이 피난하고 있는 다윗 왕 대신 다른 세력에 의해 이루어지리라는 것이었다. 그렇게 되면 압살롬의 반역의 길은 그리 순탄치 않을 수 있다.

하지만 그 소식은 다윗에게 위로가 되지 못했다. 만일 그런 일이 발생하게 되면 예루살렘 성이 훼파될 우려가 있었기 때문이다. 그러나 나중 시바의 말은 진실이 아닌 거짓말이었음이 드러나게 된다.39)

또한 다윗의 피난길 도중에 사울 왕의 집안사람이었던 시므이Shimei라는 인물이 나타났다. 그는 다윗 왕을 노골적으로 저주하는 언사를 되풀이했다. 그는 다윗 왕을 향해 돌을 던지면서 사울 왕조의 왕권을 찬탈한 자로서 백성들의 많은 피를 흘렸기 때문에 자기 아들 압살롬으로부터 반역을 당하고 있다고 비아냥거렸다.40) 이는 다윗 왕에게는 엄청난 모욕일 수밖에 없었다.

시므이의 욕설을 듣고 있던 다윗 왕의 신복인 아비새는 그를 죽여 버리자고 한다. 그렇지만 다윗은 자기가 그런 말을 듣는 것이 마땅하니 그냥 두라고 말한다. 자기 아들인 압살롬이 아비의 생명을 해치려 하는 마당에, 시므이 같은 자가 자기를 저주하는 것은 하나님께서 그렇게 하게 하신 것일 수 있으니 그냥 두라고 말했던 것이다. 그것이 만일 자신에게

---

39) 므비보셋은 나중 이 사실에 대해 부인한다. 그가 예루살렘에 남아 있으면서 취했던 행동으로 보아 그의 말은 진실한 것으로 보인다: "사울의 손자 므비보셋이 내려와서 왕을 맞으니 저는 왕의 떠난 날부터 평안히 돌아오는 날까지 그 발을 맵시 내지 아니하며 그 수염을 깎지 아니하며 옷을 빨지 아니하였더라"(삼하 19:24).
40) 사무엘하 19:16-23에는 시므이가 다윗 왕에게 나와 도리어 용서를 구한 내용이 기록되어 있다.

원통한 일이라면 하나님께서 그 저주로 인해 도리어 선하게 갚아주실 것이라 말하며 기원했다.

> "내 몸에서 난 아들도 내 생명을 해하려 하거든 하물며 이 베냐민 사람이랴 여호와께서 저에게 명하신 것이니 저로 저주하게 버려두라 혹시 여호와께서 나의 원통함을 감찰하시리니 오늘날 그 저주 까닭에 선으로 내게 갚아주시리라"(삼하 16:11, 12)

하지만 시므이는 계속해서 다윗 왕을 저주하며 돌을 던졌으며, 왕을 비롯한 일행은 피곤에 지쳐 한 곳에 이르러 쉬게 되었다. 그야말로 처량한 모습이 아닐 수 없었다. 그 사이 예루살렘에 무혈입성無血入城하여 왕이 된 압살롬은 아히도벨과 더불어 예루살렘의 모든 것들을 새롭게 정비하고 있었다. 그때 다윗 왕이 첩자로 들여보낸 후새가 압살롬에게 나아가 거짓 충성 맹세를 하게 되었다.

후새의 태도를 본 압살롬은 그에게 왜 다윗 왕과 함께 가지 않았느냐고 물었다. 이제까지 충성스럽게 섬기던 다윗 왕을 떠나는 것은 배신행위가 아니냐는 것이었다. 그러자 후새가 말하기를 자기는 이스라엘 백성의 의사를 존중하기 때문이라고 말했다. 즉 누구든지 백성들이 원하는 왕이 곧 자기가 섬겨야 할 자라는 것이었다. 그렇게 하여 후새는 다윗 왕의 첩자로서 무사히 압살롬의 거짓 신하가 될 수 있었다.

5. 압살롬이 아버지의 후궁을 공개적으로 범함

압살롬에게는 지금 지략智略을 갖춘 신하들이 필요했다. 그는 신뢰할 만한 지략가였던 아히도벨에게 앞으로 어떻게 해나가야 할지 자문을 구했다. 아히도벨은 상당히 강성적인 인물이었던 것으로 보인다. 그는 압살롬에게 다윗 왕이 궁에 남겨둔 후궁들과 더불어 동침하도록 권했다.

즉 아버지의 여인들과 동침함으로써 다윗 왕과 완전히 원수가 된 것을 온 이스라엘 백성들에게 보여주라는 것이었다.

압살롬은 그의 말을 듣고 그렇게 하기로 작정했다. 그는 왕궁의 옥상에 장막을 치고 이스라엘의 무리가 보는 앞에서 다윗 왕의 후궁들과 더불어 동침했다. 이는 하나님께서 다윗이 밧세바와 더불어 악을 행한 것을 보시고 이미 예언하셨던 바가 그대로 이루어진 것이다. 하나님께서는 다윗의 그런 행동이 얼마나 두려운 죄악이었던가 하는 점을 말씀하셨던 것이다.

> "이제 네가 나를 업신여기고 헷 사람 우리아의 처를 빼앗아 네 처를 삼았은즉 칼이 네 집에 영영히 떠나지 아니하리라 하셨고 여호와께서 또 이처럼 이르시기를 내가 네 집에 재화를 일으키고 내가 네 처들을 가져 네 눈앞에서 다른 사람에게 주리니 그 사람이 네 처들로 더불어 백주에 동침하리라 너는 은밀히 행하였으나 나는 이스라엘 무리 앞 백주에 이 일을 행하리라 하셨나이다"(삼하 12:10-12)

이로 인해 하나님의 예언의 말씀이 이루어졌으며, 압살롬은 다윗 왕조의 모든 윤리를 허물어 버리게 되었다. 인간이 상상할 수 있는 거의 모든 악행들이 다윗 왕가에 발생하게 된 것이다. 물론 이후에 압살롬은 아버지를 찾아 죽이기 위해 원정을 떠나게 됨으로써 그 정도를 더하게 된다. 하나님께서는 이런 패역한 다윗 왕가를 통해 무엇을 말씀하시려는 것이었을까?

6. 다윗과 압살롬의 서로 다른 태도

압살롬은 아버지 다윗 왕으로부터 왕권을 빼앗기 위해 헤브론으로 가서 반란을 일으켰다. 그는 자기 목적을 이루기 위해 모든 방법을 다 동원했다. 아버지를 예루살렘에서 쫓아내고 자신을 왕으로 선포했을 뿐 아니라 백성들이 보는 앞에서 아버지의 후궁들과 간음행위를 저질렀다. 그는 나중에 아버지를 죽이기 위해 직접 전투에 참가하게 된다.

이에 비해 다윗 왕은 아들과의 싸움으로 인해 피흘리는 전투를 피했다. 그는 용맹한 장군이었음에도 불구하고 예루살렘에서 전투가 벌어지는 것을 원치 않았다. 그곳은 언약궤가 안치되어야 할 거룩한 언약의 도성이었기 때문이었다.

그리고 주변의 이방 국가들에게 이스라엘 왕국의 나약한 모습을 보여 틈을 주는 어리석음을 범치 않으려 했던 것으로 보인다. 만일 예루살렘에서 다윗과 압살롬 부자父子가 왕위를 다투며 서로 칼을 맞대고 싸운다면 주변의 적국敵國들에게 공격의 빌미를 주게 될지도 모를 일이었다.

우리는 사무엘하 15, 16장에 기록된 압살롬의 반역과 다윗의 응대를 통해 무엇을 배우게 되는가? 우리의 관심은 자연스럽게 압살롬의 악한 행동에 이끌리기 쉽다. 하지만 우리의 진정한 관심은 다윗 왕의 태도에 기울여야 한다.

다윗은 아들에게 왕위와 예루살렘 성을 빼앗기는 형편 가운데서도 여전히 언약궤와 그것이 안치되게 될 예루살렘 성을 염두에 두고 있었다. 그것은 다윗의 진정한 믿음으로 인한 것이었다. 이는 아브라함과 모세를 통해 약속된 하나님의 언약 성취와 앞으로 오시게 될 메시아에 대한 기대 때문이었다.

우리가 다윗을 훌륭한 왕으로 기억하는 것은 바로 이런 이유 때문이다. 그는 믿음의 조상으로서 예루살렘 성의 진정한 의미를 깨닫고 있었다. 그리고 그 가운데 세워질 성전과 그 안에 안치되어야할 언약궤가 무엇을 뜻하는지 알고 있었다. 그는 그 가운데서 하나님께서 보내실 메시아를 소망하고 있었던 것이다. 오늘날 우리도 구약시대 믿음의 선배들이 가졌던 신앙을 올바르게 알고 그 숭고한 정신을 이어받을 수 있어야만 한다.

제32장 _ 압살롬과 다윗 왕

(삼하 17:1-29; 18:1-33)

1. 압살롬의 참모들

(1) 아히도벨Ahithophel의 전략

예루살렘을 정복하여 이스라엘의 왕이 된 압살롬은 앞으로 펼쳐나갈 정국에 대한 구상을 하지 않을 수 없었다. 그래서 그는 자신의 참모가 된 아히도벨에게 자문을 구했다. 그는 다윗 왕의 정부에서 국정운영과 관련된 풍부한 경험을 갖추고 있던 자였다.

압살롬의 자문을 받으면서 아히도벨이 내놓은 첫 번째 과업은 다윗 왕을 완전히 척결하는 것이었다. 다윗을 죽이지 못하면 나중에 압살롬의 새로운 정부가 심각한 위협을 받게 되리라는 판단을 했던 것이다.

아히도벨은 당장 일만 이천 명의 군사를 동원해 피난길에 올라있는 다윗 왕을 추격하여 그를 죽이겠다고 말했다. 하지만 그는 다윗 왕을 따르는 일반 백성들의 목숨은 살려두고 다윗 왕만 죽이겠다는 것이었다. 압살롬의 군대가 공격하면 백성들은 도망을 갈 것이니 그들을 추격하지는 않고 다윗만 죽이면 된다는 것이다. 그가 죽게 되면 나머지 백성들이 압살롬의 정부를 위협하지 못할 것이라는 판단이었다.

아히도벨의 제안에 대해 다른 참모들뿐 아니라, 압살롬도 그 전략을 좋게 여겼다. 압살롬은 자기 아버지를 죽이자는 아히도벨의 의견에 크게 동조했다. 압살롬의 관심은 이스라엘 민족에 있었던 것이 아니며 아버지와 연관된 인륜에 있지도 않았다. 그는 자기의 권력을 유지하기 위해서라면 무슨 짓이라도 할 수 있는 인물이 되어 있었다.

(2) 후새Hushai의 권면

압살롬은 아히도벨의 모략을 듣고 나서 후새의 의견을 들어보고자 하는 마음이 생겼다. 압살롬이 이미 아히도벨의 견해를 수용하고 있는 상태에서 후새의 견해를 들어보고자 했던 것은 하나님의 경륜에 의한 것이었다. 하나님께서 그 상황에 직접 개입하여 간섭하셨던 것이다(삼하 17:14).

압살롬은 후새를 불러 아히도벨의 전략을 이야기하면서 혹 다른 의견이 있으면 말해달라고 요구했다. 압살롬은 그가 다윗 왕이 보낸 첩자라는 사실을 전혀 눈치 채지 못하고 있었다. 물론 다윗 왕의 첩자로서 압살롬의 정부에 들어와 있던 후새가 아히도벨의 그런 뛰어난 모략에 쉽게 동조할 리 없었다. 후새는 아히도벨의 구상에 대해 압살롬의 입장에서 본다면 그것이 매우 중요한 전략이라는 것을 즉시 알 수 있었다.

후새는 그와는 반대로 아히도벨의 주장에 무리가 있음을 지적했다. 후새는 먼저 다윗 왕이 전쟁에 능한 백전노장이라는 사실을 언급했다. 너무 급하게 서둘러 공격을 시도하게 되면 다윗의 군대가 광야의 흩어진 요새들에 비밀리 숨어 있다가 갑작스럽게 역공격을 해온다면 속수무책이 될지 모른다는 것이었다. 그것은 충분히 가능성 있는 일이었.

다윗 왕을 보호하고자 하는 후새는 이히도벨과 전혀 다른 계략을 내놓았다. 그것은 새로 왕이 된 압살롬이 직접 단Dan에서부터 브엘세바Beersheba에 이르는 전 이스라엘 지역으로부터 병사들을 모아 친히 전투에 참가하라고 권면했다. 그것이 첩자의 권면이라는 사실을 압살롬은 전혀 눈치 채지 못하고 있었다.

> "나의 모략은 이러하니이다 온 이스라엘을 단부터 브엘세바까지 바닷가의 많은 모래 같이 왕께로 모으고 친히 전장에 나가시고 우리가 그 만날만한 곳에서 저를 엄습하기를 이슬이 땅에 내림 같이 저의 위에 덮여 저와 그 함께 있는 모든 사람을 하나도 남겨두지 아니할 것이요 또 만일 저가 어느 성에 들었으면 온 이스라엘이 줄을 가져다가 그 성을 강으로 끌어들여서 그곳에 한 작은 돌도 보이지 않게 할 것이니이다"(삼하 17:11-13)

후새의 이 말을 살펴보면 여러 가지 복합적인 의미가 담겨있다는 사실을 알게 된다. 우선은 시간을 벌기 위해서였다. 아히도벨이 금방 군대를 이끌고 다윗 왕을 공격하게 되면 다윗이 궁지에 몰리게 되리라는 사실을 후새가 잘 알고 있었다. 그러므로 후새는 전국에서 많은 용사들을 모아 출전하도록 권면하면서 그동안 다윗으로 하여금 더 멀리 피신해 갈 수 있도록 도모했다.

그리고 후새의 말 가운데는 아히도벨은 압살롬이 견제해야 할 인물임을 우회적으로 암시하고 있다. 아히도벨의 지휘를 받고 있는 예루살렘 인근의 병사들을 보내서 다윗 왕만 죽이게 되면 그가 또 다른 반란을 일으키게 될지 모른다는 듯 넌지시 말했다. 아히도벨을 총사령관으로 임명해서 보내지 말고 압살롬이 친히 총사령관이 되어야 할 것과 다윗 왕만 죽일 것이 아니라 그를 따르는 모든 사람들을 다 죽여야 할 것을 말했다.

2. 다윗의 피신과 아히도벨의 자살

압살롬은 후새의 말을 듣고 그의 전략이 아히도벨의 구상보다 훌륭하다고 판단했다. 압살롬의 입장에서 본다면 실제적으로는 아히도벨의 모략이 훨씬 나은 것이었다(삼하 17:14 참조). 하지만 하나님께서는 압살롬이 후새의 주장을 받아들이게 함으로써 그에게 징벌을 내리고자 하셨다.

후새는 압살롬의 결심이 선 것을 보고, 예루살렘에서 일어나고 있는 다윗 왕에 대한 압살롬 군대의 공격과 연관된 모든 결정 사항들을 제사장 사독Zadok과 아비아달Abiathar에게 그대로 전했다. 동시에 다윗 왕에게 빨리 멀리 피신하라고 일러야 한다는 점을 알렸다.

그 긴박한 소식을 전달하기 위해 제사장들의 아들들인 요나단Jonathan과 아히마아스Ahimaaz가 다윗 왕에게 달려가는 동안 어떤 사람이 그들의 수상쩍은 행동을 보고 압살롬에게 신고하게 되었다. 그러자 제사장들로부터 보냄을 받은 밀사들은 재빨리 바후림Bahurim에 있는 어떤 사람의 집 안으로 들어가 뜰에 있는 우물 속으로 피신했다.

그 집 여주인은 덮개를 가져와 우물 위를 덮고 그 위에 찧은 곡식을 널었다. 그렇게 되니 수상한 인물들을 찾아 나온 압살롬의 병사들이 그들을 발견할 수 없었다. 압살롬으로부터 온 자들이 그 여인에게 혹 수상한 자들을 보지 못했느냐고 물었을 때 그들이 벌써 그곳을 지나갔다고 말하자 그들은 예루살렘으로 되돌아갈 수밖에 없었다.

우리는 여기서 이스라엘의 일반 백성들의 민심을 어느 정도 읽을 수 있다. 물론 그 가운데는 하나님께서 예비하신 특별한 경륜이 있었겠지만 여전히 다윗 왕의 편에 서있는 백성들이 많았음을 보여주고 있음은 틀림없다. 그들은 다윗 왕에 대한 압살롬의 반역이 정당한 것이 아니었다고 생각했던 것이다.

그 후 예루살렘의 제사장들로부터 보냄을 받은 밀사들은 도중에 있었던 위기를 넘기고 나서 다윗 왕에게 도착했다. 그들은 예루살렘에서 시도되고 있는 압살롬의 전략과 더불어 빨리 멀리 피신해야 할 것을 고했다. 그 정보를 입수하게 된 다윗 왕은 모든 백성을 데리고 요단강을 건너 멀리 피신해 갔다.

한편 자기의 전략이 압살롬으로부터 거절된 후 아히도벨은 고향으로 돌아가 자살하게 되었다. 아마 그는 후새의 견해를 받아들인 압살롬의 군대가 긴박하게 대처하지 않고 시간을 늦춤으로써 다윗 왕에게 패하게 될 것이란 사실을 예견하고 있었을지도 모른다.

아히도벨이 자살을 한 것은 막연히 압살롬에 대한 서운함이라기보다 나중 다윗 왕이 다시 예루살렘으로 돌아왔을 때 당해야 할 부담 때문이었을 가능성이 없지 않다.

3. 압살롬의 군대와 다윗 왕의 군대의 격돌

(1) 다윗 왕을 추격하는 압살롬

아히도벨이 고향으로 돌아가 자살했다는 사실은 압살롬 정부의 약화를 의미하는 것이기도 하다. 압살롬은 용맹한 군인이자 탁월한 참모였던 충신 하나를 잃게 된 것이다. 그런 상황 가운데서 압살롬은 후새의 말에 따라 군대를 소집한 후 아마사Amasa를 다윗 왕 군대의 요압에 대응하는 지위의 장군으로 임명하고 다윗 왕을 추격했다. 압살롬의 군대는 길르앗Gilead 땅에 진을 치고 결전을 준비했다.

압살롬의 군대가 그러는 동안 다윗 왕은 마하나임Mahanaim에 있었다. 그때 암몬 족속에 속한 소비Shobi를 비롯하여 마길Makir, 바르실래Barzillai 등 다양한 배경을 가진 인물들이 많은 식량을 가져와 다윗 왕과 그를 따르는 백성들을 위해 공급했다(삼하 17:27). 이는 단순한 식량이 아니라 전쟁을 치르기 위한 군량미의 성격을 지니고 있었다.

우리는 여기서도 이방인들을 통해 역사하시는 하나님을 보게 된다. 이스라엘 민족이 다윗 왕을 배신하고, 나아가 친자식이 아버지를 죽이려고 하는 때 도리어 이방인들이 다윗 왕을 돕는 것을 보며 이스라엘의 배도와 더불어 역사하시는 하나님의 보편적 경륜을 깨닫게 된다.

(2) 다윗의 대응과 특별한 당부

다윗 왕은 자기의 아들 압살롬의 추격 소식을 듣고 구체적인 전투준비에 돌입하게 된다. 그는 병사들의 수를 계수하고 천부장과 백부장을 세워 군대체제를 정비했다. 그리고는 전쟁에 능한 그가 군대를 세 부대로 나누어, 요압Joab과 아비새Abishai 그리고 잇대Ittai를 각 부대의 사령관으로 임명했다. 그리고 자신은 총사령관이 되어 친히 전투에 나가겠다고 말했다.

백성들은 다윗 왕이 전투에 가담하지 말도록 요구했다. 다른 사람들은 전투를 하다가 전사를 한다 해도 국가적인 일이 발생하는 것이 아니지만 다윗 왕이 죽어서는 안 된다는 것이었다. 그들은 이스라엘 민족 가운데서 차지하고 있는 다윗 왕의 특별한 구속사적 의미를 알고 있었다.

> "백성들이 가로되 왕은 나가지 마소서 우리가 도망할지라도 저희는 우리에게 주의하지 아니할 터이요 우리가 절반이나 죽을지라도 우리에게 주의하지 아니할 터이라 왕은 우리 만 명보다 중하시오니 왕은 성에 계시다가 우리를 도우심이 좋으니이다"(삼하 18:3)

다윗 왕은 백성들의 말을 수용하게 된다. 다윗은 백성들을 전투장으로 보내면서 특별한 당부를 하게 된다. 그것은 압살롬을 너그럽게 대해 달라는 것이었다. 다윗의 그 당부의 말은 장군들뿐 아니라 모든 백성들이 듣도록 한 말이었다. 왜 그랬을까? 자기가 자식을 잘못 키운 데 대한 자책 때문이었을까? 아니면 반역한 압살롬을 죽이는 것 자체가 자신의 주된 목적이 아님을 선포하고 있는 것일까? 아무래도 필자는 후자 쪽이 더 타당하리라 여긴다. 분명한 것은 다윗이 압살롬을 죽이기를 원하지 않았다는 사실이다.

(3) 부자간의 전투

압살롬의 군대와 다윗 왕의 군대는 에브라임Ephraim 수풀에서 격돌하게 되었다. 그때 압살롬의 군대가 다윗 왕의 군대에 대패하게 된다. 그 전투에서 압살롬의 병사 수만 명이 전사하게 되었다. 그때 압살롬이 다윗 왕의 군대와 직접 마주치게 되었다.

패전의 위기에 놓인 압살롬은 노새를 타고 커다란 상수리나무 아래로 지나가다 그의 긴 머리카락이 그 상수리나무 아래 걸리게 되었다. 그렇게 되자 타고 있던 노새는 빠져나가게 되고 압살롬만 그 나무에 걸려 공중에 매달렸다. 그가 그 나무에서 즉시 뛰어 내리지 못한 까닭을 어떻게 이해해야 할까? 우리는 그에 대해 몇 가지 생각을 해 볼 수 있다. 그것은 그의 머리가 워낙 단단하게 걸려 스스로 내려 올 수 없지 않았을까 하는 점과 또 하나는 그가 일시적으로 졸도한 것이 아니었을까 하는 점이다.

압살롬은 용맹한 장군이었다. 그에게는 칼이 있었을 것이므로 아무리 단단히 머리털이 걸렸다 해도 거기서 뛰어 내리지 못하고 오랫동안 나무에 걸려 있었다는 것은 이해하기 쉽지 않다. 그래서 필자는 그가 나무에 걸려 일시적으로 졸도하지 않았을까 생각해 본다. 그 과정에서 그는 상당한 충격과 상처를 입었을 것이다.

하여튼 그 사실은 사령관 요압에게 보고되었다. 그러자 요압은 전령에게 왜 그를 당장 죽이지 않았느냐고 말했다. 만일 그 사실을 보고한 자가 압살롬을 죽였다면 커다란 포상을 받게 되었을 것이라 언급했다. 그러나 그 병사는 다윗 왕이 그를 죽이지 말라고 명령했기 때문에 아무리 큰 포상이 내려진다 할지라도 왕자를 죽일 수 없다고 했다. 실제로 자기가 압살롬을 죽였다면 자기에게 상이 아니라 끔찍한 벌이 내려졌을 것임을 말했던 것이다.

그런 대화를 하던 중 요압은 시간을 지체할 수 없다며 현장을 찾아가 상수리 나뭇가지에 걸려 있던 압살롬의 심장에 창을 찌르고 주변의 군사들은 그를 에워싸서 쳐죽였다. 이스라엘의 왕이 되었던 총사령관 압살롬이 죽게 되자 요압은 나팔을 불어 공격을 멈추게 했으며 압살롬의 시신은 큰 구덩이에 묻고 그 위에 커다란 돌무더기를 쌓았다.

압살롬은 반란을 통해 짧은 기간 동안 아버지의 정권을 빼앗아 예루살렘에서 왕이 되었으나 결국 비참한 죽음을 맞게 되었다. 그것은 하나님의 심판의 의미를 가지고 있는 것이었다. 그는 생전에 스스로 만든 비석을 '왕의 골짜기'(King's Valley)에 세웠는데[41] 그것은 '압살롬의 기념비'(Absalom's Monument)로 일컬어졌다. 이는 자신의 허망한 인생을 스스로 증거하고 있는 형국이 되었던 것이다.

4. 압살롬의 죽음과 다윗 왕의 애도

압살롬의 죽음은 다윗의 군대에 속한 사람들에게는 기쁜 소식이었다. 이는 다윗 왕의 예루살렘 환궁(還宮)을 의미하며 왕권의 회복을 의미하는 것이기 때문이었다.

그러므로 전투현장에 있던 사독 제사장의 아들 아히마아스는 그 낭보(朗報)를 빨리 다윗 왕에게 전하고 싶어했다. 그러나 노련한 장군이자 정치에 능했던 요압은 그에게 오늘 당장 전하지 말고 천천히 전하는 것이 좋을 것이라 당부했다. 압살롬의 죽음을 다윗 왕이 결코 기뻐하지 않을 것이라는 것이었다.

그 대신 요압은 구스사람(Cushite)인 병사에게 압살롬의 전사 사실을

---

[41] 사무엘하 18:18에는 압살롬이 자기의 이름을 전할 아들이 없음을 한탄해서 그 비석을 세운 것으로 기록하고 있는데 반해, 사무엘하 14:27에는 그에게 3남 1녀가 있었음을 말하고 있다. 압살롬이 자기의 아들이 없음을 한탄하여 그 비석을 세울 당시에는 모든 아들들이 일찍 죽었거나, 혹은 자기의 대를 이어 왕이 될만한 자식이 없음을 의미하고 있는 것으로 이해할 수도 있다.

다윗 왕에게 보고하도록 명령했다. 그것을 본 아히마아스는 자기도 그의 뒤를 따라가겠노라고 했다. 그러나 요압은 그 일로 인해 왕으로부터 칭찬을 듣지는 못할 것이란 사실을 다시 한번 분명히 언급했다. 그리하여 요압은 그에게 알아서 하도록 허락하게 되었다.

요압의 허락을 받은 아히마아스는 지름길을 이용해 구스병사보다 먼저 다윗 왕이 머물고 있는 성에 도착했다. 그때 다윗 왕은 성문에 앉아 전황을 궁금해 하고 있었다. 마침 성문루城門樓에 보초를 서던 파수꾼이 급하게 달려오는 한 사람을 발견하고 그 사실을 다윗 왕에게 보고했다. 다윗은 그에게 전령이 혼자 달려오는 것을 보면 좋은 소식일 것이라 말했다.

그런데 멀리 또 한 사람이 달려오고 있는 것을 본 파수꾼이 그 사실도 보고했다. 다윗 왕은 앞서 달려오는 전령이 사독 제사장의 아들 아히마아스인 것을 알고 좋은 소식일 것이라 짐작했다. 아히마아스가 왕에게 승리의 소식을 전했을 때 다윗이 압살롬에 관해 물었으나 그에 대해서는 정확하게 알지 못한다고 답변을 피했다.

그 후 뒤따라 들어온 구스 병사는 왕에게 승전 소식을 전함과 동시에 압살롬의 전사 사실을 전했다. 그는 압살롬의 죽음은 당연한 것이라 강조해 말했다. 압살롬의 전사 소식을 들은 다윗 왕은 마음이 심히 아파 문루門樓로 올라가 울었다. 그는 압살롬을 대신해 자기가 죽었더라면 차라리 좋았을 것이라는 표현까지 하며 자기의 아픈 마음을 토로했다. 이는 그의 슬픔이 진정한 마음에서 우러나온 것이란 사실을 잘 말해주고 있다.

자기에게 반란을 일으켜 왕권을 탈취하고 아버지인 자기를 죽이기 위해 거기까지 추격해왔다가 죽은 아들이 무엇이 아쉬워 그렇게 애통했을까? 다윗의 관심은 과연 어디에 있었을까? 우리가 여기서 분명히 알 수 있는 것은 다윗의 관심은 반역한 자기 아들의 불효나 악한 행동에 있는 것이 아니었다는 사실이다.

5. 아들 압살롬에게 예루살렘을 빼앗기고 그로부터 추격당한 다윗 왕의 관심

사무엘하 18장 앞부분에 보면 다윗 왕은 여전히 탁월한 능력을 갖춘 명장名將이었다. 그가 압살롬의 군대와 싸울 힘이 없어서 예루살렘에서 피난을 결심한 것은 아니었다. 그는 아들 압살롬에 비해 비교가 되지 않는 풍부한 전투 경험을 가지고 있었다. 그는 젊어서부터 숱한 전쟁을 치렀으며 막강한 능력을 갖추고 있었다.

그럼에도 불구하고 다윗은 헤브론에서부터 시작된 아들 압살롬의 반란을 피해 예루살렘을 고스란히 비워주었다. 압살롬의 군대가 예루살렘으로 진격해 들어오리라는 사실을 잘 간파하고 있었다. 그러므로 다윗은 자기를 따르는 백성들을 이끌고 예루살렘 성을 뒤로 했던 것이다.

그런데 이제 예루살렘 밖에서 압살롬의 군대와 다윗의 군대는 정면으로 맞서 싸우게 되었다. 예루살렘 성을 사수하지 않고 도망치듯 나온 다윗 왕의 기세를 보면 그가 압살롬과 싸울 힘이 없어서 나온 것이 아니라는 사실을 분명히 알게 된다.

다윗은 '평화의 성' 예루살렘을 자기 손으로 피로 얼룩지게 하기를 원하지 않았다. 그 성은 아브라함에게 주어진 하나님의 언약의 성취였으며 그곳에 하나님의 언약궤가 안치될 거룩한 성전이 세워져야 했다. 다윗은 그 일에 방해되는 어떤 일도 하기를 원하지 않았던 것이다.

압살롬은 다윗 왕의 군대가 빠져나간 예루살렘 성에 무혈입성하면서 대단한 자부심을 가졌을지 모른다. 그는 다윗 왕이 자기의 군대를 두려워해서 도망한 것으로 생각했을 것이 분명하다. 그러므로 그는 기고만장했으며 급기야는 아버지의 세력을 완전히 꺾어 놓아야겠다는 판단을 하게 되었던 것이다.

하지만 다윗 왕은 예루살렘 성 밖에서 벌어지는 전투에 대해 주저하지 않았다. 그는 직접 군대를 통솔했으며, 각 부대마다 유능한 장군들을 사령관으로 임명했다. 그는 부대 편성을 통해 전술에도 직접 관여했다.

다윗은 전쟁을 하기 전에 이미 자기가 이기게 될 것을 확실하게 알고 있었다. 따라서 그는 압살롬을 죽이지 말고 너그럽게 대해주도록 명령했다. 그는 아버지인 자기를 죽이기 위해 칼로 덤벼드는 불효막심한 아들을 살려주라고 했던 것이다. 압살롬은 개인적으로는 아버지를 죽이려하는 천하의 불효자였으며, 이스라엘 왕국의 입장에서는 도저히 용납할 수 없는 민족의 반역자였던 것이다. 어느 누가 봐도 그는 도저히 살려둘 수 없는 악한 인간이었다.

그럼에도 불구하고 다윗 왕은 자신에 대한 반역자이자 천하에 둘도 없는 불효자인 압살롬을 해치지 말라고 명령했다. 다윗 왕은 도대체 왜 그렇게 했을까? 개인적인 부자관계 속에서는 그렇게 했다고 할지라도 이스라엘 왕국의 공적인 차원에서는 정당하게 다스려야 하는 것 아닌가?

우리는 이 점에 대해 분명한 이해를 해야만 한다. 그것은 다윗의 관심이 어디에 있었는가 하는 점 때문이다. 다윗은 반역한 아들 압살롬에게 예루살렘 성을 내어주었을 때도 단순히 그의 군대가 두려웠기 때문이 아니었다. 그는 예루살렘 성을 보호하기 위해서 그런 결단을 내렸다. 하나님의 거룩한 성전이 세워지는 그 성에 처절한 전쟁으로 인해 피를 묻히기를 원하지 않았던 것이다. 그렇잖아도 다윗은 자기가 피를 많이 흘렸기 때문에 예루살렘 성전을 짓기에 적합하지 않은 인물이라는 사실을 잘 알고 있던 인물이다.

그런 다윗 왕이 자기를 추격해 오는 반역자 압살롬을 살려주라고 공개적으로 요구했던 것은 매우 중요한 의미를 지닌다. 그가 그렇게 했던 것은 자기의 관심이 압살롬에게 승리하는 것에 머물러 있지 않다는 사실을 백성들 앞에 선포하기 위해서였다.

다윗은 예루살렘 성과 그 안에 건립될 하나님의 성전에 본질적인 관심을 두고 있었다. 그리고 그 안에 안치될 하나님의 언약궤와 거기서 제사장들이 율례에 따라 지내는 제사를 통해 메시아 왕국의 의미가 드러나야 할 것을 알고 있었던 것이다. 그 가운데 사탄으로 말미암아 멸망에 빠진 자기 백성들을 구원하실 메시아가 오신다는 사실을 다윗이 분명히 깨닫고 있었던 것이다.

제33장 _ 다윗 왕의 예루살렘 재 입성

(삼하 19:1-43)

1. 압살롬의 죽음을 슬퍼하는 다윗 왕을 이해하지 못하는 백성들

다윗 왕은 압살롬의 전사 소식을 듣고 크게 울며 슬퍼했다. 하지만 그의 울음 가운데는 개인적인 부자지간의 인정뿐 아니라 민족에 관한 의미가 들어있었던 것으로 보아야 한다. 전쟁에서 승리한 다윗 왕은 만일 자기 아들 압살롬이 죽지 않았다면 하나님의 뜻에 대한 자신의 입장을 백성들에게 더욱 분명히 보여줄 수 있었으리라 생각했을지도 모른다.

그러나 일반 백성들은 반역자인 압살롬이 전사한 사실로 인해 왕이 그토록 슬퍼하는 것을 이해하기 어려웠다. 민족을 배신한 반역자의 죽음은 차라리 잘된 일이며 하나님의 심판으로 보아야 할 일이다. 그럼에도 불구하고 다윗 왕은 전승을 기뻐하기는커녕 압살롬의 죽음으로 인해 애석해 하며 깊은 슬픔에 가득 차 있었다.

힘겨운 전쟁을 치르며 고생을 한 백성들은 왕의 그런 모습으로 말미암아 불만을 가지게 되었다. 그들은 전승을 기뻐하는 것이 아니라 도리어 그 결과로 인해 슬퍼하고 있는 왕을 도저히 납득할 수 없었다. 백성들의 그런 분위기가 장군 요압에게 전해졌다. 다윗 왕이 압살롬의 죽음으로 인해 울며 슬퍼하는 사실이 도리어 백성들의 슬픔이 되고 있다는 것이다. 백성들은 반역자 압살롬이 이끄는 이스라엘 군대에 크게 승리하고도 왕의 그런 모습으로 인해 마치 패잔병처럼 조용히 성으로 들어갈 수밖에 없었다. 왕이 그토록 슬퍼하는 마당에 일반 백성들이 전승으로 인한 즐거움을 나눌 수 없었던 것이다.

다윗 왕은 백성들의 그런 마음을 감지하고도 죽은 압살롬으로 인한 자신의 슬픈 감정을 숨기지 않았다. 그렇게 되자 다윗 왕을 따르던 백성들은 전쟁에 승리하고도 마치 대단한 잘못을 저지른 것 같은 상황이 전개되었다. 그 정도가 지나쳐 전쟁에 승리한 것이 도리어 민망한 듯 이상한 분위기가 되어갔던 것이다.

2. 요압의 진언과 다윗 왕의 격려

요압은 다윗 왕의 처신에 대한 백성들의 분위기를 왕에게 그대로 전했다. 왕이 압살롬의 죽음에 대해 슬퍼함으로 인해 왕과 왕실의 생명을 위해 죽음을 무릅쓰고 싸운 부하들을 부끄럽게 만들고 있다는 것이다. 부하들의 전쟁 승리를 격려해야 할 왕이 도리어 반역자의 죽음을 슬퍼하는 것은 결코 좋은 모양새가 아니었음이 분명하다.

> "이는 왕께서 미워하는 자는 사랑하시며 사랑하는 자는 미워하시고 오늘 장관들과 신복들을 멸시하심을 나타내심이라 오늘 내가 깨달으니 만일 압살롬이 살고 오늘 우리가 다 죽었더면 왕이 마땅히 여기실 뻔하였나이다"(삼하 19:6)

요압은 다윗 왕에게 정곡을 찌르는 이야기를 했다. 지금 왕은 압살롬에 대해 슬퍼하는 마음을 그런 식으로 백성들에게 보일 것이 아니라는 것이었다. 그러므로 다윗 왕에게 생명을 건 전쟁에서 승리하고 돌아온 부하들을 격려해 주어야 한다고 진언했다.

물론 다윗 왕은 자기 부하들을 부끄럽게 하려는 마음은 전혀 없었다. 그리고 압살롬을 죽인 것 자체에 대해 실제적인 문제를 삼은 것도 아니었다. 다윗은 압살롬이 천하에 못난 자식이었지만 그의 처참한 죽음으로 인한 슬픔을 드러냄으로써, 일반 백성들에게 자신의 관심이 반역한 자식에 대한 원수를 갚는 것이 아님을 보여주고자 했을 것이다.

요압은 다윗의 속마음을 어느 정도 알고 있었는지 모르지만, 그보다 중요한 것은 왕이 백성들의 민심을 잡는 것이라 보고 있었다. 그것은 당시의 상황에서는 매우 중요한 일이었다. 그렇잖아도 아직껏 일부에서는 다윗 왕에 대해 반감을 가진 자들이 상당수 있었기 때문이다. 그러므로 요압은 왕이 금방이라도 백성들을 진심으로 격려하지 않는다면 그들은 즉시 왕을 떠나게 될 것이라는 경고성 발언을 서슴지 않았던 것이다.
그렇게 되면 다윗 왕은 지금까지 한 평생 겪었던 어떤 고통보다 더욱 심한 화를 당하게 되리라는 것이었다. 그는 여호와의 이름을 가리켜 맹세하며 다윗에게 분명히 말했다. 그것은 요압이 왕을 향해 할 수 있는 최고의 강경한 발언이었다. 다윗 왕은 요압의 그 충언을 받아들이지 않을 수 없었다.

다윗 왕은 모든 백성들을 성문 앞에 모으도록 명령하고 자리에 앉았다. 그 자리에서 다윗은 전쟁에 승리한 백성들의 노고를 격려했을 것이 분명하다. 왕의 격려의 말을 들은 백성들은 마음이 누그러져 이제 잠잠히 다윗을 따르게 되었다. 반역자 압살롬을 따르던 이스라엘 지파 사람들은 각기 자기 장막으로 도망을 쳤지만, 다윗을 따르던 유다지파 백성들은 다윗 왕의 말에 귀를 기울였다. 다윗은 그때 단순한 격려의 말뿐 아니라 하나님의 특별한 언약과 온 이스라엘 민족에게 허락하신 언약의 왕국에 대한 의미를 설명했을 것으로 보인다.

3. 이스라엘 군대의 항복과 유다지파 장로들을 설득하는 다윗 왕

반역자 압살롬을 따르던 이스라엘 지파의 모든 백성들은 전쟁에 패배한 후 자성自省하게 되었다. 다윗 왕이 블레셋을 비롯한 원수들의 손에서 모든 이스라엘 백성들을 구출해 냈음에도 불구하고 그에게 반역했다는 것이다. 이제 반역을 주도한 압살롬이 죽었으니 예루살렘 성을 내어주고 피신했던 다윗 왕을 다시 예루살렘으로 모시고 와야 하지 않느냐는 것이었다.

그러나 다윗 왕이 속한 유다지파의 장로들은 그에 대해 적극적인 태도를 보이지 않고 있었다. 따라서 다윗은 예루살렘에 거주하고 있는 제사장 사독과 아비아달을 통해 유다 장로들에게 자신의 의중을 전달했다. 반역자 압살롬을 따르던 이스라엘 지파 사람들이 자신을 예루살렘으로 도로 모시고자 하는 터에 유다지파에서는 왜 그 일에 잠잠하고 있느냐는 것이었다.

다윗은 유다지파에게 압살롬 군대의 사령관이 되었던 아마사(삼하 17:25)를 요압을 대신해 자신의 정부의 사령관에 기용하겠다는 약속을 했다. 이는 아마사가 유다지파에 속한 인물이었기 때문이다. 그 약속은 하나님 앞에서 하는 맹세와 더불어 유다지파 사람들에게 제시되었다. 다윗은 유다지파의 대표들과 일종의 정치적 협상을 시도했던 것이다.

다윗 왕의 그 제안은 즉시 효력을 나타냈다. 유다지파 사람들은 그것을 통해 다윗의 자기 지파에 대한 관심과 신뢰를 확인할 수 있었다. 유다지파 출신인 아마사를 특별히 자기의 측근에 기용하기로 약속함으로써 유다지파의 마음을 돌릴 수 있었다(삼하 19:13, 14).

그렇다면 예루살렘에 머물고 있던 유다지파의 장로들이 다윗 왕으로부터 등을 돌리게 되었던 구체적인 까닭은 무엇이었을까? 그것은 아마

제33장 _ 다윗 왕의 예루살렘 재 입성(삼하 19:1-43) · 361

그들이 압살롬의 반역을 피해 예루살렘을 버린 다윗 왕의 마음을 이해하지 못했기 때문이었을 것이다. 그들은 무슨 한이 있어도 예루살렘을 결코 포기할 수 없다고 생각했다.

유다지파 사람들은 다윗 왕이 예루살렘에서 피를 흘리지 않음으로써 거룩한 성을 보호하기 위해 그곳을 피했던 그의 속마음을 이해하지 못했다. 그들은 다윗 왕이 자기 생명을 부지하기 위해 예루살렘을 버린 비겁한 자로 생각했던 것이다.

사실 다윗 왕이 자기를 위해 충성을 바쳤던 요압을 대신해 압살롬을 따라 반역자의 길에 들어섰던 아마사를 사령관으로 기용하겠다고 약속을 한 것은 정치적 모험이라 할 수밖에 없다. 그럼에도 불구하고 다윗은 유다 장로들에게 그에 대한 분명한 약속을 했다. 나아가 여호와 하나님의 이름을 걸고 맹세하며 약속했으므로 결코 변개할 수 없는 것이었다.

결국 그 일로 인해 나중 큰 살해사건이 일어나게 된다. 자기의 자리를 내어주게 된 요압이 아마사를 무참하게 살해했던 것이다(삼하 20:10). 그 사건으로 인해 다윗은 죽기 전 솔로몬 왕에게 요압의 죄 값을 물으라고 유언했다. 요압은 다윗 왕국의 건국 공신이었으면서도 동시에 수차례 왕의 뜻을 강하게 거스른 적이 있는 인물이었다. 그는 전쟁이 없는 평화로운 때에도 자기의 정적政敵이라 판단되는 자들을 숙청하는 것을 주저하지 않았다.

> "또한 네가 스루야의 아들 요압이 내게 어떻게 했는지, 곧 이스라엘 군대의 두 사령관인 넬의 아들 아브넬과 예델의 아들 아마사에게 어떻게 했는지 알 것이다. 평화의 때 요압이 그들을 죽여 전쟁의 피를 흘리고 피로 그의 허리띠와 신발에 묻혔다. 그러니 너는 지혜로 그를 다뤄 그의 백발이 평안히 무덤으로 내려가지 못하게 하여라"(왕상 2:5, 6)

요압은 아마사를 살해한 후 일시적으로 대단한 권력을 누리게 된다.

그러나 다윗 왕이 죽은 후 왕위를 차지하고자 하는 왕자 아도니아 Adonijah와 더불어 정치적 모의에 가담했다(왕상 1:5-8). 왕위를 획득하기 위한 왕자들의 갈등이 심화될 때 요압은 다윗 왕의 뜻을 거슬러 아도니아의 편에 섰던 것이다.

그러나 다윗 왕의 뒤를 잇게 된 새로운 왕은 솔로몬이었다. 솔로몬의 입장에서 본다면 그는 이스라엘 왕국에 저항해 반역을 꾀한 자였다. 결국 요압은 그 일과 연관되어 솔로몬 왕에 의해 죽임을 당하게 되었다(왕상 2:33, 34). 그것은 단순한 일반적 사건이 아니라 다윗 왕의 유언과 연관된 것이었다.

4. 다윗의 예루살렘 무혈입성과 그에 승복하는 자들

다윗 왕은 유다지파의 족속과 이스라엘 지파 모든 족속들의 환영을 받으며 예루살렘을 향하게 된다. 압살롬이 죽고 그의 군대가 완전히 패배함으로써 다윗 왕이 다시금 예루살렘에 무혈입성하게 된 것이다. 물론 당시 이스라엘 민족에게는 다윗 왕 이외 달리 새로운 인물을 통치자로 세울 만한 아무런 대안이 없었다.

다윗이 요단Jordan 강에 이르렀을 때 유다지파의 대표들이 왕을 영접하기 위해 그곳으로 나왔다. 그때 지난번 다윗이 피난길에 있을 때 그를 강하게 저주했던 시므이Shimei가 대군을 이끌고 그에게 나아왔으며, 다윗 왕에게 므비보셋에 대한 잘못된 정보를 흘렸던(삼하 16:2, 3) 시바Ziba도 수십 명의 사람들을 데리고 요단강을 건너 다윗 왕에게 나아왔다.

다윗 왕이 요단강을 건너려 할 때 시므이는 다윗 왕 앞에 나아와 무릎을 꿇었다. 지난 날 왕에게 패역한 행동을 한 자신의 과오를 진심으로 뉘우치니 용서해 달라는 것이었다. 시므이는 자기가 스스로 저지른 잘못을 알고 있기 때문에 요셉 족속 가운데 가장 앞서 왕에게 나아와 영접하고자 한다는 것이었다.

그 광경을 가까이서 지켜보던 장군 아비새Abishai는 감히 여호와의 기름부음 받은 왕을 저주한 그런 인간은 마땅히 죽여야 한다고 주장했다. 그러나 다윗 왕은 도리어 아비새를 책망하며 자신은 시므이를 죽이지 않고 용서하겠노라고 맹세하며 말했다(삼하 19:22 참조). 다시금 이스라엘의 왕이 되어 예루살렘에 입성하고 있는 다윗 자신은 이스라엘 백성들 가운데 어느 누구도 죽이지 않겠다고 말한 것이다.

그러는 동안 사울 왕의 손자이자 다윗과 각별한 사이였던 요나단의 아들인 므비보셋Mephibosheth이 왕 앞으로 나아왔다. 그는 다윗 왕이 압살롬으로 인해 예루살렘을 떠나간 뒤 수염을 깎지 않고 몸단장을 하지 않은 채 생활했다. 므비보셋은 그런 기색과 복장을 한 채 다윗에게 나아왔다.

다윗 왕은 므비보셋에게 자기가 예루살렘을 뒤로하고 피난을 떠날 때 왜 함께 동행하지 않았느냐고 물었다. 자신을 진정으로 신뢰했다면 같이 피난길에 올랐어야 하지 않느냐는 것이었다. 그러자 므비보셋은 다리를 저는 불구의 몸으로 왕과 함께 피난을 가려고 했지만 자신의 종이 자기를 속이고 왕에게 거짓 참소를 했다고 말했다. 그것은 그의 하인 시바가 다윗 왕에게 고했던 거짓을 두고 하는 말이었다. 시바는 그 전에 므비보셋이 사울 왕을 잇는 왕이 되고자 하는 마음이 있어서 예루살렘에 남은 것처럼 다윗 왕에게 보고했었다(삼하 16:3).

므비보셋은 다윗 왕이 예루살렘을 떠날 때 함께 가지 못한 것 자체가 커다란 죄가 되니 어떤 처분이라도 달게 받겠다고 말했다. 자기가 그동안 왕으로부터 받은 은택이 너무 크기 때문에 어떤 처벌을 내린다 할지라도 달리 할 말이 없다는 것이었다. 그러나 다윗 왕은 그에게 아무런 문책을 하지 않았다.

그 대신 다윗 왕은 므비보셋에게 그의 밭을 시바와 나누어 가지도록 했다. 이는 다윗이 그 전에 시바에게 했던 말과 연관되는 것이었다(삼하 16:4). 므비보셋은 왕의 말을 듣고 자기의 모든 토지를 그에게 주어도 좋다고 했다. 다윗 왕은 므비보셋과 시바 사이에 형성된 껄끄러운 관계를 회복해 주고자 했다. 더 이상 지나간 과거의 일을 두고 옳고 그름을 따짐으로써 더 이상 복잡한 문제가 발생하지 않도록 했던 것이다. 다윗은 자신의 과오를 뉘우치는 므비보셋을 껴안았을 뿐 아니라 자기가 피난길에 있을 때 거짓 참소를 했던 시바를 용서했던 것이다.

이처럼 다윗 왕은 자신에게 항거하며 거짓 참소를 했던 모든 배신자들을 용서했다. 우리는 여기서 그때 이루어진 다윗 왕의 용서에 대한 의미를 주의 깊게 생각해 보아야 한다. 다윗이 배신자들을 용서한 것은 그의 훌륭한 성품으로 인한 것이었을까? 아니면 민족의 정치적인 대 화합 차원에서 그렇게 했던 것일까? 물론 그런 의미가 전혀 없지는 않을 것이다.

하지만 우리가 주의를 기울여야 할 점은 다윗 왕의 관심은 자기에게 반역한 자들에게 벌주는 것과 같은 그런 사사로운 데 있지 않았다는 사실이다. 그것은 모든 배신자들에 대한 그의 용서행위에서 잘 드러나고 있다. 이에 대해서는 이미 죽은 아들이었지만 반역자 압살롬을 용서했던 그의 태도와 잘 조화된다. 다윗의 관심은 이스라엘 민족과 예루살렘 성, 그리고 그 안에 세워질 거룩한 성전에 집중되어 있었던 것이다.

다윗 왕과 많은 백성들이 요단강을 건널 그때 길르앗 사람 바르실래 Barzillai가 다윗 왕에게 나아왔다. 당시 그는 여든 살이 되는 고령이었다. 거부巨富였던 바르실래는 지난번 다윗 왕이 마하나임Mahanaim에 머물고 있을 때 그에게 압살롬과 싸울 수 있도록 식량軍糧米을 제공한 인물이었다. 그는 다윗 왕의 예루살렘 재 입성을 알고 그에게 알현하기 위해 노구老軀를 이끌고 나아왔다.

다윗 왕은 그를 보고 자기와 함께 예루살렘에 가면 일평생 평안히 공궤하겠노라고 말했다. 그러나 바르실래는 왕의 호의에 감사하면서, 이제 살아갈 날도 얼마 남지 않았으니 왕에게 누를 끼치지 않고 집에서 조용히 여생을 보내다가 죽음을 맞겠노라고 말했다. 그는 왕의 호의를 정중하게 거절했다.

바르실래는 그 대신 자기의 아들 김함Kimham을 데려가 다윗 왕을 위해 충성을 바치게 해 달라는 간청을 했다. 바르실래는 하나님의 언약을 알고 있었던 인물로 이해된다. 다윗 왕은 김함을 데리고 예루살렘을 향했으며, 바르실래는 자기의 집으로 되돌아가게 되었다. 그리하여 다윗 왕이 예루살렘 성으로 올라갈 때 수많은 유다지파의 백성들과 이스라엘 지파의 백성들이 왕을 호위하며 나아갔다.

5. 유다지파와 이스라엘 여러 지파들의 갈등

우리가 사무엘하 19장에 기록된 말씀들 통해 잘 깨달아야 할 점은 하나님의 놀라운 은혜와 그의 경륜이다. 하나님께서는 이러한 역사적 과정을 통해 이스라엘 왕국을 더욱 굳건히 확립해 가셨으며, 그 가운데 예루살렘 성전이 건립되도록 섭리하셨다. 인간들이 자신의 욕망에 따라 이스라엘 민족의 역사를 이끌어 가려 했지만 하나님께서는 그 가운데서 자신의 놀라운 뜻을 이루어 가셨던 것이다.

하지만 이스라엘 민족 가운데는 그때부터 지파에 따른 갈등양상이 일어나기 시작했다. 그때 이미 이스라엘은 남북간 갈등양상의 조짐이 서서히 싹트기 시작했다. 처음 이스라엘 민족의 여러 지파들 간에 갈등이 발생했던 것은 다윗 왕에 대한 충성 경쟁과 정치적 지분 문제로 인한 것이었다.

원래 다윗 왕을 예루살렘으로 다시 모셔오기로 했던 측은 압살롬을 추종하다가 그의 전사 후 다윗에게 돌아선 이스라엘 열 지파였다(삼하 19:9). 당시 예루살렘의 유다지파 사람들은 그에 대해 매우 부정적인 입장이었다(삼하 19:11). 그들은 다윗 왕과 정치적 협상을 통해 그를 예루살렘으로 모셔오고자 했던 것이다. 그런 정황 가운데 북쪽 지역에 살고 있던 이스라엘 열 지파는 유다지파를 강하게 견제했으며, 유다지파는 자기들을 이스라엘 왕국의 중심에 두려고 했다. 물론 그 가운데는 민족적 정체성 문제와도 연관되는 문제들이 존재하고 있었다.

그런 상황이 지속되는 동안 이스라엘 열 지파의 대표들이 유다지파 대표들에게 강력하게 항의했다. 왜 유다지파 사람들이 아무런 상의 없이 왕을 도적질하듯 빼돌려 그의 권속들을 인도하여 요단강을 건너게 했느냐는 것이다. 그러자 유다지파에서는 다윗 왕과 동일한 지파에 속한 자신들이 그렇게 한다고 해서 그것이 뭐 그리 화가 날만한 일이냐며 정면으로 응수했다. 그들은 왕을 보좌하고 도왔을지언정 결코 왕의 소유를 조금이라도 가로챈 것이 없으며 그것으로 말미암아 왕으로부터 특별한 포상을 받은 것도 아니라는 것이었다.

하지만 이스라엘 열 지파의 대표들은 앞으로 있게 될 정치적 지분 확보에 대한 분명한 언급을 했다. 그들은 이스라엘 열 지파가 유다지파에 비해 열 배나 많은 만큼 그만한 지분을 가질 권한이 있다고 생각했다. 앞으로는 이스라엘 지파들을 배제하는 그런 일이 결코 있어서는 안 될 것이라 말했다. 그러나 유다지파 사람들은 그 말을 순순히 받아들이기는커녕 도리어 더욱 강경한 자세를 가지게 되었다. 이로 인해 남북간 이스라엘의 지파간 갈등양상이 구체화되기 시작했다.

제34장 _ 세바가 일으킨 반란 진압과 다윗 왕 정부의 체제 정비

(삼하 20:1-26)

1. 이스라엘 지파에 속한 세바의 반란

압살롬과 그의 반란군을 섬멸한 다윗 왕은 유다지파와 이스라엘 지파에 의해 다시 예루살렘으로 환궁還宮했다. 하지만 정국이 완전히 안정을 되찾은 것은 아니었다. 도리어 유다지파와 이스라엘 열 지파 사이에 생겨난 정치적 갈등은 일부 백성들로 하여금 깊은 회의감에 빠지게 했다. 그러던 중 베냐민지파의 세바Sheba가 이스라엘 지파 사람들을 충동해 반란을 일으키게 되었다.

한편 다윗 왕이 예루살렘에 돌아와 가장 먼저 처리했던 일 가운데 하나는 자기가 도성을 떠나 피난할 때 성에 머물게 했던 후궁들을 별실에 가두는 것이었다. 따지고 보면 후궁들이 잘못한 것은 아무것도 없다. 그 여인들은 왕의 명령에 순종했을 뿐이며, 압살롬에 의해 무자비한 성폭행을 당했을 따름이다.

그럼에도 불구하고 다윗은 그 후궁들을 별실에 가두어 둔 채 생명을 부지할 수 있는 기본적인 음식만 넣어주고 평생 동안 생과부로 지내게 했다. 그것은 저들에게 엄청난 고통이 아닐 수 없었다. 다윗이 왜 후궁들을 그런 엄벌에 처했을까?

다윗 왕이 후궁들을 그런 식으로 처우했던 까닭은 그것을 통해 압살롬 정부와 완전히 단절되었음을 선언하기 위한 것으로 보인다. 그 전에 압살롬은 아버지 다윗 왕과 완전히 결별했음을 보여주기 위해 후궁들과 공개적인 성관계를 시도했었다(삼하 16:22). 그것을 통해 이스라엘 백성들은 다윗 왕과 압살롬이 완전히 갈라선 것으로 알았다. 그런데 이제 다윗 왕은 다시 그 후궁들을 평생 별실에 가두어 둠으로써 압살롬의 세력으로부터 완전히 단절되었음을 보여주고자 했던 것이다.

그러한 상황 가운데서 베냐민지파 소속의 세바가 반란을 꾀했다는 사실은 다윗 왕조의 실정失政으로 인해 패망한 사울 왕조에 미련을 가진 백성들이 다수 있었음을 의미하고 있다. 다윗 왕가에서 발생한 부자지간의 비윤리적인 싸움과 전쟁은 백성들의 원성을 살만한 일이었다. 그리고 유다지파와 이스라엘 지파 사이의 정치적 갈등은 일반 백성들이 원하는 정치형태가 아니었다.

그런 어지러운 분위기 가운데서 패망한 사울 왕조가 회복되기를 바라는 백성들이 있었던 것은 어쩌면 자연스런 현상일지도 모른다. 그러므로 베냐민지파의 세바는 이스라엘 백성들에게 다윗으로부터 돌아서도록 선동했다.

"우리는 다윗과 함께 할 분의가 없으며 이새의 아들과 함께 할 업이 없도다 이스라엘아 각각 장막으로 돌아가라"(삼하 20:1)

나팔소리와 함께 울려 퍼진 세바의 음성을 듣게 된 이스라엘 백성들 가운데 다수는 그를 따라 나섰다. 다윗 왕은 또다시 다급한 형편에 처하게 되었다. 다윗은 자기에게 저항하는 세력을 빨리 진압해야만 했다.

그러한 분위기가 잘못 확산되면 걷잡을 수 없는 난국에 빠질 우려가 있었다.

다윗은 그 전에 유다지파 사람들에게 약속했듯이 압살롬의 반란군 사령관이었던 아마사Amasa를 다윗 왕조를 위한 진압군 사령관으로 임명했다. 왕은 그로 하여금 군대를 소집해 세바를 따르는 반란군 무리를 속히 진압하도록 명령했다. 삼일 내에 군대를 모집해 세바가 이끄는 적의 세력을 진압하라는 것이었다.

그런데 아마사는 압살롬의 반역에 가담했던 경력을 지닌 자로서 입지가 그리 탄탄하지 못했다. 따라서 아마사가 병력을 소집하는 일은 지체될 수밖에 없었다. 초비상 사태 가운데 삼 일간의 제한된 시간이 지나가는 것을 보며 막연히 시간을 끌 수 없는 노릇이었다.

다윗은 세바의 반란이 압살롬의 반란보다 오히려 더 위협적인 것이라 판단했다(삼하 20:6). 다윗은 다시금 아비새를 새로운 진압군 사령관으로 급히 임명했다.42) 왕은 아비새에게 요압의 병력과 용병들을 동원해 세바의 반란을 진압하도록 명령했던 것이다.

2. 요압이 아마사를 살해

진압군의 총책을 맡은 아비새는 요압의 병력을 비롯한 용병들을 이끌고 세바의 군대를 진압하기 위해 예루살렘을 출발했다. 한편 삼일간의 기한을 넘기고 나서 아마사는 소집한 군대를 이끌고 기브온에서 아비새를 맞게 되었다(삼하 20:8). 제각각 자신이 진압군 사령관이라 생각하는 두 사람이 작전 중에 부딪치게 되었던 것이다.

---

42) 다윗 왕이 요압을 진압군 사령관으로 임명하지 않고 아비새를 임명한 것은 유다지파와의 약속 때문이었다. 만일 아마사 대신 다시 요압을 사령관으로 임명하게 되었다면 유다지파에서는 크게 오해할 수 있는 소지를 가졌을 것이 분명하다.

그런 형편이 되면 최고위층 간에 묘한 분위기가 연출될 수밖에 없다. 아마사는 한때 압살롬의 반란군에 속한 장군으로서, 아비새가 보기에 고깝지 않을 수 없었다. 나아가 그 자리에 함께 있던 요압은 일반적인 관점에서 본다 해도 그에게 상당한 반감을 가질 만 했다. 다윗 왕이 그의 지위를 반역자 출신의 아마사에게 넘겨주었기 때문이다.

그런 상황 가운데서 요압은 아마사를 보자 그 자리에서 그를 살해하게 된다. 요압은 다윗 왕의 신복으로서 아마사를 우군으로 인정하는 양 인사를 나누는 체하다가 그의 배를 찔러 버렸다. 아마사는 급작스럽게 요압의 칼에 의해 배를 찔려 창자를 땅에 쏟으며 비참한 죽음을 맞았다. 그렇게 되자 아마사에 의해 모병되었던 병사들이 일순간 당황할 수밖에 없게 되었다.

그러자 요압의 병사가 나서서 지금은 급히 반란군 세바를 추격해야 하며 머뭇거릴 때가 아님을 외쳤다. 다윗 왕에게 충성하고자 하여 요압을 따를 자들은 이제 그를 따르라고 종용했다. 거기에 모인 모든 병사들은 다윗 왕을 위해 모병되었으므로 잠시 당황하기는 했으나 기꺼이 요압의 군대에 편입될 수 있었다. 그렇게 하여 모든 전투 지휘권은 요압이 가지게 되었다. 다윗 왕은 아마사와 아비새를 차례로 진압군 사령관으로 임명했으나 왕의 뜻과는 무관하게 요압이 스스로 진압군의 총책을 맡게 되었다.

아마사가 요압의 칼에 의해 살해되었을 때 거기 있던 군인들은 길 위에 피투성이가 되어 뒹구는 그의 시체를 보았다. 그때 요압의 신하들은 그 시체를 밭으로 옮겨 겉옷으로 그 위를 덮었다. 아마사를 따르던 병사들이 그 시체를 보고 동요하거나 격분하는 일은 발생하지 말아야 했기 때문이다.

그리고 나서 아마사를 살해한 요압은 곧바로 군대를 이끌고 세바의 군대를 추격했다. 요압의 군대는 이스라엘 여러 지역들을 수색해 가면서 세바가 머물고 있는 아벨Abel 성을 완전히 포위했다. 요압은 그 성을 함락시키기 위해 성밖에 높은 둔덕을 쌓아 올렸다. 이제 그 성을 함락하고 세바의 세력을 진압하는 것은 시간 문제였다.

3. 요압의 승리와 세바의 죽음

아벨 성은 이스라엘 지역의 최북단에 있는 요새였다. 세바는 반란을 일으키기는 했지만 생각만큼 순탄하게 작전이 진행되지는 않았다. 그러자 세바의 추종자들은 일단 난공불락의 성이던 아벨 성으로 피신할 수밖에 없었다.

또한 세바를 추격하는 요압의 입장에서도 반란군을 진압하는 일이 그리 만만한 일은 아니었다. 그러므로 치밀한 작전 계획이 필요했으며 상당한 병력이 요구될 수밖에 없었다. 요압은 성밖에 높은 둔덕을 쌓아올려 아벨 성을 함락시키고자 하는 힘겨운 전략을 세워 실행에 옮겼던 것이다.

요압이 이끄는 다윗 왕의 군대가 둔덕을 높이 쌓아 아벨 성을 함락할 만한 때가 이르자 그 성의 지혜로운 여인 하나가 공개적으로 요압과 대화하고자 했다(삼하 20:16). 그녀는 요압에게 평화를 사랑하는 민족에 속한 사람으로서 어떻게 여호와 하나님의 기업이자 이스라엘 민족의 어미와도 같은 아벨 성을 멸망시키고자 하느냐고 힐문했다. 그러자 요압은 그 성을 파괴하는 것이 자신의 목적이 아니라 반역자 세바를 진압하는 것이 목적임을 분명히 밝혔다. 그 말을 들은 여인은 아벨 성을 파괴하고 함락하기 전에 백성들이 피를 흘리지 않는 평화적인 방법을 모색해야 한다고 주장했다.

요압의 입장에서는 파괴와 살상을 피하고 세바의 반란군을 진압할 수만 있다면 그것이 최상의 방법이었다. 그래서 요압은 그 여인에게 반역자 세바를 자기에게 내어 줄 것을 요구했다.

"에브라임 산지 사람 비그리의 아들 세바라 하는 자가 손을 들어 왕 다윗을 대적하였나니 너희가 저만 내어 주면 내가 이 성읍에서 떠나가리라"(삼하 20:21)

그 지혜로운 여인은 요압의 말을 그대로 수용했다. 세바는 그 전에 성 안의 사람들에게 자신이 다윗 왕 정부에 저항하여 반란을 일으킨 이유를 달리 핑계대었을지도 모른다. 그러나 이제 그 여인을 통해 세바가 사사로운 목적을 달성하기 위해 다윗 왕을 대적하여 반란을 일으킨 것이 성안 백성들에게 드러나게 되었다.

성 안의 사람들은 반역자 세바를 보호할 이유와 명분이 사라졌다. 반역자를 보호하다가 무고한 사람들이 생명을 잃고 성이 파괴되도록 방관할 수 없는 일이었다. 그리하여 성 주민들은 세바를 죽여 그의 머리를 요압에게 내어 주었다. 요압은 승리의 나팔을 불었으며 세바를 따르던 모든 무리들은 해산하게 되었다.

요압은 반역자 세바를 처형하고 그의 반란군을 완전히 진압했다. 그 후 그는 전투에서 승리한 개선장군이 되어 예루살렘으로 돌아왔다. 그로 말미암아 요압은 다윗 왕에게 나아와 그 전에 가졌던 원래의 지위를 회복할 수 있었다.

4. 다윗 정부의 요압을 중심으로 한 체제 정비

다윗 왕은 세바의 반란군을 진압한 요압을 다시 최고 요직인 군대장관으로 기용했다. 당시 요압은 다윗의 뜻을 거스르고 아마사를 살해한 상태였다. 요압이 왕이 특별히 발탁한 군대장관이었던 아마사를 개인적인 불만으로 인해 부당하게 살해한 것은 예사문제가 아니었다.

요압은 다윗 왕의 일등공신이었음에도 불구하고 권력 투쟁으로 인해 다윗 왕의 뜻을 버리고 수차례 왕의 다른 신하들을 살해하는 일을 자행했었다. 그럼에도 불구하고 다윗은 그동안 그의 무례한 행동에 대해 묵인해 왔었다.

오래 전 요압은 자기 동생의 죽음에 대한 원한으로 인해 아브넬을 죽였으며(삼하 3:22-29), 압살롬을 선대하라는 왕의 요구에도 불구하고 요압은 그를 죽였다(삼하 18:9-18). 그리고 이번에는 다윗 왕이 친히 중용한 군대장관 아마사를 작전 중에 살해해 버렸다. 그것은 자기의 직위를 가로챈 것에 대한 아마사를 향한 응징이기도 했지만 다윗 왕에 대한 불만을 공개적으로 드러낸 것이기도 했다.

그런 가운데서도 요압이 세바의 반란군을 성공적으로 진압했던 것은 틀림없는 사실이었다. 그러므로 다윗 왕은 다시금 요압을 군대장관으로 기용하게 되었다. 다윗은 요압에 대한 상당한 불신감을 가지고 있었겠지만 정국의 형편상 달리 대안이 없었던 것으로 보인다.

그동안 요압의 공적은 혁혁했다. 처음 다윗 왕이 예루살렘을 정복할 때 그는 왕을 도와 지대한 공헌을 했다(삼하 5:8; 대상 11:6). 그리고 암몬과 아람 족속의 연합군을 제압했으며(삼하 10:1-14; 대상 19:1-19), 다윗이 밧세바를 빼앗기 위해 그녀의 남편 우리아를 죽이는 악한 범죄를 저지를 때도 요압은 다윗을 도왔었다(삼하 11:15, 16). 뿐만 아니라 암몬의 수도 랍바를 점령할 때도 다윗 왕의 이름으로 싸워 무공을 세웠다(삼하 12:25-31; 대상 20:1-3).

당시 다윗 왕은 요압과 같은 힘과 지략을 갖춘 명장을 필요로 했다. 그는 마음 속 깊이 신뢰하는 충신을 찾기에 앞서 이스라엘 민족 가운데 유능한 능력을 갖춘 인물을 필요로 했던 것이다. 그렇게 함으로써 다윗 왕국이 굳건히 서게 될 것이기 때문이었다.

다윗 왕은 정치의 중심 자리에 요압을 기용하고 그와 더불어 브나야 Benaiah와 아도니람Adoniram, 여호사밧Jehoshaphat, 스와Sheva, 이라Ira 등을 요직에 기용했다. 그리고 그 가운데 가장 중요한 제사장직은 사독 Zadok과 아비아달Abiathar이 직책을 맡아 수행하게 되었다. 이렇게 하여 다윗 왕은 요압을 중심으로 한 체제 정비를 감행했던 것이다.

5. 우리는 이 말씀 가운데서 무엇을 배우는가?

압살롬이 왕자의 난을 통해 집권할 무렵 다윗은 예루살렘 성을 뒤에 두고 멀리 피신했었다. 그러나 다윗 왕은 예루살렘으로부터 거리가 먼 지역에서 압살롬의 군대를 대파하고 압살롬은 전사하게 되었다. 그 후 이스라엘 열 지파와 유다지파 사람들이 다윗 왕을 다시금 예루살렘 성으로 모셔왔다.

문제는 다윗을 예루살렘으로 모셔오는 과정에서 유다지파와 이스라엘 열 지파 사이에 정치적 갈등이 싹트기 시작했다는 사실이다. 그러자 이스라엘 백성들 가운데 다윗 왕조에 회의를 품은 자들이 생겨났다. 그 때 베냐민지파의 세바가 반란을 일으켰다. 그는 사울 왕조를 회복하고자 하는 욕망을 가지고 있었던 것으로 보인다.

한편 다윗 왕은 유다지파를 의식하여 특별히 아마사를 군대장관으로 기용했지만, 아마사는 그에 대해 불만을 가지고 있던 요압에 의해 무참히 살해되었다. 반역자 압살롬의 군대 사령관으로 있었으면서 자신의 자리를 차지하게 된 그를 요압은 쉽게 용납할 수 없었다. 더구나 자기의 자리에 반역자 아마사를 기용한 다윗 왕에게 불만을 품지 않을 수 없었다. 그리하여 요압은 세바의 반란군 세력을 진압하는 작전 중에 아마사를 살해하게 되었던 것이다.

아마사를 살해한 후 요압은 다윗 왕의 모든 군대를 이끌고 세바의 반란군을 성공적으로 진압했다. 그 후 요압은 세바를 처형하고 그의 추종자들을 해산시켰다. 그리하여 그는 예루살렘으로 승리의 개선을 하게 되었던 것이다.

요압으로 인해 반란군 세바를 진압한 다윗 왕은 다시금 요압을 군대장관으로 기용하고 그를 중심으로 새로운 체제를 정비했다. 요압이 왕의 뜻을 무시하고 아마사를 죽인 것이 못내 마음에 걸렸지만 다윗은 왕권강화를 위해 달리 선택의 여지가 없었던 것으로 보인다. 체제 정비를 통해 다윗 왕국을 넘보던 자들은 이제 어느 정도 정리되었다. 사울 왕조의 재건을 꿈꾸던 자들도 거의 사라졌다. 자기 마음대로 왕위를 찬탈하려고 했던 압살롬의 죽음과 왕권강화는 다른 왕자들에게도 분명한 메시지를 주고 있었다.

우리는 사무엘하 20장에서 다윗 왕조의 권력구조가 한층 강화되어가고 있음을 보게 된다. 압살롬의 반역으로 인해 걷잡을 수 없는 회오리바람이 한바탕 휘몰아쳐 다윗 왕국은 바람 앞에 촛불 같은 극한 위기에 처했었다. 예루살렘을 떠났던 다윗 왕이 다시 성으로 재입성했을 때 또 다시 지파간 갈등이라는 아픈 조짐과 더불어 세바의 반란이 일어났었다.

그 과정을 거치면서 다윗 왕조의 불순세력들이 점차 정리되어 갔으며 체제 정비를 통한 왕권강화가 이루어졌다. 이제 다윗 왕조는 그 전보다 더욱 강력한 힘을 구축할 수 있었다. 다윗을 비롯한 이스라엘 민족의 지도자들은 저마다 자기 욕망을 채우기 위해 역사를 이끌어 가려했지만 하나님께서는 그들 가운데 친히 역사하시면서 나라를 더욱 굳건하게 세워 가셨던 것이다.

여기서 우리는 하나님의 놀라운 은혜를 깨닫게 된다. 그것은 다윗 왕국이 지켜지고 보호되며 강화되어 갔던 것이 다윗 왕을 비롯한 민족 지도자들의 탁월한 정치력 때문이 아니라 하나님의 인도하심에 의한 것이었기 때문이다.

하나님께서 다윗 왕조를 강화하셨던 까닭은 그의 왕국이 메시아 왕국을 예표하고 있으며 그 왕국 가운데 원수들을 심판하고 영원한 하나님의 왕국을 세우게 될 메시아가 오게 될 것이기 때문이었다. 인간들이 하나님의 나라를 핑계대어 자기 욕망을 채우기에 급급할 때 하나님께서는 자기의 뜻을 이루기 위해 신실하게 일하셨던 것이다.

오늘날 우리 시대 교회도 이와 마찬가지다. 인간들은 제각각 자기의 욕망에 따라 교회를 운영하려 한다. 그들은 하나님을 위한다는 명목으로 자기 욕망을 채우기에 급급한 것이다. 그러나 그것은 매우 잘못된 종교적 욕망을 발산하는 것 이상 아무 것도 아니다.

그러나 하나님께서는 그 가운데 친히 역사하시며 자신의 놀라운 구원 사역을 이루어 가신다. 우리는 하나님의 말씀을 통해 이 점을 잘 깨달아야만 한다. 죄악에 빠져 있는 인간들은 항상 자기 방식대로 욕망을 채우려 하지만 하나님께서는 우리를 간섭하셔서 자신의 거룩한 뜻을 이루어 가신다. 그러므로 하나님의 참된 자녀들은 자신의 무능하고 부패한 모습을 하나님 앞에 내어놓고 회개하는 자세를 가지게 된다. 우리는 그 가운데서 전능하신 하나님의 놀라운 사역을 바라보게 되며, 그로 말미암은 찬양을 지속할 수 있다.

제35장 _ 다윗 왕조와 사울 왕조의 본질적 차이
(삼하 21:1-22)

1. 지나간 과거의 사건이 왜 이 위치에 놓이게 되었을까?

사무엘하 21장의 앞부분에는 다윗 왕조 초기에 발생했던 삼 년간의 기근에 관한 기록을 하고 있다. 그리고 뒤이어 다윗 왕이 블레셋 군대를 제압하고 승리한 사건을 중심으로 기록되어 있다. 그렇다면 다윗 왕조 초기에 있었던 사건들이 왜 다윗 왕조 말기에 해당되는 이 부분에 기록되어 있을까?

상식적으로 생각한다면 자유주의 신학자들이 주장하듯이 이 부분이 마치 편집된 것으로 오해할 수 있다. 그러므로 다수의 사람들은 사무엘하 21장에서 마지막 24장까지를 마치 사무엘서 전체의 부록이나 첨가 자료 정도로 생각한다.[43] 그러나 그것은 전혀 그렇지 않다. 그 본문 말

---

[43] 학자들 가운데는 사무엘하 21장에서 마지막 24장까지를 다윗 왕의 초기와 연관된 것으로 보는 자들이 있다(『호크마 종합주석』, 서울: 기독지혜사, 사무엘하 21-24장 참조). 한편 또 다른 일부 학자들 가운데는 21장 이하 24장까지를 전체적으로 다윗 왕 말년의 통치와 연관짓는 자들도 없지 않다(박윤선, 『사무엘하』, 21장 주석 참조). 전반적으로는 21장에서 24장까지의 말씀이 사무엘 상하의 부록으로서 첨가자료로 보는 경향이 있다. 한글로 된 소위 해설 성경들은 대개 그 견해를 따르고 있다(『라이프 성경』, 서울: 아가페 출판사, 1992; 『라이프 성경』, 서울: 기독지혜사, 1990; 『아가페 큰글성경』, 서울: 아가페 출판사, 2001). 그러나 필자는 21장만 다윗 왕조 초기의 사건이며 그 다음 기록된 22장에서 24장까지는 다윗 왕 말년에 있었던 노래와 사건들로 이해한다. 사무엘하 23:8-39까지는 다윗 왕과 함께 언약의 왕국을 세웠던 인물들에 대한 기술을 하고 있으며 이는 사건을 기록하고 있는 것이 아니라 회고적 성격을 지니고 있다.

씀은 하나님의 계시로서 구속사적 특별한 의미를 지니고 있다.

　사무엘하 21장을 하나님의 계시 의도와 더불어 눈여겨볼 수 있어야 한다. 본문의 내용은 구속사적 역사 기술 가운데 마치 삽화처럼 끼어있는 말씀이다. 그러므로 뒤이어 따라 나오는 사무엘하 22장의 노래는 다윗 왕조의 말기에 왕이 부른 노래이다.
　사무엘서 전체의 마지막 부분에서 다윗 왕조 초기 단계에 있었던 특별한 사건들이 기술되고 있는 것은 사무엘서가 기록될 당시의 이스라엘 백성들뿐 아니라 이스라엘 민족과 후대에 있게 될 하나님의 몸된 교회를 위한 예언적 계시임을 분명히 보여주고 있다.

　사무엘서의 내용은 전반적으로 역사적 순서에서 크게 벗어나지 않게 기록되어 있다. 그러다가 사무엘하 21장에 와서 갑자기 다윗 왕조 초기의 사건들이 등장한다. 그것을 통해 다윗 왕조가 하나님의 특별한 간섭으로 말미암은 왕조임을 밝히고 있다. 즉 다윗 왕조는 사울 왕조와 근본적으로 다른 왕조임을 보여주고 있다.
　다윗 왕조와 사울 왕조의 구별은 처음부터 분명하게 드러나고 있었다. 그럼에도 불구하고 백성들 가운데는 그것을 올바르게 깨닫지 못하는 자들이 상당수 있었다. 그러한 정서는 다윗 왕조 후기까지 지속되었다. 다윗 왕이 압살롬을 피해 예루살렘 성을 떠났다가 환궁했을 때도 여전히 사울 왕조의 재건을 꿈꾸는 자들이 있었던 것이다. 사울의 손자이자 요나단의 아들인 므비보셋이 사울 왕조를 잇는 왕이 되고자 한다는 소문(삼하 16:1-4)이나 세바의 반란(삼하 20:1-22) 등은 그와 연관되는 것으로 이해해야 한다.

　그러므로 사무엘서 기자는 사무엘하 21장을 통해 사울 왕조의 패망이 하나님의 뜻에 따른 것이라는 사실과 다윗 왕조의 설립이 하나님께서 주도하신 결과였음을 분명히 상기시키고 있다. 그렇게 함으로써 사울 왕조의 종식終熄의 당위성과 하나님께서 다윗 왕을 언약 가운데 선택하여 언약의 왕국을 세우신 사실을 입증하고 있다. 그 사실을 분명히 깨닫게 되면 아무도 다윗 왕에게 저항할 수 없게 된다. 다윗 왕과 그의 왕조에 반역하는 행위는 곧 하나님께 저항하는 행동이기 때문이다.

2. 다윗 왕국 초기의 3년간 기근

사무엘하 21장은 다윗 왕국 초기 3년간의 심한 기근에 관한 기록으로 시작된다. 이스라엘 민족에게 있어서 기근이란 하나님의 심판을 의미한다. 그것은 우연적인 것이 아니라 하나님께서 은혜 베푸시는 일을 중단하셨음을 말해주고 있다.

예루살렘을 정복한 다윗 왕국의 초기에 엄청난 기근이 있었던 것은 이스라엘에 대한 하나님의 진노였다. 하나님께서는 특별히 택하신 백성들의 나라인 언약의 왕국을 아무런 이유 없이 징계하지 않으신다. 율법은 그에 대해 분명히 기록하고 있다.

> "여호와께서 너희에게 진노하사 하늘을 닫아 비를 내리지 아니하여 땅으로 소산을 내지 않게 하시므로 너희가 여호와의 주신 아름다운 땅에서 속히 멸망할까 하노라"(신 11:17).

사울 왕국이 무너지고 다윗 왕조가 시작되는 과정에서 삼 년간의 기근이 발생한 것은 다윗 왕국에 치명적이었다. 승승장구하던 다윗 왕에게 제동이 걸렸던 것이다. 그것을 통해 다윗은 하나님의 긍휼이 없이는 결코 지탱할 수 없는 나라임을 절감하게 되었다. 그러므로 다윗 왕은 전적으로 하나님만 의지해야만 했다.

하나님께서 이스라엘 백성들에게 기근을 통한 징벌을 내리신다면 그에 대한 분명한 원인이 있다. 그것을 알기 위해서는 하나님께 여쭈어 볼 수밖에 없다. 그래서 다윗 왕은 그 원인을 알고자 하여 하나님께 간구했다. 그것을 알게 되면 회개하고 돌이켜 하나님의 은혜를 기다리겠다는 것이었다.

> "다윗의 시대에 년부년 삼 년 기근이 있으므로 다윗이 여호와 앞에 간구하매 여호와께서 가라사대 이는 사울과 피를 흘린 그 집을 인함이니 저가 기브온 사람을 죽였음이니라 하시니라"(삼하 21:1)

하나님께서는 징벌의 까닭을 알고자 하는 다윗의 기도를 들으셨다. 다윗 왕국에 있는 삼 년간의 기근은 사울 왕과 그의 집안의 악행으로 인한 징계라고 말씀하셨던 것이다. 구체적으로 말하자면 사울 왕이 기브온 사람들을 죽인 것은 하나님에 대한 범죄행위였다. 그런데 사울 왕의 군대가 이방 족속인 기브온 사람들을 죽였는데 그것이 왜 하나님에 대한 범죄행위가 되는 것일까? 그리고 사울 왕의 지나간 악행에 대해 그와 직접적인 상관이 없는 다윗 왕이 그에 대한 책임을 져야 하는가?

하나님께서는 사울과 그의 왕조가 저지른 악행에 대한 책임을 다윗 왕조에 물으셨다. 사울 왕의 잘못된 민족주의적 감정에 따른 열성44)으로 인해 기브온 사람들을 죽인 것(삼하 21:2)은 하나님의 뜻을 벗어난 악행이었다. 기브온 사람들은 원래 여호수아 시대 이후 가나안 정복 과정에서 진멸되어야 할 족속이었다. 그러나 그들은 가나안 정복 과정에서 여호와 하나님의 이름을 끌어들여 이스라엘과 화친 조약을 맺음으로써 진멸을 면하게 되었다(수 9:3-21 참조).

그런데 사울 왕은 조상들이 하나님께 맺은 언약을 파기했다. 그로 인

---

44) 기독교는 민족주의적 신앙을 요구하지 않는다. 기독교 신앙인들은 오히려 세계주의적 성향을 띠고 있다. 어느 민족 어느 종족일지라도 그리스도를 진정으로 아는 자들이라면 복음 안에서 하나가 된다. 그러므로 참된 성도들은 자기의 민족에 대한 열성이 아니라 하나님 나라를 위한 열성을 가져야 한다.

해 다윗 왕국에 하나님의 심판이 임한 것이다. 다윗 왕 시대에 사울 왕으로 말미암은 기근의 징벌이 내린 것은 이스라엘 민족이 하나의 역사적 공동체였음을 보여주고 있다. 즉 역사상의 이스라엘 민족 전체가 한 덩어리의 언약 공동체로서 기능을 해야만 했던 것이다.

이스라엘 민족이 기브온 족속과 맺은 그 조약은 잘못된 것이었지만 여호와 하나님의 이름으로 체결되었기 때문에 그 날 이후 기브온 사람들은 가나안 땅에 거주할 수 있게 되었다. 그때 이스라엘 백성과 기브온 사람들 사이에 맺어진 조약은 수백 년이 흘렀음에도 불구하고 사울과 다윗 시대에 와서도 여전히 유효했다. 따라서 사울 왕이 기브온 족속을 진멸하려 한 것은 여호와 하나님의 이름으로 맺은 조약을 스스로 파기하는 범죄행위가 되었다.

사울 왕의 악행으로 인해 다윗 왕국이 징벌을 받고 다윗 왕이 그에 대한 책임을 져야 했던 것은 이스라엘 민족의 공동체적 의미를 잘 드러내 보여주고 있다. 다윗 왕은 결코 자기가 그 악행을 저지른 것이 아니기 때문에 책임질 필요가 없다고 말할 수 없었던 것이다. 우리는 여기서 하나님께서 이스라엘 민족 역사 가운데 총체적인 관심을 가지고 관여하고 계심을 알 수 있다.

3. 이방족속의 이스라엘 축복이 웬 말인가?

다윗 왕은 기근을 통한 하나님의 진노를 해결하기 위해 기브온 족속들을 불러 그들에게 물었다. 어떻게 하면 하나님의 진노를 풀 수 있겠느냐는 것이었다. 이는 우리기 매우 신중하게 생각해 보아야 할 문제이다. 왜냐하면 다윗 왕국이 당하고 있는 엄청난 기근의 고통을 해결할 수 있는 열쇠가 이방 족속인 기브온 사람들에게 있었기 때문이다.

그것은 단순히 민족적 자존심에 국한된 문제가 아니었다. 하나님께서는 그것을 통해 선택받은 이스라엘 백성이 얼마나 형편없는 존재인가 하는 것을 여실히 보여주셨다. 즉 이스라엘 민족이라 해서 본질적으로 특별한 것은 아니라는 것이었다.

> "다윗이 저희에게 묻되 내가 너희를 위하여 어떻게 하랴 내가 어떻게 속죄하여야 너희가 여호와의 기업을 위하여 복을 빌겠느냐"(삼하 21:3)

다윗 왕은 이방 기브온 족속들에게 여호와의 기업을 위해 복을 빌어달라고 마치 애걸하듯이 간청하고 있다. 도대체 어떻게 된 일인가? 이스라엘 백성들은 하나님의 선택받은 민족으로서 자부심을 가질 것이 아니라, 하나님의 언약에 모든 것이 달려 있음을 분명히 깨달아야만 했다. 그러므로 다윗은 어쩔 수 없이 기브온 족속들에게 복을 빌어달라고 간청할 수밖에 달리 도리가 없었다.

그러자 기브온 족속은 다윗 왕에게 분명한 조건을 제시했다. 즉 그들의 요구조건을 들어주면 저들도 다윗 왕의 요구를 들어주겠다는 것이었다. 기브온 사람들은 저들이 은금과 같은 물질을 원하는 것이 아니라 민족적 억울함을 풀고 앞으로 동일한 사건이 되풀이되지 말아야 한다는 것이었다. 그러므로 그들은 사울 왕의 자손 일곱 명을 내어주면 그들을 공개적으로 처형한 후 다윗의 요구에 따르겠다는 것이었다.

> "기브온 사람이 대답하되 사울과 그 집과 우리 사이의 일은 은금에 있지 아니하오나 이스라엘 가운데서 사람을 죽이는 일은 우리에게 있지 아니하니이다 왕이 가로되 너희의 말하는 대로 시행하리라 저희가 왕께 고하되 우리를 학살하였고 또 우리를 멸하여 이스라엘 경내에 머물지 못하게 하려고 모해한 사람의 자손 일곱을 내어 주소서 여호와의 빼신 사울의 고을 기브아에서 우리가 저희를 여호와 앞에서 목매어 달겠나이다 왕이 가로되 내가 내어 주리라 하니라"(삼하 21:4-6)

기브온 족속은 그렇게 함으로써 다시금 이스라엘 민족으로부터 위협과 살상을 당하는 일이 없어야 한다고 생각했다. 그리고 다시는 이스라엘 경내로부터 추방 위협을 당하는 일이 있어서는 안 된다고 믿었다. 그것은 단순한 생존의 문제가 아니라 언약과 신앙에 연관되는 것이었다.

다윗은 결국 그들의 요구에 따라 사울 왕의 아들 두 명과 그의 외손자 다섯 명을 기브온 사람들에게 넘겨주었다. 다윗은 그들의 말을 듣고 사울 왕의 첩 리스바Rizpah가 나은 아들 둘과 사울의 딸 메랍Merab에게서 난 다섯 아들들을 기브온 사람들에게 내어주었던 것이다.

리스바는 사울의 아들 이스보셋과 군대 장관 아브넬 사이에 발생했던 불화의 원인이 되었던 인물이었다. 그녀는 사울 왕의 첩으로서 왕이 죽은 후 장수 아브넬과 통간하게 되었는데 사울의 아들 이스보셋이 그에 대해 심각한 문제를 제기했었다(삼하 3:7, 8). 그러나 아브넬은 그의 말을 듣고 불쾌하게 여겨 오히려 다윗의 편에 서게 되었다. 그리고 메랍은 사울 왕의 장녀였다. 사울은 그 전에 메랍을 다윗의 아내로 주기로 약속했다가 바실래의 아들 아드리엘의 아내로 주었다(삼상 18:17-19).

따지고 보면 리스바와 메랍 두 여성은 다윗 왕과 특별한 관계가 있었던 것으로 볼 수 있다. 그리고 다윗은 여호와 하나님께 맹세한 것이 있으므로 그때 사울의 손자이자 요나단의 아들이었던 므비보셋을 그들에게 내어주지 않았다. 결국 기브온 사람들은 사울 왕의 일곱 자식들을 인계 받아 여호와 하나님 앞에 목매어 달아 죽였다.

"기브온 사람이 저희를 산위에서 여호와 앞에 목매어 달매 저희 일곱 사람이 함께 죽으니 죽은 때는 곡식 베는 처음 날 곧 보리 베기 시작하는 때더라"(삼하 21:9)

기브온 사람들에게 넘겨진 사울의 일곱 자손들은 사울의 고향 기브아에서 죽임을 당했다(삼하 21:9). 이는 사울 왕의 본거지에서 그의 패망사실을 선포하는 것과 다름이 없었다. 그들이 처참하게 죽을 수밖에 없었던 것은 사울 왕이 기브온 사람들을 무고하게 살해한 것에 대한 여호와 하나님의 형벌이었다. 그들은 하나님 앞에서 악행을 저지른 사울 왕 때문에 억울하게 죽었던 것이다. 우리가 여기서 특별히 관심을 기울여야 할 내용은 기브온 족속들이 '여호와 하나님 앞에서' 사울 왕의 자손들을 공개 처형했다는 사실이다.

그 일이 있은 후 기브온 사람들은 다윗과 맺은 약속에 따라 이스라엘 족속이 소유해야 할 여호와의 기업을 위해 복을 빌었을 것이다. 우리는 기브온 족속들이 비록 이방인들이었지만 신앙적으로 이스라엘에 흡수된 족속으로 이해해야 한다. 그들이 여호와를 진정으로 알지 못한다면 그에게 간구할 수 없을 것이었기 때문이다.

한편 한꺼번에 두 아들을 잃게 된 사울의 첩 리스바는 굵은 베를 가져다가 자기를 위하여 반석 위에 펴고 곡식을 베기 시작할 때부터 하늘에서 비가 시체에 쏟아지기까지 그것들을 지켰다. 낮에는 공중의 새가 시체 위에 앉지 못하게 하고 밤에는 들짐승이 범하지 못하게 했다. 그 여인은 자기의 죽은 자식들을 장사지내지 않고 밤낮 그 시체들을 밖에 두고 지켰던 것이다. 리스바의 그런 행동은 다윗 왕에 대한 항의의 표시였을까?

결국 리스바의 그런 행동이 다윗 왕의 귀에 들렸다. 그러자 다윗은 즉시 길르앗 야베스에 있던 사울과 요나단의 뼈를 거두어 와 리스바의 아들들의 뼈와 함께 사울의 아버지 '기스Kish의 묘'에 장사지내도록 했다(삼하 21:12-14 참조). 그러자 하나님께서는 곧바로 이스라엘의 기도를 들으시고 그 땅에 비를 내려 기근이 끝나게 하셨다.

여기서 우리는 몇 가지 중요한 생각을 떠올리게 된다. 그것은 우선 리스바의 그런 행동이 자기의 죽은 아들들 때문이 아니라 도리어 사울 왕 때문이었다는 사실이다. 그녀는 길르앗 야베스에 있던 사울 왕과 요나단의 뼈를 자기 아들들과 함께 조상의 묘실에 장사지내기를 원했다. 결국 다윗이 그렇게 함으로써 하나님의 진노가 풀리게 되었던 것이다.

그리고 사울과 요나단의 시체를 고향으로 가져와 그들의 조상 '기스의 묘'에 장사지내게 한 것이 어떻게 하나님의 뜻이었던가 하는 점이다. 그것은 무엇을 의미하는 것일까? 이는 하나님께서 사울 왕의 시신에 대해 백성들이 더 이상 신경 쓸 것이 없도록 하신 것으로 이해해야 한다. 즉 사울 왕의 시신이 다른 지역에 있으면 상당수 사람들이 그에 대해 신경을 쓰게 될 것이며 그로 인해 사울 왕조의 재건을 꿈꾸는 자가 있게 될 것이다. 이는 다윗 왕조의 초기에 있었던 사건으로서 그에 대한 메시지를 다윗 왕조 말기와 더불어 다시 한번 강조하고 있다.

우리는 이방인들인 기브온 족속을 통해 다윗 왕을 축복한 일과 지나간 사울 왕의 악행으로 인해 사울의 여러 자손들이 죽게 된 사실, 그리고 다윗 왕을 통한 사울과 요나단의 시신을 거두어 와 저들의 고향에 있는 조상의 묘에 장사지낸 일 등을 이와 동일한 맥락에서 이해해야 한다. 다윗 왕의 통치 말기에 다윗 왕조가 하나님의 언약의 왕국이라는 사실이 온 이스라엘 민족에게 제시되어야 했던 것이다.

4. 블레셋의 공격과 다윗 왕의 승리

사무엘하 21장 15절에서 22절까지의 본문은 다윗 왕국과 사울 왕국의 차별성을 확인하고 있다. 사무엘서 기자는 막강한 블레셋 군대를 하나님의 은혜로 인해 승리한 다윗에 관한 기사를 기록하고 있다. 블레셋 사람들은 다윗 왕과 이스라엘 민족을 그냥 두지 않으려 했다. 그로 말미암아 다윗은 매우 피곤한 상태에 빠져 있었다. 그러던 중 블레셋 군대가 다시 침공해 오자 다윗의 신하들은 그들을 맞서 싸울 수밖에 없었다.

외견상의 전력으로 볼 때 이스라엘은 블레셋의 상대가 되지 못했다. 블레셋 군대에는 용맹한 장수들이 많이 있었던 것이다. 본문 가운데 특별히 등장하는 블레셋 용사 네 명은 하나같이 골리앗처럼 힘센 장수들이었다(삼하 21:15-22). 그들은 다윗을 죽이기 위해 가능한 모든 전략을 동원했다.

하지만 블레셋보다 연약했던 다윗 왕의 군대가 도리어 막강한 블레셋의 장수들을 제압했다. 다윗의 신하들은 다윗으로 하여금 전쟁터에 나가지 말도록 당부했다. 그들은 다윗을 '이스라엘의 등불'로 이해했기 때문이다. 이는 저들이 이스라엘 민족 가운데 차지하는 다윗 왕의 위치를 잘 알고 있었음을 말해주고 있다.

그러므로 다윗의 신하들은 자신의 생명보다 다윗 왕의 생명을 더욱 소중히 여겼다. 그런 자세를 가지고 전투에 임한 다윗 왕의 군대는 블레셋 군대를 크게 대파할 수 있었다. 블레셋의 막강한 장수들이 이스라엘 군사들에 패배하여 하나씩 죽게 되었던 것이다.

> "이 네 사람 가드의 장대한 자의 소생이 다윗의 손과 그 신복의 손에 다 죽었더라"(삼하 21:22)

이는 하나님께서 다윗 왕으로 하여금 승리하도록 역사하신 결과이다. 다윗 왕국은 어떤 막강한 세력이라 할지라도 여호와의 이름으로 인해 승리할 수 있었다. 이것이 다윗 왕국이 사울 왕국과 근본적으로 다른 점이며, 이를 통해 그 왕국이 여호와께서 친히 세우신 나라임을 확실히 보여주고 있다.

5. 사무엘하 21장의 의미

다윗 왕조는 하나님께 속한 특별한 왕국이었다. 하나님께서는 특별한 계시를 통해 압살롬과 세바의 반란 이후 다윗 왕조가 지니는 구속사적 의미를 다시금 확인해 주고 계신다. 즉 다윗 왕조는 하나님께서 직접 간섭하시는 메시아 왕국의 그림자로서 존재하고 있음을 분명히 보여주고 있다.

사무엘서 기자는 사울 왕조에 대한 심판이 하나님으로부터 임했다는 사실을 밝혀주고 있다. 그러므로 사울 왕국의 회복이나 재건을 꿈꾸는 것은 하나님을 대적하는 행위이다. 그리고 다윗 왕조는 하나님의 뜻으로 말미암아 세워졌음을 강조하고 있다. 그것은 처음부터 하나님의 작정에 의한 것이었음을 말해 주고 있다.

하나님께서는 다윗 왕과 그의 왕국을 통해 아브라함에게 허락하신 언약을 성취하고자 하셨으며 모세에게 주신 율법이 다윗 왕국 가운데 온전히 적용되도록 하셨다. 다윗 왕국은 사울 왕국과는 근본적으로 구별되었다. 하나님께서는 다윗이 세운 이 왕국을 통해 궁극적인 메시아 왕국을 세울 것임을 분명히 말씀하셨던 것이다. 이처럼 사무엘서 기자는 혼란스러워하는 이스라엘 백성들에게 다윗 왕국을 세우신 하나님의 뜻을 선명하게 보여주고자 했다.

이와 연관된 교훈은 예수 그리스도께서 이 땅에 오실 때까지 지속되었다. 비록 이스라엘 민족이 이방제국들에 의해 멸망당했을 때도 그 의미는 여전히 살아 있었다. 그러므로 이사야 선지자는 다윗 왕조와 그의 왕국의 의미가 영원한 메시아 왕국을 향하고 있음을 분명히 말했다.

"그 정사와 평강의 더함이 무궁하며 또 다윗의 왕좌와 그의 나라에 군림하여 그 나라를 굳게 세우고 지금 이후로 영원히 정의와 공의로 그

것을 보존하실 것이라 만군의 여호와의 열심이 이를 이루시리라"(사 9:7)

이사야는 메시아 왕국이 전적으로 하나님으로 말미암아 세워질 것임을 기록하고 있다. 다윗 왕국은 하나님께서 특별히 세우신 나라로서 메시아 왕국을 예표하고 있으며 그들의 왕통 가운데서 메시아 왕국을 다스릴 왕이 오시게 됨을 예언했던 것이다. 구약시대의 모든 성도들은 다윗 왕국을 기억하는 가운데 앞으로 임하게 될 메시아 왕국을 소망해야만 했다. 사무엘서 기자는 본문 말씀을 통해 이스라엘 백성들에게 그 점을 강하게 선포하고 있다.

신약시대에는 하나님의 은혜로 말미암아 구약에서 예언된 메시아 왕국이 확립되었다. 하나님의 아들이신 예수 그리스도를 통해 이 땅에 메시아 왕국이 세워진 것이다. 우리는 신약시대의 교회가 메시아 왕국의 표상일 뿐 아니라 영원한 천국의 징표임을 기억해야만 한다. 다윗 왕국은 그에 대한 예언적인 의미를 지니고 있었다.

제36장 _ 다윗의 노래들과 메시아 왕국

(삼하 22:1-51; 23:1-39)

1. 다윗 왕이 부른 승리의 노래

(1) 다윗 왕 말기의 노래

사무엘하 22장에 기록된 시(詩)는 하나님의 승리를 확신하는 다윗 왕이 그의 치세 말기에 부른 노래이다.[45] 다윗은 '여호와께서 자신을 모든 대적의 손과 사울의 손에서 구원하신 그 날'(삼하 22:1)에 이 승리의 노래를 불렀다.

우리는 다윗 왕이 결코 평탄한 삶을 살았던 것이 아니라는 사실을 잘 알고 있다. 그의 주변에는 항상 긴장된 분위기가 펼쳐졌었다. 멀리 떨어진 이방지역의 원수들이 위협을 가하고 있었는가 하면 왕궁 안에서도 대적하는 무리들이 항상 잠복하고 있었다. 이는 그가 잠시도 경계의 끈을 늦출 수 없는 긴장된 형편 가운데 살았음을 말해주고 있다.

---

[45] 사무엘하 22장의 다윗의 노래가 다윗 왕 초기에 기록된 것으로 보는 학자들도 없지 않다: 강병도 편, 『호크마 종합주석』 사무엘하 2:1, 기독지혜사, 1990. 그러나 이런 주장을 하는 학자들은 대개 노래의 내용 가운데 전쟁의 승리에 대한 표현과 더불어 다윗 왕 말기에 있었던 어두운 분위기가 나타나지 않는 것을 근거로 든다. 그러나 단순히 전쟁승리와 특정한 분위기로 인해 그 노래를 불렀던 시기를 확정지을 수는 없다. 오히려 구속사적인 의미를 기억하며 노래의 의미를 살펴야 한다.

다윗의 이 시詩는 오실 메시아와 그의 놀라운 구원사역을 찬양하는 예언적 노래이다. 하나님의 도우심으로 말미암아 승리를 얻을 수 있었던 은혜와 더불어 장래 궁극적인 승리로 나아가게 됨을 노래했던 것이다. 다윗의 이 노래는 개인적인 것이 아니라 민족적이며 구속사적 의미를 지니고 있다. 그러므로 오늘날 우리도 그의 노래를 통해 하나님의 놀라우신 구속사적 은혜를 깨닫게 되는 것이다.

(2) 한나의 노래와 연결되는 의미

사무엘서의 맨 앞부분에서는 한나의 노래(삼상 2:1-10)가 기록되어 있다. 그리고 마지막 부분에서는 다윗의 승리의 노래(삼하 22:1-51)가 기록되어 있다. 이는 메시아의 심판에 대한 예언과 메시아를 통한 궁극적인 승리를 의미하고 있다.

한나의 노래에는 여호와의 기름부음 받은 자로서 구원의 뿔(삼상 2:10)에 대한 예언이 기록되어 있다. 이를 위해 하나님께서는 온전한 기도의 여인이었던 한나를 통해 사무엘을 허락하심으로써 다윗과 그의 왕국의 기초를 확립하도록 하셨다. 이는 곧 이스라엘 왕국의 기초를 세우는 경륜적 사역을 의미하고 있다.

사무엘은 사울 왕으로부터 시작하여 다윗이 왕위에 오를 때까지 이스라엘 민족의 영적인 지도자로서 소임을 다했다. 하나님께서는 그를 통해 이스라엘을 한시적으로 통치하게 될 사울에게 기름을 붓게 하셨으며, 다윗을 불러 메시아를 배태하는 언약 왕국의 왕으로 세워 그의 혈통 가운데서 메시아가 오시도록 언약하셨다.

메시아 왕국 가운데 임하실 영원한 왕에게 하나님께서 친히 기름을 부음으로써 그의 뿔을 높여 원수들을 심판하시고자 하셨다. 그러므로 특별히 택하신 왕을 통해 구체적인 언약 왕국의 기초를 확립하여 영원한 하나님 나라의 설립에 대한 예표를 주셨던 것이다. 이는 메시아 왕국의 그림자일 뿐 아니라 하나님께서 심판하실 원수들의 실체를 보여 주신 것이다.

사무엘상 맨 앞부분의 한나의 노래에서는 왕국 설립과 심판에 관한 하나님의 언약이 기록되어 있는데 반해, 사무엘서 마지막에 기록된 노래에서 다윗은 아브라함과 모세 언약이 성취된 승리의 개가를 부르고 있다. 물론 시간적으로 상당한 간격이 있으나 그 내용은 동일한 개념을 지니고 있다. 그 노래들 가운데는 구원의 뿔이신 여호와 하나님(삼상 2:10; 삼하 22:3)의 통치와 영원한 영광, 그리고 하나님의 심판과 구원 사역을 중심으로 한 예언적 의미들이 담겨져 있다.

(3) 메시아 왕국에 대한 예언적 노래
① 오직 여호와 하나님만 의지해야 할 다윗과 그의 왕국

평탄하지 못했던 다윗 왕의 삶은 항상 불안하고 두려운 형편에 처해 있었다. 그는 이방 국가들뿐 아니라 왕궁 내부에까지 도사리고 있는 대적자들로 인해 메시아를 의지하지 않을 수 없는 형편이었다.

그러므로 다윗 왕은 항상 하나님을 의지하며 그의 도움을 필요로 해야만 했다. 여호와 하나님의 도우심 없이는 잠시도 나라를 보존할 수 없었던 것이다. 하나님께서는 자신을 의지하는 다윗에게 결국 승리를 안겨 주셨다. 그것은 다윗의 뛰어난 지략이나 막강한 세력 때문이 아니었다. 따라서 다윗은 승리의 노래를 시작하면서 먼저 하나님의 절대주권을 노래하고 있다.

"여호와는 나의 반석이시요 나의 요새시요 나를 건지시는 자시요 나의 하나님이시요 나의 피할 바위시요 나의 방패시요 나의 구원의 뿔이시요 나의 높은 망대시요 나의 피란처시요 나의 구원자시라 나를 흉악에서 구원하셨도다"(삼하 2:2, 3)

다윗이 의지할 대상은 오직 여호와 하나님 한 분밖에 없었다. 막강한 군사력이 그를 궁극적으로 지켜 줄 수 없었다. 우수한 군사장비나 철저한 군사 훈련이 이스라엘 왕국을 굳건히 보존할 수 있었던 것이 아니다. 다윗의 주변에는 항상 그를 방해하고 이스라엘 왕국을 허물고자 하는 자들이 존재했다. 이스라엘 밖에 있는 이방인들은 물론 민족 내부에도 하나님을 대적하는 자들로 가득했다. 특히 궁궐 안에 숨어 있는 원수들은 항상 기회를 엿보고 있었다.

따라서 다윗은 하나님께 더욱 간절히 매어 달릴 수밖에 달리 방법이 없었다. 그는 자신의 능력을 통해서는 아무런 소망이 없다는 사실을 잘 깨닫고 있었다. 다윗이 하나님께 간구한 것은 자신의 나약함에 대한 고백이자 하나님의 도우심을 진정으로 바랐기 때문이다.

다윗의 간구를 들으신 하나님께서는 자신의 성전에서(22:7) 친히 그의 대적자들을 향해 무서운 진노를 발하셨다. 그러자 온 땅이 크게 진동하며 하늘이 흔들렸다. 하나님께서 친히 강림하셔서 다윗을 원수의 손에서 건져내셨던 것이다. 여호와 하나님만이 다윗이 의지할 수 있는 유일한 대상이었던 것은 그에게 주어진 특권이자 복이었다. 이는 메시아 언약과 밀접하게 연관된 예언적 성질을 띠고 있다.

② 하나님의 영원한 보상

세상의 나라들은 이 세상에 하나님의 백성들로 말미암아 구성된 왕국보다 훨씬 강력하다. 저들이 이 세상에서 주인행세를 하고 있기 때문이다. 그들은 결코 이스라엘 백성들이 무력으로 맞서 싸워 이길 수 있는 만만한 상대가 아니었다(삼하 22:18). 하나님께서 자기 백성을 위한 구원의 팔을 펴지 않으시면 패배할 수밖에 없는 형편이었다.

따라서 다윗은 하나님을 전적으로 의지하지 않을 수 없었다. 자신의 연약함을 깨닫고 하나님만을 진정으로 의지하는 것이 곧 구원의 기초가 된다. 그런 백성에게 하나님께서 메시아를 통해 영원한 생명을 허락하신다. 그것은 인간으로 말미암은 것이 아니라 하나님의 섭리이자 메시아의 사역으로 말미암는다.

그에 대한 올바른 깨달음을 가져 메시아를 진정으로 소망하게 될 때 하나님께서는 그들에게 승리를 허락하시게 된다. 다윗이 자신의 삶을 통해 메시아를 예언적으로 노래했던 것은 바로 그 이유 때문이다.

> "여호와께서 내 의를 따라 상주시며 내 손의 깨끗함을 좇아 갚으셨으니 이는 내가 여호와의 도를 지키고 악을 행하여 내 하나님을 떠나지 아니하였으며 그 모든 규례를 내 앞에 두고 그 율례를 버리지 아니하였음이로다 내가 또 그 앞에 완전하여 스스로 지켜 죄악을 피하였나니 그러므로 여호와께서 내 의대로, 그 목전에 내 깨끗한 대로 내게 갚으셨도다"(삼하 22:21-25)

다윗은 이 말씀 가운데서 자신이 여호와의 도를 지켜 악을 행하지 않았으며 하나님을 떠나지 않고 모든 율례들을 지켰음을 노래하고 있다. 그는 하나님 앞에서 완전하여 죄악을 피하였으므로 하나님께서 그것을 인정하셨노라고 말했다. 그렇다면 다윗이 과연 완전하고 의로운 훌륭한 인물이었던가?

우리는 지난 날 상상조차 할 수 없는 다윗의 끔찍한 범죄 사실들을 선명하게 기억하고 있다. 그는 자신의 충복 우리아를 죽이고 그의 아내 밧세바를 빼앗았다. 나아가 그는 스스로 저지른 악행과 실책으로 인해 자신의 가정을 커다란 혼란에 빠뜨렸다. 그의 이복 자녀들 사이에는 상상을 초월하는 끔찍한 강간사건과 살인사건이 발생했다. 뿐만 아니라 그가 사랑하는 아들 압살롬은 이스라엘 왕국을 탈취할 목적으로 반역을 일으켜 아버지인 자신을 죽이고자 했다.

그런 모든 악행들이 백일하에 드러나고 있는 터에 다윗은 자기가 하나님 앞에 완전하여 범죄하지 않았다고 주장하고 있다. 그렇다면 다윗의 그런 노래는 거짓이 아닌가? 나아가 다윗이 그렇게 노래한 것은 또 다시 하나님을 욕되게 하고 있는 것인가?

우리는 여기서 다윗의 이 노래가 메시아 예언에 관한 노래라는 사실을 잘 깨달아야 한다. 다윗은 이 노래 가운데 자기 자신을 높이는 것이 아니라 메시아를 예언하고 있다. 즉 자신의 완벽성을 주장하고 있는 것이 아니라 메시아의 사역을 노래하고 있다. 그는 자신이 개인적으로 완벽한 삶을 살았다고 주장하려는 것이 아니라 자신을 통해 오시게 될 메시아를 노래했던 것이다.

③ 전쟁과 메시아를 통한 여호와의 구원을 찬송

이스라엘 왕국은 이방 세력과 전쟁을 치르기 위해 세워진 나라였다. 따라서 다윗 왕 역시 이스라엘 왕국의 보존을 위해 전쟁을 치러야 하는 용사였다. 하나님께서는 자신의 거룩한 전쟁을 위해 다윗을 부르시고 그를 통해 왕국을 세우셨던 것이다.

그러나 이스라엘 민족의 전쟁은 개인이나 집단적 전투력에 달려 있지 않았다. 그들의 전쟁은 전적으로 하나님의 간섭에 의해 승패가 좌우되었다. 그러므로 다윗은 왕으로서 전력강화를 위해 힘을 쏟아 붓는 것을 최우선으로 삼는 것이 아니라 하나님의 언약에 온전히 의지하는 삶을 살아야만 했다.

그렇게 할 때 하나님께서 이스라엘 민족의 편이 되어 친히 원수들을 대적해 싸우셨으며 그것이 이스라엘의 승리로 나타나게 되었다. 이스라엘의 전쟁은 땅을 넓히기 위한 싸움이 아니었으며 단순히 세력 확보를 도모하기 위한 전쟁도 아니었다. 그 전쟁은 메시아 왕국의 그림자로서 언약의 왕국을 온전히 확립하기 위한 전쟁이었다.

"내가 내 원수를 따라 멸하였사오며 저희를 무찌르기 전에는 돌이키지 아니하였나이다 내가 저희를 무찔러 파하였더니 저희가 내 발아래

제36장 _ 다윗의 노래들과 메시아 왕국(삼하 22:1-51; 23:1-39)

엎드러지고 능히 일어나지 못하였나이다 이는 주께서 나로 전쟁케 하려고 능력으로 내게 띠 띠우사 일어나 나를 치는 자로 내게 굴복케 하셨사오며 주께서 또 내 원수들로 등을 내게로 향하게 하시고 나로 나를 미워하는 자를 끊어버리게 하셨음이니이다"(삼하 22:38-41)

다윗은 이 노래 가운데 원수들을 끝까지 추격해 진멸했음을 노래하고 있다. 그들에게 인간적인 알량한 동정심 따위를 베풀지 않았다는 것이다. 그것은 하나님을 대적하는 원수들에 대한 심판이자 정당한 응징이었다. 그로 인해 원수들은 이스라엘 왕국 앞에서 완전히 패망할 수밖에 없었다.

또한 다윗은 자신의 승리가 전적으로 하나님으로 말미암은 것이라는 사실을 분명히 고백하고 있다. 원수들은 보이지 않는 하나님을 직접적인 대적으로 삼지 않고 하나님께서 세우신 다윗과 그의 왕국에 저항함으로써 저들의 악한 모습을 드러내 보이게 되었다.

그러므로 하나님께서는 다윗을 통해 그들을 언약의 왕국으로부터 완전히 끊어버리도록 요구하셨다. 그것을 통해 하나님의 궁극적인 승리를 이 땅에 미리 보이셨던 것이다. 하나님에 대한 다윗의 감사와 찬양은 이에 근거하고 있다. 그에 대한 하나님의 언약은 이미 그 전부터 있어온 것이었다. 하나님께서는 한나의 노래에서도 원수들을 향한 자신의 심판을 분명히 약속하셨던 것이다.

"여호와를 대적하는 자는 산산이 깨어질 것이라 하늘 우뢰로 그들을 치시리로다 여호와께서 땅끝까지 심판을 베푸시고 자기 왕에게 힘을 주시며 자기의 기름 부음을 받은 자의 뿔을 높이시리로다"(삼상 2:10)

이스라엘 백성의 승리는 항상 저들의 힘과 전략이 아니라 전적인 여호와 하나님의 뜻에 달려 있다. 하나님께서는 인간들의 역사에 친히 관여하시면서 자신의 거룩한 뜻을 이루어 가셨던 것이다. 그러므로 다윗은 구원을 베푸신 여호와 하나님을 높여 찬양하지 않을 수 없었다.

> "이러므로 여호와여 내가 열방 중에서 주께 감사하며 주의 이름을 찬양하리이다 여호와께서 그 왕에게 큰 구원을 주시며 기름 부음 받은 자에게 인자를 베푸심이여 영원토록 다윗과 그 후손에게로다"(삼하 22:50, 51)

다윗은 열방 중에서 하나님께 감사하며 그의 이름을 찬양했다. 본문 말씀 중 '열방 중에서' 하나님께 감사하고 찬양했다는 의미는 죄악 세상 가운데서 거룩한 하나님을 높인다는 뜻이며, 이스라엘 백성들이 하나님을 의지하여 저들에게 완전한 승리를 쟁취했음을 말해주고 있다.

그리고 다윗이 부른 이 노래의 맨 마지막 부분은 메시아 예언의 극치를 보여주고 있다. 하나님께서 '그 왕'에게 큰 구원을 베푸시는데 여기서 '그 왕'이란 궁극적인 왕인 메시아를 예표한다. 그리고 '기름부음 받은 자'는 메시아를 지칭한다. 또한 '다윗과 그 후손'은 다윗의 계통에서 태어나게 될 메시아를 칭하고 있다.

하나님께서는 바로 그 메시아를 통해 영원한 은혜를 베푸시며 궁극적인 구원을 이룩하시게 된다. 그러므로 다윗과 그의 왕국을 통해 드러나는 구속사적 의미를 이스라엘 모든 백성이 깨달아야만 했다. 그것은 또한 메시아 언약을 통해 우리 시대 교회에게 보여주시는 하나님의 놀라운 은혜이기도 하다.

2. 다윗의 마지막 고백적 노래(삼하 23:1-7)와 다윗 왕국의 기초

(1) 앞에 기록된 다윗의 노래와 연결되는 의미

사무엘하 22장과 23장에 기록된 다윗의 시편들은 그것을 노래한 때가 시간적으로 약간의 차이가 난다할지라도 연결된 의미로 이해해야 한다. 성경의 연속적인 기록 계시는 의미의 연관성을 동시에 보여주고 있기 때문이다.

다윗은 그의 마지막 노래에서 아브라함 언약과 연관된 메시아 언약을 확인하고 있다. 이스라엘 열두 지파의 조상이 되는 야곱은 그 전에 이미 유다지파 가운데서 언약 왕국의 왕이 세워지게 될 것을 예언했다. 그리고 그로 말미암은 왕통이 이 땅에 메시아가 오실 때까지 지속될 것에 대한 예언을 했다.

> "홀이 유다를 떠나지 아니하며 치리자의 지팡이가 그 발 사이에서 떠나지 아니하시기를 실로가 오시기까지 미치리니 그에게 모든 백성이 복종하리로다"(창 49:10)

아브라함 언약의 줄기 가운데서 야곱이 베푼 언약은 일차적으로 다윗 왕을 통해 성취되었다. 하나님의 언약이 성취된 것은 구속사적 사건이다. 만일 다윗 왕과 그의 왕국에 대해 누군가 반기를 든다면 하나님을 모독하는 것이 된다. 다윗은 마지막 노래에서 그 점을 강조하고자 했던 것이다.

다윗은 사무엘하 22장과 23장에 기록된 노래를 통해 다윗 왕조가 하나님의 특별한 간섭에 의해 세워졌음을 강조하고 있다. 그것은 역사적 과정에서 우연히 촉발된 사건이 아니라 오래 전 조상들에게 주어졌던 언약의 성취라는 것이었다. 그러므로 다윗 왕국은 메시아 왕국의 그림자로서 그 의미가 온전히 보존되어야만 했던 것이다.

(2) 다윗의 고백적 노래(23:1-7)

이 노래는 다윗의 마지막 고백인 만큼 그 의미가 매우 크다. 다윗은 시詩의 앞부분에서 자신을 '이새의 아들', '높이 올리운 자', '야곱의 하나님으로부터 기름부음 받은 자', '이스라엘의 노래 잘하는 자'로 소개하고 있다. 이는 전체적으로 보아 하나님의 언약 가운데 특별히 세워진 자신의 모습을 드러내고 있다.

이새의 아들이란 자기가 이미 예언된 유다지파에 속한 자임을 고백하는 것이며, 높이 올리어졌다는 것은 하나님의 계획 가운데 세워진 특별한 왕이라는 의미이다. 야곱을 통해 언약하신 하나님은 자기 백성들을 구원코자 끝까지 역사하시는 신실한 분이시다. 다윗은 바로 그 하나님으로부터 기름부음을 받았다는 사실을 말하고 있다.

그리고 그가 노래를 잘하는 자라는 의미는 자신이 하나님의 은혜로 인해 여호와 하나님을 온전히 찬양하는 자임을 고백하는 것이다. 이는 다윗 자신의 단순한 감성을 통한 것이 아니라 하나님의 직접적인 계시에 의한 찬송시이다.

> "여호와의 신이 나를 빙자하여 말씀하심이여 그 말씀이 내 혀에 있도다 이스라엘의 하나님이 말씀하시며 이스라엘의 바위가 내게 이르시기를 사람을 공의로 다스리는 자, 하나님을 경외함으로 다스리는 자여 저는 돋는 해 아침 빛 같고 구름 없는 아침 같고 비 후의 광선으로 땅에서 움이 돋는 새 풀 같으니라"(삼하 23:2-4)

다윗의 모든 노래들은 성령께서 주장하신 찬송이다. 그러므로 그의 입을 통해 표현되는 노래는 하나님을 향한 신선한 찬양의 노래가 되는 것이다. 오늘날 우리가 다윗의 시편들을 통해 하나님을 찬양하고 경배하는 것은 그 노래가 하나님의 성령으로 말미암은 것들이기 때문이다.

우리 시대 교회가 공예배를 통해 찬송을 부를 때 시편을 노래해야 하는 것도 그와 같은 이유 때문이다. 제사장 나라인 이스라엘과 그 민족을 통치하는 다윗의 존재 의미가 오늘날 우리 시대의 교회 가운데서도 선명하게 드러나게 되는 것이다.

구속사적 의미를 잘 깨닫고 있던 다윗은 하나님께서 자신과 이스라엘 왕국을 통해 영원한 언약을 세우셨음을 노래했다. 그 언약은 다윗과 그의 왕국을 위한 약속일 뿐이며 하나님과 무관한 악한 자들을 위한 배려는 전혀 아니었다. 그들에게는 오로지 하나님의 무서운 심판이 기다리고 있을 따름이다.

> "내 집이 하나님 앞에 이 같지 아니하냐 하나님이 나로 더불어 영원한 언약을 세우사 만사에 구비하고 견고케 하셨으니 나의 모든 구원과 나의 모든 소원을 어찌 이루지 아니하시랴 그러나 사악한 자는 다 내어버리울 가시나무 같으니 이는 손으로 잡을 수 없음이로다 그것들을 만지는 자는 철과 창자루를 가져야 하리니 그것들이 당장에 불사르리로다"(삼하 23:5-7)

다윗은 이 노래 가운데서 하나님의 자비와 공의를 동시에 보여주고 있다. 하나님의 백성들에 대해서는 영원한 구원이 베풀어지게 될 것이지만 악한 자들에 대해서는 무서운 심판이 내려지게 된다. 하나님의 궁극적인 구원과 심판을 위해서 인간들이 할 수 있는 일은 아무것도 없다. 그것은 오직 하나님의 섭리와 경륜에 달려 있을 따름이다.

(3) 이스라엘 왕국의 기초(23:8-39)
① 이스라엘 왕국

우리는 다윗 왕을 이스라엘 민족 가운데서 영웅화하려 해서는 안 된다. 다윗 왕국은 하나님께서 경륜에 따라 친히 세우신 왕국이다. 다윗을 훌륭한 믿음의 선배요 하나님의 특별한 도구로 사용된 소중한 조상으로 이해해야 하지만 그를 일반적인 견지에서 영웅화하려 해서는 결코 안 된다.

우리가 특히 유념해야 할 바는 이스라엘 왕국이 순수혈통을 지닌 이스라엘 민족에 의해 세워진 나라가 아니었다는 사실이다. 도리어 이방 족속들 가운데서도 다윗 왕국의 건립에 적극적으로 참여한 자들이 많이 있었다. 하지만 그들은 단순한 이방인들이 아니라 이스라엘 민족에 편입된 자들이었다. 악한 유대 민족주의자들은 혈통으로 인해 그들을 멸시하려 했지만 그것은 잘못된 태도였다.

하나님께서는 다윗 왕국을 건립하는 과정에서 경건한 이방인들을 참여시킴으로써 자신이 유대인들의 혈통에 의지하는 분이 아님을 보여주셨다. 이는 언약의 왕국을 세우고 메시아 왕국을 예비하는 일이 전적으로 하나님의 주권에 달려 있음을 말해 주고 있다. 그러므로 구약 시대 이스라엘 백성들 가운데 민족주의적 이유 때문에 자만할 수 있는 사람은 아무도 없었던 것이다.

② 다윗 왕국의 전쟁과 그 승리의 기초

다윗은 이스라엘 왕국을 홀로 건국할 수 없었다. 다윗의 주변에는 여러 군장들이 있었으며 이름이 알려지지 않은 수많은 병사들이 있었다. 그들은 하나님의 섭리 가운데 다윗의 편에 서서 용맹하게 적군을 저항해 싸우며 언약의 왕국을 세워갔다. 그러나 그들이 승리한 것은 전적으로 하나님의 도우심으로 인한 것이었다. 그에 대해서는 성경이 다윗의 입을 통해 분명히 증거하고 있다.

> "그 날에 여호와께서 크게 이기게 하셨으므로 백성들은 돌아와서 저의 뒤를 따라가며 노략할 뿐이었더라"(삼하 23:10); "여호와께서 큰 구원을 이루시니라"(삼하 23:12)

다윗은 자신을 비롯한 이스라엘의 용사들이 원수들과 맞서 용감하게 싸웠지만 모든 승리는 하나님으로 인한 것임을 고백적으로 밝히고 있다. 이를 통해 이스라엘 백성들은 전능하신 하나님의 은혜를 더욱 절감할 수 있게 되었다.

③ 전쟁을 위한 다윗 왕조의 군 체제와 그들의 용맹한 희생정신

제36장 _ 다윗의 노래들과 메시아 왕국(삼하 22:1-51; 23:1-39)

다윗 왕국은 초기 단계부터 블레셋 사람들로부터 끊임없는 공격을 받았다. 그때마다 다윗과 이스라엘 백성들은 고통에 빠질 수밖에 없었다. 그러므로 다윗은 항상 전쟁을 대비하지 않을 수 없었던 것이다.

이스라엘 왕국을 보존하기 위한 다윗 왕의 군대는 확실한 체제를 갖추고 있었다. 왕을 비롯한 군대의 최고 사령관이 있었고 그 아래 여러 군대 조직들이 있었으며 그에 속한 다양한 예하 부대들이 있었다. 각 부대에는 조직에 따른 지휘관들이 있어서 병사들을 지휘했다. 이는 다윗 왕 초기부터 있었던 전쟁을 위한 조직이었다.

이스라엘 왕국의 특징은 모든 장병들이 자기 판단에 따라 전투에 임하는 것이 아니라 하나님의 명령에 따라야 했다는 사실이다. 모든 부하들은 상관의 명령에 복종해야 했으며, 최고위직에 있는 다윗 왕은 항상 하나님의 말씀을 청종하여 그에 순종해야만 했다. 그것을 통해 하나님의 뜻이 온 이스라엘 민족 가운데 전달되었던 것이다.

다윗은 자신의 개인적인 목적을 위해 전쟁을 치렀던 것이 아니라 하나님의 뜻에 관심을 기울이고 있었다. 하지만 연약한 인간인 다윗은 자기의 욕망에 따른 사고에서 완전히 자유로울 수 없었다. 블레셋 사람들이 예루살렘 성 바로 아래 위치한 베들레헴까지 바짝 접근해 와서 이스라엘 왕국을 위협하고 있을 때, 다윗 왕은 부하들에게 베들레헴 성문 곁에 있는 우물물을 마시고 싶다고 했다.

그러자 그의 용맹한 병사들은 위험을 무릅쓰고 베들레헴으로 가서 물을 떠왔다. 하지만 다윗은 그것이 자신의 욕심에 따른 행동인 줄 깨닫고 그 물을 자기가 마시는 대신 여호와 하나님의 전殿에 부었다. 다윗은 자신의 욕망으로 인해 신하들의 생명을 위험에 빠뜨릴 수 있는 무모한 행동을 했다는 사실을 깨닫게 되었던 것이다.

다윗의 신하들은 자신의 목숨을 전혀 아끼지 않고 오로지 왕과 왕국을 위해 전투에 임하는 자들이었다. 그들은 죽음을 무릅쓰고 치열한 전투에 임했다(삼하 23:16, 20 참조). 저들에게 중요한 것은 이 땅에서의 생명이 아니라 영원한 하나님의 뜻을 이룩하는 것이었다.

그러므로 다윗 왕과 그의 지휘관들을 비롯한 모든 병사들이 하나님의 뜻을 알고 그에 온전히 순종할 때 하나님께서는 친히 전쟁 가운데 임하셔서 그들에게 승리를 안겨주었다. 하지만 그렇지 않을 경우 하나님의 무서운 심판이 그들에게 임하게 된다. 다윗 왕은 치세 말기 하나님의 계시를 통해 그에 대한 분명한 교훈을 이스라엘 왕국에 남기게 되었다. 풍전등화風前燈火의 위기 가운데서도 이스라엘 백성의 입술에는 항상 '한나의 노래'와 다윗 왕 치세 말기의 '승리의 노래'가 담겨 있었다.

제37장 _ 다윗 왕의 인구조사와 메시아 왕국의 초석

(삼하 24:1-25)

1. 사무엘서의 마지막 부분

사무엘서의 맨 마지막 장^章에는 다윗의 인구조사와 관련된 기록이 나온다. 이스라엘 민족에 있어서 인구조사는 매우 중요한 의미를 지니고 있다. 민족 공동체를 구성하는 자들 가운데 진정한 이스라엘 백성의 수는 항상 가변적이었다. 그 가운데는 출산과 사망에 의한 자연적인 변동이 있었는가 하면 이방인으로서 이스라엘 민족에 가입되는 사람들도 있었다.

그러므로 이스라엘 백성의 총 수는 확인되어야 했다. 그것은 생명의 속전贖錢과 연관되어 있었다. 이스라엘 민족의 인구를 조사해야 하는 까닭은 하나님께 온전한 제사를 드리기 위해서였으며 백성들의 생명과 연관된 제사와 관련 있었다. 그러므로 모세의 율법에는 그에 관한 내용이 분명히 명기되어 있다.

"여호와께서 모세에게 일러 가라사대 네가 이스라엘 자손의 수효를 따라 조사할 때에 조사 받은 각 사람은 그 생명의 속전을 여호와께 드릴 지니 이는 그 계수할 때에 그들 중에 온역이 없게 하려 함이라 무릇 계수 중에 드는 자마다 성소에 세겔대로 반 세겔을 낼지니 한 세겔은 이십 게라라 그 반 세겔을 여호와께 드릴지며 무릇 계수 중에 드는 자 곧 이십 세 이상 된 자가 여호와께 드리되 너희의 생명을 속하기 위하여 여호와께 드릴 때에 부자라고 반 세겔에서 더 내지 말고 가난한 자라고 덜 내지 말며 너는 이스라엘 자손에게서 속전을 취하여 회막의 봉사에 쓰라 이것이 여호와 앞에서 이스라엘 자손의 기념이 되어서 너희의 생명을 속하리라"(출 30:11-16)

이스라엘 백성의 인구조사는 하나님께 드리는 제사와 연관되어야 하며 생명의 속전을 위한 것이어야 했다. 그에서 벗어나 다른 목적으로 인구조사를 하는 것은 하나님의 뜻을 어기는 것이며 이는 진정한 신앙이 아니라 불신앙으로 인한 행동이다.

세상의 일반국가에서 인구조사를 하는 까닭은 주로 두 가지 목적 때문이다. 그 중 하나는 전쟁에 나갈 수 있는 병력을 확인하는 것이며, 다른 하나는 인구수에 따른 세금에 대한 탈세를 방지하기 위함이다. 즉 노동력을 확인함으로써 세금 책정을 엄격하게 시행할 수 있다. 물론 그것은 종종 각양 범죄에 연루된 자들을 색출하기 위한 방편이 되기도 한다.

이에 반해 이스라엘 민족에 있어서 인구조사의 목적은 생명의 속전과 직접 관련되며 하나님께 드리는 제사와 밀접하게 연관되어 있었다. 하지만 이스라엘의 민족 지도자들은 본래의 뜻에서 벗어나 그것을 통해 자기의 목적을 추구하고자 하는 욕망을 버리지 못할 경우가 많았다.

다윗 왕의 치세 말기에 사탄은 다윗으로 하여금 인구조사를 하도록 충동질했다. 이는 율법에 기록된 인구조사의 원래 의도를 벗어난 충동질이었다. 사탄은 다윗이 하나님을 의지하는 마음보다 이스라엘의 병력에 더 많은 관심을 가지고 그에 의지하도록 만들고자 했다. 이에 대해서는 사무엘하 24장의 인구조사 문제와 더불어 그와 병행되는 본문인 역대상 21장에 분명하게 나타나고 있다.

제37장 _ 다윗 왕의 인구조사와 메시아 왕국의 초석(삼하 24:1-25) · 405

"사단이 일어나 이스라엘을 대적하고 다윗을 격동하여 이스라엘을 계수하게 하니라 다윗이 요압과 백성의 두목에게 이르되 너희는 가서 브엘세바에서부터 단까지 이스라엘을 계수하고 돌아와서 내게 고하여 그 수효를 알게 하라"(대상 21:1, 2)

사탄은 이스라엘 왕국이 하나님의 뜻 가운데 순순히 나아가는 것을 그냥 두고 보지 않았다. 그러므로 다윗 왕을 충동하여 하나님을 전적으로 의지하는 대신 인구조사를 실시하여 이스라엘의 병력에 의존하도록 유혹했다.

그런데 하나님께서는 사탄의 그런 충동질을 막지 않으시고 허용하셨다. 이는 하나님의 징계와 더불어 그것을 통해 주실 교훈이 분명히 있었기 때문이다. 여기서 우리는 하나님께서 다윗 왕 개인이나 이스라엘 민족 자체가 아니라 그들을 통해 이룩될 메시아 사역에 관심을 두고 있음을 알게 된다.

2. 다윗 왕의 인구조사

하나님께서는 다윗 왕조와 이스라엘 민족을 일반적인 입장에서 보호하지 않으셨다. 이스라엘 백성은 항상 하나님의 뜻 가운데 존재해야만 했다. 그것이 하나님께서 이스라엘 백성을 특별히 조성하신 목적이었다. 그러므로 그에서 벗어날 경우 하나님께서는 그들을 심판하심으로써 원래 계획하셨던 자리로 되돌려 놓고자 하셨다.

다윗 왕의 치세 말기 하나님께서는 이스라엘 민족을 향해 진노하셨다. 물론 그것을 통해 백성들에게 더욱 중요한 자신의 뜻을 선포하시게 된다. 다윗의 치세 말기가 되자 상당수 백성들의 마음이 흔들렸다. 그들은 압살롬의 반역(삼하 15:10-12)에 가담하고 세바의 반란(삼하 20:1, 2)을 지지했다. 뿐만 아니라 다윗은 자신의 왕조 세습을 위한 국력강화에 더 많은 관심을 기울이게 되었다. 이로 인해 하나님께서 이스라엘을 향해 진노하셨던 것이다.

하나님께서는 다윗 왕으로 하여금 인구조사를 실시하려는 마음을 가지게 하는 사탄의 계략을 허용하셨다. 국력강화를 위한 인구조사는 하나님의 뜻에서 크게 벗어나는 행위였다. 하지만 다윗은 군대장관 요압에게 단Dan으로부터 브엘세바Beersheba에 이르기까지 모든 인구를 조사하여 보고하도록 명령했다.

요압은 왕의 명령을 듣는 즉시 심각한 우려감을 나타냈다. 이는 요압이 인구조사를 통해 병력을 확인하고자 하는 다윗 왕의 의중을 잘 알고 있었기 때문이다. 이스라엘의 승리는 전쟁에 나갈 수 있는 병력 수의 많고 적음에 달려 있지 않았다. 따라서 요압은 그것이 하나님께서 원하시는 일이 아님을 직언했다.

"요압이 왕께 고하되 이 백성은 얼마든지 왕의 하나님 여호와께서 백 배나 더하게 하사 내 주 왕의 눈으로 보게 하시기를 원하나이다 그런데 내 주 왕은 어찌하여 이런 일을 기뻐하시나이까"(삼하 24:3)

하나님께서 택하신 구속사적 인물인 다윗보다 많은 문제들을 안고 있는 요압의 눈이 오히려 더 정확했다. 이는 우리에게 많은 것을 시사해주고 있다. 이 세상의 인간들이 가진 지혜에는 한계가 있다. 아무리 훌륭한 신앙인이라 할지라도 완벽할 수는 없다. 어느 누구도 항상 올바른 판단만 하는 것이 아니다.

오히려 많은 경우에는 어리거나 악한 자들이 부지중에 하나님의 뜻을 더 정확하게 파악하기도 한다. 다윗 왕의 인구조사와 관련해서도 다윗은 잘못된 판단을 하고 있었으나 요압은 그에 대한 올바른 이해를 하고 있었다. 하지만 요압의 정당한 지적에도 불구하고 다윗은 인구조사를 강행하고자 했다. 요압을 비롯한 관리들은 상당한 불만을 가지고 있었지만 왕의 명령에 복종하지 않을 수 없었다. 따라서 그들은 왕의 명령에 따라 이스라엘의 전국을 돌며 인구조사를 시행하게 되었다.

요압은 9개월 20일 동안 이스라엘의 모든 지역을 두루 다니며 인구조사를 한 후 다윗 왕에게 그 결과를 보고했다. 그는 이스라엘에서 80만 명, 유다에서 50만 명이 전쟁에 참여할 수 있는 담대한 자라고 보고했다.[46] 요압은 여기서 레위지파와 베냐민지파의 수를 의도적으로 누락시켰다(대상 21:6). 이는 요압이 여전히 다윗의 인구조사가 옳지 않다는 생각을 하며, 그의 행동을 전적으로 수용할 수 없었던 반감으로 인한 것이었다.

3. 하나님의 징벌과 다윗의 간구

다윗은 인구조사를 마치고 얼마 지나지 않아 곧 바로 자신의 행위가 하나님 앞에서 저질러진 큰 죄악임을 알고 자책하며 회개했다. 그의 인구조사는 백성의 생명을 위한 속전의 목적이 아니었으므로 율법을 어긴 것이었다. 다윗이 즉시 회개할 수 있었던 것은 자기의 인구조사 목적이 하나님에 대한 신뢰를 멀리하고 자신의 힘을 의지하려는 행동이었다는 사실을 깨달았기 때문이다.

"다윗이 인구수를 조사한 후에 그 마음에 자책하고 여호와께 아뢰되 내가 이 일을 행함으로 큰 죄를 범하였나이다 여호와여 이제 간구하옵

---

[46] 다윗의 인구조사에 대한 병행기록인 역대상 21:5에는 인구수가 이스라엘 중 170만, 유다 중 47만이라 기록되어 있다. 사무엘서와 역대서의 차이 나는 부분에 대해서는 필사과정의 오류로 인해 발생한 문제인지 숫자의 의미상 다른 의도가 있었는지 명확하게 알기 어렵다. 우리는 요압이 의도적으로 수를 정확하게 보고하지 않은 점도 염두에 둘 필요가 있다(대상21:6).

나니 종의 죄를 사하여 주옵소서 내가 심히 미련하게 행하였나이다 하니라"(삼하 24:10)

그렇지만 하나님께서는 다윗을 그냥 용서하지 않으셨다. 하나님은 인구조사를 실시한 그를 괘씸히 여겨 이스라엘 백성들을 치시고자 했다(대상 21:7). 하나님께서는 선견자 갓Gad을 통해 그에 대한 자신의 뜻을 다윗에게 분명히 전달하셨다. 갓은 다윗으로 하여금 하나님께서 내리시고자 하는 세 가지 재앙 가운데 하나를 선택하도록 요구했다.

그 재앙의 내용은 칠 년 동안의 기근과, 삼 개월 동안 적으로부터 쫓겨다니는 징벌, 그리고 이스라엘 전역에 미치는 사흘 동안의 온역이었다. 선견자 갓을 통해 하나님의 말씀을 들은 다윗은 자신의 심경을 밝혔다. 그는 백성들의 오랜 인내나 정치력을 필요로 하게 되는 징계가 아니라 하나님의 손에 의한 직접적인 징계를 받겠다고 했다.

"다윗이 갓에게 이르되 내가 곤경에 있도다 여호와께서는 긍휼이 크시니 우리가 여호와의 손에 빠지고 내가 사람의 손에 빠지지 않기를 원하노라 이에 여호와께서 그 아침부터 정하신 때까지 온역을 이스라엘에게 내리시니 단부터 브엘세바까지 백성의 죽은 자가 칠만 인이라"(삼하 24:14, 15)

하나님께서는 그로 인해 천사들을 보내 이스라엘 전역에 사흘 동안 온역의 징벌을 내리셨다. 그로 인해 이스라엘 백성들 가운데 칠만 명이 생명을 잃게 되었다. 다윗이 의지하려고 했던 인구 수 가운데 칠만 명이 하나님에 의해 죽임을 당했던 것이다.

이스라엘 민족 가운데 내려진 징벌과 함께 하나님의 천사는 이제 예루살렘을 멸망시키고자 했다(삼하 24:16). 그러자 다윗은 재앙을 내리는 천사를 보면서 하나님께 간구했다. 모든 범죄의 책임은 전적으로 자기에게 있으며 일반 백성들에게 있지 않다는 것이었다. 그러므로 모든 징벌을 자신과 자기 집안에 내려 주시도록 간청했다.

"나는 범죄하였고 악을 행하였삽거니와 이 양 무리는 무엇을 행하였나이까 청컨대 주의 손으로 나와 내 아비의 집을 치소서"(삼하 24:17)

하나님께서는 진정으로 뉘우치는 다윗을 용서하기로 작정하셨다. 그에게 임한 온역의 징벌이 충분하므로 예루살렘에 대한 징계를 거두도록 명하셨다. 다윗은 이스라엘 민족 가운데 인구조사를 실시함으로써 국력을 강화하여 전쟁에 대비하려 했던 자신의 잘못을 절실히 깨달았다. 그러한 깨달음이 하나님께 진정으로 회개하는 자세를 가지게 했던 것이다.

4. 다윗의 번제와 화목제

다윗 왕의 자책과 회개 자체가 모든 잘못된 문제를 해결할 수 있었던 것은 아니다. 그에 대한 하나님과의 관계를 회복하기 위해서는 제사를 통한 화해가 요구되었다. 그러므로 선견자 갓은 다윗에게 여부스 족속 아라우나Araunah의 타작마당에서 여호와를 위해 제단祭壇을 쌓도록 요구했다.

그곳은 아브라함이 이삭을 바쳤던 모리아 산이었으며 나중 예루살렘 성전이 세워지게 될 언약의 장소였다. 이는 다윗이 스스로 판단하고 결정을 내린 것이 아니라 하나님께서 요구하신 것이었다. 다윗은 아무 곳에서나 자기가 원하는 대로 제사를 지낼 수 있었던 것이 아니라 하나님께서 정하신 장소에서 규례에 따라 제사를 지내야 했던 것이다.

다윗 왕과 그의 신하들이 자기 집으로 오는 것을 본 아라우나는 왕의 말에 따라 제사에 필요한 것들을 준비했다. 그는 제사를 위해 사용되는 모든 것들을 왕에게 무상으로 제공하겠노라고 말했다. 하지만 다윗은 그의 뜻을 받아들이지 않고 값을 지불하고 그 땅과 번제에 사용할 모든 것들을 구입해 사용했다.

> "왕이 아라우나에게 이르되 그렇지 아니하다 내가 값을 주고 네게서 사리라 값없이는 내 하나님 여호와께 번제를 드리지 아니하리라 하고 은 오십 세겔로 타작마당과 소를 사고 그곳에서 여호와를 위하여 단을 쌓고 번제와 화목제를 드렸더니 이에 여호와께서 그 땅을 위하여 기도를 들으시매 이스라엘에게 내리는 재앙이 그쳤더라"(삼하 24:24, 25)

이는 모든 범죄의 책임을 백성이 아니라 자기에게 돌리려 하는 다윗 왕의 자세를 잘 보여주고 있다. 그리고 그는 하나님께 제사를 드리기 위해 값을 지불하고 아라우나의 타작마당과 번제물을 비롯한 모든 기구들을 구입했다. 다윗은 그 타작마당을 강제로 빼앗거나 무상으로 받지 않고 값을 주고 샀던 것이다.

다윗이 값없이는 하나님께 번제를 드리지 않겠노라고 고백적으로 말한 것47)은 후일 예수 그리스도께서 자기 몸으로 값을 지불하고 택하신 백성들을 구원하실 사건에 대한 예언적 메시지를 담고 있다. 이로써 다윗은 하나님의 요구에 따라 여호와 앞에 단을 쌓고 번제와 화목제를 드렸다. 그러자 하나님께서는 그의 기도를 들으시고 모든 재앙을 그치셨다.

다윗 왕이 아라우나의 타작마당에서 하나님께 번제와 화목제를 드린 사실 가운데는 앞으로 세워지게 될 예루살렘 성전의 의미가 분명하게 드러나고 있다. 우리는 다윗의 치세 말기, 그 점이 확증되고 있음을 눈

---

47) 다윗의 이 고백은 구속사적인 의미로 받아들여야 한다. 우리는 그것을 일반적으로 적용하려 해서는 안 된다. 즉 이 말씀을 빗대어, 예배에 참여하기 위해서는 반드시 연보를 가지고 와야 한다든지, 모든 기독교 집회에 참석할 때 연보를 준비해야만 하나님이 기뻐하신다고 가르쳐서는 안 되는 것이다.

여겨보아야 한다. 하나님께서 아브라함에게 이삭을 바치도록 명령한 모리아 산 바로 그 장소에서 다윗으로 하여금 재앙을 피하는 제사를 드리도록 요구하셨음은 매우 중요한 의미를 지닌다.

후일 다윗을 계승한 솔로몬 왕은 바로 그 장소에 거룩한 성전을 건립하고 그 안에 하나님의 언약궤를 안치했다. 그것을 통해 이스라엘 민족의 진정한 구속사적 의미가 드러나게 된 것이다. 사무엘서의 맨 마지막에, 다윗 왕이 아라우나의 타작마당을 구입하고 그곳에서 번제와 화목제를 드림으로써 하나님의 용서와 화해가 이루어졌던 것은 이 후에 전개될 예루살렘 성전과 더불어 전개될 하나님의 웅장한 구속사의 서막을 알리는 것과 같다. 이는 재앙에 빠진 자기 백성들을 구원코자 하시는 하나님의 놀라운 구속사적 섭리의 예표였던 것이다.

5. 다윗 왕조의 확립과 교훈

위에 언급한 사무엘서 전체의 맨 마지막 구절을 통해 우리는 다윗 왕국의 기초를 더욱 분명히 보게 된다. 거기에는 하나님의 재앙과 은혜가 동시에 표현되고 있다. 그리고 하나님께 바쳐진 다윗 왕의 번제와 화목제를 통해 진정한 화해의 모습이 드러나고 있다.

하나님께서는 다윗과 그의 왕국에 일반적인 은혜를 베풀고자 했던 것이 아니라 그것들을 통해 메시아와 메시아 왕국에 대한 자신의 뜻을 드러내고자 하셨다. 이에 대한 교훈은 온 이스라엘 민족이 이 땅에 메시아가 오실 때까지 가슴속에 품고 살아가야 할 메시지였다. 그에 대해서는 신약시대를 살아가는 오늘날의 우리 역시 마찬가지다.

다윗은 눈에 보이지 않는 하나님 대신 이스라엘 백성의 수에 의지하려 했던 것은 막강한 군사력만 있으면 원수들을 정복할 수 있으리라 생각했기 때문이다. 그러므로 그는 인구조사를 통해 전투에 임할 수 있는 병사들의 수를 확인하고자 했다. 하지만 그것은 근본적으로 잘못된 판단이었다.

원수들에 대한 전쟁의 승리는 이스라엘 민족의 군사력에 달려 있었던 것이 아니라 오로지 하나님 한 분께 달려 있었다. 다행히 다윗은 범죄한 직후 곧 그 사실을 깨닫게 되었다. 하나님께서는 자신을 멸시한 다윗의 악행으로 인해 백성들에게 징계를 내리셨으며, 다윗은 그 벌을 받고 나서 즉시 번제와 화목제물을 바침으로써 하나님과의 관계를 회복했다.

이스라엘 민족은 이 땅에 주님께서 오시기까지 그에 대한 의미와 자세를 버리지 말아야 했다. 이스라엘을 위해 싸우시는 분은 강력하고 지혜로운 백성들이 아니라 만물을 통치하시는 하나님이셨다. 이스라엘 백성들이 그것을 잊어버리고 자기 판단에 의존할 때 하나님께서는 그들을 향해 징계의 칼을 드셨다.

이러한 원리는 오늘날 우리에게도 동일하게 적용된다. 죄로 말미암아 재앙을 받아야 할 인간과 하나님 사이의 화해는 십자가에 달리신 예수 그리스도를 통해서만 이루어진다. 우리는 하나님의 사역과 교회의 형식적인 부흥을 위해 인간들의 힘을 키우려 하지는 않는가? 종교적 힘이나 돈이 복음사역을 위해 대단한 역할을 하게 될 것이라 믿지는 않는가? 한국교회가 외적인 규모를 키우려 하고 무조건 교인들의 수를 늘이려 하는 것은 하나님을 향한 죄악일 수 있다. 우리는 어떤 경우에도 하나님 이외 다른 것들을 의지하거나 자랑하려 해서는 안 된다. 그것이 교회의 외적 덩치든 교인들의 숫자든 교회의 재정이든 어떤 것이라 할지라도 결코 우리가 의지할 대상이 아니다. 지금도 하나님께서는 복음을 위해 홀로 일하시며 인간의 조력을 필요로 하시지 않는다. 성도들은 하나님의 영광을 나타내기 위해 말씀을 주의 깊게 청종하며 그에 순종할 수 있을 따름이다.